상담 및 도움 기술

상담사가 되기 위한 핵심 기법

Counseling and Helping Skills

Critical Techniques to Becoming a Counselor

Edward Neukrug 저

서영석 · 안하얀 역

박영story

이 저서(논문 · 예술연구)는 연세대학교 학술연구비의 지원으로 이루어진 것임

열심히 일하는 모든 상담사들에게 헌정합니다.

총목차

세부목차

QR코드를 스캔하시면 참고문헌을 확인할 수 있습니다.

저자 서문

'상담 및 도움 기술: 상담사가 되기 위한 핵심 기법'에 오신 것을 환영합니다. 이 책은 2부로 나뉘어 있고, 모두 효과적인 상담사가 되기 위해 필수적인 상담 관계에 초점을 맞추고 있습니다. **1부: 태도, 기술 및 기법**에서는 내담자와 작업하는 데 필요한 기본 태도, 기법 및 기술을 학습하고 연습하기 위한 지식과 활동을 제공합니다. **2부: 처치 관련 이슈**에서는 기술 제공과 직접적으로 관련이 없지만 내담자와 작업하는 데 효과적인 상담 관계 관련 중요한 활동을 제시합니다. 두 파트를 읽으면서, 여러분은 학습을 촉진하고 흥미를 불러일으키는 다양한 체험 및 성찰 활동들을 만나볼 수 있을 겁니다. 이제 하나씩 살펴보겠습니다.

1부: 태도, 기술 및 기법

CHAPTER 1: 효과적인 상담사의 특징

이 장은 상담에서의 근거 기반 요인 및 공통 요인에 관한 논의로 시작되는데, 두 요인 모두 긍정적인 상담 성과에 중요합니다. 그런 다음 내담자와 작업할 때 중요한 상담사의 9가지 특성에 대해 논의할 겁니다. 이 중 6가지 요소, 즉 공감, 진정성, 수용, 웰니스, 문화적 민감성, '상담사의 고유 특성'은 작업동맹을 형성하는 데 중요하고, 나머지 3개 요소, 즉 역량, 인지적 복잡성, 이론에 대한 믿음은 이론적 접근 방식을 전달하는 것과 관련이 있습니다.

CHAPTER 2: 기초 기술

이 장에서는 먼저 1장에서 배운 효과적인 상담사의 특성을 다시 상기시켜 줍니다. 그런 다음 상담 관계에 영향을 미칠 수 있는 기초적인 비언어적 행동을 소개합니다. 여기에는 상담실 분위기, 복장 및 의상, 눈맞춤과 표정, 몸의 자세와 고개 끄덕임, 개인 공간, 신체접축, 그리고 음성 억양 등이 포함됩니다. 이 장의 후반부에서는 평등하고 긍정적인 관계를 형성하는 것과 관련된 기초 기술을 다룹니다. 여기에는 내담자 존중, 배려하면서 호기심 표현하기, 힘의 한계를 정하고 동등한 관계 형성하기, 병리화하지 않기, 그리고 헌신하기가 포함됩니다.

CHAPTER 3: 필수 기술

2장에서 다룬 기초 기술이 상담 관계 수립에 중요하다면, 필수 기술은 내담자가 자기 성찰 과정을 향해 서서히 나아가도록 돕는 역할을 합니다. 이는 관계 초기에 매우 중요하며, 상담사가 내담자와의 관계에서 교착 상태나 균열을 마주할 때 특히 자주 사용됩니다. 이러한 기술에는 침묵과 정지시간, 경청하기, 감정 반영, 내용 반영, 다른 말로 바꿔 표현하기, 그리고 기본 공감이 포함됩니다. 비록 이 장에서 심층 공감을 간략히 소개하지만, 심층 공감에 대해서는 4장에서 더 자세히 다루고 있습니다.

CHAPTER 4: 자주 사용되는 기술

이 장에서 다루는 기술은 주로 작업동맹이 형성된 이후에 사용되며, 내담자가 더 높은 자각과 명확히 설정된 목표를 향해 나아가도록 돕습니다. 먼저, 심층 공감을 살펴보는데, 이는 내담자가 더 깊은 감정을 탐색하고 자신의 상황을 더 깊이 이해할 수 있도록 돕습니다. 다음으로 다룰 기술은 긍정/인정, 격려, 지지로, 이러한 기술들은 내담자의 행동을 강화하고 목표를 향한 움직임을 촉진합니다. 이어서 대안 제시, 정보 제공, 조언 제공을 다루며, 이는 목표 달성을 위한 아이디어를 제공합니다. 그다음으로 살펴볼 기술인 모델링은 내담자가 목표를 달성하기 위해 사용할 수 있는 새로운 행동의 원형을 찾는 데 도움을 줍니다. 자기 개방은 내담자가 새로운 기술을 개발할 수 있도록 상담사가 자신의 개인적인 행동 사례를 제공하는 것을 의미합니다. 마지막으로 다룰 기술은 협력으로, 내담자가 상담 관계 안에서 목표를 추구하는 방향에 만족할 수 있게 합니다.

CHAPTER 5: 정보 수집 질문, 해결 중심 질문

이 장에서는 두 가지 유형의 질문을 다룹니다: 정보를 수집하는 질문, 내담자가 문제 해결 방법을 찾도록 돕는 질문. 정보 수집 질문에는 내담자의 응답을 제한하면서 상담사가 특정 자료를 얻고자 할 때 중요한 폐쇄형 질문, 내담자가 인터뷰를 다양한 방향으로 이끌 수 있도록 허용하는 개방형 질문, 그리고 잠정적 질문과 '왜' 질문이 포함됩니다. 해결 중심 질문은 주로 강점을 기반으로 하며, 선호 목표 질문, 평가 질문, 대처 질문, 예외 탐색 질문, 해결 지향 질문(예: 기적 질문), 그리고 척도 질문이 포함됩니다.

CHAPTER 6: 전문 기술

이 장에서 다루는 대부분의 기술이 모든 상담 관계에서 사용되지는 않지만, 특정 상담 관계에서는 매우 중요합니다. 이 장에서는 옹호, 치명성 평가(예: 자살 및 살해 가능성), 위기·트라우마·재난 상담, 직면: 지지적으로 도전하기, 인지-행동적 반응, 해석, 긍정 상담, 라이프 코칭을 탐색합니다.

2부: 처치 관련 이슈

CHAPTER 7: 사례 관리

내담자를 최적으로 관리하기 위해 중요한 다양한 도구들은 태도, 기술, 기법과 직접적으로 관련되지는 않으며, 이를 포괄적으로 "사례 관리"라고 부릅니다. 이 장에서는 고지된 동의 및 전문가의 공개 진술, 평가, 목표 설정, 향정신성 약물 모니터링, 노트 및 보고서 작성, 기록의 비밀 유지, 기록의 보안 확보, 접촉 시간 문서화, 종결 및 의뢰하기, 추후 관리 수행, 시간 관리 실천과 같은 광범위한 활동을 살펴봅니다.

CHAPTER 8: 사례 개념화, 진단, 상담 계획

효과적인 상담 계획을 수립하기 위해 상담사는 내담자의 상황을 효과적으로 개념화하고 적절한 진단을 내릴 수 있어야 합니다. 이 장에서는 사례 개념화 과정을 탐구하며, 사례 개념화 모델인 생물심리사회적 평가 모델을 자세히 살펴봅니다. 또한 DSM-5와 진단 과정을 검토하고, 사례 개념화와 진단이 상담 계획 과정에서 어떻게 활용되는지 보여줍니다. 마지막으로, 상담사의 이론적 성향이 상담 계획 과정을 어떻게 이끌고 방향을 제시하는지 설명하면서 이 장을 마무리합니다.

CHAPTER 9: 문화적으로 역량 있는 상담

1장에서 효과적인 상담사의 특성으로 간략히 언급되었지만, 이 장에서는 문화적으로 역량 있는 상담에 대해 더 심도 있는 분석을 제공합니다. 이 장에서는 일부 다양한 내담자들이 상담을 꺼리는 9가지 이유를 조명하고, 문화적으로 역량 있는 상담을 정의하며, 상담사가 문화적 역량을 기르기 위해 활용할 수 있는 세 가지 모델을 설명합니다. 그런 다음 다양한 인구 집단에게 사용할 수 있는 상담 전략을 검토합니다. 또한 다양한 인종 및 민족, 다양한 종교적 배경을 가진 사람들, 여성, 남성, 성소수자(LGBTQ), 노숙자 및 빈곤층, 아동, 노인, 심각한 정신 질환을 가진 사람들, 장애를 가진 사람들, 약물 사용자 및 남용자 등 여러 집단과 협력하는 전략을 살펴봅니다.

CHAPTER 10: 윤리적, 법적, 전문적 이슈

이 장에서는 다양한 윤리적, 법적, 전문적 이슈들을 살펴봅니다. 먼저, 윤리강령의 목적과 한계를 검토한 후, 문제해결, 도덕적, 발달적, 사회구성주의 모델을 포함한 네 가지 윤리적 의사결정 모델을 살펴봅니다. 이 장에서는 고지된 동의, 비밀 유지, 면책특권 정보보호, 역량, 경계 유지 및 금지된 관계, 상담 관계에서의 가치, 다문화 상담, 상담에서의 기술활용, 슈퍼비전, 윤리 위반 보고 등 여러 중요한 윤리적 문제들을 다룹니다. 또한 이 장에서는 26가지 최선의 실무 행동을 제시하고, 과실 보험의 중요성에 대해 논합니다. 이 장은 상담에서의 윤리적, 법적, 전문적 이슈와 관련된 여러 사례와 활동을 제공합니다.

역자 서문

전문적인 상담은 단순한 대화나 다정한 조언에 그치지 않는다. 그것은 명확한 목적을 가진, 의도적인 만남이다. 상담사는 내담자의 삶에 실제적인 변화를 일으키기 위해 상담을 이끌어 가며, 매 회기 작은 발걸음으로 그러나 분명한 방향으로 나아간다. 그 여정의 중심에 상담 기술과 기법이라는 도구가 있다.

이 책은 상담사가 상담 장면에서 활용할 수 있는 다양한 기술들을 정리해 놓았다. 복장, 눈맞춤 같은 기본적인 비언어적 기술부터, 옹호, 직면, 해석과 같은 고차원적인 전문 기술까지 폭넓게 다룬다. 무엇보다 이 책의 매력은, 실제 현장에서 부딪히는 장면들을 생생한 사례와 예시로 풀어내며 기술을 하나하나 친절하게 설명한다는 데 있다. 기술이 추상적으로 흐르지 않도록, 독자의 손에 쥐여 주는 방식이 인상적이다.

더불어, 상담사의 '태도'와 '전문성'이라는 보이지 않는 역량을 키우는 데 필요한 요소들도 빠놓지 않았다. 사례 관리, 사례 노트 작성, 사례개념화, 상담 목표 및 계획 수립 등은 상담의 구조를 이해하고 설계하는 데 실질적인 도움이 되는 도구들이다. 이에 더해, 상담사가 꼭 숙지해야 할 윤리적·법적 기준, 그리고 다양한 문화적 배경을 가진 내담자를 이해하고 존중하기 위한 다문화 감수성까지 촘촘하게 담고 있다. 이 책은 상담이라는 복합적이고 섬세한 작업을 윤리적 통합성과 감수성을 바탕으로 수행하려는 이들에게 꼭 필요한 안내서다.

기술은 언제나 목적이 아니다. 그것은 오히려 맥락과 순간에 따라 적절히 활용되어야 할 수단에 가깝다. 상담사는 각 기술의 '무엇'을 넘어, '왜'와 '어떻게'를 깊이 고민해야 한다. 결국 전문성이란 기술을 많이 아는 데 있는 것이 아니라, 그것을 내담자의 삶과 맥락에 맞게 유연하게 적용하는 데서 비롯된다.

번역하는 동안 원저자의 의도와 문맥을 온전히 전달하고자 애썼다. 그럼에도 부족한 점이 있을 것이다. 독자 여러분의 너그러운 이해와 따뜻한 조언을 부탁드린다. 이 책이 이제 막 상담의 길에 들어선 이들에게는 든든한 첫걸음이, 이미 그 길을 걷고 있는 이들에게는 새로운 시선과 성찰의 촉매제가 되기를 바란다.

2025년 6월
역자 서영석, 안하얀

감사의 글

저는 '상담 및 도움 기술: 상담사가 되기 위한 핵심 기법'(Counseling & Helping Skills: Critical Techniques to Becoming a Counselor)을 집필하는 데 도움을 준 많은 분께 감사의 말씀을 전하고 싶습니다. 책을 검토하고 개념을 구체화하고 강화하는 데 아이디어를 제공해 주신 분들은 다음과 같습니다. Lewis University(루이스 대학교)의 Dr. Lisa Brown, Penn State Behrend(펜 스테이트 베렌드)의 Dr. Melanie Hetzel-Riggin, Chaminade University of Honolulu(샤미나드 대학교)의 Dr. Darren H. Iwamoto, University of Central Florida(중앙 플로리다 대학교)의 Dr. Jessica Waesche.

또한, Cognella의 편집 부사장인 Kassie Graves에게 감사의 말을 전하고 싶습니다. 그녀는 친구이자 긍정적인 비평가, 조력자이자 훌륭한 인격을 갖춘 사람으로 이 책과 다른 프로젝트에서 저를 도와주었습니다. 이 책을 저술하는 데 중요한 역할을 해준 Cognella의 다른 분들은 출판 이사인 Jamie Giganti, 프로젝트 편집자인 Amy Smith, 마케팅 전문가인 Dani Skeen, 수석 그래픽 디자이너인 Jess Estrella(멋진 표지!), 제작 편집자인 Alia Bales, 그리고 교정 편집자인 Michele Mitchel이 귀한 도움을 주셨습니다. 이 프로젝트를 완성하는 데 도움을 준 모든 분께 감사를 드립니다. 마지막으로, 제 아내 Kristina와 아이들 Hannah, Emma에게 감사의 마음을 전합니다. 제가 계속 나아가는 데 큰 힘이 됩니다.

1부

태도, 기술 및 기법

제1부는 총 여섯 개의 장으로 구성되어 있으며, 효과적인 상담사가 되기 위해 필요한 마음가짐과 기술 및 기법을 다룬다. 1장에서는 효과적인 상담사의 9가지 특징을 개관하는데, 두 개의 영역으로 구분된다. 첫 번째 영역은 작업동맹을 형성하는 데 초점을 두고 있으며, 공감, 진정성, 수용, 웰니스, 문화적 민감성, 그리고 내가 '상담사의 고유 특성(it factor)'이라고 부르는 것이 포함된다. 두 번째 영역은 상담사의 이론적 접근을 전달하는 것과 관련되며, 역량, 인지적 복잡성, 자신의 이론에 대한 믿음을 포함하고 있다.

2장에서는 기초 기술(foundational skills)을 다루며, 상담실 분위기, 복장과 의상, 눈 맞춤과 표정, 몸자세 및 고개 끄덕임, 개인 공간, 신체 접촉, 음성 억양 등 비언어적 행동을 포함한다. 또한, 내담자를 존중하고 배려하는 태도, 평등한 관계 구축, 권력의 경계 설정, 비병리화, 헌신 등을 포함한 평등주의적이고 긍정적인 기술에 대해서도 논한다.

3장에서는 여러 필수 기술을 다루고 있는데, 침묵과 정지시간, 경청하기, 감정의 반영, 내용 반영, 다른 말로 바꾸어 표현하기, 기본 공감 등이 포함된다.

4장에서는 일반적으로 자주 사용되는 기술을 개관하고 있는데, 심층 공감, 긍정/인정, 격려 및 지지, 대안 제시, 정보 제공, 조언, 모델링, 내용 및 과정에 대한 자기 개방, 협력 등을 포함하고 있다.

5장에서 초점을 두고 있는 것은 두 가지 유형의 질문, 즉 정보 수집과 문제해결에 초점을 둔 질문이다. 정보 수집에 초점을 둔 질문에는 폐쇄형 질문, 개방형 질문, 잠정 질문, '왜' 질문이 있다. 문제 해결에 초점을 둔 질문에는 선호하는 목표를 묻는 질문, 평가하는 질문, 대처 질문, 예외 탐색 질문, 해결 지향 질문, 척도 질문이 있다.

마지막 장인 6장에서는 상담사의 작업에 중요한 여러 전문적 기술에 초점을 두고 있으며, 특정 상담 관계에서 중요할 수 있는 기술을 포함한다. 여기에는 옹호, 치명성 평가(자살 및 살해 위험 평가), 위기, 재난 및 외상 상담, 직면: 지지적으로 도전하기, 인지－행동적 반응, 해석, 긍정 상담, 라이프 코칭 등이 포함된다.

CHAPTER 1

효과적인 상담사의 특징

학습 목표

1. 상담 관계에 해가 되는 행동을 확인한다.
2. 증거기반 실무 및 공통 요인과 이것들이 상담 관계에 미치는 영향을 이해한다.
3. 효과적인 상담 관계에 중요한 9가지 특징을 확인한다. 이 중 6가지 특징은 작업동맹을 형성하는 것과 관련이 있고, 나머지 세 가지 특징은 상담사의 이론적 성향을 전달하는 것과 관련이 있다.
   a. 작업동맹을 형성하는 것과 관련된 특징
      i. 공감
      ii. 진정성
      iii. 수용
      iv. 웰니스
      v. 문화적 민감성
      vi. '상담사의 고유 특성'
   b. 상담사의 이론적 접근을 전달하는 것과 관련된 특징
      i. 역량
      ii. 인지적 복잡성
      iii. 자신의 이론에 대한 믿음

들어가며

내담자와 효과적인 관계를 형성하기 위해 특정 기술을 배우는 것은 긍정적인 내담자 결과에 매우 중요하다. 그러나 기술만으로는 효과적인 상담 관계를 형성할 수 없다. 내담자에 대한 상담사의 태도는 상담 관계에 스며들고, 긍정적으로든 부정적으로든 내담자의 경험에 영향을 미치며, 내담자가 상담 관계에 성공할 수 있을지 여부를 결정하기도 한다. 예를

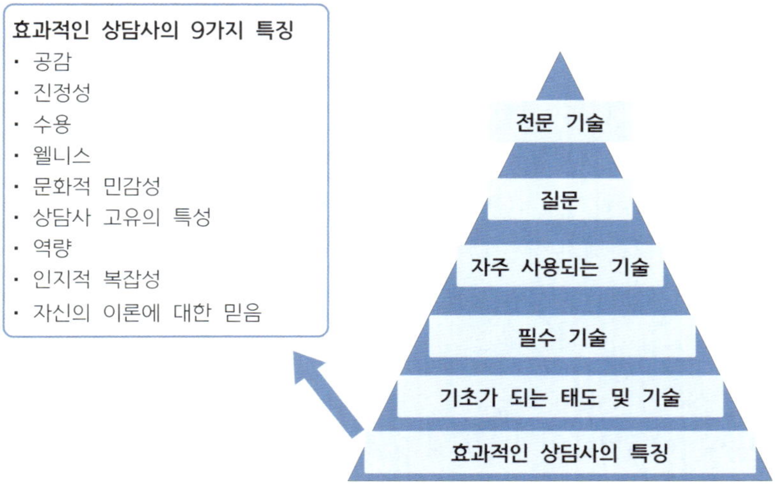

그림 1.1 상담 및 도움 기술

들어, 우리는 모두 친구나 주요 타인들이 우리를 비난하고, 독단적이며, 우리에게 도덕주의자처럼 행동하고, 심지어 매우 못되게 굴었던 경험이 있을 것이다. 관계에서의 독소라고 불리는 태도들은 절대로 건강한 상담 관계를 형성할 수 없다. 반면, 긍정적인 상담 관계와 성공적인 결과를 가져올 수 있는 태도와 대화 방식이 존재한다. 이 장에서는 상담 관계를 약화시킬 수 있는 독소적인 행동들을 간략히 설명할 뿐 아니라, 긍정적인 상담 관계를 이끌어내고 내담자가 상담 관계를 종료하는 시점에서 상담에 대해 좋은 감정을 갖게 하는 9가지 특징을 조명하고자 한다. 상담 관계의 구체적인 기술들은 이 책의 후속 장에서 자세히 살펴볼 예정이다.

상담 관계를 구축하는 데 방해가 되는 독소적 행동

우리는 모두 비판적이고, 받아들이지 않으며, 믿지 않거나, 꾸짖고, 위협하거나, 폄하하고, 조롱하거나, 처벌하는 사람들과 접해본 경험이 있다. 또는 논쟁적이고, 강압적이고, 폄하하며, 비난하고, 거부하거나, 성차별적이거나, 인종차별적인 사람들을 만난 적이 있다. 사실, 삶의 어느 시점에서 우리가 이렇게 독이 되는 방식으로 사람들을 대했을 수도 있다. 이러한 특성들이 건강한 관계나 건강한 발전에 도움이 되지 않는다는 것은 분명하다. 그리고 이러한 행동에 장기간 노출되면 일반적으로 자존감은 낮아지고, 반응적 행동, 그리고 정신건강상의 문제가 초래된다. 효과적인 상담사가 배울 수 있는 가장 중요한 습관 중 하나는,

다른 사람의 독소적인 행동으로부터 자신을 보호하는 방법과 상담사 자신의 독소적인 습관을 억제하는 것이다(Wubbolding, 2015). 활동 1.1에서는 여러분이 독소적인 행동에 노출되었던 순간뿐 아니라 여러분 자신이 파괴적인 반응을 보였던 순간을 확인할 것을 요청한다. 마지막으로, 다른 사람들이 당신에게 독한 행동을 할 때 당신은 무엇을 할 수 있을지, 그리고 상담 관계를 포함한 모든 관계에서 여러분이 자신의 독소적인 행동을 어떻게 모니터링할 수 있을지에 대해서도 생각해 보는 기회를 가질 것이다.

우리는 우리 자신이 가지고 있는 독소적인 행동을 인식할 수 있고, 약간의 자제력을 발휘해서 그런 행동이 상담 관계에 영향을 미치는 것을 방지할 수 있다. 사실, 내담자와의 관계에서 독소적인 행동을 멈추는 것이 사랑하는 사람들과의 관계에서보다 더 쉬울 수 있다. 사랑하는 사람들과는 지속적이고 가까운 관계를 맺고 있기 때문에 그들은 종종 우리의 '버튼'을 누를 줄 알며, 그런 버튼은 때때로 독소적 행동을 포함하는 반응으로 이어질 수 있다. 우리는 분명 우리 삶에서 모든 독소적인 행동을 없애는 데 집중해야 하지만, 대개 내담자와의 관계에서 그것을 보이지 않는 것이 사랑하는 사람들과의 관계에서보다 더 쉬운 경우가 많다. 따라서 어쩌면 내담자와 맺는 관계는, 우리가 사랑하는 사람들과의 관계에서 독소적이지 않게 행동하는 법을 배우는 훈련장으로 간주될 수 있을 것이다. 앞으로 건강한 상담 관계를 개발하는 데 중요한 특성들을 살펴보겠지만, 중요한 것은 여러분의 머릿속에 독소적인 행동을 보이지 않도록 모니터링하고 방지하는 목소리가 있어야 한다는 것이다. 나는 너무 많은 상담사가 내담자에게 무책임하게 행동하는 모습을 보았다. 그런 사람이 되지 않기를 소망한다.

상담사 효과성 보장하기: 근거기반 실무와 공통요인에 관한 연구

변화에 대한 내담자의 준비도, 심리적 자원, 그리고 사회적 지지에 대한 접근성은 성공적인 결과에 매우 중요한 요인이다(Beutler, 2014). 내담자 요인 이외에도 상담사가 사용하는 기술과 태도는 긍정적인 변화와 밀접한 관련이 있다. 독소적인 행동이 상담사의 태도와 기술에 포함되어서는 안 되지만, 어떤 관계 방식들은 성공적인 내담자 성과를 가져오는 데 핵심적이다. 예를 들어, 상담사가 (a) 연구를 통해 입증된 최선의 개입이 무엇인지 알고 있고, (b) 자신의 전문성을 활용해서 내담자가 처한 상황을 이해하고 이것에 가장 효과적인 개입을 선택하며, (c) 개입을 선택할 때 내담자의 개인적 선호와 가치, 문화적 배경을 고려한다면, 긍정적인 성과가 증가한다. 이를 근거기반 실무(evidence-based practice)라고 하는데, 이런 방식으로 내담자와 작업하는 것은 훈련 프로그램과 상담 현장에서 빠르게 보편화되었다 (American Psychological Association, 2005; Laska, Gurman, Wampold, 2014).

성찰 활동 1.1

당신 안팎에 존재하는 독소적인 행동들

첫째, 당신이 다른 사람들에게서 목격한 독소적인 행동을 떠올려보고, 이런 행동으로 인해 발생한 자신의 행동과 감정을 생각해보자. 그런 다음 Part 2에서는 본인이 보였던 독소적인 행동과 이러한 행동이 다른 사람들에게 어떤 감정과 행동을 불러일으켰을지 떠올려보자. 마지막으로, 다른 사람과 자신으로부터 독소적인 행동이 발생하지 않도록 방지할 수 있는 방법을 적는다. 이후 소그룹에 모여 자신의 답변을 가지고 토론한다.

Part 1: 타인의 독이 되는 행동

행동을 적는다.	이러한 행동이 불러일으킨 당신의 행동과 감정
1. ______	______
2. ______	______
3. ______	______
4. ______	______
5. ______	______

다른 사람의 독소적인 행동을 방지하기 위해 당신이 할 수 있는 방법을 적는다.

1. ______
2. ______
3. ______
4. ______
5. ______

Part 2. 당신의 독소적인 행동

행동을 적는다.	당신의 행동이 초래한 타인의 감정과 행동
1. ________________	________________________
2. ________________	________________________
3. ________________	________________________
4. ________________	________________________
5. ________________	________________________

당신의 이러한 행동을 방지할 수 있는 방법들을 적는다.

1. ____
2. ____
3. ____
4. ____
5. ____

그러나 내담자의 자원과 근거기반 실무 외에도, 모든 치료 접근에 공통적으로 존재하며 긍정적인 내담자 성과와 관련이 있는 공통요인(common factors)이 존재한다는 것은 분명하다. 예를 들어, 작업동맹(working alliance)을 형성하고, 자신의 이론적 접근을 제공할 수 있는 능력은 모두 긍정적인 내담자 성과에 중요한 요소로 보인다(Hilsenroth, 2014; Wampold, 2010a, 2010b; Wampold & Budge, 2012; Wampold & Imel, 2015). 이러한 공통요인을 탐구하는 과정에서, 나는 효과적인 상담 관계를 발전시키는 데 중요한 9가지 특징을 제안했다. 이제 그것들을 살펴보자.

효과적인 상담사의 특징

효과적인 상담사의 아홉 가지 특징을 탐색함에 있어서, 나는 여섯 가지 특징은 작업동맹 영역에 속하고, 나머지 세 가지 특징은 상담사의 이론적 접근을 전달하는 영역에 속한다는 것을 알게 되었다. 그림 1.2에서 볼 수 있듯이, 공감, 진솔성, 수용, 웰니스, 문화적 민감성, 그리고 '상담사의 특별한 요소'는 작업동맹을 형성하는 데 중요한 요소이다. 반면, 역량과 인지적 복잡성, 그리고 자신의 이론에 대한 신념은 이론적 접근을 전달하는 것과 관련이 있다.

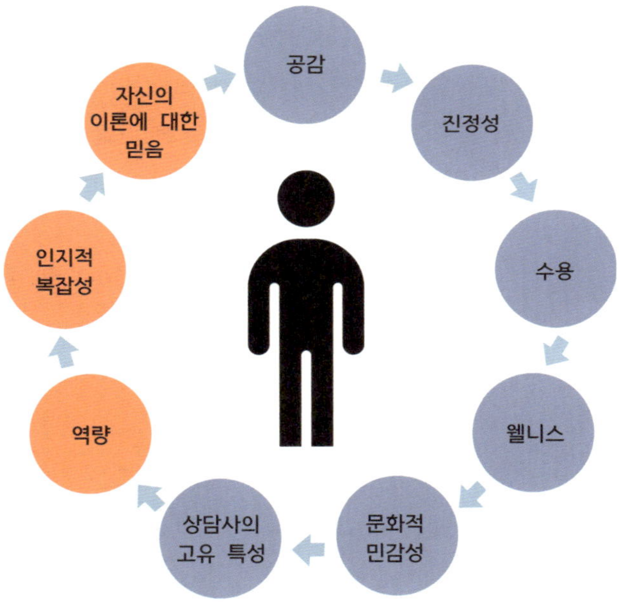

그림 1.2 효과적인 상담사의 아홉 가지 특징

상담사가 이러한 특성을 보여주지 못할 경우 성공 가능성은 매우 낮거나 사실상 존재하지 않는다. 왜냐하면 지속적으로 공감에 실패하는 상담사는 내담자의 문제를 제대로 들을 수 없고, 상담사가 거짓되게 판단하며 독단적이고 문화적으로 민감하지 못할 경우 내담자에게 방어적인 태도가 유발되기 때문이다. 신체적으로, 정서적으로, 또는 영적으로 손상된 상담사는 누군가의 욕구를 돌보는 것을 힘들어한다. 또한 자신만의 특별한 요인이 무엇인지 알지 못하는 상담사는 관계에서 자신이 누구인지 찾으려 애쓰며 방황하게 된다. 역량이 부족한 상담사는 관계를 어떻게 발전시켜야 하는지 알지 못하고, 인지적 복잡성이 부족한 상담사는 자신의 이론을 이해하고 적용하는 것을 힘들어 한다. 마지막으로, 자신이 일에 대해 신념이 없는 상담사는 내담자에게 동기를 부여할 만큼의 열정이 부족할 것이다. 이제 9가지 특징을 가지고 어떻게 작업동맹을 형성하고 이론적 접근을 사용할 수 있는지 살펴보도록 하자.

공감하기

공감하는 사람들은 다른 사람의 관점을 깊이 이해하고, 그 사람의 경험을 느끼고, 감지하고, 또 맛볼 수 있다(Bayne & Neukrug, 2017). 공감하는 사람들은 타인의 입장이 되는 것이 어떤 느낌인지 알고, 그 사람이 된다는 것이 무엇인지에 대한 감각을 가지고 있다. Carl Rogers(1957)는 공감하는 사람은 "마치 ~인 것처럼"이라는 느낌을 잃지 않으면서 내담자의 개인적인 세계를 감지할 수 있다고 주장했다. 공감하는 사람은 사람들이 가지고 있는 차이점을 수용하고 이해하며, 이러한 수용의 감각을 상대방에게 전달한다. 오늘날 공감은 긍정적인 내담자 성과와 관련해서 가장 중요한 자질 중 하나로 간주된다(Elliot, Bohart, Watson, & Greenberg, 2011; Laska et al., 2014; Norcross, 2011).

일부 사람들은 본래 공감 능력이 뛰어나지만, 대부분은 이 중요한 도구를 배우고, 발전시키거나, 최소한 다듬어야 한다. 그러나 선천적이든 후천적이든, 공감은 친구, 동료, 주요 타인 또는 내담자와의 관계를 강화시킨다. 상담 관계에서 활용되는 기술로서 공감은 관계를 형성하고 내담자로부터 정보(처음에는 공유하고 싶지 않을 수 있는 정보)를 이끌어내는 데 도움을 준다(Egan & Reese, 2019). 따라서 3장에서 우리는 내담자에게 사용하는 공감 기술을 향상시키는 방법들을 살펴볼 것이다. 심층 공감(advanced empathy)은 상담 관계를 더욱 깊게 만들고, 내담자가 인식하지 못한 감정과 생각을 이끌어 낼 수 있다. 그러한 인식을 통해 내담자는 자신의 행동에 대한 통찰을 얻게 되고 변화 과정을 향해 조금씩 나아가게 된다(Neukrug, 2017a; Neukrug, Bayne, Dean-Nganga, & Pusateri, 21012). 심층 공감은 4장에서 다룰 예정이다. 여러분이 얼마나 공감능력을 갖추고 있는지 알아보고 싶다면 성찰 활동 1.2를 수행하는 것을 권한다.

성찰 활동 1.2

당신은 공감할 수 있나요?

수업 중 3인 1조로 소집단을 구성해서 각 구성원에게 번호를 부여한다. 먼저, 1번 학생이 최근에 경험한 일 중에서 정서적으로 힘들었던 사건을 2번 학생에게 이야기한다. 1번 학생은 가급적 실제로 발생한 일을 바탕으로 이야기를 해야 하고, 2번 학생은 가능한 공감하려고 노력해야 한다. 3번 학생은 두 학생 간 상호작용을 관찰하면서 녹음하거나 메모한다. 약 10분의 시간이 흐른 후 메모한 것이나 녹음한 것을 검토하고, 그런 다음 5점 척도를 사용해서 아래 제시한 6개 문항을 가지고 2번 학생을 평가한다. 그다음, 역할을 바꿔 3번 학생이 자신이 경험한 일을 이야기하고, 1번 학생은 공감적으로 경청하고, 2번 학생은 관찰자가 된다. 마지막으로, 2번 학생이 자신의 이야기를 하고, 3번 학생이 공감적으로 경청하며, 1번 학생이 관찰자가 된다. 세 번의 역할극을 마친 후 각 구성원의 평균점수를 계산한다. 이 결과를 조에서뿐만 아니라 전체 학급에서 이야기한다.

1----------2----------3----------4-----------5

전혀 아님　　　어느 정도 그러함　　　매우 그러함

1. 최소한으로 말한다. 공감하는 사람은 상황을 설명하는 사람보다 훨씬 적게 말한다.
2. 질문을 거의 하지 않는다. 공감하는 사람은 질문을 거의 혹은 전혀 하지 않는다.
3. 조언을 하지 않는다. 공감하는 사람은 조언을 거의 하지 않는다.
4. 판단하지 않는다. 공감하는 사람은 자신이 경청하고 있는 사람을 판단하지 않는다.
5. 해석하지 않는다. 공감하는 사람은 상대방의 상황을 분석하거나 해석하지 않는다.
6. 말을 자르지 않는다. 공감하는 사람은 상대방의 말을 끊지 않으며, 대신 이야기하고 있는 사람의 자신의 말을 자르는 것은 허용한다.

점수를 계산했을 때 개인 또는 집단의 평균점수가 3.0 이상이라면(대부분의 점수가 3점, 4점, 5점일 것이다), 공감 측면에서 여러분은 잘한 것이다. 그러나 평균점수가 3.0 미만이라면(대부분의 점수가 1점, 2점, 또는 3점일 것이다), 개선할 여지가 있다. 3장과 4장에서는 공감 기술에 대해 더 심도 있게 검토할 예정인데, 이 중요한 기술을 세밀하게 조정할 기회가 주어질 것이다.

진정성

사람들은 어떤 사람이 진정성이 있는지 또는 솔직한지, 아니면 거짓되고 기만적인 방식으로 행동하는지 알아챌 수 있다. 진정성 있는, 또는 진실된(real) 사람들은 자신의 감정을 인식하고, 적절한 상황에서 이것을 자신의 생각과 행동을 통해 표현한다. 반면, 거짓되고 가식적인 사람들은 자신의 감정을 인식하지 못하고, 따라서 이들이 하는 말은 자신의 내적 세계를 반영하지 않는 경우가 많다. 이런 사람들은 종종 "내면에서 무언가 잘못된 느낌이 든다" 또는 "내가 이 사람을 거짓되게 대하고 있다는 것을 알고 있다."와 같이 내부적인 갈등을 느낄 수 있다. 어떤 사람들은 자신의 진실된 측면에서 완전히 벗어나 있기 때문에, 자신이 정직하지 않게 살고 있다는 것조차 인식하지 못한 채 인생을 살아간다(성찰 활동 1.3 참조).

성찰 활동 1.3

비밀로 하기

알리지 않고 비밀로 하는 것은, 우리가 다른 사람들과 진실된 관계를 맺지 못하게 하는 한 가지 방법이다. 아래 제공된 공간에, 당신이 인생에서 주요 타인들에게 숨겨온 비밀들을 적어본다. 그런 다음 주어진 질문에 답을 한다. 소집단을 구성해서 비밀과 관련해서 발견한 것들을 다른 구성원들과 이야기한다(비밀의 구체적인 내용을 공개할 필요는 없으며, 세부 사항을 드러내지 않고 비밀에 대해 이야기해 본다).

1. ______________________________
2. ______________________________
3. ______________________________
4. ______________________________
5. ______________________________

질문

1. 5개의 비밀을 떠올리는 것이 비교적 쉬웠나?
2. 그것들을 비밀로 한 이유가 무엇인가?
3. 비밀을 이야기하는 것보다 비밀로 하고 말하지 않는 것이 더 쉬웠나?
4. 비밀을 이야기하면 어떤 일이 일어날까?
5. 비밀로 하면 어떤 이점이 있을까? 무엇을 얻을까?
6. 비밀로 하면 어떤 점이 안 좋은가?
7. 비밀로 해서 얻는 것이 잃는 것보다 많은가?
8. 비밀로 해서 잃는 것이 얻는 것보다 많은가?
9. 비밀로 했을 때 관계의 깊이에는 어떤 영향을 미치는가?
10. 누군가가 당신에게 말하지 않는 비밀이 있기를 원하는가?

Carl Rogers(1961, 1980)는 진정성이 상담 관계를 포함한 모든 관계에서 중요한 요소라고 믿었다. 따라서 그는 상담사들이 진정성의 본을 보여야 한다고 제안하면서도, 자신의 진정한 모습을 즉각적으로 표현하는 것이 가끔은 현명하지 않을 때도 있다고 말했다. 가령, 상담사가 처음에는 내담자에 대해 부정적인 감정을 강하게 가지고 있다고 하더라도, 시간이 지나면서 외부로 비치는 내담자의 모습 너머를 상담사가 보게 되고 내담자를 좀 더 깊이 있게 알아갈 수 있다면 초기의 감정들은 종종 사라지게 된다. 더욱이, 상담 초기에 내담자에게 부정적인 감정을 강하게 표현하면 상담 관계에 금이 갈 수 있다. 자신의 감정을 살피고, 감정이 지속되는지를 확인하면서 기다리고, 또는 좀 더 적절한 시간이 될 때까지 감정표현을 미루는 것을 **정서지능**이라고 부르기도 한다(Ciarrochi & Mayer, 2007). 정서지능은 관계의 질을 높일 수 있지만, 그렇다고 자신의 감정을 무시하라는 의미는 아니다. 정서지능이 높은 사람들은 자신의 감정을 인식하고, 감정을 살필 수 있는 힘을 가지고 있으며, 감정이 지속될 경우 나중에 적절한 시점에 이를 표현할 수 있는 용기를 가지고 있다. 공감과 마찬가지로, 진정성 또한 상담 관계에서 긍정적인 성과를 가져오는 중요한 자질로 알려져 왔다(Laska et al., 2014; Norcross, 2010; Zuroff, Kelly, Leybman, Blatt, & Wampold, 2010).

어떤 학자들은 모든 상담 관계에서 투명성(transparency) 또는 진실함(realness)을 다뤄야 한다고 주장한다(Gelso, 2009; Gelso et al., 2005). 이들은 상담사가 자신의 진정한 모습을 드러내지 않을 경우, 내담자가 이러한 벽을 어떻게 인식하고 있는지 다뤄야 한다고 주장한다. 물론, 상담 관계에서의 진정성은 상담 관계의 경계에 의해 늘 영향을 받는다. 예를 들어, 당신이 내담자에게 성적으로 끌린다고 밝히는 것은 거의, 또는 전혀 현명하지 않다. 결론적으로, 상담사는 상담 관계라는 경계 안에서 진실되어야 하고, 자신의 감정을 살필 수 있어야 하며, 적절한 시점에 관계에 대한 자신의 감정을 표현할 수 있어야 한다.

수용

다른 사람을 수용하는 사람은 다른 이들이 생각을 표현하도록 편안하게 허용하며, 본인의 생각에 맞춰 다른 사람들이 생각을 바꿔야 한다고도 생각하지 않는다. 이렇게 비판단적이고 독단적이지 않은 사람들은 타인의 관점과 피드백에 개방되어 있고, 심지어 다른 관점을 들은 후 자신의 세계관을 바꾸는 것에도 개방적이다. 이들은 편견에서 비교적 자유로우며, 상이한 문화적 유산과 가치관, 신념을 가진 사람들조차 차이를 인정하고 받아들일 수 있다. 반면에, 수용이 부족하면 다른 사람을 효과적으로 경청하는 것에 방해를 받는다. 수용하지 못하는 사람은 미묘하게, 때로는 분명하게 어떤 신념을 받아들이도록 설득하는 데 많은 에너지를 소비한다. 이러한 에너지로 인해 다른 사람들을 효과적으로 경청하는 것에 방해를 받는다. 도움을 주는 관계에서, 수용적인 상담사는 내담자가 가지고 있는 차이를 무조건적으로 듣고 이해할 수 있다. Carl Rogers(1957)는 이러한 수용을 무조건적인 긍정적 존중(unconditional positive regard)이라고 불렀다. 수용하는 능력과 경청 간에 관련이 있다는 연구 결과는 그리 놀라운 것이 아니다. 예상한 것처럼, 수용은 긍정적인 내담자 성과와 연결된다(Laska et al., 2014; 성찰 활동 1.4 참조).

웰니스

웰니스(wellness)는 자기관리를 보장하고 내담자에게 최상의 서비스를 제공하기 위해 사용할 수 있는 광범위한 활동을 포함한다. 미국상담학회의 윤리강령(ACA, 2014)은 상담사의 웰니스의 중요성을 강조하며, “상담사는 직업적 책임을 최선으로 수행하기 위해 자신의 정서적, 신체적, 정신적, 영적 안녕감을 유지하고 증진하기 위한 활동에 참여한다”라고 명시하고 있다(전문적 관계 섹션, 서론). 자기관리를 위한 활동으로는 지지집단 참여, 건강한 식습관, 명상, 기도, 운동, 취미 활동, 일기 쓰기, 독서 등이 있다. 성찰 활동 1.5는 웰니스 수준을 평가하는 데 도움이 되는 여러 요인을 다루고 있다.

성찰 활동 1.4

차이를 수용하기

3인 1조로 소집단을 구성한 후, 아래 제시된 상황을 참고해서 한 사람은 찬성, 그리고 다른 한 사람은 반대 입장에 배당한다. 세 번째 사람은 중재자가 된다. 배정된 역할을 5-10분 가량 수행하면서 토론하는 것이 과제다. 당신의 관점을 이야기하면서도 상대방의 관점에 귀를 기울인다. 논의 중이나 이후에는 본인의 실제 감정이나 의견을 밝히지 않는다. 논의가 진행되는 동안 조정자는 메모를 기록하고, 논의가 끝난 후 각 참여자가 어떻게 반응했는지 피드백을 제공한다.
첫 번째 논의가 끝난 후, 같은 상황을 반복하거나 새로운 상황을 다루되, 이번에는 조정자가 찬성 또는 반대 역할을 맡고, 나머지 두 사람 또한 역할을 교체한다. 세 번째 논의에서도 역할을 교체해서 각자가 조정자 역할을 한 번씩 맡도록 한다. 모든 논의가 끝나면, 아래 “고려할 점”에 있는 질문에 답한다.

상황

1. 낙태
2. 세금 인상

3. 차별 금지
4. 당신 이웃에 성인 비디오 가게를 여는 것
5. 사형 제도
6. 의료보험료 인하
7. 대학 등록금 인상
8. 이민자를 감시하기 위한 데이터베이스 구축
9. 전쟁 난민을 특정 지자체에서 받아들이는 것
10. 촉법 소년 폐지

고려할 점

감정적으로 격앙되어 상대방의 이야기를 듣는 것이 어려웠나?
상대방이 틀렸다고 생각했나?
토론을 하면서 긴장했나?
당신과 함께 토론한 상대방은 당신이 그 사람의 입장에 대해 개방적이라고 또는 닫혀 있다고 생각했을까?
중재자는 당신이 개방적이라고 생각했을까? 아니면 닫힌 태도를 가졌다고 생각했을까?
당신은 당신이 개방적이었다고 생각했을까? 아니면 닫혀 있었다고 생각했을까?
당신은 상대방 말을 자르는 경향이 있었나?
당신은 상대방이 하는 말을 반박하기 위해, 대응책을 생각하느라 몰두한 적이 있나?
상대방의 관점이 타당하게 느껴졌나?
상대방의 의견을 듣고 당신의 관점을 바꿀 것을 고려했나?

질문 1부터 10번까지를 생각해 본 후, 상대방의 의견을 경청하는 데 방해가 되었던 것들에 대해 생각해 보시오. 그런 다음 소집단에서 또는 전체 학급에서 이점에 대해 이야기해 보시오.

앞서 언급한 방법들 외에도, 상담사가 자신의 웰니스를 관리하는 방법 중 하나는 상담사가 직접 상담을 받아보는 것이다. 상담사도 다른 사람들과 마찬가지로 개인적인 어려움과 심리적인 문제들을 가지고 있는데, 이를 상담 관계 안에서 살펴볼 수 있다. 또한, 직업 특성상 상담사는 소진, 스트레스, 간접 외상, 공감 피로(compassion fatigue)를 경험할 수 있다(Brownlee, 2016; Mayorga, Devries, & Wardle, 2015; Whitfield & Kanter, 2014). 상담을 받음으로써 상담사는 자신의 개인적인 어려움을 다룰 수 있고, 다른 상담사의 상담 기술을 직접 경험할 수 있으며, 내담자의 자리에 앉는다는 것이 과연 어떤 것인지 이해할 수 있고, 자신의 인지적 복잡성을 향상시킬 수 있을 뿐 아니라, 자신의 공감 능력을 향상시킬 수 있다. 이 모든 것이 더욱 효과적으로 상담을 제공하는 것으로 이어질 수 있다. 마지막으로, 개인적으로 상담을 받는 일은 역전이, 즉 상담사 자신의 이슈를 내담자에게 투사하는 것을 예방하는 데 도움이 된다(Murphy, 2013; Ponton & Sauerheber, 2014).

흥미로운 것은, 현직 상담사의 약 90%가 자신을 위한 상담에 참여했다는 것이다(Kalkbrenner, Neukrug, & Griffith, in press). 반면, 상담수련생들은 현직 상담사들에 비해 참여율이 낮지만(Kalkbrenner & Neukrug, 2018a), 일반인(15~38%)보다는 상담 참여율이 높다(Flynn, 2013; Hann, Hedden, Libari, Copello, & Kroutil, 2014; Kalkbrenner & Neukrug, 2018b). 그럼에도 불구하고, 일부 상담사와 상담수련생들은 상담을 거부하는 경우가 있는데, 그 이유로는 자신을 위한 상담이 충분히 가치 있는 것이라고 생각하지 않거나, 편하게 느낄 수 있는 상담사를 찾는 것이 어렵거나, 낙인에 대한 우려로 인해 상담에 참여하는 것을 꺼린다(Kalkbrenner & Neukrug, 2018b). 상담이 정서적 건강을 증진하는 유일한 방법은 아니지만, 상담은 우정이나 다른 주요 관계를 통해 얻을 수 없는 매우 특별한 관계를 제공한다. 따라서 아직까지 상담을 받은 경험이 없다면, 편하게 느낄 수 있는 상담사를 찾아볼 것을 권한다.

문화적 민감성

미국인의 약 40%는 다양한 인종 및 민족 집단에 속하지만, 백인과 비교했을 때 사회서비스 기관의 도움을 구하는 것을 두려워하고, 진단이 잘못 이루어질 가능성이 높고, 서비스를 중단할 가능성이 더 크다(Hatzenbuehler, Keyes, Narrow, Grant, & Hasin, 2008; Lo, Cheng, & Howell, 2013; National Alliance of Mental Illness, 2018b; U.S. Department of Health and Human Services, 2014). 이러한 현상은 여러 이유에서 비롯될 수 있다. 사회서비스 기관에서 일하는 사람 중 백인의 비율이 여전히 높고, 상담이론 대부분이 백인 남성에 의해 만들어져서 백인 이외의 사람들에게는 최선이 아닐 수 있으며, 암묵적 편향(implicit bias)이 여전히 존재한다. 연구에 따르면, 내담자와 상담사가 서로 다른 민족적 또는 문화적 배경을 가지고 있을 경우, 같은 배경을 가진 경우보다 내담자를 이해하는 데 더 어려움을 경험하는 것으로 나타났다(Nakash & Saguy, 2015).

이러한 점에서 문화적 민감성과 문화적 역량은 그 어느 때보다 중요하다고 볼 수 있다. 우리와 다른 배경을 가지고 있는 내담자와 어떻게 상담할지에 관한 많은 모델과 이론들이 개발되었는데, 일부는 9장에서 논의할 예정이다. 여기서는 모든 상담사들이 자신의 내담자에 대해 민감해야 하고, 내담자의 문화에 대해 지식을 습득하도록 노력해야 한다고 말하는 것으로 충분하다. 이러한 접근 방식 중 하나인 RESPECTFUL 상담 모델은 상담사가 내담자를 이해하고 빠르게 연계하기 위해 고려해야 할 10가지 요소를 조명한다(성찰 활동 1.6 참조).

성찰 활동 1.5

당신의 웰니스 평가하기

Myers와 Sweeney(2008)은 '분리할 수 없는 자기 모형'(indivisible self model)을 개발하여 자아의 다양한 측면을 탐구했다. 다음은 웰니스를 구성하는 다섯 가지 요소에 관한 간략한 정의를 보여주고 있다. 각 요소에 대해 1-10점 척도를 사용해서 당신 자신을 평가해 보시오.

1 2 3 4 5 6 7 8 9 10

→

개선이 필요함 **능숙함/잘함**

요인 1: 창의적 자아. 정신적으로 깨어있는 상태. 자신의 생각과 느낌을 온전히 표현함. 긍정적이고 독창적이며, 자신의 진실된 모습을 드러냄. 점수:

요인 2: 대처 자아. 자기존중감이 높으면서, 인간이 완벽하지 않다는 것을 알고 있음. 합리적인 수준에서 스트레스를 경험하고, 생활에서 경험하는 문제들에 대한 해결책을 찾을 수 있음. 문제에 대해 현실적인 태도를 취함. 점수:

요인 3: 사회적(social) 자아. 대인 상황에서 편안함을 느낌. 가족 및 친구와 연계되어 있다고 느낌. 친구를 사귈 수 있고 타인을 사랑할 수 있음. 점수:

요인 4: 본질적(essential) 자기. 자신의 다양한 측면, 예를 들어 젠더정체성, 문화적 정체성, 가족 내 위치(예: 아빠, 첫째 딸), (이것을 어떻게 정의하건)영적 자아를 알고 편안하게 느낌. 삶에서 의미를 만들어 가는 자신의 방식에 대해 편안함을 느낌. 점수:

요인 5: 신체적 자아. 건강에 좋은 음식을 섭취하고 신체적으로 왕성함. 음식을 제한하거나 또는 과식을 하지 않음. 신체적인 한계를 알고 있고, 신체적인 욕구를 긍정적으로 다룸. 점수:

결론: 평가를 마친 다음 7점 미만의 상대적으로 낮은 점수가 나온 요소들을 주목하자. 그런 다음 점수를 높이기 위해 무엇을 할 수 있을지 생각해 본다. 총점이 35점 미만일 경우에는 좀 더 자신을 돌보는 것에 관심을 기울일 필요가 있다.

R: 종교적/영적 정체성

E: 경제적 계층 배경

S: 성정체성

P: 심리적 발달 수준

E: 민족적/인종적 정체성
C: 연령/발달상의 도전
T: 다양한 형태의 외상과 그밖에 안녕감을 위협하는 것들
F: 가족 배경 및 역사
U: 신체 특징
L: 거주 지역 및 언어적 차이
(Lewis, Lewis, Daniels, & D'Andrea, 2011, p.54)

성찰 활동 1.6

문화 질문지

아래 제시된 척도를 사용하여 각 항목 왼쪽에 본인의 관점을 가장 잘 나타내는 숫자를 적는다. 강의자는 각 항목의 평균 점수를 구한 후 학생들의 관심을 끄는 항목을 살펴볼 수 있다. 수업 중에는 다양한 관점을 나누고 토론하며, 서로의 의견을 경청하고 존중하는 시간을 갖는다.

1_____2_____3_____4_____5_____6_____7_____8_____9_____10
매우 동의함 동의함 의견 없음 동의하지 않음 전혀 동의하지 않음

1. 상담 이론은 대부분 백인 남성들이 만들었기 때문에, 백인 이외의 내담자들에 대한 편향이 내재되어 있다.
2. 모든 검사에는 문화적 편견이 존재하기 때문에 상담에서는 심리검사를 사용하는 것을 피해야 한다.
3. 어떤 문화에서 온 내담자들은 상담하기가 더 어렵다.
4. 상담사는 내담자의 문화적 배경에 맞춰 자신의 상담 이론을 조정할 필요가 없다.
5. 가장 이상적인 내담자는 통찰력이 있고 좋은 판단력을 가진 사람이다.
6. 어떤 문화집단은 다른 문화집단에 비해 조언을 더 잘 받아들인다.
7. 모든 내담자를 공감적으로 경청해야 한다.
8. 남성 내담자보다는 여성 내담자에게 공감과 존중을 보이는 것이 더 중요하다.
9. 상담사가 특정 집단과만 상담하는 것은 괜찮다(예: 여성, 남성, 특정 문화집단 등).
10. 상담사가 내담자의 문화적인 배경에 대한 지식이 거의 없다면, 내담자의 배경에 친숙한 다른 상담
11. 사에게 내담자를 의뢰해야 한다.
12. 인종적/민족적/문화적으로 다른 내담자는 오해와 잘못된 진단을 받을 가능성이 더 크다.
13. 내담자가 비슷한 문화적 배경을 가지고 있는 상담사를 만나는 것이 최선이다.
14. 모든 내담자는 자율성을 추구하도록 격려해야 한다.
15. 미국문화에서는 일반적으로 혐오스럽다고 간주되는 행동이라도 내담자의 문화적 배경에 따라 용

인되고 심지어 지지되어야 한다(예: 체벌, 여성 할례).
16. 동성애 내담자들이 이성애 내담자보다 학대를 당했을 가능성이 더 크다.
17. 과거는 모든 내담자에게 영향을 미치기 때문에, 상담에서는 항상 과거를 다뤄야 한다.
18. 모든 상담사들은 무의식적인 편견을 가지고 있고, 이것이 내담자와의 상담에 영향을 미칠 수 있다.
19. 직장에서 다른 상담사의 문화적 편견을 목격할 경우 이를 직면해야 한다.
20. 만일 내담자가 인종차별적인 견해를 가지고 있다면 내담자를 직면해야 한다.
21. 특정 문화적 배경을 가진 내담자들은 상담하기가 더 수월하다.
22. 종교적인 성향이 강한 내담자들은 변화하는 것을 힘들어 할 가능성이 더 높다.
23. 내담자와 상담할 때, 성차가 문화적 차이보다 더 중요하다.
24. 자신의 동성애적 성향을 받아들이기 힘들어하는 내담자가 있다면 상담사는 그러한 느낌을 바꾸라고 격려해야 한다.
25. 상담사는 가치(value)의 차이로 인해 내담자를 거부할 절대적인 권리가 있다.
26. 모든 내담자들은 매우 비슷한 문제들 때문에 힘들어 한다.
27. 상담사가 특정 내담자와 상담할 역량을 갖추고 있지 않다면, 그 내담자를 다른 상담사에게 의뢰해야 한다.

상담사의 고유 특성

다음과 같은 상황을 상상할 수 있을까요? 예를 들어, 위기 상담사가 자살 위험이 있는 내담자에게 농담으로 자살 방법에 대해 이야기할 수 있을까요? 내담자가 이야기하고 있는 동안 상담사가 꼼꼼히 메모만 하고 내담자와 거의 눈을 마주치지 않을 수 있을까요? 또는 상담사가 상담실 안에서 향을 피우는 것은 어떤가요? 아니면 접수면접을 마친 후 내담자의 환경을 이해하기 위해 집을 방문하자고 제안하는 상담사는 어떨까요? 사실 나는 지난 10년 동안 다양한 상담사들이 위에서 언급한 본인들만의 '특별한 기법'들을 사용하는 것을 본 적이 있다. 나는 그런 기법들을 사용하라고 추천하지는 않지만, 일부 상담사들에게는 효과가 있는 것 같다. 이러한 방식은 그 상담사들만의 "특별한 특성들"이었다. 이들은 (심지어 자살을 생각하고 있는) 내담자와 농담을 주고받을 만큼 재능을 가지고 있는 사람들이었고, 내담자 앞에서 "과학자"로서 꼼꼼하게 노트필기를 했으며, 더 큰 그림을 그리기 위해 가정방문을 하고, 상담실의 분위기를 편안하게 만들기 위해 향을 피웠던 것이다. 이 방식들은 그들에게 효과가 있었지만, 아마도 나에게는 효과가 없었을 것이다. 내 친구들에게 내가 공감적인 사람인지 물어보면 "어느 정도는"이라고 답하겠지만, 내가 상담 관계 안으로 들어서면 스위치가 켜지면서 내 안의 "특별한 요소"가 발휘되어 공감적인 사람이 된다. 그것이 어디에서 오는지 확실하지 않지만 내 안에 자연스럽게 자리 잡고 있는 요소이다. 그래서 나는 우리 각자가 무엇이 우리를 "우리답게" 만드는지 살펴서, 그것을 상담 관계의 한 부분으로 통합시키라고 제안한다. 결국, 단순히 방부제처럼 "정확한' 반응을 반복하는 상담은 지루할 뿐 아니라 효과적이지 않을 수 있다.

우리는 우리 자신만의 '그 요소'가 무엇인지 이해해야 하며, 그것이 관계 속에서 어떻게 나타나는지도 알아야 한다. 자신만의 그 요소를 발견한 후에는 이를 내담자와의 관계에서 효과적으로 사용하는 것이 중요하다. 물론 핵심 상담 기술을 잊어서는 안 된다. 그러한 기술들은 긍정적인 내담자 결과를 이끄는 주된 도구이기 때문이다. 하지만 동시에, 당신다움을 잃지 않는 것이 중요하다.

한 가지 조언이 있다. 만일 당신의 '고유 특성'이 퉁명스럽고, 비난하고, 비열하고, 냉소적이면서, 지저분한 것이라면, 자신 안의 다른 긍정적인 부분을 찾아 활용하는 것이 좋다. 부정적인 자아는 특별한 요소가 아니라 해결되지 않은 미완의 문제일 가능성이 크다. 또 한 가지 중요한 조언은, 당신의 그 요소가 반드시 윤리적이어야 한다는 것이다. 비윤리적인 행동은 내담자에게 도움이 되지 않을 뿐 아니라, 결국 이 직업세계에서 당신을 추방시키는 요인이 될 것이다(성찰 활동 1.7 참조).

성찰 활동 1.7

당신의 '고유 특성'

당신이 생각하는 당신의 '고유 특성'이 무엇일지 적어보고, 당신의 삶에서 그 요소를 어떻게 표현했는지 몇 가지 예를 들어보시오. 그런 다음 소집단을 구성해서 당신의 그 요소를 공유하고, 내담자와 상담할 때 그 요소를 어떻게 활용할 수 있을지 논의해 보시오. 그 요소를 사용해서 어떻게 내담자의 관계를 심화시킬 수 있을지 뿐 아니라, 그 요소가 위험할 가능성도 함께 이야기해 보시오.

역량

효과적인 상담사는 지식에 대한 갈망을 가지고 있으며, 더 많이 알수록 더 좋은 상담사가 될 수 있음을 이해한다. 이들은 전문 학회에 가입하고, 전문 서적과 학술지를 구독하면서, 워크숍과 웨비나를 수강하는 등 학문적 탐구를 통해 지식을 갈고닦는다. 효과적인 상담사는 특정 내담자 집단에 대해 어떤 기법이 더 효과적인지 알고 있고, 다양한 유형의 내담자들에게 가장 적합한 접근 방식을 배우려는 열망을 가지고 있다(Baker, 2012). 역량 있는 상담사는 교육을 평생 학습 과정으로 여기며, 상담사가 유능해야 할 윤리적, 법적 책임이 있다고 믿는다(Corey, Corey, & Corey, 2019).

ACA 윤리강령(2014)에는 'Section C: 전문가의 책임'에서 역량(competence)에 관한 일련의 기준을 제시하고 있다. 예를 들어, 상담사는 자신의 훈련 및 경험 범위 내에서만 실무를 수행해야 하고(역량의 경계), 새로운 전문 분야에서 실무를 하려면 적절한 교육과 훈련 및 슈퍼비전을 받아야 하며, 충분한 훈련을 받지 않은 분야에서의 고용을 수락하지 않고, 자신의 효과성을 지속적으로 점검하고 개선이 필요하다고 판단된 경우에는 적절한 조치를 취해야 하며, 윤리적으로 우려가 되는 일이 있으면 다른 전문가에게 자문을 구해야 하고, 최신 동향을 따라가기 위해 보수교육에 참여해야 하며, 상담사 자신의 신체적/정서적인 문제들을 관찰하면서 자신이 심각하게 손상되었다고 깨달았을 때 상담을 중단해야 하며, 상담사가 자격이 발탁되거나, 사망, 은퇴 또는 상담을 종료해야 할 경우 동료에게 내담자를 의뢰할 계획을 적절히 세워야 한다(Section C.2.h).

당신은 지식을 습득하는 것, 유능해지는 것의 중요성을 얼마나 가치 있게 여기나요? 성찰 활동 1.8에 제시된 설문지를 통해 자신의 역량을 어떻게 평가할 수 있을지 파악할 수 있다.

성찰 활동 1.8

역량을 얼마나 중요하게 여기나요?

아래 설문지를 작성하면서 당신이 얼마나 역량을 중시하는지 확인해 보자. 현재 자신의 경력 단계에서 이 특성을 중요하게 여기지 않는다면 그 이유가 무엇인지, 앞으로 중요하게 여길 가능성이 있는지, 그리고 이를 중요하게 여기지 않을 경우 내담자와의 작업에는 어떤 영향을 미칠 수 있는지 생각해 보자.

아래 제시된 10개 문항을 각각 읽고 당신의 생각을 가장 잘 나타내는 점수를 기입한다.
1점: 나는 이 진술문에 전혀 동의하지 않는다.
2점: 나는 이 진술문에 동의하지 않는다.
3점: 나는 이 진술문에 동의하지도, 반대하지도 않는다.
4점: 나는 이 진술문에 동의한다.
5점: 나는 이 진술문에 매우 동의한다.

문항

1. ____나는 학교에서 이루어지는 학습을 좋아한다.
2. ____나는 더 배우고 싶은 주제를 다룬 책과 학술지 논문 또는 관련 자료들을 읽는다.
3. ____나는 수업을 듣지 않고 학위를 그냥 받을 수 있다면 좋겠다고 생각한다.
4. ____나는 학습을 평생 동안 지속해야 하는 과정이라고 생각한다.
5. ____나는 수업 시간에 냉소적인 태도를 보이는 경향이 있다.
6. ____나는 이미 전문 학회에 가입했거나 가입할 예정이다.
7. ____직업을 갖게 되면, 한두 개 이상의 전문 학회에서 적극적으로 활동할 계획이다(예: 위원회 활동, 위원장 또는 회장 출마 등)
8. ____내담자에 대한 나의 지식을 확장하는데 연구는 거의 도움이 안 된다.
9. ____연구논문을 작성할 때 나는 문헌들을 철저하게 조사한다.
10. ____다른 전문가들의 자문을 구하는 일은 일반적으로 시간낭비라고 생각한다.

채점: 1, 2, 4, 6, 7, 9번 문항은 문항 옆에 적은 점수만큼 점수를 부여하고, 3, 5, 8, 10번 문항은 역채점한다. 즉, 역채점 문항에 대해 1점을 적었으면 5점으로, 2점은 4점으로, 3점은 그대로 3점, 4점은 2점으로, 5점은 1점으로 변경한다. 최종 점수가 50점에 가까울수록 역량을 중시하는 경향이 강하다는 것을 의미한다.

인지적 복잡성

1960년대 William Perry(1970)는 대학생들의 인지적 발달을 연구했는데, 학생들이 대학교에 입학할 때는 이분법적인 성향, 즉 흑백논리로 사고하는 경향이 강했지만, 대학을 졸업할 때가 되면 좀 더 현실적인, 즉 더 복합적이고 다원적인 사고를 하게 된다는 사실을 발견했다. 비록 시간이 많이 흘렀고, 대학생들이 그때와는 사뭇 다를 수 있지만, Perry 이론의 많은 부분은 여전히 유효하다고 볼 수 있다.

Perry가 진행한 연구에서 얻은 지식을 기반으로, 최근 내러티브 치료 접근을 취하는 이론가들은 사람들이 자신의 삶을 얇은 서술(thin descriptions) 또는 두꺼운 서술(thick descriptions)로 표현할 수 있다고 제안한다(Neukrug, 2018). 얇은 서술을 가진 사람들은 이분법적 사고와 유사하게 자신의 삶을 단순하게 설명하는 반면, 두꺼운 서술을 가지고 있는 사람들은 사람들이 살아가는 다양한 현실(multiple realities)과 복잡성을 이해할 수 있다. 예를 들어, 자신의 삶에 대해 얇은 서술을 가지고 있는 사람은 "왜 상담사가 되려고 했나요?"라는 질문에 대해 다음과 같이 단순하지만 정확한 반응으로 답할 수 있다. "글쎄요, 사람들을 도와주기 위해 상담계에 들어왔어요." 반면, 자신의 삶에 대해 두꺼운 서술을 가지고 있는 사람은 다음과 같이 답할지 모른다. "이유가 많습니다. 사람들을 도와주고 싶었어요. 제가 잘 할 수 있다고 생각했어요. 이 직종에서 돈을 벌 수 있겠다 생각했죠. 집에서 둘째여서 늘 중재자의 역할을 했어요. 어머니는 잘 돌봐주셨고, 제가 닮았나봐요." 이런 사람들은 왜 자신이 현재와 같은 지점에 이르게 되었는지에 대해 다차원적인 이유를 인식할 수 있으며, 따라서 다른 사람들도 자기 내면의 다양한 관점을 볼 수 있도록 도와줄 가능성이 높다. 배우자 외에 다른 사람과 불륜관계를 맺고 있는 어떤 사람이 "뭘 해야 할지 모르겠어요. 저는 제 배우자를 사랑합니다"라고 말했다고 가정하자. 이분법적 사고를 하는 상담사라면 이 사람을 판단하며 이해하지 못할 수 있지만, 상대주의적인 사고를 하는 상담사는 우리 모두가 가지고 있는 다중현실과 복잡한 삶을 이해할 수 있다(성찰 활동 1.9 참조).

성찰 활동 1.9

다양한 내러티브 만들기

Part 1: 48세 남성인 제로미는 기혼이고 최근 인쇄소 일자리를 잃었다. 그는 "아내를 사랑합니다"라고 말하지만, 결혼생활이 "우울하다"고 말한다. 그는 자신의 나이와 경력 때문에 새로운 직장을 구하는 것이 어려울 것이라고 걱정한다(요즘 인쇄소 일자리는 매우 적음). 그는 두 명의 자녀, 즉 19세 마리아와 고등학교 3학년인 17세 존을 부양하지 못할까 봐 걱정하고 있다. 제로미는 자신을 다음과 같이 묘사했다.

1. "저는 나이가 너무 많아 다른 일자리를 구할 수가 없어요."
2. "더 이상 인쇄소 일자리는 없어요. 제가 잘할 수 있는 게 그거뿐이에요."
3. "제 아내는 저를 싫어해요. 저와 이혼하려고 할 거예요."
4. "저는 형편없는 아버지입니다. 아이들을 대학까지 보내줄 수 없으니까요."
5. "대학 학위가 없어서 절대 앞으로 나갈 수 없어요."
6. "아내가 시간제로 비서 일을 하는 것은 우리에겐 충분한 도움이 안 돼요."

현재 제로미는 이분법적으로 사고하고 있고, '얇은' 서술로 자신의 삶을 표현하고 있다. 소집단으로 모여 제로미가 한 말을 검토하고, 그의 반응을 재구성할 수 있는 방법을 고민하며, 그의 관점을 더 복잡하고 풍부하게 만들 수 있도록 대안을 제시하시오. 하지만, 그를 불쾌하게 하지 않는 방식으로 접근해야 합니다. 예를 들어, "저는 나이가 많아서 다른 일자리를 구할 수 없어요"라는 문항에 대해 당신은 "당신과 나이대가 비슷한 분 중에 직업을 바꾼 사람들이 있나요?"라고 말할 수 있을 것이다. 또는 "저는 형편없는 아버지입니다"라는 진술에 대해 "혹시 자녀분들이 얼마나 당신을 사랑하는지, 당신에게 얼마나 감사하고 있는지를 당신에게 말한 적이 있었나요?"라고 말할 수 있을 것이다. 제로미에게 "두꺼운(thick)" 서술을 장려하기 위해 사용할 수 있는 몇 가지 응답 방식을 목록으로 작성하고, 이를 수업 시간에 공유해 보시오.

Part 2: 당신의 삶에서 힘들었던 때를 떠올려 보세요. 아마도 그때는 변화에 대한 희망이 거의 없던 시기였을 수 있다. 그런 다음, 그때 상황을 다르게 바라볼 수 있는 방법이 있는지, 그 어려운 시기를 설명할 수 있는 다른 내러티브가 있는지 생각해 본다. 또는 그 시기에 긍정적이었던 당신의 다른 부분들에 초점을 맞출 수 있을지 고민해 본다. 이런 방식으로 새로운 내러티브를 개발하거나 그 상황을 이해하고 바라보는 새로운 방법을 찾을 수 있을까요? 괜찮다면, 소집단에서 당신의 경험을 공유해 보시오.

인지적으로 복잡한 상담사는 일반적으로 내담자에게 더 큰 도움을 줄 수 있고, 더 깊고 풍성한 대화를 촉진할 수 있다(Granello, 2010; Jensen, McAuliffe, & Say, 2015). 인지적 복잡성은 다양한 방식으로 증가하는데, 교육을 통해, 경험이 쌓이면서, 상담을 받으면서, 상황에 대입해서 상담사 자신의 자기인식을 증진시키면서, 그리고 다른 관점들을 받아들이면서 인지적 복잡성이 증가할 수 있다. 흥미롭게도, 기본적인 상담 기술을 배우는 것만으로도 인지적 복잡성이 증가한다는 증거가 있다. 따라서 이 책에 기술된 기술을 배울 것을 적극 권한다!

자신의 이론에 대한 믿음

> 상담사들은 자신에게 편안하고, 흥미롭고, 매력적으로 느껴지는 치료에 마음이 끌린다. 이론이 표방하는 세계관과 상담사의 태도 및 가치 사이에 유사성이 있을 때 편하게 느낄 가능성이 높다(Wampold, 2010a, p.48).

'Sage 상담 및 심리치료 백과사전'에 따르면, 약 300개의 상담이론이 있다(Neukrug, 2015). 이렇게 많은 이론 중에서, 당신에게 적합한 이론은 무엇인가? 만일 당신이 상담기술 수업을 위해 이 교재를 사용한다면, 아직까지 많은 이론에 노출되지 않았을 가능성이 큰데, 언젠가는 접하게 될 것이다. 그렇다면 어떤 이론을 사용할 것인가? 나에게는 일부 이론들이 너무 난해하고, 어떤 것들은 직관적으로 이해되지 않으며, 또 어떤 것들은 단순히 저를 불편하게 만들거나 흥미를 끌지 못한다. 위 인용문에서 Wampold(2010a)가 제안했듯이, 나는 내가 편하게 느끼면서 더 배우고 싶은 이론들에 자연스럽게 끌렸다.

마찬가지로, 우리의 성장 배경은 우리가 어떤 이론을 택할지에 많은 영향을 미친다. 예를 들어, 내 어머니가 특별히 공감적이지 않았던 것(하지만 다른 방식으로 나를 사랑했다)이 나로 하여금 인간중심상담에 끌리게 했다. 그리고 내가 약간은 외향적이고 다소 극적인 성격을 가졌다는 점이 게슈탈트치료에 끌리게 했다. 그러나 나이가 들면서 나는 점점 더 복잡한 심리역동적인 이론들, 예를 들어 정신분석, 분석심리학, 아들러 심리학에 더 관심을 가지게 되었다. 더 최근에는 포스트모던 상담이론과 사회문화적인 이슈들에게 점점 더 마음이 끌렸다. 우리가 어떤 이론에 마음이 끌리건, 그것에 끌리는 이유가 무엇이든 간에, 우리는 그 이론을 잘 알아야 하고 또 그것을 신뢰해야 한다. 왜냐하면, 특정 이론에 능숙하고 그 이론을 신뢰하는 것이 긍정적인 상담 성과와 관련이 있는 것처럼 보이기 때문이다(Hilsenroth, 2014; Wampold & Imel, 2015).

성찰 활동 1.10

당신은 어떤 이론에 끌리는가?

아래 웹사이트에서 72개 문항으로 구성된 설문조사를 할 수 있다. 각 문항은 12개의 전통적인 상담 이론에서 표방하는 인간관을 반영한다. 각 문항에 대해 당신이 얼마나 동의하는지 응답하게 된다. 설문조사를 마치면, 당신의 응답이 12개의 이론과 각각 얼마나 일치하는지를 나타내는 점수를 부여받게 될 것이다. 또한 4개 학파(심리역동, 실존-인본주의, 인지-행동, 포스트모던)에 대한 당신의 선호도를 나타내는 점수를 제공받을 것이다. 결과를 검토하면서 어떤 이론과 학파가 당신과 가장 유사한지 생각해 보세요. 이는 당신의 이론적 접근을 개발하는 여정의 시작이다. 참고로, 이 책에서 배우고 연습할 대부분의 기술은 여러 학파에서 유용하게 사용할 수 있다.

설문 링크: www.odu.edu/~eneukrug/therapists/booksurvey.html

설문이 끝나면 소집단을 구성해서 결과를 공유한다. 점수가 비슷한 사람들을 같은 집단에 묶거나, 서로 다른 이론들을 섞어서 한 집단에 포함시킬 수도 있다. 어떤 경우든, 당신이 받은 점수에 영향을 미쳤을 수 있는 성장 배경에 대해 이야기한다.

어떤 이론을 선택하는 것이 다소 이르다고 느낄 수 있지만, 다양한 이론에 대해 생각해 보는 것은 좋은 일이다. 따라서 성찰 활동 1.10을 한 다음 어떤 이론에서 가장 높은 점수를 받았는지 확인한다. 그런 다음 왜 그런 이론들에 마음이 끌리는지 생각해 본다. 마지막으로, 어떤 이론을 사용하건 그것을 알고 또 믿어야 한다. 그래야 성공적으로 내담자에게 사용할 확률이 증가하게 된다. 그러나 당신이 선택한 이론에 흥미를 잃고 지루하게 느껴지면, 다른 이론을 찾아보고 그것을 알고 또 믿어야 한다.

종합하기

이 장에서는 효과적인 상담사와 관련된 9가지 특징을 실증적으로, 이론적으로 살펴보았다. 이 특징들은 공감, 진정성, 수용, 웰니스, 문화적 민감성, '상담사의 특별한 요소', 역량, 인지적 복잡성, 그리고 자신의 이론에 대한 믿음이 그것이었다. 우리 중 그 누구도 이 모든 특성을 완벽히 갖추고 있지는 않다. 더 현실적으로는, 우리가 전문적인 삶의 여정을 여행하면서 가끔은 이러한 특성들을 얼마나 잘 받아들이고 있는지 개인적으로 점검해 봐야 할 것이다. 체험 활동 1.1은 이 장에서 논의한 모든 특성을 검토할 기회를 제공한다.

요약

이 장은 상담사로서 피해야 할 유해한 행동에 관한 논의로 시작되었다. 그런 다음 근거기반 실무(EBP)와 공통요인 연구를 정의했고, 내담자에게 긍정적인 성과를 제공하기 위해서는 둘 다 중요하다는 점을 언급했다. 공통요인 연구에 초점을 두면서, 우리는 모든 이론적 접근의 기저에 있으면서 긍정적인 내담자 성과와 관련이 있는 것으로 보이는 두 가지 광범위한 영역을 이야기했다: 작업동맹, 자신의 이론적 접근을 전달하기. 작업동맹과 관련해서 우리는 6가지 중요한 특징을 확인했다: 공감, 진정성, 수용, 웰니스, 문화적 민감성, '상담사의 특수 요인'. 자신의 이론적 접근을 전달하는 것과 관련해서는 세 가지 중요한 특징을 확인했다: 역량, 인지적 복잡성, 그리고 자신의 이론에 대한 믿음. 이후 9가지 특성을 각각 살펴보았다.

우선 공감의 중요성을 조명했다. 공감은 다른 사람의 세상 경험을 이해하는 전문가의 능력으로 정의했는데, Carl Rogers에 의해 대중화된 공감이 세상에 존재하는 한 가지 방식이면서도 배울 수 있는 기술이라는 점을 언급했다.

다음으로 진정성의 중요성을 논했는데, 내담자와의 관계에서 언제, 어떻게 진솔하고 투명해야 하는지를 아는 것이 중요하다고 말했다. 이와 관련해서 정서 지능을 이야기했는데, 이는 상담 관계 안에서 상담사가 자신의 감정을 관리하면서 자신을 언제 그리고 어떻게 드러내야 하는지를 아는 능력이다. 진정성은 모든 상담사가 상담 관계에서 반드시 다뤄야 한다고 제안했다.

체험 활동 1.1

9가지 특성에 대한 자기 평가

아래 척도를 사용해서, 각 특성에 대해 자신이 중요하다고 여기는 정도를 숫자로 표시하시오. 그런 다음, 같은 척도를 사용해서 각 특성에 대해 자신의 수준을 평가하시오. 평가가 끝나면, 당신을 잘 아는 사람 두세 명에게도 평가를 요청하고, 그들의 점수를 적어 넣으시오. 마지막으로, 해당 특성을 마지막으로 발휘했던 때와, 필요하다면 그 특성을 강화하기 위해 할 수 있는 일을 기록하시오. 이 활동을 통해 당신이 각각의 특성을 얼마나 잘 나타내고 있는지를 확인하는 기회를 갖게 될 것이다.

1	2	3	4	5	6	7	8	9	10
극단적으로 낮은 점수									**극단적으로 높은 점수**

	중요도	자기 평가	타인 평가	마지막 경험	개선 방법
공감					
진정성					
수용					
웰니스					
문화적 민감성					
당신의 “특수한 요소”					
역량					
인지적 복잡성					
자신의 이론에 대한 믿음					

세 번째 특성인 수용은, 내담자가 상담 관계에서 이해받고 안전하다고 느끼도록 해주는 비판 없는 태도로 정의되었다. Carl Rogers는 이 자질을 ‘무조건적인 긍정적 존중’이라고 불렀는데, 관계에 어떤 단서나 조건이 없다는 것을 의미한다.

웰니스는 상담사의 소진이나 스트레스, 이차외상, 공감피로를 완화시키는 역할을 하기 때문에 중요하다. 또한 웰니스는 상담사의 역전이를 예방하는 데 도움을 줄 수 있다. ACA 윤리강령에서는 상담사의 손상을 다루고 상담사의 웰니스를 유지하는 것이 중요하다는 점을 강조하고 있는데, 이점에 대해서도 본문에 논하였다. 상담사의 웰니스를 증진시키는 다양한 방법으로는 개인 상담, 지지집단에 참석하기, 건강한 식습관을 유지하는 것, 명상, 기도, 운동, 일지 작성하기, 독서 등이 있다. 그리고 분리할 수 없는 자기 모델을 요약해서 제시했는데, 5개 요인 각각과 관련이 있는 상담사의 웰니스를 검토할 것을 제안하였다: 창의적 자아, 대처 자아, 사회적 자아, 본질적 자아, 신체적 자아.

문화적 민감성은 상담사가 반드시 갖추고 있어야 할 중요한 특성이다. 이 특성은 특히 중요한데, 역사적으로 비주류집단에 속한 내담자들은 소위 조력자들에 의해 좋은 서비스를 받지 못했다. 문화적으로 다양한 내담자와 상담할 때 검토해야 할 다양한 영역을 조명하기 위해 RESPECTFUL 모형을 제시했고, 이에 대해서는 9장에서 더 깊이 있게 다룰 예정이다.

이 장에서 우리는 '상담사의 특수 요인'에 대해 논했는데, 이 특성은 사람마다 다르고, 상담사 각자가 상담 관계에서 자신을 어떻게 드러내는지와 관련이 있다. 상담사는 자신의 독특한 성격을 활용해서 긍정적인 상담 관계를 형성하는 방법을 알아야 한다.

역량에 대해서도 다뤘는데, 상담사가 경력 전반에 걸쳐 지속적으로 지식을 갈망하는 것이 중요하다고 언급했다. 우리는 역량이 윤리적인 문제이자 법적인 문제임을 지적하며, ACA 윤리강령에서 역량의 중요성을 다양하게 강조하고 있음을 확인했다.

그다음으로 인지적 복잡성이라는 특징을 다뤘다. William Perry는 이 특징을 이분법적 사고와 상대주의적 사고의 관점에서 설명했는데, 내러티브 상담사들과 같은 포스트모더니스트들은 자신의 삶을 두텁게 진술하는 사람들이 더 깊고 복잡한 내러티브를 가진다고 제안했다. 최고의 상담사는 세상을 다양한 관점에서 바라볼 수 있고, 내담자가 얇고 이분법적인 서술에서 두껍고 복잡한 서술로 나아가도록 도울 수 있어야 한다.

마지막으로, 자신의 이론에 대한 믿음을 강조했는데, 내담자를 상담할 때 상담사가 이론적인 관점을 갖는 것이 필수적이다. 상담 수련 초반부터 학생들은 자신의 이론적 관점을 찾는 것을 시작하는데, 가장 끌리는 이론이 무엇인지 이해하기 위해 설문조사를 진행해 볼 필요가 있다. 긍정적인 내담자 성과를 얻고 싶다면, 어떤 이론을 사용하든 그 이론에 대해 숙달하고 신념을 가져야 한다.

주요 단어 및 용어

ACA 윤리강령
Carl Rogers
RESPECTFUL 상담모델
William Perry
공감
공감피로
공통요인
근거기반 실무(EBP)
내러티브 상담
다양한 현실
대리외상
독단적이지 않은
두꺼운 서술
무조건적 긍정적 존중
문화적 민감성
분리할 수 없는 자기 모형
비판단적인
상담사의 고유 특성
상대적인
수용
실재
얇은 서술
역량
역전이
웰니스
이분법적인
인지적 복잡성
자신의 이론에 대한 믿음
자신의 이론적 접근을 전달하기
작업동맹
정서지능
진정성
투명함
해가 되는 행동
효과적인 상담사의 특징

CHAPTER 2

기초 기술

학습 목표

1. 상담사의 이론적 성향과 상관없이 상담사가 경력 내내 발휘해야 할 상식적이고 기초적인 기술들을 살펴본다.
2. 효과적인 상담사 작업에 필요한 아홉 가지 특징을 검토한다.
3. 효과적인 상담 관계를 형성하기 위한 비언어적 행동을 검토한다.
    a. 상담실 분위기
    b. 복장과 의상
    c. 눈 맞춤과 표정
    d. 몸 자세와 고개 끄덕임
    e. 개인 공간
    f. 신체접촉
    g. 음성 억양
4. 평등하고 긍정적인 기초 기술을 살펴본다.
    a. 내담자를 존중하고 존경하기
    b. 배려하면서 호기심을 보이기
    c. 힘의 한계를 정하고 동등한 관계를 형성하기
    d. 병리화하지 않기
    e. 헌신하기
5. 기초 기술이 문화적인 차이에 의해 어떻게 영향을 받는지 논의한다.

들어가며

효과적인 상담사가 되기 위해 모든 상담사가 반드시 발휘해야 할 몇 가지 중요한 기초 기술이 존재한다. 이러한 기술은 꽤 보편적이며, 이론적 관점과 상관없이 상담 관계 전반에

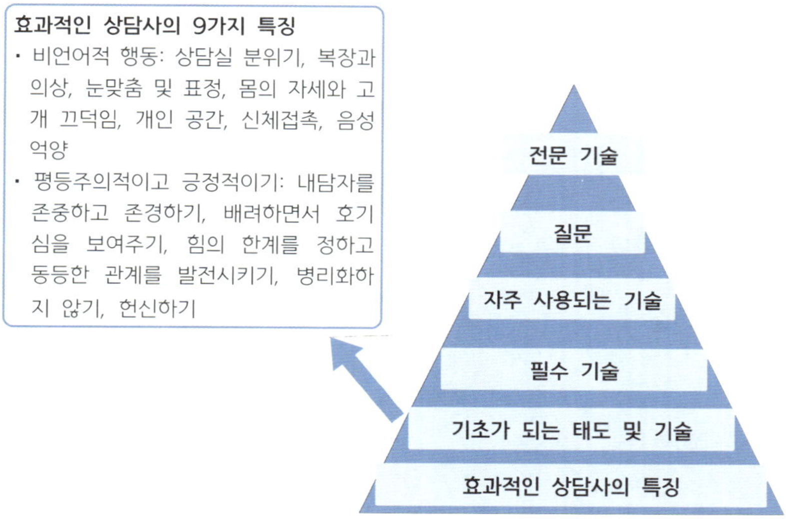

그림 2.1 상담 및 도움 기술

걸쳐 적용되어야 한다. 따라서 이 장에서는 먼저 효과적인 상담사의 아홉 가지 특성을 상기시킬 예정인데, 왜냐하면 그것들이 상담 업무의 기반이 되기 때문이다. 그다음 상담 관계에 영향을 미치는 기본적인 비언어적 행동을 설명할 것이다. 이러한 행동에는 상담실 분위기, 복장 및 옷차림, 눈 맞춤과 표정, 몸의 자세와 고개 끄덕임, 근접 공간(사적인 공간), 접촉, 음성 억양 등이 있다. 마지막으로, 동등하고 긍정적인 상담 관계를 형성하기 위한 기초 기술들을 살펴볼 것이다. 최근 들어 점점 더 중요성이 강조되고 있는 이러한 기술에는 내담자를 존중하고 존경하기, 배려하면서 호기심을 보이고, 힘의 한계를 정하고 동등한 관계를 형성하기, 병리화하지 않고, 헌신하기 등이 포함된다(그림 2.1 참조). 안타깝게도, 많은 상담사가 이러한 기술을 간과하거나 사용하지 않는 것을 보게 되는데, 이는 아마도 상담사들이 소진되었기 때문일 수 있다. 따라서 상자 2.1을 복사해서 보이는 가까운 곳에 걸어두고 상담할 때 참고하기를 권한다. 상담을 하면서 이러한 기술이 중요하다는 것을 상기시켜 줄 것이다.

상자 2.1

기억해야 할 기초 기술

상담사의 아홉 가지 특징

- 공감
- 웰니스
- 역량

- 진정성
- 수용
- 문화적 민감성
- "상담사의 고유 특성"
- 인지적 복잡성
- 이론에 대한 믿음

상담사의 비언어적 행동

- 상담실 분위기
- 복장과 의상
- 눈맞춤과 표정
- 몸의 자세와 고개 끄덕임
- 개인 공간
- 신체접촉
- 음성 억양

평등하고 긍정적인 기술

- 내담자를 존중하고 존경하기
- 배려하면서 호기심 표현하기
- 힘의 한계를 정하고 동등한 관계 형성하기
- 병리화하지 않기
- 헌신하기

이 기술들을 복사해서 벽에 붙이세요. 이 기술들을 잊어서는 안 됩니다!

효과적인 상담사의 아홉 가지 특징

1장에서 살펴본 바와 같이, 비난하고, 꾸짖거나, 판단적이며, 불친절하고 냉소적인 태도는 내담자에게 도움이 되지 않을 뿐 아니라 일부 내담자의 자존감을 떨어뜨리고, 다른 내담자의 분노를 유발할 수 있다. 반면, 효과적인 상담사의 아홉 가지 특징은 상담 관계를 강화하고 긍정적인 내담자 성과로 이어질 가능성이 높다. 기억하다시피, 이러한 특징에는 공감, 진정성, 수용, 웰니스, 문화적 민감성, 상담사의 고유 특성, 역량, 인지적 복잡성, 이론에 대한 믿음이 포함된다. 이 장을 읽으며, 이러한 아홉 가지 특징이 내담자와의 긍정적인 관계 형성에 기반이 된다는 것을 항상 염두에 두기 바란다.

비언어적 행동

> "내담자는 상담사의 복장, 비언어적인 제스처, 인사, 사무실 분위기, 안내하는 직원을 통해 상담사에 대한 선입견이나 인상을 형성할 수 있다. ..." (Bedi, 2006, p. 33)

이 인용문은 우리가 오랫동안 알고 있었고, 최근 연구에서도 계속 확인되는 사실을 잘 요약하고 있다. 즉, 비언어적 행동은 사람들이 소통하는 주요 방식이라는 것이다(Knapp,

Hall, & Horgan, 2014; Matsumoto, Frank, & Hwang, 2013). 실제로, 비언어적 행동은 종종 사람들의 의식 밖에서 이루어지지만, 조금만 주의를 기울여도 의도적으로 비언어적 행동을 조절할 수 있다. 이는 매우 중요한 사실인데, 예를 들어 "저에게 마음을 열지 마세요"라는 메시지를 전달하는 비언어적 행동은 "당신이 이야기하려는 내용을 들을 준비가 되어 있습니다."라는 메시지를 전달하는 비언어적 행동과 매우 다른 영향을 내담자에게 미치기 때문이다. 특히 중요한 비언어적 행동에는 사무실 분위기, 복장 및 의상, 눈 맞춤과 표정, 몸의 자세와 고개 끄덕임, 개인 공간, 신체접촉, 음성 억양 등이 포함된다.

상담실 분위기

신뢰 관계를 형성하는 첫걸음은 내담자가 상담사의 환경과 처음 접촉하는 순간부터 시작된다. 이러한 접촉이 이메일, 전화, 방문 등 어떤 형태로 이루어지든 신속하게 후속 조치를 취하는 것이 중요하다. 또한 내담자가 기관이나 상담실에 방문할 때, 안내하는 사람 또는 직원이 정중하고 친절하게 대해야 한다. 나아가, 내담자는 상담사의 사무실에 즉각적인 반응을 하는 경향이 있는데(Knapp et al., 2014), 조용하고 편안하며 안전한 장소를 제공하고, 비밀 유지가 보장되는 공감을 마련하는 것이 성공적인 상담 관계를 위한 핵심 요소이다.

상담사가 자신의 사무실을 어떻게 배치하고 꾸미느냐는 내담자의 긍정적인 태도를 유도하는 데 중요한 역할을 할 수 있다(Bedi, 2006; Nassar & Devlin, 2011). 대부분의 상담사들은 상담실이 방음이 되어야 하고, 은은한 조명을 사용하고, 어수선하지 않고, 내담자 기록을 안전하게 보관하고, 전화벨 소리나 노크와 같은 방해 요인이 없으면서, 내담자가 편안히 앉을 수 있는 의자가 있어야 한다는 것에 동의한다. 상담사의 상담 스타일이나 성격에 따라 다소 차이가 있지만, 상담사와 내담자 사이에는 책상 같은 큰 가구가 없어야 한다(물론 화가 많고 쉽게 폭발하는 내담자와 상담할 때 책상을 사이에 두는 것이 현명하다고 판단한 적이 있다). 상담사가 자신의 사무실을 꾸밀 때는, 상담사의 개인적 취향을 반영하는 것과 함께 대다수 내담자에게 호감을 줄 수 있는 환경을 만드는 것 사이에서 균형을 찾아야 한다(체험 활동 2.1 참조).

체험 활동 2.1

사무실 배치하기

아래 항목들 중 마음에 드는 것들을 선택하여 자신의 이상적인 상담 사무실을 구상해 보시오. 선택한 항목들을 그림으로 그리거나, 잡지에서 잘라 붙이는 방식으로 시각화해 보시오. 사무실 공간을 구성한 뒤, 그 배치를 다른 사람들과 공유하고, 무엇이 당신의 사무실을 특별하게 만드는지 설명해 보시오. 또한, 당신의 사무실이 어떻게 하면 긍정적인 상담 관계를 촉진할 수 있을지도 논의해 보시오.

책상	화분	작은 탁자
서류 캐비닛	잔가지로 엮은 광주리	프린터
긴 소파	책꽂이	그림 또는 사진
책상용 의자	사이드 테이블	대형 스탠드
의자	라디오/CD 플레이어	소형 스탠드
컴퓨터	잡지 보관대	흔들의자
기타 항목		

상담사가 사무실 가구를 어떻게 배치하느냐가 상담에 임하는 내담자에게 영향을 미치는 유일한 요소는 아니다. 종종 진열된 책이나 기타 장식품이 내담자의 개방성에 큰 영향을 미칠 수 있다. 이를 강조하기 위해 성찰 활동 2.1을 마련했다. 물론, 상담사가 자신의 사무실을 어떻게 배치하더라도 어떤 사람들은 특정 요소에 대해 불편함을 느낄 수 있다. 또한 상담사는 특정한 분위기를 통해 특정 내담자층을 유치하려 할 수도 있다. 예를 들어, 종교적 성향이 강한 상담사는 종교 색채가 강한 물건들을 사무실에 비치할 수 있고, 주로 LGBTQ 문제를 다루는 상담사는 LGBTQ 관련 서적들을 비치할 수도 있다.

성찰 활동 2.1

사무실에 배치할 항목 선택하기

아래 나열된 항목들을 살펴본 후, 상담실에 들어섰을 때 이 항목들 중 어느 것이 불쾌감을 줄 수 있을지 생각해 보자. 그런 다음, 여러분이 아는 가장 진보적인 사람과 가장 보수적인 사람이 상담실에 들어섰을 때 이 항목들을 보고 어떻게 느낄지 상상해 보시오. 수업에서 이 항목들이 상담사의 사무실에 포함되어야 하는지에 대해 토론해 보시오.

• 페미니스트 관련 서적	• 근본주의 종교 서적	• 가죽으로 된 가구
• 지나치게 정돈된 책상	• 불교 명상 관련 자료	• 곰의 모피로 된 깔개
• 인간의 성에 관한 자료	• AIDS 배지	• LGBTQ 서적
• LGBTQ 서적	• 트랜스젠더 관련 자료	• 기독교 십자가
• 상담사와 내담자 사이에 놓인 큰 책상	• 낙태 관련 정보	• 태극기
	• 어수선한 책상	

복장 또는 의상

상담사가 어떤 옷을 입는가는 내담자에게 상담사가 내담자의 이야기를 들을 준비가 되어있는지, 도움을 줄 수 있는지를 전달하거나, 반대로 내담자로 하여금 입을 다물게 할 수도 있다(Segal et al., 2011). 직장에서 청바지를 입어도 될까? 고가의 정장을 입는 것은 어떤가? 의상이 과하게 노출되지는 않았나? 보석이나 헤어스타일은 상담사에 대해 어떤 인상을 줄까? 신발은 깔끔하게 관리되어 있나, 아니면 낡고 허름해 보이나? 운동화를 신어도 괜찮을까? 옷은 깔끔하게 정돈되어 있나, 아니면 흐트러져 보이나? 피어싱, 문신, 낡은 옷 등은 허용될까?

상담사의 복장에 대한 내담자의 반응을 의식하고 민감하게 대처하는 것이 중요하다. 상담사는 항상 다음 질문들을 스스로에게 던져야 한다. "내 외모가 내담자에게 어떤 메시지를 전달하고 있는가?" "내담자를 위해 내 복장을 바꿀 필요가 있는가?" "내 외모에 대해 내담자와 대화를 나눌 필요가 있는가?" "내 복장은 나를 얼마나 기분 좋게 만드는가?"(성찰 활동 2.2 참조).

성찰 활동 2.2

당신은 무엇을 입고 있나요?

수업을 듣고 있는 학생 중 한 명씩 교실 앞으로 나오고, 다른 학생들은 익명으로 해당 학생의 외모가 그 학생에 대해 무엇을 말하고 있는지 적는다. 가능하다면, 문신, 피어싱, 의상 종류, 헤어스타일 등 구체적으로 언급한다. 이후 각 학생은 다른 학생들이 작성한 의견을 받아 읽고 숙고한다. 그런 다음, 학급 앞에 섰던 학생은 다른 학생들이 적은 내용에 대해 자신의 생각을 이야기한다.

대안 활동: 학생들이 다른 학생들 앞에 서는 대신, 강사가 온라인에서 다양한 복장을 한 사람들의 사진을 찾아온다. 학생들은 각 사진을 보고 해당 복장이 내담자들에게 긍정적 혹은 부정적인 반응을 일으킬지 토론한다.

눈맞춤과 표정

상담사와 내담자가 서로를 어떻게 바라보는지는 두 사람에 대해 많은 것을 말해준다(Howes, 2012; Knapp et al., 2014). 상담사는 내담자의 이야기를 유도하는 방식으로 눈 맞춤을 유지하고 있는가? 내담자는 상담사와 협력하려는 의지와 욕구를 보여주고 있나? 상담사는 내담자와 일하고 싶은 열정과 호기심을 보여주고 있는가? 내담자는 상담사와의 협력에 대해 흥분, 두려움 또는 경계심을 보이고 있나? 상담사는 자신이 내담자에게 눈으로 무엇을 말하고 있는지에 대해 민감해야 하며, 내담자의 마음의 창인 눈을 통해 표현되는 감정에 민감해야 한다.

강한 눈 맞춤(예: 응시)은 대부분의 내담자를 불편하게 만들 수 있지만, 눈 맞춤을 힘들어하는 상담사는 신뢰로운 관계를 형성하는 것이 쉽지 않을 것이다. 따라서 상담사가 경청할 준비가 되어 있음을 내담자에게 전달하기 위해서는 "적절한" 양의 눈 맞춤을 찾아야 한다. 때로는 눈 맞춤에 대한 문화적 차이로 인해 눈 맞춤의 적정량을 결정하는 것이 어려울 수 있다(Ratts, Singh, Nassar-McMillan, Butler, & McCullough, 2015, 2016). 따라서 상담사는 가능한 한 문화에 따른 눈 맞춤에 대한 내성의 차이를 잘 이해하도록 훈련을 받아야 한다. 눈 맞춤 외에도, 상담사의 표정은 상담사가 내담자를 어떻게 경험하고 있는지를 전달하는 중요한 신호이다(Matsumoto & Hwang, 2013a). 종종 상담사의 표정이 내담자의 감정(예: 슬픔, 불안, 염려, 기쁨)과 일치하는 것이 중요하다(상자 2.2 참조).

많은 상담사들이 자연스럽게 눈 맞춤의 적절한 양을 찾아내지만, 일부 상담사는 어려움을 겪을 수 있다. 눈 맞춤을 유지하는 당신의 능력을 살펴보자(체험 활동 2.2 참조).

상자 2.2

당신을 반영하기/나를 반영하기

내가 처음 상담을 받았을 때 상담사는 마치 늘 "나와 함께 있는" 것처럼 느껴졌고 놀랄 만큼 공감적이었다. 어느 날 상담사가 나를 쳐다보고 있었는데, 슬퍼보였다. 내가 "왜 그렇게 슬퍼보이세요?"라고 물었을 때 상담사가 나한테 했던 말이 잊혀지지 않는다. 그는 "저는 당신에게서 느껴지는 것을 반영하고 있습니다." 그 순간 나는 내가 얼마나 슬픈지 깨달았고, 그 자리에서 흐느껴 울기 시작했다. 그것은 중요한 깨달음의 시작이었다.

체험 활동 2.2

당신은 눈맞춤이 얼마나 편한가요?

눈맞춤을 견디는 능력은 사람마다 매우 다른데, 이는 문화적인 차이와 관련이 있을 수 있다. 이를 확인하기 위해, 학급을 4-6명으로 구성된 소그룹으로 구성한다. 한 사람이 상담사의 역할을 하고 다른 사람들은 차례로 내담자가 된다. 상담사는 눈 맞춤에 편안해야 하고, 각 내담자가 자신의 삶에서 경험한 작은 문제들을 공유하는 동안 적당한 양의 눈 맞춤을 제공한다. 세션이 끝나면, 참가자들이 눈맞춤에 대해 느끼는 편안함의 정도가 사람에 따라 상당히 다른지, 그렇다면 왜 그런지에 대해 이야기한다.

몸의 자세와 고개 끄덕임

상담 관계든 개인적 관계든 우리는 항상 비언어적으로 다른 사람들과 소통하고 있다(Knapp et al., 2014; Matsumoto & Hwang, 2013b). 그리고 누군가를 더 오래, 더 잘 알게 될수록 상대방의 신체 언어를 더 잘 읽을 수 있게 된다. 상담 관계에서 우리의 신체 자세, 특히 고개를 끄덕이는 행동은 내담자와 소통하는 데 있어 매우 중요하다. 최적의 자세는 상담사가 두 발을 바닥에 안정적으로 두고, 몸을 약간 앞으로 기울이며, 팔은 열린 자세를 취하는 것이다. 이러한 자세는 상담사가 내담자의 이야기를 들을 준비가 되어 있음을 암시한다. 또한, 적절한 고개 끄덕임은 내담자에게 "계속 이야기해보세요" 또는 "제가 당신과 함께 있습니다"라는 메시지를 전달한다. 신체 언어가 얼마나 중요한지 이해하려면 성찰 활동 2.3을 수행해 보자.

성찰 활동 2.3

신체 자세, 고개 움직임, 그리고 얼굴 표정

소집단을 구성한 후 한 사람은 상담사 역할을 다른 한 사람은 내담자의 역할을 한다. 나머지 사람들은 관찰자의 역할을 수행한다. 내담자는 최근 경험한 힘든 일에 대해 이야기하고, 상담사는 신체 자세, 고개 끄덕임, 얼굴 표정을 통해서만 반응한다. 나머지 사람들은 관찰하고, 3-5분 동안의 역할극이 끝나면 상담사에게 피드백을 제공한다. 그런 다음 나머지 사람들도 상담사의 역할을 한다. 시간이 허락된다면 집단의 모든 사람이 상담사의 역할을 한다.

개인 공간

문화, 연령, 젠더, 개인적인 경험으로 인해 개인 공간에 대한 편안함의 정도는 사람마다 꽤 다르다(Knapp et al., 2014; Sommer, 2007). 따라서 상담사는 자신과 내담자 사이의 거리에 대해 민감해야 한다. 공간이 너무 넓으면 내담자는 상담사를 멀고, 냉담하며, 무관심한 사람으로 느낄 수 있고, 반대로 공간이 너무 좁으면 내담자는 자신의 경계가 침해당했다고 느껴 이야기를 꺼리게 될 수 있다. 이러한 반응은 대개 미묘하게 나타나지만, 상담사는 각 내담자에게 적합한 '적정' 거리가 어느 정도인지 찾아야 한다. 성찰 활동 2.4를 통해, 개인 공간과 관련해서 당신의 편안함 수준을 확인해 보자.

성찰 활동 2.4

개인 공간에 대해 당신이 느끼는 편안함

학생들을 약 2미터 간격으로 두 줄로 세운다. 학생들은 다른 줄에 서 있는 자신의 짝을 쳐다본다. 그런 다음, 한 줄에 서 있는 학생들은 마주 보고 있는 학생과의 거리가 편안하게 느껴질 때까지 다가가거나 또는 물러선다. 그런 다음, 이번에는 다른 줄에 서 있는 학생들이 편안하게 느껴질 때까지 다른 줄에 있는 학생에게 다가가거나 물러선다. 활동을 마친 후, 학생들은 개인 공간에 대해 느끼는 편안함의 정도와 개인차에 대해 이야기한다.

신체 접촉

신체 접촉은 애정과 돌봄을 나타내는 데 사용될 수 있는 가장 중요한 방법 중 하나로,

상담 관계를 포함한 모든 관계에서 중요하다(Calmes, Piazza, & Laux, 2013). 예를 들어, 누군가 깊은 고통을 호소하고 있을 때 그 사람의 손을 잡거나 또는 그 사람이 흐느끼는 동안 가볍게 껴안는 것은 자연스러운 일이다. 또는 내담자가 상담실에 도착하거나 또는 상담을 마치고 상담실을 나갈 때 많은 상담사들이 내담자의 어깨에 손을 얹거나 포옹하는 것을 자연스럽게 여긴다. 그러나 지금처럼 소송이 난무하는 사회에서 신체 접촉은 매우 민감한 주제가 되었고, 따라서 모든 상담사는 윤리강령에서 제안하고 있는 내담자의 경계, 상담사의 경계, 그리고 신체 접촉의 한계에 대해 주의를 기울여야 한다. 내담자와의 신체 접촉은 다음을 기준으로 해야 한: (a) 내담자의 욕구에 대한 상담사의 평가, (b) 상담사 자신의 욕구에 대한 인식, (c) 내담자의 문화적 맥락에서 어떤 행동이 적절한지에 대한 인식, (d) 내담자가 신체 접촉을 어떻게 해석할지에 대한 감각, 그리고 (e) 윤리강령 및 관련 법률 지식뿐 아니라 상담기관의 정책 및 관행에 기초해야 한다(성찰 활동 2.5 참조).

성찰 활동 2.5

신체 접촉에 대한 당신의 편안함 수준

모든 학생들이 짝을 지어 상담사와 내담자의 역할을 수행한다. 이 과정에서 상담사는 자신이 경청하고 있고 또 염려하고 있음을 보여주기 위해 적절하고 부드러운 방식으로 내담자를 터치한다. 몇 분 후 역할을 바꿔 같은 과정을 반복한다. 롤플레이가 끝나면, 신체 접촉의 수준과 자신이 느꼈던 편안함의 정도, 그리고 내담자마다 신체 접촉에 대한 반응이 어떻게 다를 수 있을지 이야기를 나눈다.

음성 억양

인간의 의사소통은 우리가 인정하고 싶은 것 이상으로 복잡한데, 때로는 우리가 반응하는 방식에 복수의 의미가 담긴 경우가 있다(Watzlawick, Beavin, & Jackson, 1967). 억양(voice tone)과 관련해서, 상담사는 자신이 이야기하고 있는 내용과 그 내용을 전달하는 방식이 늘 일치하지 않을 수 있음을 알고 있어야 한다. 예를 들어, "당신이 좋아요"라는 말을 화난 어조로

전달한다면 혼란스러운 메시지를 줄 수 있으며, 이는 내담자가 상담사를 경험하는 방식에 큰 영향을 미칠 수 있다(Frank, Maroulis, & Griffin, 2013; Knapp et al., 2014; Sommer, 2007). 물론, 상담사가 내담자의 음성 억양에 담긴 의미를 인식하는 아는 것 역시 그만큼 중요하다. 또한 상담사는 상담 회기 중에 "네," "음"과 같은 짧은 반응을 매우 많이 하게 되는데, 이는 상담사가 내담자에게 주의를 기울이고 있음을 전달하는 데 중요한 역할을 한다(성찰 활동 2.6 참조).

성찰 활동 2.6

억양과 단어

학생들을 짝을 지어 서로 마주보게 한 후, 한 학생이 다양한 방식으로 "당신을 좋아해요"라고 말한다. 한 번은 사랑스러운 말투로, 또 한 번은 화난 목소리와 냉소적인 말투로 이야기한다. 활동이 끝나면 음성 억양과 말투가 단어 자체보다 더 많은 정보를 전달할 수 있는지, 그리고 때로는 어떻게 음성 억양과 말투가 말하고 있는 단어와 상충될 수 있는지 이야기해 본다.

비언어적 행동에 대한 비교문화적 관점

상담사들은 몸을 내담자에게 향하고, 눈 맞춤을 잘하고, 내담자의 감정에 부합하는 목소리로 말하고, 가급적 내담자에게 신체 접촉을 하지 않아야 한다고 교육받는다. 그러나 연구에 따르면, 상담사의 비언어적 행동에 대한 내담자의 인식과 반응에는 문화적 차이가 존재한다(Knapp et al., 2014; Matsumoto & Hwang, 2013c). 따라서 상담사는 내담자가 보이는 비언어적 행동의 문화적 차이를 민감하게 주시해야 하는 동시에 문화적으로 적절한 반응을 알고 또 잘 사용해야 한다(Ratts et al., 2015, 2016).

어떤 비언어적 행동은 내담자의 문화적 배경과 상관없이 상담 관계에서 금지된다(예: 유혹하는 시선, 부적절한 신체 접촉, 거칠게 비난하는 표정). 그러나 문화적으로 역량 있는 상담사는 자신의 비언어적 행동이 어떻게 내담자에게 부정적인 영향을 미칠 수 있는지 인식하고 있다. 또한 내담자의 문화적 배경에 따라 비언어적인 행동이 어떻게 다를 수 있는지 알고 있다. 이러한 지식은 상담사가 내담자를 깊고 의미 있는 방식으로 이해하는 데 도움을 준다.

효과적인 다문화 상담사는 일부 내담자가 시선을 마주치는 것을 기대하는 반면 어떤 내담자는 눈 맞춤을 불쾌하게 여긴다는 것을 이해해야 한다. 어떤 내담자는 상담사가 상체를 기울여서 자신에게 향하는 것을 기대하는 반면, 다른 내담자들은 이런 행동을 침입하는 것으로 간주한다. 또한 어떤 내담자는 상담실을 떠날 때 포옹하는 것을 기대할 수 있지만, 다른 내담자들은 이 행위가 경계를 넘어서는, 부적절한 행동이라고 생각한다. 효과적인 상담사는 다수 내담자에게 효과적인 것이 모두에게 효과적이지 않을 수 있음을 염두에 두며, 모든 내담자의 개별적인 요구와 반응에 민감하게 대응한다(상자 2.3 참조).

상자 2.3

신체 접촉에 대한 당신의 편안함 정도

나는 한 상담사로부터 몇 년 동안 상담을 받고 있었다. 하루는 감동적이고 통찰력 있는 상담 회기를 마친 후, 일어서서 상담사를 포옹하려 다가갔다. 상담사는 당황한 것처럼 보였고, 재빨리 그리고 친절하게 "저는 신체 접촉을 잘 하지 않는 사람입니다"라고 말했다. 물론 다음 상담회기에 그가 왜 포옹을 거절했는지에 대해 이야기를 나눠야 했다. 그래서 우리는 내담자의 편안함뿐만 아니라, 자신의 편안함 수준에도 주의를 기울여야 한다는 사실을 알게 되었다!

결론

이 절에서는 긍정적인 내담자 성과에 중요한 영향을 미치는 다양한 비언어적 행동을 다뤘다. 이러한 비언어적 행동들을 기억하기 위해 내가 가끔 사용하는 약어는 CHASE LOVE이다. 이는 다음을 의미한다. 문화 간 차이 고려(cross-cultural concerns), 고개 끄덕임(head nodding), 복장(attire), 개인 공간(personal Space), 눈 맞춤(eye contact), 앞으로 기울이기와 개방적인 자세(Leaning forward and open body posture), 사무실 분위기(office atmosphere), 음성 억양(voice intonation), 표정(facial expression). 이제 다양한 종류의 비언어적 행동을 배웠으니, 체험 활동 2.3을 통해 이를 복습하고 이해했는지 검토할 수 있다.

평등하고 긍정적인 태도와 기술

최근 포스트모던 접근의 인기가 높아지면서, 많은 상담사들이 널리 사용하고 있는 태도와 기술이 강조되고 있다. 이러한 강점 기반 접근들은 내담자를 평등한 존재로 대우하며, 내담자가 지금보다 더 긍정적인 방식으로 자신의 삶을 바라볼 수 있다는 믿음으로 내담자를 대한다(Neukrug, 2018; Rice, 2015). 이런 관점과 맥을 같이 하는 태도 및 기술에는 내담자를 존중하고 존경하기, 내담자를 향해 따뜻한 호기심을 표현하기, 힘의 경계를 정하고 동등한 관계를 형성하기, 내담자를 병리화하지 않기, 내담자에게 헌신하기 등이 있다. 각각을 살펴보자.

체험 활동 2.3

비언어적 행동을 연습하기

4-5명으로 구성된 소그룹을 구성해서, 한 학생은 상담사의 역할을, 다른 학생은 내담자, 나머지 학생들은 관찰자가 된다. 관찰자들은 아래에 제시한 차트를 사용해서 상담사의 비언어적 행동에 대해 피드백을 작성한다. 피드백은 가급적 구체적이어야 한다. 각 역할극을 마친 후 상담사에게 피드백을 제공한다. 차례대로 상담사와 관찰자가 되어 본다.

	잘한 점	개선이 필요한 점
문화 간 차이 고려		
고개 끄덕임		
복장		
개인 공간		
눈 맞춤		
몸을 앞으로 기울이기		
개방적인 몸자세		
음성 억양		
표정		

내담자를 존중하고 존경하기

상담사의 주요 책임은 내담자의 존엄성을 존중하고 내담자의 복지를 증진시키는 것이다(American Counseling Association, 2014, Section A.1.a). 내담자를 존중하고 존경한다는 것은 내담자가 지금까지 살아온 삶의 경로와 앞으로 살아갈 길을 인정하고 긍정하는 것이다(Sung & Dunkle, 2009). 이러한 존중과 존경은 종종 전문가의 공개 진술문(disclosure statements)에서 시작되는데, 이 진술문에는 상담 관계의 중요한 가치들이 반영되어 있고, 윤리적 강령에 표현되어 있다(예: ACA, 2014; Jansson, 2016). 이 문서는 내담자

를 처음 만났을 때 제공되며, 체험 활동 2.4에 제시된 10가지 항목을 포함하고 있다(Corey, Corey, & Corey, 2019; Remley & Herlihy, 2016).

체험 활동 2.4

전문가 공개 진술문 작성하기

전문가의 공개 진술문은 내담자가 상담 관계에서 환영받고 있음을 느끼게 하고, 상담 과정에서 앞으로 어떤 일이 일어날지 이해하도록 돕는 역할을 한다. 상담 관계의 전개과정을 이해하고 있음을 보장해 준다. 이 진술문은 상담 관계에서 발생할 내용과 경계를 명확히 제시하며, 내담자를 수용하고 존중하는 방식으로 작성되어야 한다. 아래의 10개 문항을 사용해서 자신만의 전문가의 공개 진술문을 작성해 보고 다른 학생들과 공유한다. 전문가의 공개 진술문에 대해서는 7장에서 보다 심층적으로 다룰 예정이다.

1. 상담사 자격(증)에 대한 정보
2. 상담 관계의 목적
3. 내담자의 다양성에 대한 존중
4. 내담자에게 약속을 지키겠다는 진술
5. 내담자에게 헌신하겠다는 진술
6. 상담사의 이론적 성향에 대한 개요
7. 내담자의 자기결정의 중요성에 대한 진술
8. 상담 관계의 한계 및 경계에 대한 정보
9. 관계에 영향을 미칠 수 있는 기관의 규칙과 법률적인 이슈에 대한 진술
10. 몇몇 경우(예: 자해 또는 타인에 대한 위해)를 제외한 모든 상황에서 상담 관계의 기밀성에 대한 언급

전문가 공개 진술문 외에도, 내담자를 존중하고 존경하는 것은 상담사가 내담자를 이해하고, 내담자의 삶의 위치를 무조건적으로 수용한다는 것을 의미한다(Gold, 2008; Jansson, 2016). 이런 맥락에서 저항하는 내담자 또한 존중받아야 하는데, 상담사는 그런 저항이 발생한 원인을 이해하려고 노력해야 한다. 즉, 내담자를 "힘든" 내담자로 명명하는 것이 아니라, 저항을 초래한 힘든 상황을 마주한 내담자로 명명해야 한다. 마찬가지로, 우울한 내담자의 슬픔을 인정하고, 이러한 슬픔이 내담자에게 보내는 메시지로 간주해야지, 무언가 본질적으로 잘못되었다거나 절대로 좋아지지 않을 것이라는 징후로 간주해서는 안 된다. 냉소적인 내담자일 경우 회의적인 태도를 가져야 하는 이유가 있을 것으로 간주하고, 이때 상담사의 목표는 이러한 태도를 이해하는 데 있다. 내담자를 존중한다는 것은, 내담자가 어떤 감정과

태도를 가지고 있더라도 내담자를 수용하는 것, 내담자에게 영향을 미친 맥락을 이해하는 것, 그리고 내담자를 진정으로 도와주고 싶은 열망이 상담사에게 있음을 의미한다(성찰 활동 2.7 참조).

성찰 활동 2.7

저항을 존중하기

몇 년 전 나는 "저항적인 청소년과 일하는 법"이라는 제목의 워크숍에 참여한 적이 있다. 청소년들이 함께 일하기 어려운 집단으로 알려져 있어서, 이 워크숍 리더가 우리가 어떻게 저항적인 청소년들을 이해하고 도울 수 있을지에 대해 어떻게 설명할지 궁금했습니다. 워크숍을 시작하면서 리더가 "저항하는 청소년은 없습니다. 저항하는 상담사만 있을 뿐입니다"라고 말했을 때, 나는 깜짝 놀랐지만 이내 눈이 번쩍 떠지는 것을 경험했다. 그가 말하려고 했던 요점은, 저항적인 태도를 보이는 것은 청소년의 책임이 아니라, 오히려 저항적인 청소년을 이해하고 존중해야 하는 책임이 상담사에게 있다는 것이었다. 그는 상담사들이 "책임을 전가하는 게임"을 하지 말고, 저항적인 청소년을 문제를 가진 사람으로 몰지 말아야 한다고 말했다. 문제는 그 청소년에게 다가갈 수 없는 상담사에게 있다는 것이다.
여러분이 친구, 내담자 또는 아는 사람을 만났을 때, 그들을 너무 빨리 라벨링한 경험을 떠올려 보자. 어쩌면 그들을 변화에 저항하는 사람, 우울한 사람, 또는 "미친" 또는 정신병적인 사람으로 보았을 수도 있다. 그 태도를 바꿔 대신 그들을 존중하고 이해할 수 있을까? 그들을 이해하려는 노력을 기울일 수 있을까? 작은 그룹으로 나누어 여러분의 경험을 토론해 보자.

1장에서 다룬 수용의 태도가 내담자를 존중하고 존중하는 것과 밀접하게 관련이 있지만, 한 가지 차이점은 존중과 존경은 특히 상담 관계 초기에 내담자에게 하는 질문이나 진술의 유형을 통해 나타난다는 것이다. 아래에 몇 가지 예를 제시하였다.

- 오늘 어떤 일로 오게 되었는지 말씀해 주세요.
- 오늘 이렇게 오신 걸 정말 기쁘게 생각하며, 이곳에서 편안하게 느끼시길 바랍니다.
- 그래, 힘들었을 것 같다. 어떤 식으로든 내가 도움이 되고 싶어.
- 네가 이곳에 있고 싶어 하지 않는다는 것을 잘 알겠어. 그런데 어떤 식으로든 이곳에서 보내는 시간이 너한테 가치가 있으면 좋겠구나.
- 어떻게 하면 이곳에서의 시간이 도움이 될 수 있을까?
- 어떻게 하면 내가 너를 가장 잘 도울 수 있을까?
- 어떻게 해서 지금처럼 느끼게 되었는지 정말 이해하고 싶습니다.

- 가능한 최선의 방법으로 도움이 되고 싶습니다. 제가 하고 있는 일이 도움이 되는지 알려주세요.

위의 질문이나 발언을 통해 내담자는 자신이 존중받고 있다고 느끼며, 상담사는 이를 통해 내담자의 상황을 이해하고 싶다는 의도를 전달한다. 아래에서 내담자의 모든 감정과 태도를 수용하고, 내담자가 겪어온 상황을 이해하며, 도움을 주고자 하는 마음을 기반으로, 내담자를 존중하는 추가적인 질문이나 발언을 작성해 보자. 내담자에게 상담사가 긍정적인 영향을 미친다는 느낌을 주고, 내담자를 존중하는 발언을 작성해 보세요. 그런 다음 체험 활동 2.5를 해보자.

질문 1. ____________________

질문 2. ____________________

질문 3. ____________________

질문 4. ____________________

질문 5. ____________________

체험 활동 2.5

내담자를 존중하고 존경하기

다음은 인생에서 어려움을 경험하고 있는 두 내담자의 진술이다. 이전에 우리가 작성한 응답을 사용하거나 새롭게 떠오른 응답을 사용해서 존중과 존경을 전달할 수 있는 방식으로 질리언과 사이몬에게 반응해 보자.

사례 1: 질리언은 상담실에 방문한 새로운 내담자인데, 우울증과 불안을 겪고 있다. 접수 면접에서 질리언은 다음과 같이 말했다.

지난 몇 년째 우울증에 시달리고 있어요. 가까스로 제 일을 할 수 있었고 집안일도 그랬어요. 전에 상담을 받은 적이 있는데, 전혀 도움이 되지 않았어요. 선생님께서도 도움이 될지 잘 모르겠어요.

한 사람이 질리언의 역할을 하고 다른 사람이 상담사의 역할을 한다. 어떻게 하면 상담사가 질리언을 존중하고 존중하는 식으로 반응할 수 있을까?

사례 2: 사이먼은 최근에 연인과 이별을 했고, 세상에 혼자라고 느끼고 있다. 접수 면접 시 사이먼은 다음과 같이 말했다.

라파엘을 사랑했어요. 하지만 그 관계가 잘못된 거라는 걸 알았어요. 하지만 그가 떠났을 땐 놀랐어요. 지금은 혼자라는 느낌이 들고 계속해서 불안해요. 어떻게 해야 할지 모르겠어요. 지금 누군가를 사귀고 싶은 마음도 없어요.

한 사람이 사이먼의 역할을, 다른 사람이 상담사의 역할을 한다. 어떻게 하면 상담사가 사이먼을 존중하고 존중하는 식으로 반응할 수 있을까?

가능한 반응: 질리언과 사이먼에게 몇 가지 반응을 한 다음, 이 장 마지막 부분에 제시한 몇 가지 사례를 살펴보자. 소집단을 구성해서 당신의 반응과 제가 제시한 반응을 비교해 보자.

배려하면서 호기심 표현하기

성공적인 상담사는 자연스럽게 타인에 대해 호기심을 갖는 사람들이다(Rice, 2015). 어떻게 이 지경까지 이르게 된 것일까? 내담자는 왜 그렇게 반응했을까? 어떤 비극을 경험한 것일까? 어린 시절에 어떤 외상사건을 경험했을까? 그 일이 발생했을 때 어떤 느낌이었을까? 이러한 질문들은 호기심 많은 상담사의 마음속에 흐르는 수많은 질문 중 일부에 불과하다. 그러나 성공적인 상담사는 이런 질문을 마음속에 떠올리는 것에 그치지 않고, 실제로 내담자에게 질문을 던지고, 그들의 삶에 관심이 가지며, 내담자에 대해 질문하는 것에 익숙하고 편안하게 여긴다.

호기심 많고 효과적인 상담사는 내담자의 삶에 대해 질문하는 것을 피하지 않는데, 그 이유는 중요한 삶의 문제들을 해결하기 위해서는 우선 내담자의 삶을 탐색하는 것이 이루어져야 하기 때문이다. 그런 질문은 전혀 부담되지 않으며, 늘 호기심과 배려에 기초해서 질문을 한다. 호기심을 보이면서 할 수 있는 진술문과 질문의 유형은 다음과 같다.

- 그 점에 대해 더 알고 싶습니다.
- 그 이야기를 조금 더 말해줄 수 있을까요?

- 어떻게 그런 일이 일어났는지 말씀해 주실 수 있나요?
- 정말 흥미로운 이야기네요. 계속 말씀해 주세요.
- 가능하다면, 더 이야기해 주세요.
- 정말 놀라운 삶을 사셨네요. 더 이야기해 주세요.
- 말씀하신 내용이 매우 흥미롭습니다! 계속 이야기해 주세요.

이러한 질문들은 상담사가 내담자에게 관심이 있고 더 알고 싶어 한다는 것을 보여주는 몇 가지 예에 불과하다. 체험 활동 2.6을 통해 이 중요한 기술을 연습하는 것이 도움이 될 것이다. 역할 연기를 통해 내담자가 일상적인 대화에서는 드러내지 않는 자신의 단면을 드러내는지 확인해 보시오.

체험 활동 2.6

호기심을 표현하는 활동

세 명이 한 조인 소집단을 구성하시오. 한 사람은 상담사, 다른 한 사람은 내담자, 나머지 한 사람은 관찰자가 된다. 상담사가 할 일은 내담자에게 관심을 보이고, 배려하며, 존중하는 태도로 호기심을 표현하는 것이다. 관찰자는 상담사가 호기심을 가지고 있었는지, 내담자를 존중하고 배려하면서 공손했는지 피드백을 제공한다. 전체 수업에 돌아와서 관찰자는 상담사가 사용한 반응 중 일부를 공유하며 피드백을 나눈다.

힘의 한계를 정하고 동등한 관계 형성하기

> 대부분의 상담사는 상담 과정에서 스스로를 내담자의 동반자로 경험하지, 내담자의 관점을 우월한 견해로 짓누르는 "진리의 폭군"으로 생각하지 않는다. (Hansen, 2006, p. 295).

과거에는 상담사를 내담자에게 지식을 전달하는 전문가로 간주했다. 따라서 두 사람 사이에는 독특한 힘의 역동이 발생했는데, 한 사람은 "정답"을 가지고 있고, 다른 한 사람은 자신의 문제에 대한 지식을 구하는 사람으로 역할을 했다. 물론 상담사가 내담자를 조력하는 데 필요한 기술을 가지고 있지만, 최근에는 상담사가 자신을 내담자에게 도움이 되는 기술을 가지고 있는 동반자로 인식하는 경향이 더 받아들여지고 있다(Harrison, 2013). 이제 상담사는 내담자와 동떨어져 있으면서 무엇을 하라고 말하는 분리된, 객관적인, 처방하는 전문가로 간주되지 않는다(성찰 활동 2.8 참조).

성찰 활동 2.8

권력 관계와 동등한 관계 구분하기

저처럼, 많은 사람이 성장하면서 '사람들을 돕는 것에는 조언을 주는 것도 포함된다'고 배웠을 것이다. 조언을 제공하는 것이 적절할 때도 있지만, 너무 자주 권위적으로 주어질 때 조력 관계 안에 힘의 불균형과 의존적인 관계, 그리고 무력감을 초래할 수 있다(Egan & Reese, 2019; Neukrug, 2018). 여러분이 지금까지 겪었던 다양한 관계를 떠올려 보자. 그중 어떤 관계를 힘의 관계로 분류할 수 있고, 또 어떤 관계를 평등한 관계로 분류할 수 있을까? 이러한 관계에서 지배적이었던 속성이 무엇이었는지 적어보세요. 소집단으로 모여 여러분이 작성한 것들이 무엇인지 공유한 후, 동등한 관계와 힘의 관계가 어떻게 다른지 이야기해 보자.

어떻게 하면 상담사가 힘을 공유하는 동등한 관계를 형성할 수 있을까? 그것은 내담자를 존중하고 존경하는 것에서부터 시작되며, 이와 함께 상담사는 자신의 반응이 지나치게 권위적인 것은 아닌지, 지시하고 군림하는 것처럼 보이지는 않은지 주의해야 한다. 예를 들어, 젊은 엄마가 아이들과 함께 집에 머물러야 할지 아니면 일을 해야 할지 선택의 기로에 있을 때, 다음 두 가지 반응을 살펴보자.

상담사 1: 전업주부는 정체성에 대한 인식이 없고 자존감도 낮은 경우가 많죠. 일하고 있는 엄마들은 종종 자신의 삶에서 중요한 부분(엄마로서의 역할)을 빠뜨리고 있는 것처럼 느끼죠. 제가 당신을 잘 알고 있습니다. 따라서 무엇이 당신에게 최선일지 말씀드릴 수 있을 것 같습니다.

상담사 2: 일을 해야 할지 아니면 엄마의 역할에 충실해야 할지, 아니면 두 가지를 조합한 그 무엇이 있는지 결정하는 과정에서 생각해 본 것들이 있을 것 같습니다. 각각의 장단점이 있을 것 같은데, 어떤 것들이었는지 듣고 싶습니다. 저에게 말씀해 주실 수 있을까요? 당신에게 최선의 것을 선택하시면 좋겠습니다.

분명 상담사 1은 상담사 2에 비해 훨씬 더 권위적이고 처방적이다. 반면, 상담사 2는 관계를 보다 평등한 관점에서 바라보고 있다. 상담사 1의 반응과 상담사 2의 반응으로 인해 발생할 수 있는 관계의 역학은 상이할 것이다. 이 사례를 통해, 권력을 제한한 평등한 관계에서 일반적으로 발견되는 몇 가지 요소를 확인할 수 있다. 이러한 요소들에는 다음과 같다.

1. **좋은 경청자 되기**: 비언어적 행동을 통해, 내담자를 들을 준비가 되어 있고 또 듣고 싶어 한다는 태도를 보인다.
2. **내담자를 존중하고 존경하기**: 내담자가 자신의 이야기를 할 때 존중과 예우의 태도를 보여준다.
3. **배려하는 호기심 갖기**: 내담자의 이야기를 들으면서 배려하듯 호기심을 보인다.
4. **겸손하기**: 내담자가 자신을 강화할 수 있는 능력이 있다고 믿고, 자신은 그것을 촉진할 수 있는 사람이라고 생각한다. 이때 서둘러 조언을 제공하거나 답을 처방하지 않는다.
5. **질문 활용하기**: 내담자를 존중하면서 공손하게 질문하되, 호기심을 표현하고, 겸손한 태도로 질문한다(체험 활동 2.7 참조).

체험 활동 2.7

동등한 관계 발달시키기

내담자와 동등한 관계를 발전시키는 것은 내담자를 존중하고 존경하며, 내담자에 대해 호기심을 갖고, 거만하거나 전문가처럼 행동하지 않는 태도에서 시작된다. 다른 학생들과 조를 이루어 한 명은 상담사, 다른 한 명은 내담자의 역할을 한다. 나머지 한 명은 관찰자가 되는데, 나중에 상담사에게 피드백을 제공한다. 상담사는 다음과 같이 내담자와 동등한 관계를 발전시키려고 노력한다.

1. 내담자의 이야기를 경청하기
2. 내담자를 존중하고 존경하기
3. 내담자에 대해 호기심을 갖기
4. 지시하지 않고 조언을 주는 태도 피하기
5. 겸손하기

첫 번째 롤플레이가 끝나면 역할을 바꾼다. 또 한 번 역할을 바꿔 롤플레이가 진행되면 세 명 모두 상담사의 역할을 하게 된다. 그런 다음 전체 학급으로 돌아와서, 각 상담사가 동등한 관계를 발전시키는 데 얼마나 성공적이었는지 이야기를 나눈다.

병리화하지 않기

타인을 병리화하는 것은 흔히 일어나는 일이다. 혹시 타인의 면전에서 또는 속으로 다른 사람을 욕한 적이 있나? 혹은 다른 사람을 "진단"한 적은 없었나? "저 사람은 우울증 환자야," "저 사람은 강박증이야," 아니면 "저 사람은 경계성 성격장애야," 또는 단순히 "미쳤어"라고 말한 적은 없나? 사람들은 다른 사람에게 불만을 느낄 때, 종종 자신이 옳다는 느낌을 강화하고 상대방이 한 말을 무시하기 위해 상대방을 진단하려는 경향이 있다. 안타깝게도 이러한 진단은 상대방을 비인간화할 수 있고, 상담 관계에서 발생할 경우 작업동맹에 부정적인 영향을 미칠 수 있다(Glasser, 2013; Pickersgill, 2013; 성찰 활동 2.9 참조).

상담을 받으러 오는 내담자들은 종종 소외감을 느끼거나 자신이 부족하다고 생각하거나 낮은 자존감을 호소한다(Gallagher & Street, 2012). 상담사가 내담자를 마치 문제가 있는 사람처럼 대하거나, 진단명으로 내담자를 규정하거나, 내담자를 인간 이하로 대할 때, 이는 이미 내담자가 가지고 있는 세계관을 강화하는 결과를 초래할 수 있다. 이러한 태도는 내담자의 인간성을 훼손하고, 상담사를 다른 사람을 판단하는 위치에 놓으며, 내담자가 성장할 수 있는 기회가 줄어들게 된다. 물론 진단은 상담 계획 수립, 약물 결정, 내담자가 자신을 더 잘 이해하는 데 유용할 수 있지만, 진단이 곧 내담자를 정의하지 않도록 주의하는 것이 중요하다. "Neukrug 박사는 우울해"라는 표현은 한 사람을 진단명으로 규정하는 방식이다. 반면에, "Neukrug 박사는 가끔 우울증 때문에 힘들어하는 사람이야"라는 표현은 훨씬 더

성찰 활동 2.9

타인을 병리화하기

우리 모두 한 번쯤은 해 봤을 것이다. 다른 사람을 특정 방식으로 진단할 수 있다고 생각하거나, 그 사람에게 그런 식으로 말했던 적이 있을 것이다. 이전의 인간관계를 떠올리며, 자신이 누군가를 공식적이건 비공식적이건 특정한 정신장애나 문제로 정의했던 순간을 생각해 보자('미친' '어리석은' '지나치게 불안한' '임상적으로 우울한' '조울증' 등). 이와 관련된 경험을 적어보고, 다른 학생들과 공유해 보자. 그렇게 했을 때 긍정적인 결과가 있었나? 부정적인 결과는 무엇이었나? 이러한 반응이 상대방에게 어떤 기분을 들게 했을까? 자신은 이런 반응으로 어떤 기분이 들었나? 다시 같은 상황에 처한다면, 더 나은 방식으로 대응할 수 있을까?

희망적이며, Neukrug 박사를 더 이상 진단명으로 규정하지 않는다.

내담자를 존중하고 상담사가 전문가로서 권위를 내세우지 않을 때, 상담 관계에서 병리화를 제거하는 것이 가능하다. 이렇게 하면 내담자는 점점 더 상담사와 동등해지고, 더욱 편안해하고 안전하게 느끼며 상담 관계 안에서 신뢰를 경험하게 된다. 현실치료와 선택 이론을 개발한 William Glasser는 상담사가 지지적이고, 격려하며, 수용하고, 신뢰하는, 그리고 존중하는 언어를 사용하여 돌보는 습관(caring habits)을 개발해야 한다고 제안했다. 반면, 내담자를 병리화하거나 진단하고, 비난하거나 비판하는 언어를 사용해서는 안 된다고 강조했다(Glasser & Glasser, 2007; van Nuys 2007; 체험 활동 2.8 참조).

체험 활동 2.8

진단명을 "가지고 있다"는 것과 "진단 자체"가 되는 것의 차이

현재, DSM-5는 정신건강전문가들이 정신장애 진단을 내리는 데 사용되고 있다(American Psychiatric Association, 2013). 비록 DSM-5가 내담자의 문제를 개념화하고, 치료를 계획하고, 약물을 결정하는 데 유용하게 활용될 수 있다. 그러나 DSM-5가 사용될 때, 내담자는 진단의 어떤 특징들을 가지고 있다고 생각하는 것이 아니라, 마치 자신이 진단명이 된 것 같은 느낌을 가질 수 있다(Corey et al., 2019; Pickersgill, 2013). DSM-5를 사용하는 것이 때로는 중요하지만, 내담자가 진단을 받더라도 그 진단 자체로 취급되지 않도록 하는 것이 중요하다.

수업 중에 DSM-5를 사용해서 두 개 또는 세 개의 진단명을 선택한다. 그런 다음, 이 중 한 개의 진단명을 사용해서, 한 사람은 상담사의 역할을, 다른 한 명은 내담자의 역할을 맡는다. 상담사는 내담자를 존엄성을 가진 사람으로 존중하고 존경하는 태도를 보인다. 내담자는 자신의 정체성이 마치 진단명이 정의하는 것처럼 행동한다. 즉, 상담사는 내담자를 병리화하지 않고, 그를 존엄성과 명예를 가진 가치 있는 인간으로 대한다. 첫 번째 진단으로 역할극을 한 후, 다른 진단명을 사용해서 몇 번 더 역할극을 수행한다.

10-15분 동안 역할극을 수행한 후, 진단명으로 내담자를 정의하지 않고 대했을 때의 긍정적인 결과를 논의한다. 이런 접근법을 실제 내담자와의 상담에서 실천할 수 있을까요? 시간이 허락된다면, 모든 학생들이 각자 역할극을 해 본다.

헌신하기

헌신한다는 것은 내담자에게 한 약속을 지키고, 지난 상담회기에 내담자에게 했던 말을 기억하며, 당신이 내담자를 위해 존재한다는 것을 의미한다. 헌신(commitment)은 내담자가 원하면 달려간다는 것을 의미하는 것은 아니다. 대신 헌신은 내담자와 함께 작업할 시간

을 기꺼이 할애하고, 조금도 방심하지 않고 내담자와 함께 상담 계획을 이행하는 것을 뜻한다. 그것은 내담자가 힘들 때 옹호자가 되고, 잘하고 있을 때 응원한다는 것을 의미한다. 내담자가 약속 시간에 나타나지 않을 때 연락하고 상담실에 내방하도록 격려하는 것을 의미한다. 헌신은 내담자가 자신을 위해 헌신하지 않을 때조차, 상담사가 내담자의 복지를 위해 끝없이 노력한다는 것을 뜻한다. 당신은 헌신을 통해 내담자의 삶이 흔들릴 때 바위와 같은 존재임을 보여준다(Wubbolding, 2015; 체험 활동 2.9 참조).

체험 활동 2.9

평등하고 긍정적인 태도 및 기술 연습하기

세 명이 한 조를 이루도록 소집단을 구성한다. 10분 동안 한 학생이 상담사의 역할을, 다른 학생은 내담자의 역할을 한다. 세 번째 학생은 관찰자로서 상담사가 얼마나 효과적으로 평등하고 긍정적인 태도 및 기술을 보여주었는지 기록한다. 이때 상담사는 적절한 비언어적 행동을 보여줘야 한다. 역할극을 마치면, 관찰자는 자신의 피드백을 공유한다. 역할을 바꿔 모든 학생이 상담사 역할을 할 수 있게 한다.

	시연 방식	개선할 수 있는 방법
존중하고 존경하기		
배려하면서 호기심 보이기		
힘의 한계 정하기/		
동등한 관계 발전시키기		
병리화하지 않기		
헌신하기		
비언어적 행동		

결론

내담자를 존중하고 존경하면서 평등하고 긍정적인 관계를 형성하는 것, 배려하면서 호기심을 나타내는 것, 힘의 경계를 정하고 동등한 관계를 발전시키는 것, 병리화하지 않는 것, 그리고 헌신하는 것은 최근 들어 상담 관계에서 점점 더 중요해지고 있다. 상담 관계 전체에 걸쳐 상담사는 비언어적 행동과 더불어 이러한 태도와 기술을 나타내려고 노력해야 한다. 종종 이런 태도와 기술을 보이지 않는 상담사들이 상담 관계에서 갈등을 경험하고 긍정적인 작업동맹을 형성하지 못한다.

요약

이 장에서 우리는 상담 관계의 전반적인 분위기에 영향을 미칠 수 있는 여러 가지 기초 기술을 살펴보았다. 우선, 효과적인 상담사의 아홉 가지 특징이 기본적이며 상담 관계 내내 지켜야 할 것임을 상기시켰다. 또한 상담 관계에 독이 되는 유해한 기술을 피해야 한다는 점을 강조했다. 이어서 강한 상담 관계를 발전시키는 데 필요한 비언어적 행동들을 살펴보았다. 여기에는 상담실 분위기, 복장, 눈맞춤과 표정, 몸의 자세와 고개 끄덕임, 개인 공간, 신체접촉, 음성 억양 등이 포함된다. 비언어적 행동은 문화적 차이에 영향을 받으며, 상담사는 내담자가 어떻게 다양한 비언어적 행동에 반응하는지 알고 있어야 한다. 비언어적 행동을 기억할 수 있는 한 가지 방법으로 머리글자 CHASE LOVE를 제시하였다: 다문화적 관심, 고개 끄덕임, 복장, 개인 공간, 눈 맞춤, 몸을 앞으로 기울이고 개방적인 자세 취하기, 상담실 분위기, 음성 억양, 표정.

장 후반에서는 상담사가 긍정적인 내담자 성과를 얻기 위해 반드시 갖추어야 할 평등하고 긍정적인 태도 및 기술을 검토했다. 이러한 태도와 기술은 최근의 포스트모던적 상담 접근에서 상담사를 상담 관계에서 더 평등한 위치에 두는 관점에서 비롯되었다. 우리가 살펴본 기술에는 내담자를 존중하고 존경하기, 내담자를 배려하면서 호기심을 나타내기, 힘의 경계를 정하고 내담자와 동등한 관계를 형성하기, 내담자를 병리화하지 않기, 그리고 내담자에게 헌신하기 등이 있다. 비언어적 행동과 함께 평등하고 긍정적인 태도 및 기술을 연습할 수 있는 기회를 가지면서 이 장을 마쳤다.

체험 활동 2.5에서 질리언과 사이먼에 대해 가능한 답변

사례 1(질리언): 지난 몇 년째 우울증에 시달리고 있어요. 가까스로 제 일을 할 수 있었고 집안일도 그랬어요. 이전에 상담받은 적이 있는데, 전혀 도움이 되지 않았어요. 선생님께서도 도움이 될지 잘 모르겠어요.

상담사: 네, 상담이 도움이 될지 의심이 된다는 말씀이네요. 하지만, 어떤 식으로든 도움을 드리기 위해 제가 여기 있다는 점을 말씀드리고 싶습니다.

상담사: 진심으로 당신에게 도움이 되고 싶습니다. 제가 들어도 정말로 힘든 시간이었을 것 같습니다.

상담사: 이전에 받았던 상담이 도움이 되지 않았군요. 알겠습니다. 제가 도움이 되었으면 합니다. 도움을 드리기 위해 제가 여기 있다는 것을 말씀드리고 싶어요.

사례 2(사이먼): 라파엘을 사랑했어요. 하지만 그 관계가 잘못된 거라는 걸 알았어요. 하지만 그가 떠났을 땐 놀랐어요. 지금은 혼자라는 느낌이 들고 계속해서 불안해요. 어떻게 해야 할지 모르겠어요. 지금 누군가를 사귀고 싶은 마음도 안 들어요.

상담사: 정말로 실망스러웠을 것 같습니다. 당신을 힘들게 하는 우울과 불안을 이겨낼 수 있도록 도움이 되고 싶습니다.

상담사: 많은 일들을 겪으셨네요. 지금보다 더 나아질 수 있으려면 무엇을 할 수 있을지 알아보면 좋겠습니다.

상담사: 그 관계가 얼마나 중요했는지, 현재 당신에게 얼마나 많은 영향을 미치고 있는지 잘 들었습니다. 당신이 좀 더 나아질 수 있도록 최선을 다해 도와드리고 싶습니다.

주요 단어 및 용어

CHASE LOVE
William Glasser
개인 공간
고개 끄덕임
눈맞춤
다문화 이슈 및 비언어적 행동
돌보는 습관
몸자세
배려하는 호기심
병리화하지 않기
복장
비언어적 행동
상담실 분위기
선택 이론
음성 억양
전문가 공개 진술문
신체접촉
존중하고 존경하기
포스트모던 이론
표정
헌신하기
현실치료
효과적인 상담사 9가지 특징
힘의 한계 정하기/ 동등한 관계 형성하기

사사(credits)

사진 2.1: Copyright© 2012 Depositphtos/VIPDesignUSA.

사진 2.2: Copyright© 2018 Depositphtos/VitalikRadko.

사진 2.3: Copyright© 2014 Depositphtos/Narimbur.

사진 2.4: Copyright©Serlito(CC by 4.0)
at https://commons.wikimedia.org/wiki/File:Rencontre_entre_Chats.jpg.

사진 2.5: 출처: https://pixabay.com/en/pair-hug-love-affection-friendship- 3257248/.

사진 2.6: 출처: https://commons.wikimedia.org/wiki/File:lcon_talk.svg.

사진 2.7: 출처: https://pixabay.com/en/theravada-buddhism-nun-old-aging-1769626/.

사진 2.8: 출처: https://pixabay.com/en/detective-searching-man-search-1424831/.

사진 2.9: 출처: https://pixabay.com/en/refugees-economic-migrants-1020118/.

사진 2.10: 출처: https://pixabay.com/en/tulip-red-plant-flower-stengel-74536/.

사진 2.11: Copyright© 2013 Depositphotos/Thinglass.

CHAPTER 3

필수 기술

학습 목표

1. 관계를 형성하고 신뢰와 라포를 구축하며, 내담자의 자기 성찰 과정을 시작하는 데 도움이 되는 필수 기술의 중요성을 이해한다.
2. 다음과 같은 필수 기술을 사용해서 내담자에게 반응하는 방법을 검토한다.
   a. 침묵과 정지 시간
   b. 경청하기
   c. 감정 반영
   d. 내용 반영
   e. 다른 말로 바꿔 표현하기(paraphrasing)
   f. 기본 공감
3. 상담 관계에서 심층 공감의 역할을 간략히 논의한다.

들어가며

2장에서 다룬 기초 기술은 상담 관계를 확립하는 데 매우 중요하다. 그러나 필수 기술은 내담자가 서서히 자기 성찰 과정을 시작하도록 이끈다. 이 기술은 상담 관계 전반에 걸쳐 중요하지만, 관계 초기 단계에서 가장 핵심적인 역할을 한다. 특히, 필수 기술은 상담사와 내담자가 교착상태에 빠졌거나 상담 관계에 금이 갔을 때 중요하며, 상담 관계를 이전의 차분하고 중립적인 상태로 되돌리는 데 유용하다. 이러한 기술에는 침묵과 정지 시간, 경청, 감정 반영, 내용 반영, 재진술, 그리고 기본 공감이 포함된다(그림 3.1 참조). 또한 심층 공감에 대해서도 간략하게 다룰 예정이다(이 기술은 4장 '자주 사용되는 기술'에서 더 자세히 다룰 예정이다).

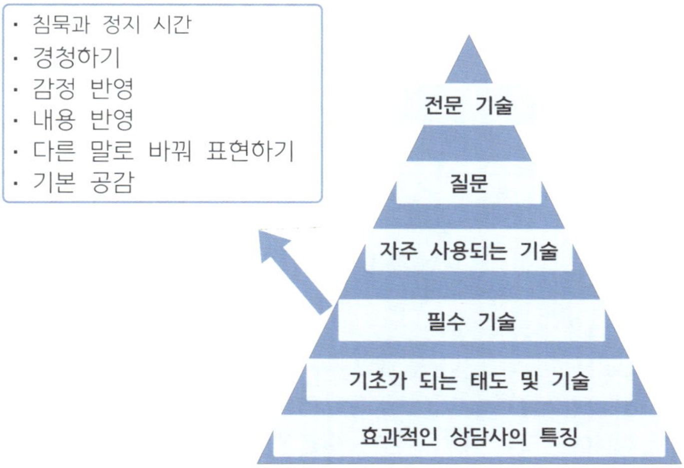

그림 3.1 상담 및 도움 기술

침묵과 정지 시간

공백이 내담자에게 도움이 되는 순간은 언제일까? 그리고 언제 그것이 부담이 될까?

침묵은 내담자에게 유익한 방식으로 활용될 수 있는 강력한 도구이다(Kenny, 2011; Little, 2018). 침묵을 통해 내담자는 본인이 무엇을 이야기하고 있었는지 곰곰이 생각하게 되고, 상담사는 상담회기를 이끌면서 그다음 반응을 결정하며, 의사소통이 반드시 언어적일 필요가 없다는 메시지를 전달한다. 또한 내담자가 자신의 감정을 회피하기 위해 언어를 사용하고 있음을 깨닫는 기회를 제공한다. 침묵은 강력한 도구이다. 침묵은 내담자를 불안하게 만들어서 특정 주제를 더 깊이 있게 탐색하도록 유도할 수도 있고, 내담자를 상담 관계 밖으로 밀어낼 수도 있다. 침묵을 통해 내담자는 자신의 우울감에 귀를 기울일 수 있고, 깊은 고통과 상처를 성찰할 수 있다. 그러나 때로는 내담자가 깊은 감정을 피하려고 방어적인 태도를 취하게 만들 수도 있다.

효과적인 경청자가 되려면, 내담자에게 도움이 되는 적정량의 침묵을 유지할 수 있어야 한다. 이 적정량은 내담자마다 다를 수 있다. 예전에 어떤 교수님이 내담자에게 반응하기 전에 30초를 기다리라고 제안한 적이 있다. 30초는 꽤 긴 시간이다. 체험 활동 3.1을 완료하고, 어느 정도의 침묵이 편하게 느껴지는지 확인해보자.

체험 활동 3.1

침묵의 적정량은?

다른 학생과 짝을 지어 보자. 한 명은 내담자, 다른 한 명은 상담사가 된다. 내담자가 이야기를 시작하고 1분 정도 대화를 이어간다. 그때 강사가 '멈추세요'라고 이야기한다. 30초 후에 강사가 '계속하세요'라고 말하기 전까지 상담사는 준비한 반응을 내담자에게 말한다. 그 후 상담사와 내담자는 상대적으로 짧은 시간을 기다리는 것이 어떻게 느껴졌는지 이야기한다. 침묵의 시간을 다르게 해서 이 활동을 몇 번 더 해보자. 모든 학생이 상담사 역할을 한 번 이상 해야 한다.

체험 활동 3.1을 마친 후, 30초라는 시간이 생각보다 길게 느껴졌을 것이라 자신한다. 이렇게 오래 기다리는 것이 일상적인 일은 아니지만, 멈춤의 시간을 통해 상담사는 자신이 했던 말에 대해 생각해 볼 기회를 갖게 되고, 다음에 무엇을 말할지 생각하게 한다. 어느 정도의 정지 시간이 당신에게 가장 잘 맞을까요? 멈춤 시간을 더 늘리는 것이 당신에게 도움이 될까?

침묵을 사용하고 해석하는 데는 문화적 배경이 영향을 미칠 수 있는데, 연구에 따르면 문화마다 침묵이 다르게 나타난다(Mariska & Harrawood, 2013; Zur, 2007). 예를 들어, 다른 집단에 비해 미국 인디언들은 침묵하는 시간이 더 긴데, 종종 상담에서 위축되어 있다거나 심지어 상담에 저항한다고 잘못 판단될 수 있다. 상담사로서 어느 정도의 침묵이 편안한지 점검해야 할 뿐 아니라, 내담자들이 선호하는 침묵 시간이 문화마다 다를 수 있음을 인지할 필요가 있다.

경청하기

첫 번째는 우리가 익히 아는 귀로 듣는 것이고, 두 번째는 '귀가 아닌 것으로 듣는 것'이다. 이는 마치 잔잔한 연못 같은 상태, 온통 조용한 호수, 돌을 던지면 작은 파문이 일렁였다 사라지는 상태와 비슷하다. 나는 그것(통찰)이 귀가 아닌 것으로 듣는 상태라고 생각한다. 완벽하게 조용한 마음의 상태. 그런 다음 마음속에 질문이 던져지면, 반응이라는 파도가 이는, 작은 파문이다(Krishnamurti, Jayakar, 2003, p. 328에서 인용)

경청의 중요성과 효과적으로 듣는 방법을 논의하기 전에, 자신이 어떤 종류의 청자인지 간단히 테스트해 보자. 아래 체험 활동 3.2를 해보자.

체험 활동 3.2

경청 퀴즈

아래 문항을 읽고, 각 문항에 대해 자주 반응하면 빈칸에 "자주"라고 적고, 가끔 그런 식으로 반응하면 "가끔"을, 드물게 반응할 경우에는 "드문"이라고 적으시오. 이장 끝부분에 제시된 답안과 자신의 답변을 비교해 보시오.

_______1. 들을 때, 상담 중에 무엇을 이야기할지 결정하려고 노력한다.
_______2. 누군가의 이야기를 들을 때, 말하는 내용을 분명히 들을 수 있도록 자세를 취한다.
_______3. 대화를 이끌려고 노력한다.
_______4. 다른 사람의 이야기를 들을 때, 마음을 비우고 판단하지 않는 태도를 취하려고 한다.
_______5. 다른 사람의 이야기를 들을 때, 그 사람이 하는 것에 대해 내 의견을 말하려고 노력한다.
_______6. 상대방의 외모를 보고, 그가 말하는 내용이 가치 있는지 판단하려고 한다.
_______7. 추가적인 설명이 필요하면 나는 질문을 한다.
_______8. 상대방이 처음 한 말을 통해 다음에 그 사람이 어떤 말을 할지 판단한다.
_______9. 상대방의 감정에 귀를 기울이려고 한다.
______10. 상대방의 내용에 귀를 기울이려고 한다.
______11. 상대방이 말하는 것 중 어떤 것이 "옳은" 것인지 말해주려고 한다.
______12. 상황을 "분석"하고 해석을 제공하려고 한다.
______13. 내 경험을 활용해서 상대방의 감정을 이해하려고 한다.
______14. 상황을 바라보는 "정확한 방식"을 상대방에게 설득하려고 한다.
______15. 대화에서 마지막 발언권을 가지려고 한다.

정의하기는 쉽지만, 경청은 배우기 가장 어려운 기술 중 하나이다. 왜냐하면, 우리는 다른 사람의 말을 진정으로 듣는 법을 배운 적이 거의 없기 때문이다. 사실, 훈련받지 않은 성인에게 누군가의 이야기를 들어보라고 하면, 대개 중간에 끼어들거나 조언을 제공하는 것으로 끝나곤 한다(성찰을 위한 시 3.1 참조). 그러나 효과적인 경청은 신뢰를 구축하는 데 도움이 되고, 내담자로 하여금 자신이 이해받고 있다고 확신하게 만들며, 내담자 자신이 한 말에 대해 곰곰이 생각하도록 격려하고, 상담사가 올바른 궤도에 있다고 확신하게 한다. 따라서 경청은 질문을 사용해서 발생할 수 있는 부작용 없이 내담자로부터 정보를 수집하는 효과적인 방법이다(Nichols, 2009).

성찰을 위한 시 3.1

내 말을 들어주세요

내가 당신에게 내 말을 들어달라고 했을 때,
당신이 나에게 조언을 하기 시작한다면,
당신은 내가 부탁한 일을 하지 않은 겁니다.

내가 당신에게 내 말을 들어달라고 했을 때,
당신이 왜 내가 그렇게 느껴서는 안 되는지 말하기 시작한다면,
당신은 내 감정을 짓밟고 있는 겁니다.

내가 당신에게 내 말을 들어달라고 했을 때,
당신이 내 문제를 해결하기 위해 무언가를 해야 한다고 느낀다면,
이상하게 들릴지 몰라도, 당신은 나를 실망시킨 겁니다.
그냥 들어주세요.

내가 요청한 것은 단지 나를 들어주는 것뿐이에요.
말하지 말고, 행동하지 말고, 그냥 들어주세요.

내가 할 수 있고 스스로 해야 할 일을 당신이 대신 해 준다면,
그것은 내 두려움과 무력감을 더 키우는 겁니다.

그러나 내가 느끼는 감정이 아무리 비합리적이라도,
그것을 단순한 사실로 받아들여 준다면,
나는 당신을 설득하려는 노력을 멈출 수 있고,
이 감정 뒤에 숨은 것을 이해하는 데 집중할 수 있을 겁니다.
그러니 제발 들어주세요, 그냥 내 말을 들어주세요.

그리고 당신이 말하고 싶다면,
잠시 기다렸다가 당신 차례가 되면 말하세요.
그때는 제가 당신 말을 들어드릴게요.

(이 시의 다양한 버전은 정신과 의사 Ralph Roughton 박사에게 귀속되기도 했습니다.)

효과적인 경청을 방해하는 요인들

경청하는 법을 알고 있는 경우에도 여러 가지 요인이 효과적인 경청을 방해할 수 있다. 수업 시간에 체험 활동 3.3을 통해 경청의 장애물을 탐색할 기회를 가질 수 있다. 여러분이 작성한 방해 요소는 아래와 같을 것으로 예상된다.

1. **이미 가지고 있는 생각(선입견)**: 상대방의 옷차림이나 기타 요소를 기반으로 특정 선입견을 가지면, 그 사람이 한 말을 가정하게 되고 이러한 가정은 종종 부정확하기 마련이다.
2. **예상 반응**: 상대방이 무엇을 말하려고 하는지 미리 예상하면, 실제로 그 사람이 한 말을 제대로 듣지 못한다.
3. **인지적 산만함**: 내가 무엇을 말할지 생각하느라 상대방의 말을 제대로 듣지 못하는 경우가 있다.
4. **개인적인 문제**: 자신의 미해결 과제 또는 개인적인 고민이 머리를 가득 채우고 있다면 상대방의 말을 듣는 것이 제한된다.
5. **감정적 반응**: 상대방이 한 말에 대해 정서적으로 강하게 반응하면 상대방의 말을 정확히 듣는 것이 힘들다.
6. **산만함**: 소음, 방 온도, 배고픔과 같은 요인 때문에 산만해지면 마음이 딴 곳으로 향하게 된다.

체험 활동 3.3

경청의 방해물

3명으로 한 집단을 구성하고, 각 구성원에게 1번부터 3번까지 번호를 부여한다. 1번 학생은 아래 제시된 주제 중 하나를 선택해서 찬성 입장에서 자신의 의견을 발표하고, 2번 학생은 이를 경청한다. 그런 다음, 2번 학생이 반대 입장에서 자신의 의견을 말하고, 1번 학생이 이를 경청한다. 3번 학생은 객관적인 관찰자로서 필요할 경우 도움을 제공할 수 있는데, 1번과 2번 학생이 얼마나 정확히 반영하는지 기록한다. 이때 관찰자는 중요한 신체언어에 주목해야 한다. 역할극이 끝나면 3번 학생이 피드백을 제공한다. 첫 번째 상황이 끝나면 2번과 3번 학생이 두 번째 상황을, 3번과 1번 학생은 세 번째 상황에서 역할극을 진행하고, 나머지 학생이 객관적인 관찰자 역할을 수행한다.
모든 역할극이 끝났을 때 강사는 상대방의 말을 경청하는데 방해가 된 것이 무엇인지 피드백을 구한다. 경청에 방해가 된 요인들의 목록을 작성하고, 교재에 나와 있는 방해 요인과 비교한다.

좋은 경청

좋은 경청은 능동적인 과정으로, 내담자의 결과와 밀접하게 연관되어 있으며 다음과 같은 요소를 포함한다(Egan & Reese, 2019; Ivey, Ivey, & Zalaquett, 2016):

1. 최소한으로 말하기
2. 상대방이 말하는 내용에 집중하기
3. 상대방의 말을 중간에 끊지 않기
4. 조언하지 않기
5. 관계에서 무언가를 얻을 거라 기대하지 않기
6. 화자가 말하는 내용을 듣기
7. 화자의 감정을 듣기
8. 비언어적 행동(적절한 눈 맞춤, 고개 끄덕임, "네"라고 이야기하기 등)을 적절히 사용해서 당신이 상대방의 이야기를 듣고 있다는 것을 보여주기
9. 명료화하는 질문들("다 듣지 못했는데, 다시 말씀해 주실 수 있을까요?" "제가 당신을 더 잘 이해할 수 있도록 다른 방식으로 이야기해 주실 수 있을까요?")
10. (명료화하는 질문 이외의) 다른 질문은 하지 않기

경청 준비하기

경청할 준비가 되었다면, 내담자의 이야기를 효과적으로 듣기 위해 아래 제안들이 도움이 될 수 있다(Egan & Reese, 2019; Ivey et al., 2016).

1. 마음을 차분하게 한다. 내담자를 만나기 전에 마음을 진정시킨다. 명상을 하거나, 기도를 하거나, 산책을 하거나, 아니면 심호흡을 몇 번 한다.
2. 말을 멈추고 말하는 동안에는 끼어들지 않는다. 말하면서 상대방을 경청할 수는 없다.
3. 관심을 표현한다. 몸짓과 음성 톤을 사용해서 상대방이 말하는 것에 대해 관심이 있다는 것을 보여준다.
4. 곧바로 결론을 내리지 않는다. 상대방이 하는 말을 모두 듣고, 상대방이 이해하는

것 이상으로 당신이 그 사람을 이해한다고 가정하지 않는다.

5. 적극적으로 경청한다. 깊이 집중하고 상대방이 하는 말에 초점을 맞춘다. 마음이 방황한다면 제대로 듣지 않는 것이다.
6. 감정에 집중한다. 상대방이 느끼고 감정을 확인하고 인정한다.
7. 내용에 집중한다. 상대방이 말하는 내용을 확인하고 인정한다.
8. 눈 맞춤을 적절히 유지한다. 당신의 눈을 통해 당신이 경청하고 있음을 상대방에게 보여준다. 그러나 눈 맞춤의 정도에 대한 문화적 차이에 대해 민감해야 한다.
9. 개방적인 자세를 유지한다. 몸을 상대방에게 향하고, 당신이 경청할 준비가 되어 있다는 것을 상대방에게 보여준다. 이때에도 문화적인 차이에 민감해야 한다.
10. 사적인 공간에 대해 민감해야 한다. 경청할 준비가 되어 있다는 것을 보여줄 수 있을 만큼 충분히 내담자와 가까워야 한다. 그러나 내담자가 편안함을 느끼는 사적 공간에 대한 감각을 가지고 있어야 한다.
11. 질문하지 않는다. 질문은 종종 경청하지 않다는 신호일 수 있다(당신만의 의제가 있을 수 있음). 명료화하는 질문("그 부분에 대해 좀 더 말씀해 주시겠어요?")이 아니라면 질문을 피한다.

경청은 연습이 필요하다. 체험 활동 3.4가 좋은 출발점이 될 수 있다.

체험 활동 3.4

경청 연습하기

세 명으로 소집단을 구성한 후 경청 기술을 연습한다. 한 사람은 내담자 역할을 하고, 다른 한 사람은 경청한다. 나머지 한 사람은 관찰하고, 듣는 사람이 내담자가 한 말을 얼마나 잘 들었는지 피드백을 제공한다. 듣는 사람은 앞서 언급한 것처럼 우선 들을 준비를 해야 한다. 그런 다음, 가능한 한 경청의 장애물을 최소화하려고 노력해야 한다. 듣는 사람은 상대방이 한 말을 바꿔 표현하면서 적극적으로 귀를 기울여야 한다. 첫 번째 역할극이 끝나면 바꿔가면서 내담자, 경청자, 관찰자의 역할을 한다. 그런 다음 세 번째 역할극을 해서 마지막 학생이 경청자 역할을 할 기회를 갖는다.

감정 반영, 내용 반영, 다른 말로 바꿔 표현하기

감정 반영, 내용 반영, 그리고 다른 말로 바꿔 표현하기(paraphrasing)는 상담 초기 관계 형성에 필수적인 기술이다. 그러나 이러한 기술은 과하게 사용하면, 내담자가 상담사를 자신이 한 말을 단지 앵무새처럼 되풀이하는 초보자로 생각할 위험이 있다. 하지만 신중하게 사용하면 내담자가 계속해서 이야기하도록 도울 수 있다.

감정 반영

말 그대로 감정 반영은 내담자의 감정에 집중하고, 내담자가 사용한 감정 단어나 유사한 단어를 사용해서 그 감정을 내담자에게 전달하는 기술이다(예: 내담자가 "슬프다"라는 말을 했으면 당신은 "울적하시군요"라고 말한다). 일반적으로 이 반영은 다음과 같은 진술을 사용한다.

제 생각엔 당신이 ...한 감정을 느끼고 있는 것 같습니다.

당신이 느끼는 감정은 ...인 것처럼 들려요.

감정을 정확히 반영하고 공감할 수 있으려면 감정을 알아차리는 능력이 결정적으로 중요하다(이후 다룰 예정임; 체험 활동 3.5 참조).

체험 활동 3.5

감정 반영 연습하기

세 명으로 한 조를 구성해서, 한 사람은 상담사의 역할을, 다른 한 사람은 내담자, 나머지 한 사람은 관찰자가 된다. 내담자는 특정 문제 또는 상황을 이야기하고, 상담사는 방금 전에 이야기했던 틀을 활용해서 내담자의 감정을 반영한다. 관찰자는 감정 반영의 효과를 모니터하고, 역할극이 끝나면 상담사에게 피드백을 제공한다. 그런 다음 역할을 바꾼다. 모든 사람이 상담사의 역할을 해 본다.

부록 A에 감정 단어 목록이 제시되어 있다. 감정을 구분하는 연습이 필요할 경우 이 목록을 살펴보되, 각 단어의 의미를 이해하고 있는지 확인한다. 그런 다음 몇몇 사람들에게 감정 단어에 대해 이야기를 나누고, 서로 다른 감정 단어들에 대해 분명히 이해했는지 확인하는 시간을 갖는다. 이 단어 목록을 활용해 친구나 동료와 함께 감정 반영 연습을 해 본다.

내용 반영

내용 반영(reflection of content)은 감정 반영과 유사하지만, 내담자가 한 말의 의미에 초점을 두고 내담자의 구체적인 진술을 내담자에게 다시 말해주는 것이다. 감정 반영에서 사용했던 문장 구조를 내용 반영에도 활용할 수 있지만, "감정" 대신 "말했다" "시사했다" "진술했다" 등의 표현을 사용한다.

"당신이 ...라고 말하는 것을 들었습니다."

"제 생각에는 당신이 ...을 시사하는 것처럼 들립니다."

"저에게 가장 기억에 남는 건, 당신이 ...라고 말했을 때입니다"(체험 활동 3.6 참조).

체험 활동 3.6

내용 반영 연습하기

세 명으로 한 조를 구성해서, 한 사람은 상담사, 다른 한 사람은 내담자, 나머지 한 사람은 관찰자의 역할을 한다. 내담자는 특정 문제 상황을 이야기하고, 상담사는 직전에 언급했던 예 또는 비슷한 유형의 반응을 사용해서 내용을 반영한다. 관찰자는 내용 반영의 효과를 모니터하고, 역할극이 끝나면 상담사에게 피드백을 제공한다. 그런 다음 역할을 바꾼다. 모든 사람이 상담사의 역할을 해 본다.

다른 말로 바꿔 표현하기

어떤 의미에서, 다른 말로 바꿔 표현하는 것(재진술, paraphrasing)은 감정 반영과 내용 반영을 조합한 것이다. 이 기법은 내담자가 표현한 일반적인 감정과 정보를 다시 전달하는 능력이다. 내담자가 실제로 한 말을 그대로 다시 말해주는 것도 이 기법을 사용한 것으로 간주할 수 있지만, 지나치게 자주 반복하면 내담자가 지루하거나 짜증을 느낄 수 있다. 따라서 내담자의 진술에 포함된 핵심적인 의미와 감정을 파악해서 내담자에게 전달하는 것이 중요하다. 내담자가 길게 말했을 경우 이 기법이 특히 어려울 수 있지만, 내담자가 한 말을 모두 반영할 필요는 없다. 내담자의 진술을 다른 말로 바꿔 전달할 때 몇 가지 고려해야 할 사안을 살펴보자.

1. 감정에 귀를 기울인다.
2. 내용에 귀를 기울인다.
3. 내담자가 비교적 길게 말하면, 가장 두드러진 감정과 내용에 초점을 맞춰 반영한다.
4. 내담자가 사용한 단어 또는 감정과 동일한 것을 반복하는 대신, 동의어 또는 유사한 단어와 감정을 사용한다(체험 활동 3.7 참조).

체험 활동 3.7

다른 말로 바꿔 표현하기

세 명으로 한 조를 구성해서, 한 사람은 상담사, 다른 한 사람은 내담자, 나머지 한 사람은 관찰자의 역할을 한다. 내담자는 특정 문제 상황을 이야기하고, 상담사는 다른 말로 바꿔 표현하는 것을 연습한다. 관찰자는 바꿔 표현하는 것의 효과를 모니터하고, 역할극이 끝나면 상담사에게 피드백을 제공한다. 그런 다음 역할을 바꾼다. 모든 사람이 상담사의 역할을 해 본다.

기본 공감

공감(empathy)은 제1장에서 언급된 중요한 상담사 자질 중 하나로, 상담 관계에서 핵심적인 기술이다. 공감은 수 세기 동안 중요한 자질로 강조되어 왔으나(Gompertz, 1960), 공감이 상담 관계에 포함된 것은 20세기 이르러서이다. 공감에 대한 현대적인 이해와 활용에 가장 큰 영향을 미친 인물은 Carl Rogers일 것이다.

> 공감의 상태, 또는 공감적인 것은, 타인의 내적 참조 틀을 정확히 인식하는 것인데, "마치 그런 것처럼"이라는 가정을 잃지 않으면서 마치 그 사람인 것처럼 정서적인 요소와 의미를 지각하는 것이다(Rogers, 1959, pp. 210–211).

공감은 내담자가 자신의 이야기를 들었다고 느끼게 만드는 행위로, 많은 연구를 통해 공감이 작업동맹(working alliance)과 긍정적인 내담자의 성과를 가져오는 중요한 역할을 한다고 밝혀졌다(Elliot, Bohart, Watson, & Murphy, 2018). 공감은 반영적 경청(reflective listening) 기술과 다른 말로 바꿔 표현하는(paraphrasing) 기술을 통해 표현된다. 20세기 동안 Rogers의 연구는 공감을 측정하는 다양한 척도 개발로 이어졌으며, 이 중 Carkhuff 척도는 상담사 훈련에 널리 사용된다(Carkhuff, 2009; Cormier, Nurius, & Osborn, 2013; Neukrug, 2017b).

Carkhuff 척도는 1점에서 5점까지 분포하고, 0.5점씩 증가한다. 3.0 미만은 감정을 빼앗는(subtractive) 비공감적 반응으로 간주되는 반면, 3.0 이상은 추가적(additive), 즉 공감적인 것으로 간주한다. 3점 부근의 공감적 반응을 종종 기본 공감(basic empathy)이라고 부르고, 3점보다 높은 반응들은 심층 공감(advanced empathy)이라고 부른다(그림 3.2 참조). 심층 공감은 '4장: 자주 사용되는 기술'에서 검토할 예정이다.

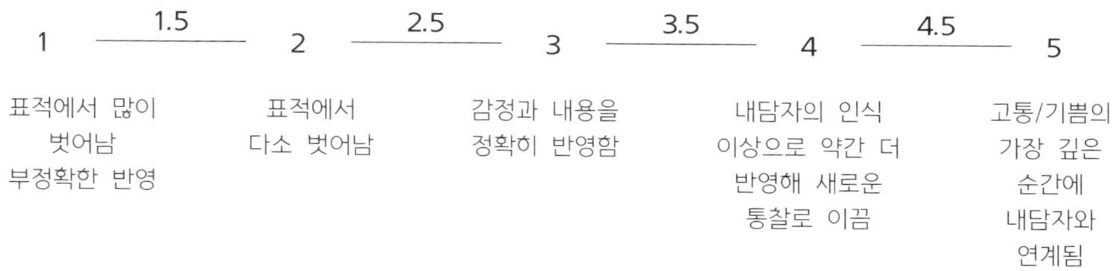

그림 3.2 Carkhuff 척도

그림 3.2에서 볼 수 있듯이, Carkhuff 척도는 1수준과 2수준 반응을 내담자의 감정과 내용을 감하는(detracting) 반응(예: 조언 제공하기, 부정확한 감정 또는 내용 반영하기)으로 정의한다. 1수준 반응은 표적에서 매우 많이 벗어난 것을, 2수준은 약간 벗어난 것으로 정의한다. 가령, 내담자가 "뭐가 잘못된 건지 모르겠어요. 늘 불안해요. 심장이 뛰고, 늘 혼자 있으려 하고, 사람들과 이야기하는 것이 두렵기만 합니다. 모든 게 엉망이에요"라고 말했다고 하자. 1수준의 반응은 "네. 정신 차려서 극복해야 합니다."(조언 제공하기 및 판단적인 자세)가 될 것이다. 2수준의 반응은 "지금 힘든 시기를 보내고 있군요." 정도가 될 것이다(감정의 강도를 정확히 반영하지 않고, 내용 또한 충분히 구체적이지 않음). 반면, 3수준 반응은 내담자의 감정과 의미를 정확히 반영하고 있다. 같은 사례에 적용하면 3수준 반응은 "현재 많은 것을 경험하고 계세요. 불안도 극심하고, 사람들과 이야기하는 것도 큰 어려움으로 느껴지네요." 정도가 될 것이다.

4수준과 5수준 반응은 심층 공감으로 불리는데, 내담자가 말한 것 이상의 감정을 반영하고, 내담자가 한 말에 의미를 추가한다(Neukrug, 2017a). 예를 들어, 언급한 사례에서, 4수준 반응은 "지금 극도로 불안하고, 스스로 점점 더 고립되고 있다고 느끼는 것 같습니다"가 될 수 있다. 이 진술문에는 새로운 감정, 즉 "고립되어 있다"가 표현되어 있는데, 내담자가 입 밖으로 표현하지는 않았지만, 실제로 느끼고 있는 감정이다. 상담사가 이 감정을 반영하자마자 내담자는 그 감정을 인식하게 된다. 이것은 가설이나 추측이 아니다. 이것은 내담자를 통해 상담사가 경험하는 감정이자, 내담자 스스로 막 경험하려던 감정이다. 5수준 반응은 상담사가 장기간의 치료적 관계를 통해 내담자의 복잡한 감정과 상황을 깊이 이해하고 있음을 전달한다(예: 강한 고통 또는 기쁨).

일반적으로 상담사를 훈련시킬 때는 3수준 즉 기본 공감을 시도하라고 추천한다. 많은 연구 결과, 이러한 반응은 비교적 짧은 시간에 배울 수 있고 내담자에게 도움이 된다(Carkhuff, 2009; Cormier et al., 2013; Elliot et al., 2018). 기본 공감은 심층 공감 반응을 습득하기 전에 숙달해야 하며, 심층 공감은 부가적인 반응으로 간주된다. 즉, 심층 공감은 도움이 되는 관계에서 필수적인 것은 아니지만, 내담자가 자신을 이해하는 데 깊이와 폭을 더할 수 있다.

효과적인 공감 반응을 위해서는 "표적이 되는" 감정과 내용을 정확히 표현하는 것이 중요할 뿐 아니라, 내담자가 받아들일 수 있는 순간에 그 감정을 반영하는 것이다. 예를 들어, 내담자에게서 깊은 슬픔과 분노를 감지해서 이를 반영해 줄 수 있다. 그러나 내담자가 이러한 감정을 받아들일 준비가 되어 있지 않다면, 타이밍이 맞지 않아서 그 반응은 반감되는(subtractive) 반응으로 간주될 수 있다. 자료 3.1(Fact Sheet 3.1)은 효과적인 기본 공감, 즉 수준 3의 반응을 만드는 데 유용한 지침을 제공한다.

자료 3.1

기본공감(3수준 공감) 반응의 열쇠

1. 감정을 정확히 반영한다.
2. 내용을 정확히 반영한다.
3. 내담자가 비교적 길게 말하면 가장 핵심적인 감정과 내용만을 반영한다.
4. 내담자가 한 말을 다른 말로 바꿔/유사한 단어를 사용해서 말한다.
5. 내담자가 이해할 수 있는 어휘를 사용한다.
6. 새로운 감정이나 내용을 추가하지 않는다.

7. 질문으로 반응하지 않는다(예: “그 상황에서 기분이 안 좋으신 것처럼 들리는데요?”).
8. 지나치게 길게 반응하지 않는다(한두 문장으로 짧게 반응한다).
9. 내담자가 말한 내용을 추측하거나 가정하지 않는다.
10. 내담자가 반응이 “틀렸다”고 말하거나 비언어적으로 표현하면, 그것이 틀렸다고 가정하고 넘어간다.
11. “이게 맞나요?”(또는 이와 유사한 반응)와 같은 질문을 문장의 끝에 사용하지 않는다(내담자의 반응을 살피면 맞는지 알 수 있다).
12. 다음 반응을 생각하는 데 너무 몰두하지 않는다. 이럴 경우 내담자에게 귀를 기울이는 것이 힘들어진다.

정형화된 공감 반응

처음 초보 상담사가 공감 반응을 연습할 때는 내담자 진술에 대해 정형화된(formulaic) 반응을 하도록 추천된다. 우선 내담자가 표현한 감정을 반영하고 그다음에 내담자가 한 말의 내용을 다른 말로 바꿔 표현하는 순으로 진행된다. 사실, 상담사들은 이러한 반응을 감정 반영 또는 적극적 경청 반응이라고 부른다. 이어지는 예시에서 “~을 느끼시네요”라는 말이 내담자가 표현한 감정에 따라 붙고, “왜냐하면”이라는 말이 내담자가 말하고 있는 내용 뒤에 따라온다는 것에 주목하기 바란다. 예시를 본 다음에 체험 활동 3.8을 수행하기 바란다.

내담자: 남자친구가 저를 떠났어요. 그래서 저는 울음을 멈출 수가 없어요. 너무 우울해요.
상담사: 남자친구가 당신을 떠났기 때문에 당신이 우울함을 느끼고 있습니다.

체험 활동 3.8

정형화된 반응하기

이어지는 시나리오에 대해 정형화된 반응을 하기 바란다. 처음 몇 개의 시나리오에서는 내담자가 사용한 감정 단어를 사용해보자. 하지만 시나리오가 계속되면서 당신은 내담자가 무엇을 느끼고 있는지 추론할 필요가 있다. 너무 많은 의미를 부여하려 하지 말고, 분명한 것만 추론해보자. 즉, 내담자의 감정을 지나치게 깊이 읽으려고 노력하지 않아도 된다. 어떤 감정 단어들이 있는지 도움이 필요하면 부록 A를 활용하기 바란다.

1. 청년
 내담자: 여자친구와 헤어졌어요. 그래서 전 항상 불안하기만 합니다. 제가 뭘 해야 할지 모르겠어요.
 상담사: ___________ 때문에 __________을 느끼시네요.

2. 장애가 있는 내담자
 내담자: 제 몸이 마비가 된 게 아직도 믿기지 않습니다. 너무 빨리 일어난 일이어서요.
 상담사: ___________ 때문에 __________을 느끼시네요.

3. 임신한 10대
 내담자: 아! 제가 뭘 해야 하죠? 부모님께 말해야겠지만, 어떻게 반응하실지 두려워요.
 상담사: ___________ 때문에 __________을 느끼시네요.

4. 남편
 내담자: 제 생각엔 관계가 꽤 좋았거든요. 그런데 갑자기 그녀가 가버렸어요. 아이들과 모든 걸 버려둔 채 떠났습니다. 마치 제 인생에 아무것도 남아 있지 않는 것 같은 느낌입니다.
 상담사: ___________ 때문에 __________을 느끼시네요.

5. 8살 초등학생
 내담자: 다른 애들이 계속해서 저를 놀려요. 애들한테서 떨어져 있으려고 하지만, 걔들이 저를 놀려요. 때려주고 싶은 마음이 들어요.
 상담사: ___________ 때문에 __________을 느끼시네요.

6. 재소자
 내담자: 전 아무것도 안 했어요. 그 기소는 날조된 겁니다. 그들은 내가 과거에 문제가 있었다는 이유로 나를 붙잡고 싶어 하는 겁니다.
 상담사: ___________ 때문에 __________을 느끼시네요.

7. 일에 중독된 사람
 내담자: 정말 열심히 일합니다. 너무 열심히 하는 걸지도 모르구요. 하루가 끝나면 너무 피곤해서, 그게 아내와 아이들과의 관계에 영향을 미치는 것 같습니다.
 상담사: ___________ 때문에 __________을 느끼시네요.

8. 어머니
 내담자: 일을 하고 싶어요. 그리고 엄마이고 싶기도 하구요. 어떻게 하면 둘 다 할 수 있을까요? 제가 뭘 해야 하죠?
 상담사: ___________ 때문에 __________을 느끼시네요.

9. 남동생에게 화가 난 여성
 내담자: 저한테 정말 못되게 굴어요. 욕하고, 소리 지르고, 무시하고, 전혀 제 말을 듣지 않아요.
 상담사: ___________ 때문에 __________을 느끼시네요.

10. 알코올 중독자
    내담자: 지난 30년 동안 술을 마셨습니다. 제가 왜 지금 술을 끊어야 하죠? 건강도 괜찮고, 제가 조절할 수 있거든요.
    상담사: __________ 때문에 __________을 느끼시네요.

자연스러운 공감 반응하기

상담사가 정형화된 공감적 반응에 익숙해지면, 보다 자연스러운 대화 톤으로 공감 반응을 할 수 있게 된다. 이런 자연스러운 반응은 감정 반영과 재진술을 그대로 유지하면서도 정형화된 반응처럼 지나치게 딱딱하지 않다. 아래 사례에서 상담사가 내담자에게 한 자연스러운 반응을 살펴보자.

내담자: 상황이 이렇게 안 좋다는 게 믿기지 않습니다. 변화를 주려고 계속 노력하고 있지만 그 어느 것도 효과가 없는 것 같아요. 심지어 직장도 바꾸고 결혼생활도 잘해 보려고 노력했거든요. 정신과의사를 만나 약을 처방받았지만, 여전히 우울합니다. 아무것도 안 되는 것 같습니다.

상담사: 변하려고 정말 노력을 많이 하고 있지만, 모든 노력에도 불구하고 여전히 상황은 안 좋고 많이 우울해하세요.

위 사례에서 상담사는 내담자의 감정을 반영하고 있고, 주요 내용 또한 포함해서 진술하고 있다. 그러나 상담사는 좀 더 대화체로 표현하고 있다. 이제, 앞서 활용했던 시나리오를 가지고 자연스러운 공감 반응을 연습해 보자.

체험 활동 3.9

자연스러운 공감 반응

정형화된 공감 반응과 달리 자연스러운 공감 반응은 좀 더 대화체로 표현된다. 그러나 여전히 내담자의 감정과 내용을 반영하는 기본 요소를 포함한다. 정형화된 공감 반응을 연습할 때 활용했던 동일한 시나리오에 대해 자연스러운 공감 반응을 할 수 있는지 확인해 보자.

1. 청년
   내담자: 여자친구와 헤어졌어요. 그래서 요즘 계속 불안하고, 제가 뭘 해야 할지도 모르겠어요.
   상담사: ______________________________

2. 장애가 있는 내담자
   내담자: 제 몸이 마비가 된 게 아직도 믿기지 않습니다. 너무 갑자기 일어난 일이어서요.
   상담사: ______________________________

3. 임신한 십대
   내담자: 아! 이제 어떻게 해야 하죠? 부모님께 말씀 드려야겠지만, 어떻게 반응하실지 걱정돼요.
   상담사: ______________________________

4. 남편
   내담자: 우리 관계가 꽤 좋았거든요. 그런데 갑자기 아내가 떠났어요. 아이들과 모든 걸 내버려둔 채 떠났습니다. 마치 제 인생에 아무것도 남아 있지 않는 것 같은 느낌입니다.
   상담사: ______________________________

5. 8살 초등학생
   내담자: 다른 애들이 계속해서 저를 놀려요. 애들한테서 떨어져 있으려고 하지만, 걔들이 절 항상 놀려요. 때려주고 싶은 마음이 들 때가 있어요.
   상담사: ______________________________

6. 재소자
   내담자: 전 아무 짓도 안 했어요. 그 혐의들은 날조된 겁니다. 단지 제가 과거에 문제가 있었다는 이유로 저를 잡으려고 하는 거예요!
   상담사: ______________________________

7. 일에 중독된 사람
   내담자: 전 정말 열심히 일해요. 아마 너무 열심히 일하는 걸지도 모르겠어요. 하루가 끝나면 정말 피곤하고, 그게 제 아내와 아이들과의 관계에도 영향을 미치는 것 같아요.
   상담사: ______________________________

8. 어머니
   내담자: 일을 하고 싶어요. 그리고 엄마이고 싶기도 하구요. 어떻게 하면 둘 다 할 수 있을까요? 제가 뭘 해야 하죠?
   상담사: __________ 때문에 __________을 느끼시네요.

9. 남동생에게 화가 난 여성
   내담자: 저한테 정말 못되게 굴어요. 욕하고, 소리 지르고, 무시하고, 전혀 제 말을 듣지 않아요.
   상담사: __________ 때문에 __________을 느끼시네요.

10. 알코올 중독자
   내담자: 지난 30년 동안 술을 마셨습니다. 제가 왜 지금 술을 끊어야 하죠? 건강도 괜찮고, 제가

조절할 수 있거든요.
상담사: __________ 때문에 _________을 느끼시네요.

공감 반응 연습

부록 B에 Miller 가족(Jake, Angela, Luke, Celia)에 관한 정보가 제시되어 있다. 현재 이 가족은 어려움을 경험하고 있고, 각 구성원에게 공감 반응을 보일 기회가 있다. Miller 가족의 이야기를 읽은 후, 체험 활동 3.10부터 3.13에 나오는 각 구성원에게 처음에는 정형화된 반응을, 그 다음 자연스러운 공감 반응을 사용해 보자. 연습이 끝나면 상자 3.1로 이동한다.

체험 활동 3.10

공감 반응 연습: 제이크

반응을 작성하기 전에, 밀러 가족에 대한 배경 정보를 제공하는 부록 B를 먼저 읽는 것이 중요하다. 우선 제이크부터 시작해 보자.

1. 제이크: 어디서부터 시작해야 할지 모르겠어요. 루크가 자동차를 만지작거리기 전까지는 모든 게 잘 되고 있었거든요. 그 일은 제가 저스틴과 사고를 냈던 때를 생각나게 했어요. 중요한 건, 그 이후로 완전히 신경이 곤두섰어요.
   정형화된 반응: 당신은__________ 때문에 _________라고 느낍니다.
   자연스러운 반응: ____.
2. 제이크: 그게, 제가 어렸을 때는, 저와 저스틴이 냈던 사고가 제 책임이라고 느꼈어요. 저스틴이 그렇게 된 게 제 잘못이라고.
   정형화된 반응: 당신은__________ 때문에 _________라고 느낍니다.
   자연스러운 반응: ____.
3. 제이크: 집과 아이들을 통제하지 못하면 뭔가 나쁜 일이 일어날 것 같아 몹시 불안합니다. 나쁜 일이 루크와 셀리아에게 일어날 뻔했구요.
   정형화된 반응: 당신은__________ 때문에 _________라고 느낍니다.
   자연스러운 반응: ____.
4. 제이크: 그 일이 루크와 셀리아에게 있어 나기 전까지 우리 가족은 꽤 괜찮았던 것 같아요. 하지만 그땐 제가 현실을 외면하고 있었던 것 같습니다. 이제는 제가 상황을 좀 더 통제하고 있었어야 하지 않았나 싶어요. 상황을 더 통제하면 나쁜 일이 일어나지 않을 겁니다.

정형화된 반응: 당신은__________ 때문에 _________라고 느낍니다.
자연스러운 반응: ______________________________________.

5. 제이크: 안젤라가 저한테 화난 걸 알아요. 이제 그녀는 저를 통제하는 남편으로만 바라보고 있는데, 저는 이 상황에서 최선을 다하고 있다고 생각합니다.
   정형화된 반응: 당신은__________ 때문에 _________라고 느낍니다.
   자연스러운 반응: ______________________________________.
6. 제이크: 루크가 학교에서 말썽을 피우는 것도, 셀리아가 위장 문제를 겪는 것도 어느 정도는 제 책임이라는 걸 압니다. 하지만, 아이들이 제 말을 잘 들으면 우리 모두 지금보다 나아질 거예요.
   정형화된 반응: 당신은__________ 때문에 _________라고 느낍니다.
   자연스러운 반응: ______________________________________.
7. 제이크: 네, 압니다. 제가 상황을 거꾸로 보고 있을 수도 있겠죠. 제가 한 발 물러서서 제 불안을 다뤄야 할지도 모르겠네요. 제가 이 모든 것의 원인일 수도 있구요. 그렇지 않더라도, 안젤라가 저와 아이들을 떠날 것 같아 두렵습니다. 그러면 아이들이 저를 영원히 미워할 겁니다.
   정형화된 반응: 당신은__________ 때문에 _________라고 느낍니다.
   자연스러운 반응: ______________________________________.
8. 제이크: 그래서 집안 문제를 해결하려면 제가 뭘 해야 하는거죠? 더 착해져야 하나요? 모든 사람을 그냥 내버려둬야 하나요? 가족 상담이라도 받아야 할까요? 전 제 가족을 정말 사랑합니다. 그들을 잃고 싶지 않습니다.
   정형화된 반응: 당신은__________ 때문에 _________라고 느낍니다.
   자연스러운 반응: ______________________________________.

체험 활동 3.11

공감 반응 연습: 안젤라

이제 제이크와의 상담 연습을 마쳤으니, 이번에는 안젤라와의 상담 연습으로 넘어가 보자. 필요하면 부록 B를 다시 검토한 뒤 다음 질문에 답해보자.

1. 안젤라: 글쎄요, 지난 몇 년 동안 제 정체성에 대해 고민해 왔어요. 나이지리아에서 살 때 사람들은 저를 백인으로 봤는데, 이곳 미국에서는 분명 흑인으로 보고 있거든요. 그리고 제가 가족을 돌보는 사람인지 아니면 직장 여성인지... 저는 누구일까요?
   정형화된 반응: 당신은__________ 때문에 _________라고 느낍니다.
   자연스러운 반응: ______________________________________.

2. 안젤라: 최근 남편이 보이는 통제적인 태도가 정말 걱정돼요. 보통은 가족 안에서 소란을 일으키는 건 남편이거든요. 남편이 뭘 하더라도 아이들이 짜증을 내고, 솔직히 최근에는 남편을 존경하기가 어려워요.
정형화된 반응: 당신은__________ 때문에 _________라고 느낍니다.
자연스러운 반응: ____.

3. 안젤라: 저한테 좀 더 배짱이 있었다면 남편에게 맞서지 않았을까 싶어요. 그러면 이런 일들이 발생하지 않았겠죠. 어떤 면에서는 저한테도 책임이 있는지 모르겠네요.
정형화된 반응: 당신은__________ 때문에 _________라고 느낍니다.
자연스러운 반응: ____.

4. 안젤라: 남편에게 맞서기보다는 늘 하던 대로 그냥 가족을 돌보는 역할을 해왔어요. 그게 저한테는 너무나 쉬운 일인데, 다른 사람들에게는 최선이 아닐 거예요.
정형화된 반응: 당신은__________ 때문에 _________라고 느낍니다.
자연스러운 반응: ____.

5. 안젤라: 남편에게 주의를 주는 게 필요해 보여요. 아이들을 데리고 나와 잠시 떠나 있어야겠어요. 다른 지역에 있는 언니를 좀 방문할까 봐요. 그러면 남편도 정신 차리겠죠.
정형화된 반응: 당신은__________ 때문에 _________라고 느낍니다.
자연스러운 반응: ____.

6. 안젤라: 그런데, 더 용기가 있다면 언니를 방문할 필요가 없겠죠. 그냥 여기서 당장 남편에게 맞서서 제 생각을 말하고 최후 통첩을 할 거예요.
정형화된 반응: 당신은__________ 때문에 _________라고 느낍니다.
자연스러운 반응: ____.

7. 안젤라: 음, 곧 남편에게 맞서지 않을까 싶어요. 혼자서도 잘 할 수 있어요. 못되게 굴 필요도 없고. 하지만 남편이 태도를 바꿔서 다시 "착한 제이크"로 돌아와야겠죠. 그렇지 않으면 우리 관계는 지속되지 못할 거예요.
정형화된 반응: 당신은__________ 때문에 _________라고 느낍니다.
자연스러운 반응: ____.

8. Angela: 저 혼자서도 할 수 있을 것 같긴 한데. 부부 상담이든 가족 상담이든 도움이 될 수는 있을 거예요. 그러면 우리 각자가 이 상황에서 어떤 역할을 하고 있는지 알 수 있겠죠. 어떻게 생각하세요?
정형화된 반응: 당신은__________ 때문에 _________라고 느낍니다.
자연스러운 반응: ____.

체험 활동 3.12

공감 반응 연습: 루크

지금까지 제이크와 안젤라를 상담하는 것을 연습했다. 이제 루크를 상담해 보자. 부록 B를 다시 한번 검토하면 아래 문항에 응답하는 데 도움이 될 수 있다.

1. 루크: 제가 차 안에서 놀고 있었을 때 아빠가 저한테 정말 화를 많이 냈거든요. 차가 도로로 굴러간 건 제 잘못이 아니었어요.
   정형화된 반응: 당신은__________ 때문에 __________라고 느낍니다.
   자연스러운 반응: ____.
2. 루크: 그 이후로 모든 게 달라졌어요. 아빠는 더 이상 재미가 없어요.
   정형화된 반응: 당신은__________ 때문에 __________라고 느낍니다.
   자연스러운 반응: ____.
3. 루크: 엄마랑 아빠는 늘 싸우는 것 같아요. 모든 사람이 짜증을 내고, 심지어 셀리아도요.
   정형화된 반응: 당신은__________ 때문에 __________라고 느낍니다.
   자연스러운 반응: ____.
4. 루크: 그래도 엄마는 저한테 잘해 주세요. 제가 뭘 해도 항상 사랑해 주시죠. 엄마는 믿을 수 있어요. 아빠는 예전엔 재미있었는데, 이제는 엄마만 사랑해요.
   정형화된 반응: 당신은__________ 때문에 __________라고 느낍니다.
   자연스러운 반응: ____.
5. 루크: 그냥 옛날로 돌아갔으면 좋겠어요. 저희를 도와주실 수 있나요? 지금은 우리 가족이 싫어요.
   정형화된 반응: 당신은__________ 때문에 __________라고 느낍니다.
   자연스러운 반응: ____.

체험 활동 3.13

공감 반응 연습: 셀리아

이제 셀리아와 상담할 차례이다. 필요할 경우 부록 B를 다시 읽어보자.

1. 셀리아: 배가 늘 아파요.
   정형화된 반응: 당신은__________ 때문에 __________라고 느낍니다.
   자연스러운 반응: ____.

2. 셀리아: 이제 학교에 가고 싶지 않아요. 학교에 가면 배가 다시 아파와요. 엄마랑 집에 있고 싶어요.
   정형화된 반응: 당신은___________ 때문에 __________라고 느낍니다.
   자연스러운 반응: ____.

3. 셀리아: 제가 생각하기에 오빠랑 제가 차에 있었던 때부터 모든 게 나빠졌어요. 저희가 그러지 말아야 했는데. 저희가 나빴어요.
   정형화된 반응: 당신은___________ 때문에 __________라고 느낍니다.
   자연스러운 반응: ____.

4. 셀리아: 오빠랑 아빠는 요즘 계속 기분이 안 좋아요. 아빠는 항상 소리 지르고, 오빠는 계속 문제를 일으켜요. 그것 때문에 기분이 안 좋아요.
   정형화된 반응: 당신은___________ 때문에 __________라고 느낍니다.
   자연스러운 반응: ____.

5. 셀리아: 저희 가족이 예전처럼 괜찮아질 수 있게 도와줄 수 있어요? 우리 가족이 예전처럼 돌아가면 좋겠어요.
   정형화된 반응: 당신은___________ 때문에 __________라고 느낍니다.
   자연스러운 반응: ____.

상자 3.1

티아라와 상담하는 오스틴 박사 시청하기

수업 시간에 오스틴 박사가 티아라를 상담하는 장면을 비디오로 볼 수 있다. 비디오에서 오스틴 박사는 주로 공감적 반응에 의존하는 인간중심상담을 사용한다. 비디오를 시청하면서 다음 질문을 생각해 보자.

1. 오스틴 박사는 비언어적 반응을 적절히 사용하고 있나?
2. 오스틴 박사가 보이는 각각의 반응을 Carkhuff 척도를 사용해서 점수를 매길 수 있나?
3. 오스틴 박사가 공감 반응을 보이지 않을 때, 대신 오스틴 박사는 무엇을 했나?
4. 오스틴 박사가 공감 반응을 보였을 때보다 공감적이지 않은 반응을 보였을 때가 더 촉진적이었나?
5. 이런 방식으로 내담자와 상담한다면 얼마나 편할 것 같나?
6. 그밖에 생각난 것이 있나?

공감 연습 더 하기

공감 반응을 능숙하게 하려면 연습하고 연습하고 또 연습하는 것이 최선의 방법이다. 따라서 수업 시간이나 집에서 정형화된 공감 반응뿐 아니라 자연스러운 반응 또한 연습할 것을 추천한다. 스스로 또는 동료 학생이 Carkhuff 척도를 사용해서 여러분의 반응을 평가해 보세요. 이를 통해 당신이 얼마나 잘하고 있는지에 대한 전반적인 피드백을 얻을 수 있다. 또한 역할극 또는 실제 상담회기를 녹음 또는 녹화한 것에 대해 피드백을 구할 수 있을 것이다.

수업 중 다른 학생들과 함께 공감 반응을 연습해 보는 것 외에도, 삶에서 중요한 사람들과 공감 반응을 연습해 볼 것을 권한다. 상대방이 계속 이야기하거나 더 말하고 싶어 하고, 당신과의 대화에 열정을 보이며, "지금 나한테 상담 기술을 연습하고 있는 중이야?"라고 묻지 않는다면, 당신의 공감이 상대방에게 잘 전달되고 있다는 신호일 가능성이 크다. 만일 그런 질문을 받더라도 낙심할 필요는 없다. 이 또한 배우는 과정의 일부일 뿐이다. 당신이 공감 반응을 연습하고 있는 초보자라는 사실을 내담자가 알게 돼서 중도에 상담을 그만두는 것보다는, 당신이 좋아하는 주변 사람들로부터 배우는 것이 훨씬 나을 것이다. 연습하고 연습하고 또 연습하세요. 공감 반응을 잘하면, 사람들이 얼마나 자신에 대해 이야기를 많이 하는지 놀라게 될 것이다.

결론

공감은 강력한 상담 관계를 형성하는 데 필수적이며, 내담자와의 정서적 유대를 유지하는 데 매우 중요하다. 또한 공감은 내담자가 자신의 깊은 부분을 이해하도록 도와줄 수 있다. 아마도 상담사가 사용할 수 있는 가장 중요한 기술은 기본 공감일 텐데, 기본 공감은 비교적 빠르게 배울 수 있으며, 잘 적용된다면 상담 과정에서 내담자를 신속하게 도와줄 수 있다. 비록 심층 공감이 상담 관계를 훨씬 더 깊게 만들 수 있지만, 필수 기술로 간주되지는 않는다. 대신, 심층 공감은 부가적인 가치(value-added)가 있는 기술이다. 즉, 필수적이지는 않지만 관계에 깊이를 더할 수 있다. 심층 공감은 '4장: 자주 사용되는 기술(commonly used skills)'에서 다룬다.

요약

이 장에서는 중요한 기초 기술들을 다뤘다. 여기에는 침묵과 정지 시간, 경청, 감정 반영, 내용 반영, 다른 말로 바꿔 표현하기(재진술), 기본 공감이 포함된다. 심층 공감에 대해서도 간략히 다뤘는데, '4장: 자주 사용되는 기술'에서 좀 더 자세히 논할 예정이다.

이 장을 시작하면서 침묵이 상담사와 내담자가 면접 중에 말한 내용을 되짚어볼 수 있게 해주는 매우 강력한 기술이라는 점을 강조했다. 상담사가 침묵을 허용하면, 내담자는 때로 삶에 대한 중요한 정보로 그 공간을 채운다. 그러나 침묵이 지나치면 내담자는 상담 관계에서 멀어질 수 있다. 우리는 상담사가 침묵에 익숙해지는 법을 배워야 한다고 언급했다. 침묵과 밀접한 관련이 있는 정지 시간은 반응과 반응 사이에 존재하는 시간의 양이다. 내담자가 정지 시간을 어느 정도까지 편하게 여기느냐는 내담자의 문화적 배경에 따라 다르다. 따라서 상담사는 내담자가 편하게 느낄 수 있는 정지 시간에 민감해야 한다.

많은 사람에게 경청은 쉽지 않은 기술이다. 이 장에서 경청의 수많은 장애물을 조명했는데, 여기에는 이미 가지고 있는 생각(선입견), 예상 반응, 인지적 산만함, 개인적 문제, 감정적 반응, 그리고 외부 방해 요소가 있다. 경청을 위한 실용적인 제안도 제공했는데, 최소한으로 말하고, 말하는 내용에 집중하며, 끼어들지 않고, 조언하지 않고, 받을 것을 기대하지 않고 제공하며, 내용과 감정을 정확히 듣고, 주의를 기울이고 있음을 보여주기 위해 비언어적 소통을 하고, 필요할 경우 명확히 말해달라고 요청하며, 질문하지 않는 것 등이 있다. 경청을 준비하는 것에 대해서도 몇 가지 제안을 했는데, 마음을 진정시키기, 말하거나 끼어들지 않기, 관심 표현하기, 성급한 결론에 이르지 않기, 적극적으로 듣기, 감정과 내용에 집중하기, 시선 유지하기, 열린 자세 유지하기, 개인적 공간에 민감하기, 질문하지 않기가 포함된다.

다음으로, 이 장에서는 감정 반영, 내용 반영, 다른 말로 바꿔 표현하기(재진술) 등 세 가지 기본적인 반응을 살펴봤다. 우선, 감정과 내용을 반영하는 구체적인 방법들을 언급했고 연습했다. 다른 말로 바꿔 표현하기(재진술)는 여러 측면에서 감정 반영과 내용 반영을 결합한 것인데, 이 장에서 이를 연습했다.

공감은 "마치"라는 느낌을 잃지 않으면서 상담사가 내담자가 된 것 같이 내담자의 내적 세계를 지각하는 능력으로, 아마도 상담사의 가장 중요한 기술일 것이다. 공감은 오랜 세월 논의되어 왔고, 20세기에 Carl Rogers에 의해 상담사들 사이에서 대중화되었으며, Carkhuff 등에 의해 조작적으로 정의되었다. 특히 Carkhuff의 5점 척도는 공감을 배우는 과정에서 인기를 끌었다. 이 장에서는 3수준 이상의 공감 반응을 제공하는 상담사가 일반적으로 내담자에게 도움이 되고, 3수준 미만의 반응을 일관되게 제공할 경우 내담자에게 해로울 수 있다고 설명했다. 3수준, 즉 기본 공감 반응은 내담자가 말한 내용과 감정을 정확히 반영하는 것으로 정의할 수 있다. 반면, 1수준과 2수준 반응은 판단적이거나 또는 감정과 의미를 반영하는 데 있어서 요점을 빗나간 것으로 간주된다. 척도의 다른 끝부분에 심층 공감 반응인 4수준, 5수준 반응들이 위치한다. 4수준 반응은 내담자가 인식하는 것 이상의 감정과 의미를 반영하고, 5수준 반응은 내담자의 감정을 깊이 이해하고 있음을 표현할 뿐 아니라 내담자가 처한 상황의 복잡성을 인식하는 반응을 표현한다. 비록 이장에서는 심층 공감 반응을 자세히 다루지 않았지만, '4장: 자주 사용되는 기술'에서는 보다 구체적으로 다룰 예정이다.

보통 상담사 훈련에서는 기본적이거나 3단계 공감 반응을 제공하도록 권장되며, 이러한 반응은 비교적 짧은 시간 내에 배울 수 있고, 작업동맹을 구축하며, 긍정적인 내담자 결과를 가져온다는 많은 연구 결과가 있다. 기본 공감 반응은 고급 공감 반응을 배우기 전에 숙달되어야 하며, 고급 공감은 부가적인 가치가 있는 기술로 간주된다. 즉, 상담 관계에 필수적이지는 않지만, 내담자가 자신을 이해하는 데 깊이와 폭을 더할 수 있다.

체험 활동 3.2 답

일반적으로: 2, 4, 9, 10; 가끔: 7, 13; 드문: 1, 3, 5, 6, 8, 11, 12, 14, 15

주요 단어 및 용어

Carkhuff 척도
Carl Rogers
Robert Carkhuff
감소적 공감
감정 반영
경청
경청할 준비하기
공감
기본 공감
깊은 감정 반영하기
내용 반영
다른 말로 바꿔 표현하기(재진술)
심층 공감
자연스러운 공감 반응
적극적 경청
정형화된 공감 반응
좋은 공감
추가적 공감
침묵과 정지 시간
효과적인 경청의 장애물

사사(credits)

사진 3.1: 출처: https://pixabay.com/en/man-art-face-people-cartoon-3077831/.

사진 3.2: 출처: https://pixabay.com/en/sculpture-bronze-the-listening-3365574/.

사진 3.3: 출처: https://pixabay.com/en/sunset-lighthouse-dawn-dusk-sun-3120484/.

사진 3.4: 출처: https://pixabay.com/en/face-head-empathy-meet-sensitivity-985976/.

CHAPTER 4

자주 사용되는 기술

학습 목표

1. 상담 관계에서 자주 사용되는 기술을 중점적으로 살펴본다.
2. 다음과 같이 자주 사용되는 기술이 상담 관계에서 어떤 중요한 역할을 하는지 학습한다.
   a. 심층 공감
   b. 긍정/인정, 격려, 지지
   c. 대안 제시, 정보 제공, 조언 제공
   d. 비의도적 또는 의도적 모델링
   e. 내용 및 과정의 자기 개방
   f. 협력

들어가며

효과적인 상담사의 아홉 가지 특징, 필수 기술, 기초 기술은 모두 비지시적이고 내담자 중심적인 방식으로 작업동맹을 구축하는 데 중요하다면, 이 장에서 살펴볼 '자주 사용되는 기술들'은 내담자의 자각을 높이고 내담자 스스로 정한 목표로 나아가도록 돕는다. 이 장에 소개된 기술 중 가장 상담사 중심적이지 않은 기술인 심층 공감은, 내담자가 자신의 인식 너머에 있는 감정과 접촉할 수 있도록 조력하고, 내담자가 처한 복잡한 상황을 새로운 시각으로 이해할 수 있는 방법을 제공한다. 긍정/인정, 격려, 지지는 내담자의 행동을 강화하고, 내담자가 목표를 향해 나아가도록 촉진한다. 대안 제시, 정보 및 조언 제공은 내담자의 목표 달성을 위한 아이디어를 제공한다. 모델링과 상담사의 자기 개방은 내담자가 목표를 달성하려고 시도하는 과정에서 새로운 행동을 할 수 있도록 돕는다. 마지막으로, 협력은 목표 추구 방향에 대해 내담자가 만족하도록 돕는다. 이 모든 기술은 상담 관계에 필수적이며, 작업동맹이 형성된 직후에 나타나는 경향이 있다(그림 4.1 참조).

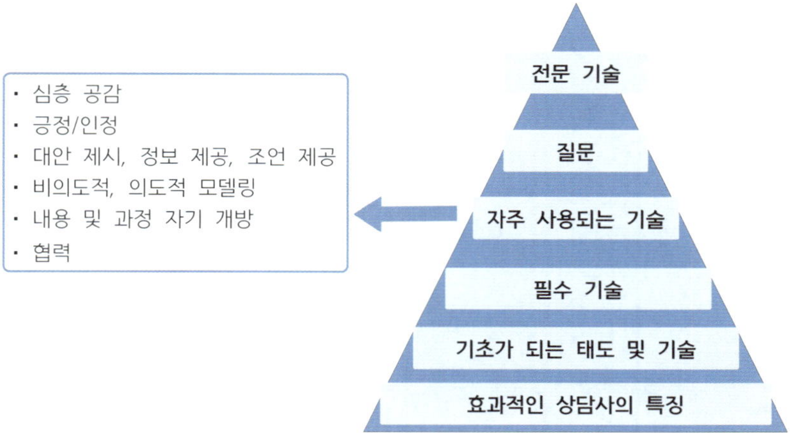

그림 4.1 상담 및 도움 기술

심층 공감

기본 공감 기술을 익혔다면 이제는 심층 공감을 다룰 준비가 된 것이다. 3장에서 다룬 바와 같이, 기본 공감은 상담사가 내담자와 작업할 때 사용할 수 있는 가장 중요한 기술 중 하나이다. 심층 공감은 기본 공감에서 한 단계 더 나아가 내담자가 자신의 내재된 감정을 인식하고, 자신의 상황을 새롭게 바라보는 방법을 제공하며, 종종 새로운 목표 설정의 전조 역할을 한다.

심층 공감을 사용해서 이해하고 있음을 다양하게 표현할 수 있다(Bayne & Neukrug, 2017; Neukrug, 2017a; Neukrug et al, 2012). 여기에는 (a) 비언어적 행동 반영하기, (b) 더 깊은 감정 반영하기, (c) 갈등하는 감정이나 생각 지적하기, (d) 시각적 이미지를 사용하기, (e) 비유 사용하기, (f) 은유 사용하기, (g) 목표지향적(targeted) 자기 개방 사용하기, (h) 촉각 반응 반영하기, (i) 매체 사용하기, (j) 담론적(discursive) 반응 사용하기 등이 포함된다. Carkhuff 척도에서 심층 공감 반응은 3.0 수준 이상의 범위에서 나타날 수 있지만, 3.5~4.0 범위에서 관찰되는 경우도 드물지 않다.

다음은 몇 가지 예시이다.

비언어적 행동 반영하기

내담자: 내담자가 상담실로 들어와 몸을 앞으로 구부린 채 천천히 움직이며, 눈가가 촉촉해져 있다. 그는 의자에 앉아 시선을 아래로 떨어뜨리고 있다.

상담사: 몸짓만 봐도 지금 상황이 좋지 않다는 것이 느껴져요. 꽤 우울한 것 같아요.

상대방을 잘 알고 있을 때는, 그 사람의 몸짓 언어를 쉽게 알아챌 수 있다. 이 예시는 이를 잘 보여주며, 상담 회기의 '중심'으로 빠르게 들어가는 방법 중 하나이다.

더 깊은 감정 반영하기

내담자: 제 딸이 너무 답답해요. 제 말은 전혀 듣지 않고 모든 것을 아는 사람처럼 행동해요. 저나 다른 사람에게는 전혀 관심이 없는 것 같아요. 얘가 대학생인데, 가끔은 한 대 때려주고 싶은 마음이 들어요.

상담사: 답답함과 화가 난다고 말하고 있지만, 동시에 딸과의 관계를 얼마나 중요하게 생각하고 있는지 그리고 딸과 소통되지 않아 얼마나 슬퍼하시는지도 느껴지네요.

이 예시에서 상담사는 먼저 내담자의 답답함을 반영한 후 내면에 감춰진 슬픔을 반영한다. 이 슬픔은 내담자가 명시적으로 표현하지는 않았지만, 상담사는 이 슬픔을 '느끼고 경험한'(Rogers는 *subceived*라고 표현함) 것이다. 상담사가 적절히 짚었다면, 내담자는 그에 따라 반응할 것이다(성찰 활동 4.1 참조).

성찰 활동 4.1

더 깊은 감정을 비언어적으로 반영하기

한 번은 남편에게 몹시 화가 난 내담자를 만난 적이 있다. 그녀에게 "관계가 잘 풀리지 않아 많이 슬프고 상심하신 것 같아요."라고 말했을 때, 그녀가 흐느끼기 시작했다.
내담자에게 한 반응이 내담자에 대한 나(상담사)의 경험을 해석한 것인지 아니면 반영한 것인지 생각해 보자. 심층 공감은 해석이 아닌 반영이 되어야 한다.
내담자가 말한 내용을 유사하게 바꿔말하거나 비슷한 단어를 사용하지 않고도, 내담자가 경험하고 있는 깊은 감정을 반영할 수 있는 다양한 방법을 생각할 수 있나? 다음의 예는 이를 위한 몇 가지 추가적인 방법을 보여준다.

갈등하는 감정이나 생각 지적하기

내담자: 저는 아내를 사랑합니다. 결혼한 지 25년이 되었고, 아내를 위해 못 할 일이 없어요. 아내는 제 삶의 전부이고, 아내 없이 사는 것은 상상할 수 없습니다.

10분 후

내담자: 이 관계(불륜)는 3개월째 이어지고 있어요. 정말 열정적이에요. 제 삶에 활력을 불어넣고, 살아있다는 기분을 느끼게 해 줘요!

상담사: 한편으로는 아내에 대한 사랑이 깊고 오래 지속되는 감정이지만, 다른 한편으로는 오랜만에 느껴지는 열정이 당신의 삶에 활력을 주고 있는 것 같습니다. 이렇게 서로 다른 감정을 조화롭게 받아들이는 것이 분명 쉽지 않을 것 같습니다.

우리는 삶의 다양한 측면에 대해 상충하는 감정이나 생각을 가지고 살아간다. 때로는 이러한 감정들을 분리해서 각각의 '상자'에 넣어두고, 딜레마를 피하려는 임시적인 해결책을 찾곤 한다. 하지만 상담에서는 상담사가 이처럼 상충하는 감정과 생각을 내담자가 직면하고, 자신의 삶에서 어느 방향으로 나아갈지 결정하도록 돕는 것이 중요할 때가 있다. 이 내담자가 자신의 현재 딜레마에 직면할 경우 대화가 어떻게 전개될지 상상해 보자.

시각적 이미지 사용하기

내담자: 제가 얼마나 좋은 상태인지 믿기지 않아요. 기분도 좋고, 삶이 긍정적인 방향으로 나아가고 있는 데다, 인간관계도 그 어느 때보다 좋아요. 날아갈 것 같아요.

상담사: 사랑하는 사람들과 친구들이 당신을 머리 위로 들어 올려주는 모습이 그려져요. 모두가 행복해 보이지만, 특히 당신이 가장 크게 미소 짓고 있어요.
가끔 내담자와 함께 있을 때, 그들의 경험을 반영하는 시각적 이미지가 우리의 의식 속

에 떠오를 때가 있다. 위의 예시가 바로 그런 상황을 보여준다. 이러한 반응은 기본적인 공감 반응과는 다른 신경 회로를 통해 뇌에서 처리되기 때문에, 내담자는 새로운 차원에서 깊이 있게 이해하게 된다.

비유 사용하기

내담자: 저는 아무것도 아니에요. 직장에서는 사무실에 앉아 있는 천 명 중 한 명일 뿐입니다. 우리는 '더 큰 이익'을 위해 같은 일을 하고 있죠. 저는 집에서도 특별하다고 느끼지 않습니다. 다른 사람들과 저를 차별화할 수 있는 것이 아무것도 없어요. 그냥 전 똑같아요.

상담사: 마치 일개미에 불과한 것 같군요. 수많은 일개미 중 하나일 뿐 여왕벌이 되는 방법을 모르고 있는 것 같습니다.

상담사는 비유를 통해 내담자가 경험하고 있는 상황과 유사한 상황, 특히 자연에서 일어나는 상황과 비교한다. 시각적 이미지와 마찬가지로, 뇌는 기본적인 공감 반응과는 다른 신경 회로를 통해 비유를 받아들이기 때문에, 내담자는 새로운 차원에서 깊이 있게 이해하게 된다.

은유 사용하기

내담자: 아내를 잃은 이후로 더는 살고 싶지 않아요. 항상 우울하고 아무것도 하고 싶지 않아요. 기운이 없고 하루 종일 잠만 자요. 사람들과 함께하고 싶지 않아요.

상담사: 마치 슬픔의 바다에 빠져 헤어 나오지 못하는 것처럼 들리네요.

비유와 마찬가지로 은유도 비교를 하지만, 이 경우 비교는 좀 더 추상적인 성격을 띠고 있다. 시각적 이미지 및 비유와 마찬가지로, 뇌는 기본적인 공감과는 다른 방식으로 은유를 처리하기 때문에, 내담자의 의식 속에 은유가 깊이 자리 잡게 된다.

목표지향적 자기 개방

내담자: 제가 느끼는 우울함은 바닥이 보이지 않아요. 이걸 어떻게 극복할 수 있을지 전혀 모르겠어요. 상담이나 약물로도 소용이 없을 것 같아요. 선생님은 어떻게 생각하

세요?

상담사: 사실, 저도 꽤 힘들었던 시기가 있었고, 이겨낼 수 있을지 의문을 가졌던 적이 있었어요. 하지만 결국 그 힘든 시기를 이겨냈어요. 당신의 상황이 그때의 제 경험과 많이 닮아 있는 것 같아요.

때로는 상담사가 자신의 경험을 드러내는 것이 공감 반응이 될 수 있으며, 내담자에게 희망의 모델이 될 수도 있다. 위 예시에서 상담사는 자신의 힘든 시기를 공유함으로써 상담사가 내담자를 이해하고 있음을 표현하고, 내담자가 힘든 시기를 극복할 수 있다는 희망을 전달하고 있다. 그러나 상담사가 자신의 힘든 시기를 구체적으로 밝히지 않았던 점에 주목하라. 결국 이 상담 회기는 상담사가 아닌 내담자에 관한 것이기 때문에, 상담사는 너무 많은 것을 공유해서는 안 된다. 자기 개방은 상담사의 카타르시스를 위한 것이 아니며, 내담자가 이해받고 있다는 느낌을 주는 방식으로 신중하게 이루어져야 한다(자기 개방에 대한 자세한 내용은 5장 참조).

촉각 반응

내담자: 그와 헤어진 방식은 정말 끔찍했어요. 너무 우울해서 어떻게 해야 할지 몰랐어요. 그가 그렇게 상처를 줄 수 있을 거라고는 상상도 못 했죠. 그런데도 그는 계속 저를 괴롭혔어요... (내담자가 괴롭힘에 대해 계속 이야기한다).

상담사: 이별 과정을 설명하실 때 몸서리가 쳐지고, 속이 메스꺼울 정도였어요. 아마도 당신이 느낀 감정이 이런 것이었겠죠.

여기서 상담사가 내담자의 이야기에 대해 자신의 신체적 반응을 묘사한 것은 상담사가 내담자의 말을 깊이 이해하고 있음을 보여준다. 이런 반응이 드물기는 하지만, 내담자의 상황을 이해하고 있음을 효과적으로 보여줄 수 있다.

매체 사용하기

내담자: 저는 제가 그럴 수 있을 줄 몰랐어요. 그런데 마음 깊은 곳에서 내면의 힘을 발견했어요. 그리고 남편에게 가서 고민을 털어놓았죠. 정말 용기를 내서 말했어요. 그런데 말이죠, 남편이 제 말을 들은 것 같아요. 아마 제가 강해졌기 때문일 거예요. 그

리고 나서 제 상사한테도 제 생각을 이야기했어요. 물론 정중하게요. 제 자신이 정말 대견해요!

상담사: 오즈의 마법사에 나오는 겁쟁이 사자가 생각나네요. 그 사자는 결코 겁쟁이가 아니었어요. 사자의 마음속에는 늘 용기가 있었고, 단지 그것을 알아채기만 하면 됐어요. 그 사자도 당신이 해낸 것처럼 용기를 발견했죠. 저도 당신이 정말 자랑스러워요!

여기서 우리는 '오즈의 마법사'에 대한 비유가 어떻게 내담자의 경험을 포착했는지 알 수 있다. 이러한 공감적 반응은 기존의 단순한 감정 반영 또는 내용 반영에서 벗어나 창의적인 방식으로 내담자에게 반응하는 방법이다. 또한 이 방법은 내담자에게 오랫동안 기억에 남을 시각적 이미지를 제공한다. 여기에서는 긍정/인정을 추가로 활용한 점도 주목할 필요가 있다(이는 이후에서 자세히 다룰 예정임).

담론적 반응 사용하기

내담자: 제 삶이 너무 억압받고 있다는 느낌이 들어요. 남편은 저를 몰아붙이고, 상사는 계속 이래라저래라하고, 심지어 경찰은 아무 이유 없이 저를 막아서기도 했어요.

상담사: 당신이 마치 '속박'당한 느낌이 들었던 것처럼 들리네요. 마치 옛 조상들처럼 말이죠. 탈출할 방법이 없었을 테니까요.

담론적인 공감 반응은 개인의 역사를 현재 그 사람의 감정 및 행동과 연결하는 방식이다. 위 예시에서 아프리카계 미국인인 내담자는 자신의 가족이 겪은 노예 역사를 떠올리며, 여러 세대에 걸쳐 내려온 감정의 잔재가 그녀와 그녀의 일상생활에 어떤 영향을 미칠 수 있는지 깨닫게 된다.

결론

초보 상담사는 일반적으로 형식적이고 자연스러운 공감 반응을 하도록 권장되지만, 기본 공감 반응에 능숙해지면 점차 심층 공감 반응을 연습할 수 있다. 기본 공감과 마찬가지로, 심층 공감 반응도 연습을 많이 하면 더 자연스러워진다. 체험 활동 4.1과 4.2를 통해 추가적으로 심층 공감 반응을 연습할 기회를 가질 수 있다. 이 시점에서 강사는 실존적-인본주의적 접근을 활용하여, 존이라는 내담자와 상담하는 내 역할극을 보여줄 수 있다. 또한 부록 B에 나오는 '밀러 가족'의 제이크와 한 실존적-인본주의적 상담을 담은 두 번째 영상도 볼 수 있다. 두 개 영상을 보면서 어떤 기술이 사용되었는지 생각해 보기를 권한다. 마지막으로, 영상을 시청하면서 Carkhuff 척도에 따라 상담사의 반응을 평가하는 것도 도움이 될 수 있다.

체험 활동 4.1

심층 공감 반응 연습하기

4~5명으로 소집단을 구성한다. 3장 기본 공감 반응을 연습할 때 사용했던 것과 동일한 시나리오를 가지고 심층 공감 반응을 어떻게 할지 생각해 보자. '비언어적 행동 반영하기, 더 깊은 감정 반영하기, 갈등하는 감정이나 생각 지적하기, 시각적 이미지 사용하기, 비유 사용하기, 은유 사용하기, 목표지향적 자기 개방, 촉각 반응, 매체 사용하기, 담론적 반응 사용하기'등 10가지 심층 공감 반응 중 하나를 골라 사용한다.

1. 청년이 상담사에게:
   내담자: 여자친구와 헤어졌는데, 늘 불안해요. 어떻게 해야 할지 모르겠어요.
   심층 반응:____________________________________.
2. 장애가 있는 내담자가 상담사에게:
   내담자: 제가 마비가 되었다는 사실이 아직도 믿기지 않아요. 너무 순식간에 일어난 일이었어요.
   심층 반응:____________________________________.
3. 임신한 청소년이 상담사에게:
   내담자: 헐.. 저 어떻게 하죠? 엄마, 아빠한테 말해야 할 것 같은데 어떤 반응을 보일지 너무 두려워요.
   심층 반응:____________________________________.
4. 남편이 상담사에게:
   내담자: 저는 우리가 좋은 관계라고 생각했어요. 갑자기 아내가 사라졌어요. 저와 아이들, 모든 것을 두고 떠났어요. 제 인생에 아무것도 남은 게 없는 것 같아요.
   심층 반응:____________________________________.
5. 8세 어린이가 상담사에게:
   내담자: 다른 애들이 저를 계속 놀려요. 걔들이랑 멀리 떨어져 있으려고 하는데, 걔들은 항상 저를 비웃어요. 때려주고 싶어요.
   심층 반응:____________________________________.

6. 재소자가 상담사에게:
   내담자: 저는 아무 짓도 안 했어요. 그 혐의는 조작된 거예요. 그들은 제가 전과가 있다는 걸 알고 저를 잡으려는 거라고요!
   심층 반응:______________________________________.
7. 일 중독인 내담자가 상담사에게:
   내담자: 전 정말 열심히 일해요... 어쩌면 너무 열심히요. 하루가 끝나면 너무 피곤한데, 이런 상태가 아내나 아이들과의 관계에 영향을 주고 있다는 걸 저도 알아요.
   심층 반응:______________________________________.
8. 어머니가 상담사에게:
   내담자: 저는 일도 하고 싶고, 엄마도 되고 싶어요. 어떻게 하면 둘 다 할 수 있을까요? 제가 어떻게 하면 좋을까요?
   심층 반응:______________________________________.
9. 오빠 때문에 화가 난 여성이 상담사에게:
   내담자: 오빠는 제게 욕을 하고, 소리를 지르고, 무시하고, 제 말을 전혀 듣지 않아요. 절 너무 함부로 대해요.
   심층 반응:______________________________________.
10. 알코올 중독인 내담자가 상담사에게:
    내담자: 30년 동안 술을 마셔왔어요. 이제 와서 왜 술을 끊어야 하죠? 건강도 괜찮고 충분히 버텨낼 수 있는데요.
    심층 반응:______________________________________.

체험 활동 4.2

심층 공감 반응 연습하기

상담사, 내담자, 관찰자 세 명으로 소집단을 구성하고, 상담회기를 녹음한다. 내담자는 실제 또는 가상의 문제를 이야기하고, 상담사는 기본 공감과 심층 공감을 사용해서 반응한다. 최선을 다하자. 필요할 때는 기본 반응에 충실하되, 심층 반응이 떠오르면 사용해보자. 심층 반응이 떠오르지 않더라도, 기본 반응만으로도 훌륭하고 긍정적인 상담 성과를 가져온다는 것을 기억하자. 시간이 지나면서 심층 공감도 자연스럽게 익혀진다. 행운을 빈다! 관찰자는 피드백을 제공하고, 시간이 허락된다면 녹음한 내용을 듣고 Carkhuff 척도를 사용해서 자신을 평가해보자.

긍정/인정, 격려, 지지

긍정/인정, 격려, 그리고 지지는 내담자의 자존감을 높여주고, 내담자가 스스로 설정한 목표로 나아가도록 자극한다(Dean, 2015; Lively, 2014; Wong, 2015). 이러한 기술들은 내담자 중심의 필수적이고 기초적인 기술 이후에 자연스럽게 제공되며, 내담자가 변화를 향해 나아가도록 이끌어 준다. 이렇게 중요한 기술들을 하나씩 살펴보자.

긍정/인정

"강화(reinforcement)" 또는 "진심 어린 긍정적 반응(genuine positive response)"을 의미하는 긍정/인정은, 내담자의 행동을 인정하고 변화를 향한 긍정적인 움직임을 격려하는 중요한 기술이다. 적절한 순간에 이 기술을 사용하면 내담자의 자존감을 높일 수 있다. "애썼어요", "당신은 사랑스럽고 능력이 있어요", "당신은 좋은 사람이에요"와 같은 말은 내담자로 하여금 지지받고 가치 있는 존재로 느끼게 만든다. "잘했어요", "저도 기뻐요"라고 말하거나 따뜻한 악수, 포옹, 미소를 통해 긍정/인정을 전달할 수 있다. 긍정/인정은 모든 건강한 관계의 자연스러운 부분으로, 타인 또는 자신의 긍정적인 면을 인식하고 인정하는 방식이다.

상담사가 제공하는 긍정/인정은 내담자의 자존감을 높이고 변화의 동기를 강화하는 데 도움이 되는 중요한 기술이다. 그러나 내담자가 스스로를 긍정/인정하는 법을 배우게 하는 것이 더 강력할 수 있다. 따라서 내담자가 자신을 동기부여하고 "긍정적이고 지속적인 자기 변화"의 과정을 시작할 수 있도록 스스로를 긍정/인정하는 방법을 가르치는 것이 중요하다(Lively, 2014). 내담자에게 긍정/인정하는 방법을 가르칠 때 아래 사항을 참고하라.

1. 자신을 1인칭으로 표현한다("나는 사랑스럽고 능력이 있다").
2. 자신에 대해 긍정적이고 즐겁게 생각한다.
3. 정서적 요소를 포함한다("나는 배우자와 시간을 보낸다"라고 말하는 대신, "나는 배우자와 시간을 보내기 위해 시간을 내면서 나 자신을 더 많이 소중하게 여기게 되었다"와 같이 표현하세요).
4. 과거나 미래가 아닌 현재 시제로 말한다("나는 사랑스럽고 유능해질 거야"가 아니라 "나는 사랑스럽고 유능해"라고 말한다).

만약 당신이 긍정하고 인정하는 환경에서 자라지 않았다면, 다른 사람을 긍정하는 데 어려움을 겪을 수 있고, 자신을 긍정/인정하는 것도 힘들 수 있다. 성찰 활동 4.2와 체험 활동 4.3은 당신이 인생에서 어떻게 긍정/인정을 받아왔는지, 누가 당신을 긍정/인정했는지 살펴보는 데 도움이 될 수 있다. 또한 다른 사람과 자신을 긍정/인정하는 방법을 연습할 수 있는 기회가 될 것이다.

성찰 활동 4.2

긍정/인정받은 적이 있나요?

1부: 종이 한 장을 준비하여 왼쪽에 자신이 잘하는 것을 5가지 적는다. 그런 다음, 오른쪽에 해당 항목을 누가 긍정/인정해 주었는지 적는다. 만일 왼쪽에 적은 활동에 대해 긍정/인정을 받은 적이 없다면, 오른쪽에 '아무도 없음'이라고 적는다(아래 예시 참조). 완료했으면, 4~8명으로 그룹을 만든 후 2부로 넘어간다.

내가 잘하는 것	나를 긍정/인정해준 사람들
글쓰기	학생들, 동료들, 아내
달리기	아무도 없음
토론하기	친구들
아버지 역할	아내, 딸들, 장모님
관리자 역할	대학 학장님, 동료들

2부: 1부에서 작성한 항목 중 하나를 선택한다(만약 긍정/인정받지 않은 항목이 있다면 그 항목을 선택한다). 이제, 집단 정 중앙에 앉아 집단원들에게 자신이 그것을 얼마나 잘하는지 이야기한다. 그런 다음, 집단 구성원들이 차례대로 그 항목에 대해 당신을 긍정/인정해준다. 모든 구성원들의 발표가 끝나면, 전체 수업으로 돌아와서 다음 질문들에 대해 이야기를 나눈다.

1. 다른 사람들로부터 긍정/인정을 받았을 때 기분이 어땠나?
2. 다른 사람을 긍정/인정하는 것이 쉬웠나요, 어려웠나요? 그 이유는 무엇일까?
3. 당신은 삶에서 자주 긍정/인정을 받는다고 느끼나?
4. 다른 사람들, 특히 내담자를 긍정/인정하는 것이 진정성 있게 느껴질까?
5. 긍정/인정이 사람의 자존감을 높일 수 있다고 믿나?
6. 당신이 긍정/인정하는 횟수를 늘릴 수 있을까?

3부: 1부에서 선택한 항목(원한다면 다른 항목)을 사용해서 앞서 설명한 네 단계를 적용하여 자기-긍정/인정하기를 연습해 보자. 예를 들어, 선택한 항목이 '달리기'라면, 다음과 같이 말할 수 있다.

1. 나는 달리기를 잘한다.
2. 달리기는 내게 자유, 기쁨, 그리고 마음의 중심을 잡게 해주는 등 많은 것을 준다.
3. 나는 달리기나 다른 활동적인 스포츠를 할 때, 나 자신을 더 좋아하게 된다.
4. 나는 달리기 하는 내가 좋다.

*참고: 1부와 3부는 개인상담을 할 때 내담자와 함께 사용할 수 있고, 1부와 2부는 집단상담 시 집단원들과 함께 활용할 수 있다.

체험 활동 4.3

긍정/인정 주고받기

1부: 소그룹 또는 전체 수업에서, 학생들이 서로에게 긍정적인 말을 해서 상대방의 자존감을 높여주는 기회를 가질 수 있다. 긍정/인정은 수업 중 상호작용 방식, 옷차림, 발표 방식 등에 대한 인식과 인정의 형태로 전달될 수 있다. 몇 분 동안 다른 사람에게 긍정/인정의 말을 건네는 작업을 수행한 후, 어떤 느낌인지 이야기를 나눠보자.
2부: 교수자는 한 학기 동안 학생들이 익명으로 긍정/인정을 주고받을 수 있는 메커니즘을 마련할 수 있다. 예를 들어, 각 학생의 이름이 적힌 봉투를 교실 벽에 붙여, 학생들이 서로에게 긍정/인정의 말을 남길 수 있게 한다. 또는 학생들이 특정 웹사이트를 방문하여 서로를 위한 긍정/인정의 게시물을 공유할 수 있게 한다. 누가 긍정/인정의 글을 남겼는지 알 수 있게 하는 것이 해가 되진 않겠지만, 꼭 알게 할 필요는 없다. 때로는 작성자를 모르는 것이 흥미롭고 더 깊이 있는 경험을 제공할 수 있다. 한 가지 중요한 규칙은 그 내용이 긍정적이어야 한다는 것이다. 교수자는 주기적으로 학생들이 어떤 종류의 긍정/인정을 받고 있는지, 그리고 긍정/인정을 받는(또는 받지 못하는) 것에 대해 어떤 느낌을 가지는지 다룰 수 있어야 한다.

격려

Wong(2015)은 격려를 "어려운 상황을 극복하거나 잠재력을 실현하는 과정에서 용기, 인내, 자신감, 영감 또는 희망을 심어주기 위해 언어나 다른 상징적 표현(예: 비언어적 행동)을 통해 긍정/인정을 전달하는 것"이라고 정의했다(p. 183). 따라서 격려는 긍정/인정을 한 단계 더 발전시켜 내담자가 특정 목표를 달성하도록 돕는 것이다. 이로 인해 격려가 내담자의 자존감을 높이는 데 중요한 도구가 될 수 있음을 알 수 있다. 격려는 "당신은 충분히 해낼 수 있어요", "계속 시도해 보세요", "출발이 좋네요" 등과 같은 표현을 포함한다. 상담 관계 안에서 격려는 일반적으로 내담자가 설정한 목표에 도달하는 동안 내담자를 응원하는 데 초점을 맞춘다. 체험 활동 4.4에서는 격려 기술을 연습할 기회를 제공한다.

지지

긍정/인정이나 격려보다 조금 더 포괄적인 표현이긴 하지만, "지지 제공"은 상담사의 역할 중 하나가 내담자가 혼자가 아니라는 것을 느낄 수 있도록 조력하는 것임을 나타낸다. 지지는 여러 형태로 제공될 수 있다. 예를 들어, 내담자는 상담사로부터 정서적인 지지를 받을 수 있고, 위기 상황에서 상담사가 도움을 줄 수 있다는 사실을 알 수 있으며, 상담사가 자신을 옹호해 줄 수 있다는 사실을 인식하고 있을 수 있다. 지지는 상담 관계에서 중요한 부분이지만, 제공되는 지지의 유형에 따라 윤리적 문제가 발생할 소지가 있다. 아래 윤리 기준을 읽고 성찰 활동 4.3을 해보자. 지지 유형 중 어떤 것이 윤리적 경계를 넘을 수 있는지 살펴보자.

> 상담사는 기존 상담 관계의 경계를 확장하는 것의 위험성과 이점을 고려해야 한다. 예로는 내담자의 공식 행사(예: 결혼식/약혼식 또는 졸업식) 참석, 내담자가 제공하는 서비스나 제품 구매(조건 없는 물물교환 제외), 병원에 입원해 있는 내담자의 가족 병문안 등이 있다. 이렇듯 경계를 확장할 때, 상담사는 적절한 예방 조치를

취해야 한다. 여기에는 내담자의 동의서 작성, 자문, 슈퍼비전, 문서화 등이 포함되며, 이를 통해 판단력이 손상되거나 해가 발생하지 않도록 해야 한다(ACA, 2014, Section A.6.a. Previous Relationships).

체험 활동 4.4

격려 연습

1부: 짝을 이루어 한 명은 상담사, 다른 한 명은 내담자가 되어 본다. 내담자는 달성하는 데 어려움을 겪고 있는 개인 목표(예: 체중 감량, 구직, 사랑하는 사람과의 소통 등)에 대해 이야기한다. 상담사는 "당신은 할 수 있어요", "당신에겐 해낼 수 있는 내면의 힘이 있어요", "계속 노력하면 이룰 수 있을 거예요" 등의 격려를 한다. 몇 분 후, 역할을 바꾼다. 활동을 마친 후 6~8명의 집단을 형성하고, 다른 사람으로부터 격려를 받을 때 어떤 느낌이 들었는지 이야기 나눈다.
2부: 집단 안에서 한 명의 학생이 현재 겪고 있는 문제를 나누기로 동의한다. 동의한 학생은 집단의 중앙에 앉아 문제 해결을 위해 어떤 노력을 해 왔는지 이야기한다. 적절한 시점에 다른 집단원들은 누구나 긍정/인정하고 격려하는 연습을 해 볼 수 있다. 학생들은 진심으로 그렇게 느껴질 때만 말해야 한다. 시간이 허락한다면, 다른 집단원들도 중앙에 앉아 자신의 문제를 공유할 수 있다. 이 활동이 끝나면 중앙에 앉아 있던 사람은 긍정/인정과 격려를 받을 때 어떻게 느껴졌는지 이야기한다.

성찰 활동 4.3

지지의 한계

소집단으로 나누어 상담사가 제공하는 다음 행동들이 내담자를 지지하는 방안으로써 윤리적으로 허용될 수 있을지 토론해 보자.

1. 재정적으로 어려운 내담자에게 돈을 빌려주는 것
2. 위기에 처한 내담자를 위해 추가 시간을 할애하는 것
3. 내담자의 차가 도난당했을 때 내담자를 직장까지 데려다주는 것
4. 내담자의 결혼식에 참석하는 것
5. 내담자의 자녀가 필요한 지원을 받을 수 있도록 학교에 전화하는 것
6. 내담자에게 작은 일을 맡기고(예: 차 수리) 그에 대해 돈을 지불하는 것
7. 정서적으로 고통스러운 상황에 처한 내담자에게 상담 시간을 연장하여 상담하는 것
8. 내담자에게 올바른 양육 기술을 가르치기 위해 추가 시간을 보내는 것
9. 내담자가 일을 해야 하고 보육비를 감당할 수 없는 상황에서, 내담자의 자녀가 방과 후 빈 상담실

에서 머무를 수 있도록 공간을 제공하는 것
10. 상담 시간 외에 내담자와 커피를 마시며 그가 괜찮은지 확인하는 것

마무리 생각

지나친 긍정/인정, 격려, 지지는 내담자로 하여금 상담사에게 의존하게 만들 수 있다고 경고하는 이들도 있다(Kinnier, Hofsess, Pongratz, & Lambert, 2009). 그러나 과거의 다소 건조하고 객관적인 접근 방식에 비해, 현대의 상담 관계는 점점 더 인간중심적이고 상호작용 중심으로 변화하고 있다. 따라서 이러한 반응들은 점차 상담사가 사용하는 기술의 일부로 자리 잡아가고 있다. 상담사는 이러한 반응을 통해 내담자가 자신의 삶에서 긍정/인정, 격려, 지지가 부족했음을 깨닫기를 기대한다. 이러한 통찰은 내담자가 자기 자신을 더 긍정적으로 바라보고, 삶에서 더 많은 격려와 지지를 제공하는 새로운 관계를 찾기 위한 첫걸음을 내딛는 데 중요한 전환점이 될 수 있다.

대안 제시, 정보 제공, 조언 제공

대안 제시, 정보 제공, 조언 제공의 공통점은 상담사 중심, 즉 내담자의 문제 해결을 돕기 위해 상담사로부터 시작되는 기술이라는 점이다(Anderson, 2012; Ivey, Ivey, & Zalaquett, 2016; Kirschenbaum, 2015). 많은 경우에 도움이 되지만, 내담자가 자신의 문제에 대한 답을 상담사가 가지고 있다고 믿게 되면 의존적인 관계가 형성될 가능성이 있다. 또한 상담사가 이러한 기술을 사용할 때 내담자는 판단 받는 느낌을 받기 쉽다. 이 세 가지 기술 모두 상담

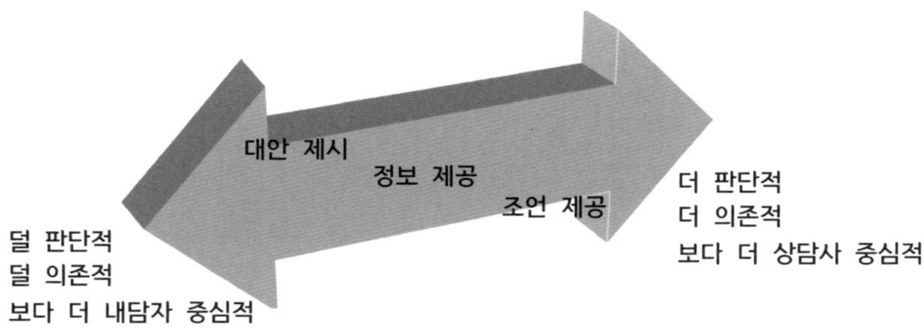

그림 4.2 기술의 잠재적 부정적 영향

관계에 손상을 줄 가능성이 있지만, 그중 일부는 상대적으로 더 많은 문제를 일으킬 수 있다(그림 4.2 참조). 이러한 단점에도 불구하고, 적절하게 사용하면 내담자가 해결책을 찾는 데 도움을 줄 수 있다.

대안 제시

대안 제시는 내담자에게 문제를 해결할 수 있는 여러 가지 방법이 있을 수 있음을 암시하며, 내담자가 선택할 수 있는 다양한 선택지를 제공한다(Neukrug, 2017b). 정보 제공이나 조언 제공과 비교할 때, 대안 제시는 해를 끼칠 가능성이 가장 적다. 이는 해결책이 단 하나뿐이라고 가정하지 않으며, 상담사를 최종 결단을 내리는 전문가로 설정할 가능성이 가장 낮고, 어느 정도 내담자가 다양한 선택지를 탐색하면서 상담 회기를 주도한다는 느낌을 유지할 수 있기 때문이다(그림 4.2 참조). 체험 활동 4.5에서는 대안을 제시하는 방법을 제공한다.

정보 제공

정보 제공은 내담자에게 중요한 "객관적" 정보를 제공하는 것이다(Ivey et al., 2016; Neukrug, 2017b). 내담자는 상담사가 생각하는 것보다 더 많은 정보를 알고 있는 경우가 많기 때문에, 성공적으로 정보를 제공하기 위해서는 내담자가 정말로 알지 못하는 정보를 제공하는 것이 핵심이다. 따라서 제공된 정보는 유용하고, 내담자가 실제로 활용할 수 가능성이 높은 것이어야 한다. 그러나 정보 제공은 상담사가 내담자에게 필요한 귀중한 정보를 가지고 있다고 가정하므로, 이러한 반응은 상담사를 전문가로 인식하게 해서 내담자가 상담 관계에 의존할 가능성을 높인다. 체험 활동 4.6은 정보 제공의 함정을 이해하는 데 도움이 될 수 있다.

체험 활동 4.5

대안 제시 연습하기

세 명씩 소집단을 이루어 한 명은 상담사, 한 명은 내담자, 그리고 나머지 한 명은 상담사를 돕는 관찰자가 된다. 내담자는 실제 문제나 가상의 문제에 대해 몇 분 동안 이야기하고, 상담사는 가능한 대안을 제시한다. 문제를 충분히 이해하려면, 먼저 기본적인 경청과 공감 기술을 사용하는 것이 좋다. 문제를 들은 후에 대안을 제시한다.

상담사가 대안을 제시하는 데 어려움을 겪을 경우, 관찰자가 제안을 할 수 있다. 몇 분 후 역할을 바꾸고, 시간이 더 있으면 다시 역할을 바꾼다. 활동을 마친 후 소집단에서 다음 질문들을 논의한다. 각 집단의 학생들은 자신이 답한 내용을 전체 클래스와 공유할 수 있다.

1. 상담사로서 대안을 제시하는 것이 쉬웠나?
2. 내담자는 제시된 대안을 이미 알고 있었나?
3. 대안을 제시하는 것이 도움이 되었나?
4. 내담자는 대안을 받았을 때 어떻게 반응했나?
5. 대안 제시보다 더 도움이 될 만한 다른 기술이 있었을까?

체험 활동 4.6

불필요한 정보 제공하기

다른 학생과 짝을 이루어 한 명은 상담사, 다른 한 명은 내담자의 역할을 맡는다. 상담사는 내담자가 이미 알고 있는 정보를 제공해야 한다. 아래 시나리오 중 하나를 활용하거나, 상담사가 제공할 정보에 대해 내담자가 이미 잘 알고 있는 주제를 선택할 수도 있다. 내담자는 원하는 대로 반응할 수 있다. 예를 들어, 어떤 내담자는 정중하게 반응하겠지만 속으로는 이미 알고 있는 정보라고 생각할 수 있다. 다른 내담자는 공격적인 반응을 보이며 "그건 이미 알고 있어서 도움이 안 된다"고 말할 수도 있다. 몇 분간 역할극을 한 후, 각자의 역할을 바꾼다. 역할극이 끝나면 소집단을 구성하여 이미 잘 알고 있는 주제에 대해 대안을 제시받은 기분이 어땠는지 논의한다.

가능한 시나리오:

1. 내담자는 HIV 양성 판정을 받을까 걱정하고 있다. 따라서 상담사는 어떻게 HIV에 감염될 수 있는지에 대한 정보를 제공하기로 한다.
2. 내담자는 임신 가능성을 염려하고 있다. 따라서 상담사는 다양한 종류의 피임 방법에 대한 정보를 제공하기로 한다.
3. 내담자는 자녀 양육을 위해 돈을 절약하는 것을 고민하고 있다. 따라서 상담사는 예산 관리 방법에 대한 정보를 제공한다.
4. 내담자는 상담(또는 심리학, 사회학 등) 석사 학위 취득에 관심이 있으며, 상담사는 취득 요건에 관한 정보를 제공한다.
5. 그 밖에 당신이 선택한 "다른" 시나리오

조언 제공

조언을 제공할 때, 상담사는 전문적인 의견을 제시하고 내담자가 그 제안을 따를 것을 기대한다. 이는 내담자가 문제 해결을 위해 상담사에게 의존하게 될 수 있기 때문에 의존적인 관계로 발전할 가능성이 있다. 또한 조언 제공은 내담자의 원가족에서의 통제 문제(예: 부모의 훈계)를 재현할 수 있어 가치 판단이 담긴 반응으로 인식될 수 있다(Duan, Knox, & Hill, 2018).

조언 제공에 담긴 잠재적인 문제 때문에, 일부에서는 이를 피해야 할 반응으로 간주하기도 한다(Anderson, 2012; Ivey et al., 2016). 예를 들어, 10대 자녀를 둔 부모가 자녀에게 세상 사는 법(예: 공부하는 방법, 어떤 사람과 연애를 해야 하는지, 장래에 무엇을 해야 하는지)을 조언하는 경우는 매우 흔하다. 그러나 많은 청소년들이 이런 조언에 반감을 갖기도 한다.

내담자가 10대가 아니더라도 우리 모두에게는 어느 정도 10대의 모습이 남아있다. 대부분의 사람들은 조언을 받을 때, 특히 이미 충분히 숙고한 내용일 경우, 불쾌하게 느낀다. 그러나 조언을 부드럽게 전달하고 내담자가 미처 생각하지 못한 내용이라면, 내담자가 신속하게 해결책을 찾는 데 도움이 될 수 있다. 기억할 점은, 조언을 제공하는 방법은 다양하며, 상담사가 이를 폭군처럼 독단적으로 제시할 필요는 없다는 것이다(체험 활동 4.7 참조).

체험 활동 4.7

조언 제공의 수준

한 명의 학생을 세 개의 동심원 중앙에 앉게 한다. 가운데 앉은 학생은 내담자 역할을 맡아 내담자의 문제를 이야기한다. 가장 안쪽 원에 앉은 학생들은 권위적이고 거친 방식으로 조언을 제공한다. 예를 들어, “당신은 … 해야 해!” 또는 “당장 … 해야만 해!” 같은 문장으로 반응할 수 있다. 중간 원에 앉은 학생들은 조금 더 부드럽지만 여전히 권위적인 어조를 유지한다. 예를 들어, “왜 … 하지 않나요?” 또는 “…해보는 것이 어떨까요?” 같은 말로 시작할 수 있다. 가장 바깥 원에 앉은 학생들은 권위적이지 않으려고 노력하면서 부드럽고 조심스럽게 조언을 제공한다. 이 원에 있는 학생들은 “혹시 ~에 대해 생각해 본 적이 있나요?” 또는 “… 에 대해 깊이 생각해 본 적이 있나요?” 같은 말로 시작할 수 있다.

몇 명의 학생들이 번갈아 가며 중앙에 앉아 역할을 번갈아 가며 수행한다. 이 활동을 10~15분 동안 수행한 후, 중앙에 앉았던 학생들은 각 원에서의 경험을 공유한다. 또한 원에 앉아 있던 학생들 역시 이 활동을 통해 느낀 점을 공유한다. 앞으로 조언을 제공하는 역할을 맡게 되었을 때, 조언을 제공하는 다양한 방법을 고려해 보자.

마무리 생각

대안 제시, 정보 제공, 조언 제공은 내담자가 문제를 해결하도록 돕는 유용한 방법이다. 그러나 이 세 가지 방법은 상담 관계에 부정적인 영향을 미칠 가능성도 있다. 따라서 이러한 유용성과 해가 될 가능성을 균형 있게 고려해야 한다. 상담사는 내담자의 필요를 신중하게 평가하고, 대안 반응이 더 효과적일 수 있는지 고려하여, 이러한 반응들이 내담자에게 도움이 될지 여부를 판단해야 한다. 가장 효과적인 상담 관계에서는, 내담자가 스스로 대안을 고안해내거나 상담사가 제안하기 전에 먼저 조언을 요청할 가능성이 더 크다.

모델링

상담사는 원하든 원하지 않든 내담자에게 모델로서 역할을 하게 된다(Bussey, 2015; Martin & Pear, 2015). 모델링은 때로 사회학습, 모방, 또는 행동시연이라고도 불리며, 상담사는 다양한 방식으로 계속해서 내담자에게 모델이 된다. 예를 들어, 상담사가 공감적인 태도를 보이면, 내담자는 사랑하는 사람들을 귀 기울이는 방법을 배울 수 있다. 상담사가 단호함을 보이면, 내담자는 자신의 삶에서 누군가와 긍정적으로 대면하는 방법을 배울 수 있고, 상담사가 효과적인 중재자로서 역할을 하면 내담자는 갈등을 해결하는 새로운 방법을 배울 수 있다. 상담사는 내담자에게 **의도적이든 의도적이지 않든** 변화의 촉진자로서 모델이 된다.

비의도적 모델링(Inadvertent Modeling)

내담자는 상담사를 존경하고 심지어 이상화하는 경향이 있다(Neukrug, 2016). 이러한 동경은 비의도적 모델링, 즉 어떤 사람의 행동을 보고 무의식적으로 그 사람의 자질과 특성을 받아들이는 완벽한 조건을 조성한다. 이 과정은 내담자의 변화 과정에 강력한 영향을 미칠 수 있다(Bussey, 2015; Zur, 2016).

상담사가 비의도적으로 모델링할 경우에는, 특정 내담자의 행동을 변화시키기 위해 상담사가 의도적으로 행동하지는 않는다(Bussey, 2015). 대신 상담사는 내담자의 삶에서 중요한 인물로 간주되고, 상담 관계 내에서 유용한 기술을 사용하기 때문에 강력한 모델로서 역할을 한다. 예를 들어, 좋은 비언어적 행동을 하거나 공감을 보이며 잘 경청하고 진솔하게 행동하며 대안을 제시할 때, 내담자는 상담사를 관찰하고 이를 모방하는 경우가 많다. 비의도적 모델링은 모든 상담 관계에서 발생하기 때문에 절대 과소평가해서는 안 된다! 성찰 활동 4.4는 다른 사람들이 무심코 한 행동이 당신에게 어떤 본보기가 되었는지 깨닫게 한다.

의도적 모델링(Intentional Modeling)

많은 상담사들은 의도적 모델링을 변화의 중요한 도구로 사용한다. 내담자의 목표 행동을 변화시키기 위한 다양한 방법을 제공함으로써(Ivey et al., 2016; Neukrug, 2016), 의도적 모델링이 이루어질 수 있는데, 다음과 같은 방식으로 이루어질 수 있다. (a) 상담사가 특정 행동을 의도적으로 보여주고 내담자가 이것을 배우길 기대함(예: 공감을 의도적으로 표현하거나, 비판하지 않는 태도를 보이거나, 단호하게 주장하기), (b) 내담자와 역할극을 통해 특정 행동을 모델링하기(예: 상담사가 구직 면접 기술을 역할극으로 보여주는 경우), (c) 모델링의 개념을 내담자에게 가르치고, 일상생활에서 본받고 싶은 특성을 가진 인물을 찾도록 격려함(예: 대중 앞에서 말하는 것을 두려워하는 사람이 자신이 존경하는 연설가의 연설을 직접 보거나 YouTube에서 시청하게 함).

의도적 모델링은 목표 행동을 관찰한 후 이를 연습하는 두 가지 과정을 포함한다. 따라서 내담자는 모방하고 싶은 적절한 모델이 필요하고, 원하는 행동을 회기 안팎에서 연습해야 한다. 의도적 모델링을 통해 내담자가 습득하고자 하는 목표 행동은 높은 확률로 채택될 가능성이 있어야 한다. 예를 들어, 연설에 대한 두려움을 가진 사람은 먼저 모방할 모델을 찾아야 한다. 그런 다음, 해당 모델을 관찰한 후, 먼저 상담사 앞에서, 다음에는 신뢰하는 친구 앞에서, 그다음에는 소규모 그룹에서 연설하는 등 단계적으로 진행하면서 주변 사람들의 피드백을 받아 연설하는 능력을 발전시킬 수 있다. 이렇게 점진적인 접근을 활용하면 내담자가 목표로 하는 행동(이 경우, 연설하기)을 습득할 가능성이 커진다.

의도적 모델링은 상담사가 내담자의 행동 변화를 효과적으로 이끌어내기 위해 사용할 수 있는 강력한 도구이다. 비의도적 모델링은 상담사와 내담자가 이를 인지하든 그렇지 않든 상담 관계 전반에 걸쳐 자연스럽게 발생하는 반면, 의도적인 모델링은 상담사의 안내하에 내담자가 새로운 행동을 연습하려는 의도적인 노력을 요구한다. 이러한 모델링은 신뢰 관계를 기반으로 하며, 신중하고 계획적으로 이루어져야 하고, 내담자의 요구를 철저히 평가하여 적절한 목표 행동을 선택해야 한다. 따라서 의도적 모델링은 일반적으로 상담 관계 초기에는 시도되지 않는다. 상담사는 먼저 내담자와 라포를 형성하고, 내담자와 내담자의 상황에 대해 정확한 평가를 진행해야 한다. 성찰 활동 4.4와 이어지는 체험 활동 4.8을 차례로 수행하면서 의도적 모델링을 연습해 보자.

성찰 활동 4.4

나에게 영향을 준 모델들

다음 표의 첫 번째 행에는 내가 본받았거나 본받고 싶은 사람들의 이름을 적었다. 두 번째 행에는 내 삶에서 중요한 인물로부터 배운 특성을 적었다. 세 번째 행에는 내가 다른 사람들에게서 관찰한 자질 중 내 삶에 적용하고 싶은 것들을 적었다. 작성한 예를 참고하여, 두 번째 표의 빈칸을 채워보자. 더 추가하고 싶은 이름이 있으면, 빈 종이에 새로운 표를 만들어 보자.

	아버지	로저: 내가 만난 첫 번째 상담사	아내	누나
그 사람에게서 본받은 자질	정직함: 아버지는 항상 정직하고 사려 깊은 분이셨다. 나는 항상 다른 사람들에게 정직함을 보여주려 노력하며, 그럴 때마다 마음속으로 아버지를 떠올린다.	공감: 로저는 공감을 잘 표현하는 사람이었고, 나는 그로부터 공감받은 경험을 통해 공감하는 법을 배웠다.	인내심: 아내가 아이들과 함께 있는 모습을 보면서, 아이들이 내가 원하는 대로 행동하지 않을 때에도 인내하는 법을 배웠다.	누나는 단호하고 자기주장이 강한 사람으로, 의사소통에 있어 직설적인 편이다. 누나가 동생인 내게 이런 자질을 모델링해 준 것 같고, 나도 이 자질 중 많은 부분을 배웠다.
관찰한 자질 중 내 삶에 적용하고 싶은 것들	사려 깊음: 아버지는 중요한 결정을 내리거나 다른 사람들의 의견에 응답하기 전에 항상 시간을 가지셨다. 나도 좀 더 사려 깊게 행동하고 싶다.	잠시 멈춤: 로저는 사람들에게 응답하기 전에 잠시 멈추는 능력이 뛰어났다.	아내는 걱정하지 않는 능력을 가지고 있다. 나도 내 건강이나 자녀들의 건강 등에 대해 걱정을 덜 하고 싶다.	딱히 떠오르지 않는다.
그 사람에게서 본받은 자질				
관찰한 자질 중 내 삶에 적용하고 싶은 것들				

체험 활동 4.8

의도적 모델링

성찰 활동 4.4에서 당신이 갖고 싶은 특성을 나열해보자. 그런 다음, 이러한 특성을 습득하기 위해 실천할 수 있는 구체적인 방법을 작성하라. 소그룹을 구성하여 당신이 갖고 싶은 특성과 이를 습득하기 위해 세운 구체적인 계획을 논의한다. 이러한 특성을 습득하기 위해 지속적으로 소그룹 모임을 가질 수도 있다. 이 특성은 상담사인 당신에게 어떻게 긍정적으로 작용할 수 있을까?

갖고 싶은 특성	특성을 습득하기 위한 방법
	1.
1.	2.
	3.
	1.
2.	2.
	3.
	1.
3.	2.
	3.
	1.
4.	2.
	3.

자기 개방

자기 개방은 상담사가 의도적으로 또는 무심결에 자신에 대한 정보를 내담자에게 드러내는 것을 의미한다(Bloomgarden & Mennuti, 2009; Ivey et al., 2016). 그러나 자기 개방은 대개 양면성을 가진다. 한편으로는, 내담자의 자기 개방을 촉진할 수 있고, 상담사가 비슷한 상황을 경험했다는 것을 보여줌으로써 공감을 표현하는 방법이 될 수 있으며, 상담사가 자신의 삶에서 유용했던 행동을 설명하며 내담자가 비슷한 행동을 시도하도록 권유하는 방법이 될 수 있다.

다른 한편으로는, 상담사의 자기 개방이 내담자를 불편하게 만들 수 있는데, 일부 내담자는 상담사가 자신의 삶에 대한 정보를 공유하는 것이 부적절하다고 느낄 수 있다. 극단적인 경우, 상담사가 내담자의 필요보다 자신의 필요를 우선시할 때, 이는 비윤리적인 행위로 간주될 수 있다(성찰 활동 4.5 참조).

성찰 활동 4.5

잘못된 자기 개방

내 이전 학생 중 한 명이 정신과치료를 받고 있었는데, 시간이 지나면서 그 정신과 의사가 점점 더 자신의 문제를 학생에게 털어놓기 시작했다고 한다. 어느 날, 학생은 그 의사가 자살로 생을 마감했다는 소식을 들었고, 이후 학생은 자신이 그의 생명을 구하지 못했다는 강한 죄책감을 나에게 털어놓았다. 이 학생에게 얼마나 큰 상처를 남긴 것인가! 분명 이 사례는 의사의 자기 개방이 얼마나 건강하지 못하고 비윤리적일 수 있는지를 보여준다. 아이러니하게도, 코미디언 사라 실버맨도 같은 정신과 의사를 만났고, 그의 자살로 인해 부정적인 결과를 경험한 것으로 보인다!(Week Staff, 2010). 그럼에도 불구하고, 상담사의 자기 개방은 내담자가 마음을 열도록 돕고, 긍정적인 행동의 모델로 기능할 수 있다. 상담 관계에서 적절한 자기 개방의 범위는 어디까지라고 생각하나?
일반적으로, 두 가지 유형의 자기 개방이 있다: 상담사가 자신에 대한 개인 정보를 공개하는 내용 자기 개방(content self-disclosure)과 상담사가 내담자와의 관계에서 순간순간 경험하는 것을 드러내는, 즉시성(immediacy)이라고도 불리는 과정 자기 개방(process self-disclosure)이 있다(Conason, 2017; Simonds & Spokes, 2017).

내용 자기 개방

상담사가 자신의 개인 정보를 공개하는 것을 내용 자기 개방이라고 한다. 상담사가 이를 올바르게 사용하면, 내담자에게 "진솔함"을 보여줌으로써 상담 관계를 강화하고 더 강한 작업 동맹을 구축할 수 있다. 또한 이러한 개방은 관계에 더 깊은 친밀감을 추가하여 결과적으로 내담자의 자기 개방을 촉진할 수 있다. 때로는 이러한 자기 개방이 공감 반응과 유사할 수 있는데, 상담사가 내담자의 말을 경청하고 이해하고 있음을 보여주기 때문이다.

상담사: "저도 이혼을 겪으며 슬프고 우울했어요. 지금 당신도 비슷한 감정을 느끼고 계신 것 같아요."

마지막으로, 내용 자기 개방은 내담자가 본받을 수 있는 새로운 모델을 제시할 수도 있다.

상담사: "저는 이혼 후 준비가 되었을 때 다시 데이트를 하기로 결심했고, 그 덕분에 기분이 좀 나아졌었죠. 혹시 준비가 되었다고 생각하시나요?"

위 예시에서 상담사는 자기 개방을 최소화하고 즉시 다시 내담자에게 초점을 맞추는 것을 볼 수 있다. 결국 이러한 자기 개방의 목적은 내담자와의 라포와 신뢰를 강화하고, 공감을 표현하며, 내담자를 위한 해결책을 제안하는 데 있다. 상담사가 자신에 대해 이야기할 기회로 자기 개방을 사용해서는 안 된다. 비록 내담자를 돕기 위한 목적에서 자기 개방을 사용하더라도, 일부 내담자들은 자기 개방에 부담을 느끼거나 상담사의 이야기는 상담 관계에서 배제되어야 한다고 생각할 수 있다. 상담사가 자신의 힘겨웠던 일을 드러내는 것이 약점의 표시라고 여기는 내담자가 있을 수 있다. 따라서 내용 자기 개방은 매우 신중하게 사용되어야 하며, 반드시 내담자의 필요를 고려한 후에 사용해야 한다.

과정 자기 개방

내용 자기 개방과 달리, 과정 자기 개방은 즉시성이라고도 불리며, 상담사가 내담자와의 관계에서 순간순간 경험한 것을 공유하는 것이다(Ivey 외, 2016; Sackett, Lawson, & Burge, 2012; Simonds & Spokes, 2017). 과정 언급은 내담자가 상담사에게 미치는 영향을 인식하게 하고, 이러한 영향이 그들의 삶에서 다른 사람들에게도 유사하게 작동한다는 것을 이해하도록 돕는다. 또한 내담자는 순간순간의 의사소통이 어떻게 관계를 강화할 수 있는지 배울 수 있다. 예를 들어, 상담사가 내담자에게 다음과 같이 말할 수 있다.

상담사: "지금 이 순간, 당신과 매우 연결되어 있다는 느낌이 듭니다. 당신이 더 개방적이고 있는 그대로 자신을 드러내고 있는 것 같아요."

이러한 "즉각적" 감정 공유는 관계에서 감정과 생각을 나누는 방법을 모델링하며, 이후 내담자로부터 "즉각적인" 반응이 뒤따를 수 있다. 이러한 새로운 형태의 의사소통을 연습하면 내담자의 삶에서 다른 사람들과의 관계로 일반화될 수 있다. 과정 개방은 Carl Rogers의 진솔성(genuineness) 개념과 유사한 점이 있는데, 상담사가 내담자에 대한 자신의 감정을 진솔하게 표현할 수 있게 한다. 그러나 상담사는 자신이 가진 문제를 해결하거나 감정을 정화하려는 목적으로 자신의 감정을 공유하는 것이 비윤리적이라는 점을 명심해야 한다(Rogers, 1957).

일부 상담사는 내담자와 순간순간의 감정을 공유할 때 주의를 기울여야 한다고 제안한다. 로저스(1957)는 내담자가 더 깊은 부분을 공유할수록 빠르게 변화하며, 이러한 변화에 따라 상담사가 내담자에 대해 느끼는 감정 또한 빠르게 변한다고 지적했다. 따라서 로저스는 순간적인 감정보다는 지속적인 감정을 공유하는 것이 상담 관계에 더 의미 있다고 제안했다. 1장에서 언급했듯이, 자신의 감정을 관찰하고 의도적이고 의미 있는 시점에 감정을 공유하는 능력은 정서 지능(emotional intelligence)이라고 불린다.

자기 개방을 사용하는 시점

> 저는 제 자신에 대해 이야기하지 않는 것을 원칙으로 삼으려고 하지 않습니다. 예를 들어, 내담자가 상담이 끝나고 나가는 길에 가볍고 친근하게 "휴가 어디로 가세요?"라고 묻는다면, 저는 어디로 가는지 말해줍니다. 하지만 내담자가 더 깊게("누구랑 가세요? 결혼하셨어요?") 물어본다면, "음... 이건 다음에 얘기하는 게 좋겠네요"라고 대답할 겁니다(Kahn, 2001, p. 150).

자기 개방은 신중하게, 적절한 시점에, 내담자의 성장을 촉진하는 수단으로만 사용되어야 하며, 상담사의 욕구를 충족시키기 위한 목적으로 사용해서는 안 된다(Harrison, 2013). 내가 사용하는 일반적인 규칙은, 자기 개방이 기분 좋게 느껴진다면 하지 말라는 것이다. 기분 좋게 느껴진다는 것은 아마도 내담자의 필요보다 나 자신의 필요를 더 충족시키고 있다는 신호일 가능성이 높기 때문이다. 자기 개방을 사용할 때 고려해야 할 일반적인 지침은 다음과 같다.

1. 자기 개방은 신중하게 사용하고, 내담자가 이를 편안하게 받아들일 수 있는 경우에만 사용한다.
2. 자기 개방은 관계를 구축하거나, 내담자에게 새로운 행동 방식을 보여주거나, 공감을 표현하기 위한 목적으로 사용한다.
3. 상담사 자신의 필요를 충족시키기 위해 자기 개방을 사용하지 않는다.
4. 경계가 흐려질 가능성이 있는 경우, 특히 성적 문제나 친밀감과 같은 개인적인 주제에 대해서는 자기 개방을 하지 않는다.
5. 다른 반응이 더 효과적일 수 있는지 고려한다(체험 활동 4.9 참고).

체험 활동 4.9

자기 개방

먼저, 학생들은 다음 문제 상황 중 하나(또는 다른 일반적인 문제)를 기반으로 짝을 구성한다.

1. 이혼
2. 해고
3. 중요한 타인에게 이별을 통보받음
4. 임신 관련 문제
5. 친구와의 신뢰 문제
6. 재정적 문제
7. 결혼 관련 문제
8. 부모에 대한 반감

한 사람은 상담사 역할을, 다른 한 사람은 내담자 역할을 맡는다. 내담자는 선택한 상황에 대해 5~10분 동안 이야기하고, 이때 상담사는 해당 상황과 관련된 자기 개방 반응을 최소 한 번 이상 시도한다. 가능한 경우, 이 반응은 내담자의 자기 탐색을 촉진할 수 있도록 전달되어야 한다. 시간이 허락된다면 역할을 바꾸어 진행한다. 수업에서 다음 질문에 대해 논의한다.

1. 상담사의 자기 개방이 내담자에게 도움이 되었나?
2. 자기 개방으로 인해 내담자와 상담사의 유대감이 강화되었나?
3. 자기 개방이 회기의 초점에 변화를 주었나?
4. 자기 개방보다 더 나은 반응이 있었나?

협력

협력은 상담 중 적용할 기법에 대해 내담자와 의견을 나누고, 상담 관계에서 이루어진 진전의 정도와 유형에 대해 내담자의 인식을 확인하는 의도적인 행위이다(Meyers, 2014a; Sommers−Flanagan & Sommers−Flanagan, 2017). 협력은 상담사가 내담자의 목소리를 듣고, 때로는 부정적인 피드백일지라도 이를 수용하며, 내담자가 만족하지 않을 경우 전략을 변경할 준비가 되어 있음을 보여준다. 협력은 의도적으로 수행되어야 하며, 상담 관계 전반에 걸쳐 여러 차례 이루어져야 한다. 상담사가 내담자와 협력해야 하는 횟수가 정해진 것은 아니지만, 일부 상담사는 새로운 기법이 적용될 때마다 내담자에게 피드백을 요청하며, 많은 상담사들은 매 회기가 끝날 때마다 회기에 대한 내담자의 인식을 물어본다. 내담자와 협력하고 피드백을 요청하는 일반적인 방법은 다음과 같다.

1. 상담사는 기본적인 경청 및 공감 기술을 사용하여 회기 중 논의된 내용을 요약하고, 내담자가 응답할 시간을 제공한다.
   상담사: "지금까지 당신은 이 상담 관계가 유익하다고 생각하고, 앞으로 더 많은 진전을 이루길 기대하는 것 같네요."

2. 질문을 활용하여 향후 적용할 기법에 관한 생각을 묻는다.
   상담사: "우리가 당신의 공황 발작에 대해 꽤 많은 이야기를 나눴어요. 우선 이 문제에 대해 이완 기법을 시도해 보는 것이 어떨까 생각합니다. 제가 먼저 자세히 설명해 드릴게요."

3. 지금까지의 진행 상황에 대해 내담자의 생각을 묻는다.
   상담사: "지금까지 진행된 내용에 대해 어떻게 생각하시나요?"

4. 앞으로 논의할 새로운 방향에 대해 내담자의 생각을 묻는다.
   상담사: "앞으로 논의를 어떤 방향으로 진행하고 싶은지, 아이디어가 있으신가요?"

5. 상담사가 지금까지의 진행 상황에 대해 자신의 견해를 공유하고 내담자의 피드백을 요청한다.
   상담사: "전반적으로 큰 변화를 이루신 것 같아요. 하지만 부인과 관련된 문제에서 약간 막혀 있는 것 같습니다. 어떻게 생각하시나요?"

6. 상담사가 앞으로의 방향에 대한 아이디어를 제안하고 내담자에게 피드백을 요청한다.
   상담사: "좋은 진전을 이루셨다고 생각합니다. 이제 당신의 걱정을 해결하기 위해 새로운 아이디어를 시도해 보고 싶으신지 궁금하네요. 예를 들면..."

7. 현재의 진행 상황과 앞으로의 방향에 대해 내담자와 상담사가 서로 다른 관점을 가지고 있을 때, 의견 차이를 솔직하게 논의하도록 장려한다.
   상담사: "자녀와의 관계에서 다소 진전이 있다고 보이는데, 당신은 그렇지 않다고 느

끼시는 것 같네요. 이점에 대해 이야기해 보죠. 예를 들어, 자녀 훈육 방식을 개선하기 위해 노력하신 점이 있다고 봅니다. 이에 대해 어떻게 생각하시나요?"

내담자: "네, 조금 나아진 건 맞아요. 하지만 너무 더딘 것 같아요. 더 빠르게 효과를 볼 수 있는 다른 방법을 찾아볼 수 있을까요?"

협력은 상담사가 내담자로부터 건설적인 피드백을 기꺼이 받아들일 수 있을 때만 효과가 있다. 만약 상담사가 자신의 기량에 대해 너무 위축되어 있거나 방어적이라면, 협력을 사용하는 데 어려움을 겪을 수 있다. 반면, 상담사가 내담자의 피드백에 개방적이고 자신의 상담 스타일을 조정할 의지가 있으며, 내담자와 함께 목표를 이루고자 하는 태도를 가지고 있다면, 협력은 내담자의 성과를 크게 향상시킬 수 있다(체험 활동 4.10 참조).

체험 활동 4.10

협력 연습하기

짝을 이루어 몇 분 동안 상담사-내담자 역할극을 해본다. 어느 정도 진행된 후에는 위에 나열된 협력 기술 중 하나 이상을 연습한다. 세 번째 사람은 관찰자가 되어 협력 기술이 사용될 때마다 기록한다. 역할극이 끝나면, 아래 질문을 바탕으로 협력 기술에 대해 논의한다.

1. 어떤 기술을 사용했나?
2. 피드백을 요청하는 것이 자연스럽게 느껴졌나?
3. 내담자는 피드백 요청에 어떻게 반응했나?
4. 피드백을 요청하는 다른 방식이 더 유익했을까?
5. 전반적으로 협력의 긍정적 효과와 부정적 효과는 무엇이었나?

결론

이번 장과 앞선 두 장에서는 다양한 상담 기술들이 강조되었다. 이러한 기술들은 대체로 상담 관계에서 나타나는 순서대로 논의되었다. 즉, 기초 기술에서 시작해서 필수 기술로 나아가고, 이후 자주 사용되는 기술로 이어진다. 이를 염두에 두고, 체험 활동 4.11에서는 이러한 기술들을 연습할 기회를 제공한다. 질문 사용은 최소한으로 제한하거나 아예 사용하지 않도록 주의한다(질문에 대한 논의는 아직 이루어지지 않았음을 기억하자).

체험 활동 4.11

배운 기술 연습하기

이번 장과 이전 장들에서는 상담 관계에 유용한 여러 가지 상담 기술을 소개했다. 이제, 지금까지 배운 내용을 실제로 연습해 볼 수 있는 기회를 갖도록 하자. 짝을 찾아 30~60분 동안의 상담 회기를 녹음한다. 상담 회기를 진행하는 동안 지금까지 배운 다양한 기술을 사용한다. 회기를 마칠 때는 반드시 협력 기술을 활용하여, 상담이 어땠는지 내담자에게 질문한다. 그런 다음, 집에서 축어록을 작성하고 사용한 기술의 유형을 식별한 후, 해당 기술이 적절하게 사용되었는지, 더 세련되게 사용할 수 있었는지에 대해 기록한다. 교수자가 녹음과 작성한 내용을 제출하도록 요청하거나, 수업에서 이에 대해 논의하게 한다. 다음 장에서는 질문 기술에 초점을 맞출 예정이므로, 이번에는 질문을 사용하지 않도록 최선을 다한다. 질문은 학생들이 자주 사용하는 경향이 있기 때문에, 질문 없이 연습해 보는 것이 좋다.

요약

4장에서는 상담사가 자주 사용하는 상담 기술을 중점적으로 다뤘다. 3장에서 다룬 공감을 시작으로 이번에는 심층 공감에 초점을 맞췄다. 이러한 반응은 내담자가 내면의 감정을 인식하고, 자신의 상황을 새롭게 개념화하는 방법을 이해하도록 돕는다. 더불어, 추가적인 공감 반응(additive empathy)은 내담자가 상황을 새로운 방식으로 바라볼 수 있게 하며 종종 새로운 목표를 설정하는 전초가 된다. 우리는 심층 공감을 표현하는 10가지 방법을 조명했는데, 여기에는 비언어적 행동 반영하기, 더 깊은 감정 반영하기, 갈등하는 감정이나 생각 지적하기, 시각적 이미지 사용하기, 비유 사용하기, 은유 사용하기, 목표지향적 자기 개방, 촉각 반응, 매체 사용하기, 담론적 반응 사용하기가 있다.

다음으로, 긍정/인정, 격려, 지지에 대해 논의하며 이 반응들이 내담자의 자존감을 높이는 데 중요한 역할을 한다고 설명했다. 긍정/인정은 일반적인 긍정 반응으로 내담자의 자존감을 높이고, 격려는 설정된 목표를 향해 나아가는 내담자의 노력을 강화하며, 지지는 상담사가 다양한 방식으로 "내담자의 편"임을 보여주는 포괄적 용어라는 점을 짚었다.

대안 제시, 정보 제공, 조언 제공으로 넘어가면서, 이 세 가지 기술 모두 내담자가 상담사로부터 판단 받는다고 느끼게 하거나 의존적인 관계를 형성할 위험이 있다고 강조했다. 그러나 대안 제시는 정보 제공보다, 정보 제공은 조언 제공보다 이러한 위험성이 적다. 이어 내담자에게 유용하면서도 받아들이기 쉬운 방식으로 이 기술들을 사용하는 방법을 소개했다.

모델링은 두 가지 방식으로 수행될 수 있음을 언급했다. 비의도적 모델링은 상담 관계의 부산물로, 내담자가 무의식적으로 상담사가 보여주는 중요한 기술을 습득할 때 이루어진다. 반면, 의도적 모델링은 내담자가 기술을 모방하도록 상담사가 의도적으로 특정 행동을 보여주는 것이다. 이는 내담자가 상담 중에 서 새로운 행동을 식별해서 연습하거나, 상담 관계 밖에서도 내담자가 모방할 모델을 찾을 수 있도록 모델링 과정을 가르침으로써 이루어질 수 있다.

자기 개방, 즉 상담사가 자신의 삶에 관한 무언가를 내담자에게 드러내는 것은 의도적으로 또는 무의식적으로 이루어질 수 있다. 내용 자기 개방은 상담사에 관한 정보를 공유하는 것으로, 관계 형성을 위해, 상담사가 내담자를 이해하고 있음을 표현하기 위해, 내담자로 하여금 더 깊은 자기 개방을 유도하기 위해, 새로운 행동을 개발하기 위한 모델로서 사용될 수 있다. 과정 자기 개방은 즉시성이라고도 하며, 상담사가 내담자와의 관계에서 순간순간 경험한 것을 공유하는 것을 뜻한다. 이 유형의 자기 개방은 내담자가 관계 내에서 더욱 진솔해질 수 있도록 돕는 모델이 된다. 자기 개방은 신중하게 사용해야 하는 기술로, 자기 개방 사용을 위한 몇 가지 지침을 제공하였다.

마지막으로, 협력을 다뤘는데, 상담 관계의 방향에 대해 내담자가 만족하는지 확인하기 위해 내담자와 함께 점검하는 데 초점을 맞춘다. 협력은 내담자의 피드백을 존중하며, 모든 상담 회기에서 사용할 수 있다. 내담자와 협력하는 다양한 방법들 또한 소개했다.

주요 단어 및 용어

갈등하는 감정이나 생각 지적하기
격려
과정 자기 개방
긍정/인정
기본 공감
내용 자기 개방
담론적 반응 사용하기
대안 제시
더 깊은 감정 반영하기
매체 활용
모델링
모방
목표지향적 자기 개방
비언어적 행동 반영하기
비유 사용하기
비의도적 모델링
사회학습
시각적 이미지 사용하기
심층 공감
은유 사용하기
의도적 모델링
자기 개방
정보 제공
조언 제공
즉시성
지지
촉각 반응 반영하기
추가적인 공감
행동시연
협력

사사(Credits)

사진 4.1: Source: https://pixabay.com/en/face-head-empathy-meet-sensitivity-985977/.

사진 4.2: Source: https://pixabay.com/en/woman-power-glory-affirmation-2128020/.

사진 4.3: Source: https://pixabay.com/en/communication-head-balloons-man-1991850/.

사진 4.4: Source: https://pixabay.com/en/stick-people-puzzle-helping-2324009/.

CHAPTER 5

정보 수집 질문, 해결 중심 질문

학습 목표

1. 질문하는 목적과 용도를 이해한다.
2. 정보를 수집하기 위한 질문과 해결 중심 질문의 차이를 학습한다.
3. 다음과 같은 정보 수집 질문을 상담 관계 안에서 사용하는 법을 배운다.
   a. 내용과 감정의 범위를 정한 폐쇄형 질문
   b. 내용과 감정의 범위를 정한 개방형 질문
   c. 잠정적 질문
   d. "왜" 질문
4. 폐쇄형 질문, 개방형 질문, 잠정적 질문, 그리고 "왜" 질문을 언제 사용하는 것이 최선인지 이해한다.
5. 다음에 제시한 해결 중심 질문들을 사용하는 법을 배운다.
   a. 선호하는 목표에 관한 질문
   b. 평가 질문
   c. 대처 질문
   d. 예외 탐색 질문
   e. 해결 지향 질문
   f. 척도 질문

들어가며

질문은 상담 관계에서 중요한 역할을 수행한다. 그러나 질문을 지나치게 자주 또는 부적절하게 사용할 경우 관계에 균열이 발생할 수 있고 작업동맹 형성에도 방해가 된다. 이 장에서는 질문 사용을 살펴보고, 정보 수집 질문과 해결 중심 질문으로 나누어 설명할 것이다. 우선 다음 질문들을 고민해보고, 그런 다음 그림 5.1을 살펴보자.

- 질문은 상담 관계에서 어떤 목적을 달성하는 데 기여하나?
- 질문을 통해 신속하게 정보를 수집할 수 있나?
- 질문은 내담자의 통찰을 증가시킬 수 있을까?
- 질문은 내담자가 목표를 달성하는 데 있어서 도움이 될 수 있을까?
- 질문은 상담 과정에 방해가 될 수 있을까?
- 질문은 사람을 방어적으로 만들 수 있을까?
- 질문 대신 다른 기법을 사용하는 것이 더 나을 수도 있을까?
- 질문은 언제 사용해야 할까?

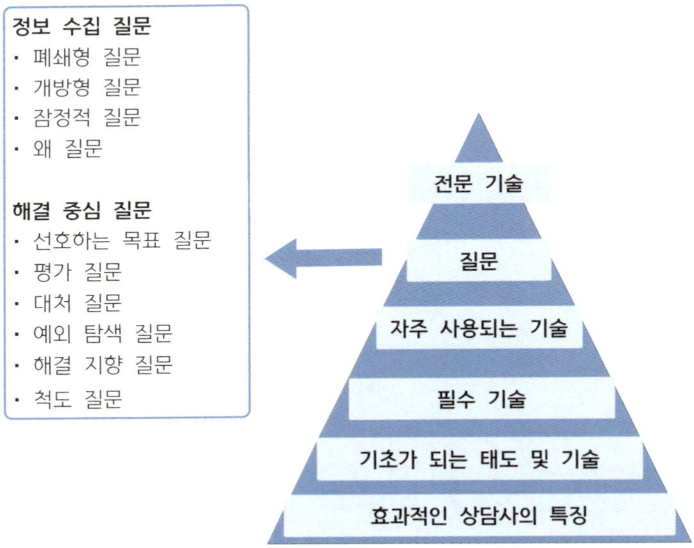

그림 5.1 상담 및 도움 기술

정보 수집 질문

정보 수집을 위한 질문은 내담자가 반드시 그것을 중요하다고 여겨서가 아니라 상담사가 중요하다고 생각해서 제기하기 때문에 상담사 중심적인 것으로 간주된다. 이 질문은 내담자에 대한 전반적인 그림을 그리는 관계 초반에 특히 유용하다. 실제로 이 질문은 접수 면접 또는 상담 계획 수립을 위해 내담자의 요구를 평가할 때 자주 활용된다. 그러나 상담사가 특정 영역을 심층적으로 탐색하고자 할 때는 상담 과정 중 언제든지 사용할 수 있다. 이러한 질문에는 폐쇄형 질문, 개방형 질문, 잠정적 질문, 그리고 '왜' 질문이 있다.

폐쇄형 질문

폐쇄형 질문(closed questions)은 상담사가 내담자로부터 매우 구체적인 정보를 신속하게 얻고 싶을 때 사용하는데, 내담자의 응답 범위를 제한한다(닫는다). 이 질문들은 '예/아니오' 형식, 강제 선택형, 집중형 질문으로 구성되며, 다음 예시와 같다(Egan & Reese, 2019; Hill, 2014; Ivey, Ivey, & Zalaquett, 2016; Neukrug, 2017b).

예/아니오 형식: "당신은 당신의 어머니가 화가 많았던 사람이라고 생각하나요?"

강제 선택형: "누가 더 화가 많았다고 생각하나요? 엄마인가요 아니면 아빠인가요?"

집중형: "가족 내에서 화가 어떤 식으로 표현되었는지 말씀해 주세요."

폐쇄형 질문은 내용 또는 감정의 범위를 제한할 수 있다. 앞선 사례들은 내용에 초점을 둔 반면, 다음 사례들은 감정의 범위를 제한하고 있다.

예/아니오 형식: "반려동물을 잃어서 슬픈가요?"

강제 선택형: "반려동물을 잃어 슬픈가요 아니면 화가 나나요?"

집중형: "반려동물을 잃어서 어떤 느낌이 드나요?"

폐쇄형 질문은 접수 면접처럼 신속한 정보 수집이 필요하거나 시간 압박이 있는 상황에서 유용하다. 그러나 폐쇄형 질문은 장기적인 상담 관계에서는 조심스럽게 사용해야 하는데, 폐쇄형 질문이 상담사를 권위적인 전문가, 심지어 심문하는 사람처럼 보이게 할 수 있고, 이 경우 내담자가 방어적이 될 수 있다. 폐쇄형 질문을 통해 신속하게 정보를 수집할 수는 있지만, 내담자의 실제 상황을 정확히 반영하지 못할 수 있다. 가령, 첫 번째 예시에서 엄마가 화가 많은 사람인지 묻는 질문에 내담자는 "예" 또는 "아니오"보다 좀 더 미묘한 답을 가지고 있을 수 있다. 또한 두 번째 예시에서도 내담자는 자신의 반려동물을 잃은 것에 대해 슬픔이나 화가 아니라 다른 감정을 경험하고 있을 수 있다. 내담자는 종종 자신의 상황을 복잡하게 이해하는 경향이 있는데, 선택을 강요하거나 특정 영역에 초점을 두고 질문을 하게 되면 내담자는 자신의 관점을 반영하지 않는 방식으로 답할 수 있다(체험 활동 5.1과 5.2를 참조).

체험 활동 5.1

폐쇄형 질문 집중 연습

5-8명으로 구성된 소집단을 구성한 후 내담자의 역할을 할 사람이 정중앙에 앉고 실제 또는 만들어낸 문제를 이야기한다. 한 명(관찰자)을 제외한 나머지 학생들은 내담자를 둘러싸고 원의 형태로 자리에 앉고, 관찰자는 원 밖에 앉는다. 내담자가 이야기를 할 때 원에 있는 학생들은 폐쇄형 질문을 한다. 관찰자는 내담자가 한 반응을 적는다. 몇 분 후 다음에 대해 이야기 나눈다.

1. 학생들이 던진 폐쇄 질문의 종류
2. 폐쇄 질문이 도움이 된 것처럼 보이는지(내담자에게도 질문한다)
3. 다른 종류의 반응이 더 도움이 되었을 수 있는지

체험 활동 5.2

폐쇄형 질문 연습

세 명으로 한 조를 구성해서, 한 사람은 상담사, 다른 한 사람은 내담자, 나머지 한 사람은 관찰자의 역할을 한다. 내담자는 특정 문제 상황을 이야기하고, 상담사는 폐쇄형 질문으로만 반응한다. 관찰자는 어떤 종류의 폐쇄형 질문들을 사용했는지 기록한다. 5-10분 정도 역할극을 한 후, 역할을 바꿔 연습한다. 매번 역할극이 끝나면, 관찰자는 상담사가 어떤 종류의 폐쇄형 질문들을 활용했는지 나눈다.

마지막으로, 전체 집단으로 돌아와서 내담자로부터 정보를 이끌어낼 때 폐쇄형 질문이 얼마나 효과적이었는지 이야기한다.

개방형 질문

폐쇄형 질문과 달리, 개방형 질문은 제기된 질문에 대해 내담자가 다양한 방식으로 응답할 수 있게 한다(Egan & Reese, 2019; Hill, 2014; Ivey et al., 2016). 폐쇄형 질문과 마찬가지로 개방형 질문은 내용 또는 감정에 초점을 맞출 수 있다. 예를 들어, 내담자에게 "어떻게 직업을 선택하게 되었나요?" "당신의 결혼 생활이 특별하다고 느끼는 점은 무엇인가요?"와 같은 내용 중심의 개방형 질문을 할 수 있다. 또는 "그렇다면 그것에 대해 어떤 감정을 느끼셨나요?" "그 일이 일어난 후에 어떤 감정들을 느끼셨나요?"와 같이 감정에 초점을 둔 개방형 질문을 내담자에게 할 수 있다.

개방형 질문은 내담자가 자유롭게 다양한 방식으로 응답할 수 있기 때문에 강력한 효과를 발휘한다. 이를 통해 내담자는 재량권을 갖고 상담 회기의 방향을 이끌어갈 수 있다. 따라서 이 유형의 질문은 폐쇄형 질문보다 덜 상담사 중심적(더욱 내담자 중심적)이다(체험 활동 5.3과 5.4를 참조하고, 체험 활동 5.5를 완성한다).

체험 활동 5.3

개방형 질문 집중 연습

5-8명으로 구성된 소집단을 구성한 후 내담자의 역할을 할 사람이 정중앙에 앉고 실제 또는 가상의 문제를 이야기한다. 한 명(관찰자)을 제외한 나머지 학생들은 내담자를 둘러싸고 원의 형태로 자리를 잡고, 관찰자는 원 밖에 앉는다. 내담자가 이야기 할 때 원에 있는 학생들은 개방형 질문을 한다. 관찰자는 이때 내담자가 한 반응을 기록한다. 몇 분 후 다음 주제에 대해 토론한다.

1. 학생들이 던진 개방형 질문의 종류
2. 개방형 질문이 도움이 되었는지(내담자에게도 질문한다)
3. 다른 종류의 반응이 더 도움이 되었을 수 있는지

체험 활동 5.4

개방형 질문 연습

세 명으로 한 조를 구성해서, 한 사람은 상담사, 다른 한 사람은 내담자, 나머지 한 사람은 관찰자의 역할을 한다. 내담자는 특정 문제 상황을 이야기하고, 상담사는 오직 개방형 질문으로만 반응한다. 만일 상담사가 이 작업을 힘들어하면 관찰자가 도움을 제공한다. 또한 상담사가 개방형 질문으로 반응하지 않는다고 관찰자가 판단하면 역할극을 중단하고 세 사람은 어떤 개방형 질문을 던질 수 있을지 이야기한다. 그런 다음 활동을 재개한다. 5-10분 정도 역할극을 한 후, 역할을 바꿔 연습한다. 매번 역할극이 끝나면, 관찰자는 상담사가 어떤 종류의 개방형 질문들을 했는지 나눈다. 마지막으로, 전체 집단으로 돌아와서 개방형 질문을 하는 것의 어려움과 용이함에 대해 이야기를 나눈다.

체험 활동 5.5

패쇄형 질문과 개방형 질문을 공감 반응과 비교하기

한 학생이 자발적으로 자신의 어려움 또는 문제에 대해 이야기한다. 나머지 수강생들은 이 학생을 두 겹으로 에워싼다. 첫 번째 원에 있는 학생들은 패쇄형 질문만, 두 번째 원에 있는 학생들은 개방형 질문만 한다. 실습 첫 5분 동안은 개방형 질문만 던지고, 그다음 5분 동안은 개방형 질문만 한다. 마지막으로 나머지 5분 동안은 두 원에 있는 학생들이 공감 반응만 한다. 이 실습이 끝나면 전체 집단에서 아래 질문을 가지고 논의한다.

1. 문제를 이야기한 학생은 첫 5분 동안 무엇을 경험했나?
2. 문제를 이야기한 학생은 두 번째 5분 동안 무엇을 경험했나?
3. 문제를 이야기한 학생은 마지막 5분간 무엇을 경험했나?
4. 나머지 학생들의 경우 패쇄형 질문, 개방형 질문, 공감 반응 중에 어느 것이 가장 쉽게 느껴졌나?
5. 질문을 할 필요는 있었나?
6. 좋은 질문을 하는 것과 좋은 공감 반응을 보이는 것 중 어떤 것이 더 낫다고 생각하는가?

개방형 질문과 패쇄형 질문 중 어느 것을 사용해야 할까?

상담사가 좀 더 깊은 상담 관계를 형성하려면 일반적으로 패쇄형 질문보다는 개방형 질문을 더 많이 활용해야 한다. 예를 들어, 내담자의 가족에 대해 묻고자 할 때 "가족에 대해 더 말씀해 주시겠습니까?"와 같이 간단한 개방 질문이 다양한 응답을 이끌어내는 데 유용하다. 반면, 상담사가 구체적인 정보를 신속하게 수집하고 싶을 때는 패쇄형 질문을 사용하는 것이 중요하다. 가족 구성원들의 관계나 연령대를 파악하려면 "가족 구성원은 누구이고 나이는 어떻게 되시나요?"와 같은 질문이 적합하다. 또는 내담자가 자신의 가족을 어떻게 인지하는지 빠르게 평가하려면 "전반적으로 보았을 때, 당신 가족은 기능적인가요 아니면 역기능적인가요?"와 같은 패쇄형 질문을 던질 수 있다. 하지만 폐쇄형 질문의 단점은 내담자가 이야기하고 싶어 하지 않는 쪽으로 상담 회기를 이끌어 갈 수 있고 이야기의 범위를 제한할 수 있다는 것이다. 상담사가 항상 기억해야 할 것은, 때로는 내담자의 특정 반응을 유도하기 위해서는 특정 유형의 질문이 더 효과적이라는 점과, 어떤 경우에는 아예 질문을 하지 않는 것이 최선일 수도 있다는 것이다. 상담사는 질문의 목적을 명확히 고려해야 한다. 즉, 패쇄형 질문을 통해 신속하게 정보를 수집하기 원하는지, 개방형 질문으로 특정 주제를 폭넓게 탐색하고자 하는지, 아니면 질문 없이 경청하고 반영하는 것에 집중할지 선택해야 한다.

잠정적 질문

상담사는 질문을 잠정적으로(tentatively) 할 수 있는데, 상담사가 상황을 조심스럽게 살피는 것을 의미한다. 예를 들어, "가족분들의 이름과 나이가 어떻게 되나요?"라고 묻는 것이 아니라, "가족분들의 성함과 나이를 말씀해 주실 수 있을까요?"처럼 부드럽게 질문을 던질 수 있다. 또는 "이혼하게 되어 얼마나 슬픈가요?"라고 말하는 대신 "이혼으로 인해 현재 슬픔을 느끼시는지 궁금합니다"라고 표현할 수 있다. 또는 "이혼에 대해 어떤 느낌이 드시나요?"라고 말하는 대신, "이혼한 것에 대해 어떤 감정을 느끼시지 않을까 궁금합니다만?"이라고 말할 수 있다. 가끔 상담사는 "맞나요?"와 같이 문장 끝에 작은 질문을 추가해서 질문을 좀 더 잠정적으로 할 수 있다. 이러한 질문 방식은 패쇄형 질문과 개방형 질문의 거친 느낌을 완화하고, 내담자로 하여금 불편함 없이 응답 여부를 선택할 수 있는 여지를 제공한다.

잠정적 질문은 종종 공감 반응과 유사하다. 예를 들어, 직전 사례에서 상담사가 "이혼에 대해 어떤 감정을 느끼시지 않을까 궁금합니다만?"이라고 말하기보다 "이혼으로 인해 여러 감정이 드시는 것 같아요"라고 말할 수 있다. 내담자들은 잠정적 질문을 잘 받아들이는 경향이 있다. 이 질문은 듣기 편하고, 회기를 부드럽게 이끌며, 비판단적이고 개방적인 분위기를 조성해서, 내담자의 긍정적인 반응을 이끌어낸다. 체험 활동 5.6을 하면서 어떤 방식의 잠정적인 질문들이 있는지 생각해 보고, 체험 활동 5.7을 통해서는 잠정적인 질문을 사용하는 법을 연습할 수 있다.

체험 활동 5.6

잠정적인 질문 작성하기

수업 중에, 잠정적인 질문에 사용할 수 있는 문구를 생각해 본다. 가령, 직전 사례에서는 "...인지 궁금합니다 "...라고 추측되네요."라고 말을 했다.
잠정적인 질문을 하는 다른 방법들을 생각해 보고, 아래에 있는 빈칸에 적어보자. 생각해 낸 방법들을 다른 수강생들과 나눠보자.

1. ____.
2. ____.
3. ____.
4. ____.
5. ____.
6. ____.

체험 활동 5.7

잠정적인 질문을 사용해서 반응하기

이 활동에서는 체험 활동 5.6을 통해 고안해 낸 반응들을 사용하거나 아니면 다른 잠정적인 반응을 사용한다. 세 명이 한 조로 구성된 소집단을 구성한다. 한 사람은 내담자, 두 번째 사람은 상담사, 세 번째 사람은 관찰자가 된다. 관찰자는 필요할 때 도움을 제공할 수 있다. 내담자는 문제를 가지고 있는 사람의 역할을 하고, 상담사는 오로지 잠정적인 질문만 사용해서 내담자에게 반응한다. 관찰자는 상담사가 언급한 서로 다른 종류의 잠정적 질문들을 기록한다. 역할극을 5-10분 정도 진행한 후 역할을 바꾸고, 모든 구성원들이 상담사의 역할을 해본다. 각각의 역할극에서 관찰자는 상담사가 한 잠정적인 질문의 종류를 공유한다. 그런 다음, 다시 전체 집단으로 돌아와서 잠정적인 질문이 내담자의 정보를 이끌어내는 데 얼마나 효과적이었는지 이야기를 나눈다.

'왜' 질문

"왜 그렇게 느끼셨나요?" "당신이 왜 그렇게 반응했다고 생각하시나요?" "왜 그런 행동을 하셨나요?" '왜' 질문은, 상대를 방어적이고 자기보호적이며 의심하고 조심스럽게 만드는 특성이 없다면, 세상에서 가장 좋은 질문이 될 것이다. 이러한 질문의 의도는 문제의 근본 원인을 찾으려는 데 있다. 하지만 안타깝게도, '왜 질문은 내담자를 곤혹스럽게 만드는 경향이 있다. 이러한 이유로, 상담사는 '왜' 질문을 사용하기보다는 다른 유형의 질문을 하거나 아니면 공감 반응을 하라고 권장된다(De Jong & Berg, 2013; Ivey et al., 2016; Nevid, 2015). 만일 내담자가 '왜' 질문에 솔직하게 답변할 수 있다면 이 질문은 상담 관계에서 사용할 수 있는 가장 강력한 질문이 될 것이다. 하지만 내담자는 상담 관계를 통해 '왜'에 대한 답을 찾으려고 한다. 만일 내담자가 그 답을 알고 있다면 상담실에 오지 않았을 것이다. 필자는 내담자와 작업동맹을 형성한 후 가끔 다소 약한 '왜' 질문을 내담자에게 던지는 자신을 발견했는데, "그게 왜 그렇다고 생각하나요?"와 같은 질문을 한다. 하지만 회기 중에 그런 질문을 하더라고 그 사용 빈도는 매우 적다.

네 가지 유형의 질문(폐쇄형 질문, 개방형 질문, 잠정적 질문, '왜' 질문)을 언제 사용해야 하는가?

사람들은 비교적 쉽게 질문을 하지만, 공감적인 반응을 하는 것은 노력이 요구된다. 그러나 내담자와 상담을 할 때 질문이 늘 최선은 아니다. 질문을 통해 패턴을 발견하고, 자기 탐구를 유도하며, 내담자의 변화를 자극할 수 있지만, 질문을 과하게 사용할 경우 요구하는(demanding) 분위기가 조성될 수 있다. 이런 분위기에서 상담사는 우월한 전문가로서 행동하기 때문에 내담자는 창피함을 느끼고 곤혹스러워 할 수 있다. 어떤 학자들은 상담사가 질문을 하면 내담자는 상담사가 상담 관계를 이끈다고 가정하게 되고, 결국 내담자가 상담사에게 의존할 수 있다고 주장한다(Cormier, Nurius, & Osborn, 2013). 따라서 질문 대신 공감 반응을 사용해야 한다는 주장이 종종 제기된다(Neukrug, 2017a; Neukrug et al., 2012; Rogers, 1942). 예를 들어, 다음과 같은 상황을 가정해 보자.

내담자: 아이들이 저를 싫어하는 것 같아요. 통제가 되지 않습니다. 무슨 문제인지 모르겠어요.

상담사는 다음과 같은 질문으로 응답할 수 있다.

상담사: 아이들에게 어떤 일들이 있어서 그렇게 느끼시는 건가요?

상담사가 진지하고 사려 깊게 위와 같은 반응을 할 수는 있지만, 내담자가 방어적이 될 가능성이 있고, 심지어 내담자는 상담사가 아이들에게 뭔가 잘못이 있다고 믿고 있다고 생각할 수 있다. 아래 반응을 살펴보자.

상담사: 저에게는 당신이 사랑받지 못한다고 느끼는 것처럼 보입니다. 아이들에게 어떤 일이 일어나고 있는지 혼란스러워하고 계시구요.

일반적으로, 정보를 빠르게 수집할 필요가 없고 시간에 쫓기지 않는다면, 공감 반응을 하는 것이 작업동맹을 심화시키는 데 효과적이다. 시간이 얼마나 많이 남아있는지, 질문에 너무 의존하고 있는 것은 아닌지 생각해 볼 필요가 있다. 면접 과정에서 서로 다른 종류의 질문을 사용하는 것에 대해 더 많이 논의할 수 있지만, 질문을 할 때는 항상 신중해야 한다는 점을 기억해야 한다. 질문 사용에 대한 몇 가지 가이드라인은 다음과 같다.

1. 내가 질문을 하고 있다는 것을 인식하고 있는가?
2. 현재 상황에서 질문을 하는 것이 내가 할 수 있는 최선의 반응인가?
3. 현재 상황에서 가장 적합한 유형의 질문을 하고 있는가?
4. 질문 대신 다른 대안을 고려해 보았는가?
5. 지금 하려는 질문이 면접의 흐름을 방해할 가능성이 있는가? 그렇다면, 그 질문을 함으로써 얻는 이점(예: 구체적인 정보를 신속하게 수집함)이 질문을 하지 않는 단점을 상쇄할 것인가?

사실 자료 5.1을 검토한 후, 체험 활동 5.8을 완료해서 이 장에서 다룬 질문을 연습해 보자.

팩트 시트 5.1

정보 수집 질문

질문 유형	정의	예	이점/단점
내용의 범위를 정하는 폐쇄형 질문	특정 주제 또는 관점에 초점을 두면서 '예' 또는 '아니오'로, 몇 가지 선택 중 하	"아이가 태어나면 부모님과 함께 살지, 아니면 따로 독립해서 살 예정인가요?"	신속하게 정보를 수집할 필요가 있을 때는 유용함. 상담사를 권위 있는 인물로

	나로, 또는 응답의 폭을 제한하는 방식으로 묻는 질문		비치게 하는 분위기가 만들어져서 내담자의 의존성이 증가할 수 있음. 내담자가 상세히 표현하는 것에 한계가 있음.
감정의 범위를 정하는 폐쇄형 질문	‘예’ 또는 ‘아니오’ 중 하나로, 또는 몇 가지 감정 중 하나를 선택해야 하는 질문	“임신 사실을 알게 되었을 때 행복했나요, 아니면 슬펐나요?”	신속하게 정보를 수집할 필요가 있을 때는 유용함. 상담사를 권위 있는 인물로 비치게 하는 분위기가 만들어져서 내담자의 의존성이 증가할 수 있음. 내담자가 상세히 표현하는 것에 한계가 있음.
개방형 질문	다양한 방식으로 응답할 수 있는 질문	“임신 사실을 알게 되었을 때 어떤 느낌이 들었나요?”	폐쇄형 질문에 비해 덜 억압적이어서 내담자가 다양한 방식으로 응답할 수 있음. 잠정적 질문 또는 공감 반응만큼 내담자 중심적이지는 않음.
잠정적 질문	내담자가 다양한 범위 내에서 반응할 수 있도록 부드럽게 던지는 질문	“임신한 것에 대해 복잡한 감정들을 느낀다는 말이죠?”	여전히 상담사가 이야기할 내용을 선택하지만, 가장 내담자 중심적인(최소한으로 상담사 중심적인) 질문임
‘왜’ 질문	깊고 생각을 많이 해야 하는 질문이지만, 내담자가 방어적이 될 수 있는 질문	“왜 부모님께서 당신에게 못되게 굴었다고 생각하나요?”	이 질문을 받는 사람이 방어적으로 반응하는 경향이 있기 때문에 가장 해로울 수 있음. 그러나 적절한 순간에 질문한다면 깊은 탐색을 촉진할 수 있음.

체험 활동 5.8

효과적으로 질문하기

아래 내용을 살펴보고, 해당 질문이 폐쇄형, 개방형, 잠정적, 또는 '왜' 질문 중 어느 유형에 속하는지 확인하시오. 또한 일부 질문이 몇 가지 질문을 조합한 것인지 고려해 보시오. 마지막으로, 더 좋은 대안 반응(예: 공감 반응)이 무엇일지 적어보시오.

질문 유형

예: "이혼한 것에 대해 슬픔을 더 느꼈나요 아니면 화가 더 났나요?" 폐쇄형

대안 반응: "이혼한 것에 대해 뭔가 강렬한 감정을 느꼈던 것처럼 들리네요."

질문 1: "헤어져서 기분이 좋았나요 아니면 나빴나요?" ________

대안 반응: ____.

질문 2: "반려견의 죽음에 대해 어떤 감정을 느꼈나요?" ________

대안 반응: ____.

질문 3: "친구의 약혼 소식에 얼마나 놀랐나요?" ________

대안 반응: ____.

질문 4: "가족 안에서 당신의 역할은 무엇인가요?" ________

대안 반응: ____.

질문 5: "친구가 당신에게 거짓말을 한 것에 대해 화가 났나요 아니면 믿지 못하겠다고 느꼈나요?" ________

대안 반응: ____.

질문 6: "헤어져서 약하게, 중간 정도로, 아니면 몹시 화가 났나요?" ________

대안 반응: ____.

질문 7: "그 상황에 대해 조금 더 말씀해 줄 것이 있는지 궁금합니다." ________

대안 반응: ____.

질문 8: "사고가 난 것에 대해 어떤 강한 감정 같은 것을 느끼셨을까요?" ________

대안 반응: ____.

질문 9: "이것을 극복하는 데 두세 달이 필요할지 궁금합니다." ________

대안 반응: ____.

질문 10: "얼마나 자주 상담을 받으셨나요? 상담사는 누구였나요?" ________

대안 반응: ____.

질문 11: "부모님이 왜 이혼했다고 생각하나요?" ________

대안 반응: ____.

해결 중심 질문

> 어느 날 잠에 들었을 때 기적이 일어나 이 문제가 해결되었다고 생각해 보죠. 당신은 그것을(문제가 해결되었다는 것을) 어떻게 알 수 있을까요? 무엇이 달라질까요?(de Shazer, 1988, p. 5)

위에서 인용한 de Shazer의 유명한 기적 질문처럼, 해결 중심 질문은 최근 들어 많은 상담사들이 사용하는 주요 도구가 되었다. 해결 중심 질문은 내담자의 삶에서 효과적이었던 행동이 무엇인지, 내담자가 미래에 도달하고 싶은 지점이 무엇인지 확인하고, 목표를 달성하는 데 초점을 맞추고 있기 때문에, 상담사 반응의 일상적인 레퍼토리가 되었다(Bannink, 2015; De Jong & Berg, 2013; de Shazer et al., 2007; Trepper et al., 2014). 해결 중심 질문은 강점 기반 상담의 한 방식으로, 내담자가 가진 문제가 아니라 긍정적인 면에 초점을 둔다. 해결중심 질문은 내담자를 병리화하지 않으며, 내담자가 과거의 문제나 고민을 되풀이하는 대신 해결책을 찾도록 도와준다. 해결 중심 질문은 일반적으로 다음 여섯 가지 범주 중 하나로 분류할 수 있다.

1. **선호하는 목표 질문**, 내담자가 소망하는 미래가 어떤 것인지 탐색함
2. **평가 질문**, 내담자의 행동이 목표 달성에 얼마나 생산적이었는지 평가함
3. **대처 질문**, 내담자가 자신의 문제를 해결하기 위해 성공적으로 사용한 행동을 확인하는 질문
4. **예외 탐색 질문**, 내담자의 삶에서 해당 문제가 없었던 때를 확인함. 또한 그 당시 내담자가 무엇을 했는지에 초점을 둠
5. **해결 지향 질문**, 해당 문제가 없었다면 내담자의 삶이 어떻게 달라졌을지 광범위하게 묻는 질문
6. **척도 질문**, 내담자의 감정 상태를 평가하고, 상담에서의 진행 상황을 측정하는 데 사용함

사례 5.1은 계속되는 우울 및 불안 때문에 상담실을 찾은 자네트의 이야기를 담고 있

다. 이 사례는 다양한 질문들이 어떻게 사용될 수 있는지 그 예를 보여준다.

사례 5.1

자네트

자네트는 33살의 기혼 여성으로 현재 우울감이 심하고 성인기 내내 불안에 시달려 왔다. 그녀에 따르면 수면에도 문제가 있고 최근 몇 달 동안 체중도 줄었다. 네 자매 중 막내인 자네트는 엄격한 원가족에서 자랐다. 자네트의 어머니는 늘 "자네트와 언니들을 살피고 확인했다." 자네트는 자신의 집을 "수녀원"으로 묘사했는데, 모두가 항상 모범적으로 행동해야 했고, 학교에서 좋은 성적을 내야 했으며, 집 안은 늘 깨끗해야 했으며, 집안일과 요리를 도와야 했고, "누군가를 미워하더라도 돌보고 사랑하는 것처럼 행동해야만 했다." 그녀의 아버지는 집안의 엄격한 분위기를 지지했지만, 집에서는 주변에 머물러 있을 뿐 자네트와 다른 언니들 일에는 깊이 관여하지 않았다.
자네트는 24살에 결혼을 했는데, "마치 그렇게 예정되어 있었던 것 같다"라고 말했다. 현재 4살 된 아들을 키우고 있으며, 자신의 남편이 "착하지만", 자신은 늘 여성에게 끌렸고, 이것에 대해 "죄책감을 느끼고 죄를 짓는 것" 같다고 말했다. 자네트는 상담을 통해 기분이 나아지고 자신의 삶에서 무엇을 해야 할지 결정하고 싶다고 말했다. 자네트는 부모님과의 현재 관계를 "가깝지만 위선적인" 관계로 묘사했는데, 엄마나 아빠와는 진심으로 이야기할 수 없다고 느끼고 있다. 자네트는 과거에도 상담을 받은 적이 있으며, 현재 항불안 효과가 있는 우울증 약을 복용하고 있다. 또한 최근에 운동을 시작했고, 신부님과도 대화하려고 시도한 적이 있다.

선호하는 목표 질문

선호하는 목표 질문은 미래 지향적이며, 목표가 달성되었을 때 내담자의 삶이 어떤 모습일지 생각하도록 내담자를 돕는다(de Shazer, 2007; Trepper et al., 2014). 자네트의 상황에 적용할 수 있는 몇 가지 선호하는 목표 질문은 다음과 같다.

- 자네트, 만약 오늘 상담 회기가 당신이 경험한 최고의 상담 회기라면, 어떤 목표를 설정할 수 있을까요? 그리고 그 목표를 달성하기 위해 어떤 노력을 기울일 수 있을까요?
- 이곳(상담소)에 오는 것이 당신에게 가치 있는 일이라면, 자네트 당신은 미래에 어떻게 다르게 행동할까요?
- 1달, 6개월 또는 1년 후 당신의 삶이 지금보다 나아진다면, 어떤 일이 일어날까요? 지금과 달라진 것들이 있다면 무엇일까요?

- 자네트, 당신이 점점 더 목표에 가까워지고 있고 상황이 나아지고 있다면, 지금과는 어떻게 다르게 행동할까요?

자네트의 이름을 다른 내담자의 이름으로 바꾸어 동일한 방식으로 사용할 수 있다.

평가 질문

평가 질문의 목적은 지금까지 효과적이었던 행동들이 무엇인지 확인해서 그러한 행동을 더 할 수 있게 하는 한편, 효과가 없었던 행동이 무엇인지 확인해서 그러한 행동에 에너지를 낭비하지 않게 함에 있다(De Jong & Berg, 2013; Franklin et al., 2012). 예를 들어, 자네트의 경우 다음과 같은 질문을 할 수 있다.

- 자네트, 우울증 완화를 위해 시도한 방법 중 효과가 있었던 것은 무엇인가요?
- 자네트, 항우울제 복용은 얼마나 도움이 되었나요?
- 자네트, 상담의 어떤 점이 가장 도움이 되었나요?
- 자네트, 최근 운동을 많이 한다고 말했었는데요. 기분 개선에 운동이 어떻게 도움이 되었나요?
- 신부님과 이야기한 것이 도움이 되었나요? 어떤 점이 도움이 되었나요?
- 자네트, 지금까지 시도한 것 중에 불안과 우울감을 줄이는 데 가장 효과적이었던 것이 무엇이었나요?
- 자네트, 부모님과의 관계에서 가장 잘 통한 방법은 무엇이었나요?

평가 질문이 효과적이었던 것에 초점을 둔다는 점에 주목할 필요가 있다. 효과적이지 않았던 것에 초점을 두는 것은 시간 낭비일 수 있고, 과거 실패를 반복하는 무의미한 행위이다. 가령, 자네트가 "상담을 받고 오히려 기분이 더 안 좋아졌어요"라고 말한다면, 해당 주제는 최소화하는 것이 좋다. 다만, "전반적으로 상담이 도움이 되지 않았더라도, 혹시 당신에게 도움이 되었던 것이 있었을까요?"라고 질문하는 것은 괜찮다. 이는 상담이 전반적으로는 생산적이지 않았지만 작은 부분이 도움이 되었을 수 있고, 그 점을 확인할 수 있다면 상담사가 이번에 그것을 확장해서 해결책을 모색할 수 있다는 전제를 담고 있다. 결국 상담사는 효과적인 행동에 초점을 맞추고 해결 방안을 구축해야 한다.

대처 질문

평가 질문이 시도된 실제 행동에 초점을 맞추는 반면, 대처 질문은 초점이 광범위하고, 내담자가 과거에 문제를 성공적으로 다룬 경험이 있다는 전제를 기반으로 한다(De Jong & Berg, 2013; Franklin, Trepper, Gingeric, & McCollum, 2012). 따라서 상담사는 "문제를 극복한 적이 있나요?"라고 묻는 대신 "어떤 방법들이 문제에 대처하는 데 도움이 되었나요?"라고 묻는다. 첫 번째 질문과는 달리 두 번째 질문에서는 내담자가 성공적으로 대처했었던 때가 있었다고 가정한다. 자네트의 경우 상담사는 다음과 같은 대처 질문을 사용할 수 있다.

- 자네트, 우울을 잘 극복했던 순간에 대해 말해주세요. 불안은 어떻게 대처했나요?
- 자네트, 숙면을 취할 수 있던 때는 어떤 상황이었나요?
- 식사 시 기분이 좋았을 때, 어떤 점이 특별하고 또 달랐나요?
- 자네트, 지금까지의 삶을 돌이켜봤을 때, 우울과 불안을 줄이는 데 도움이 되었던 것이 무엇인가요?
- 자네트, 당신의 성정체성에 대해 긍정적으로 느꼈을 때, 어떤 행동이나 생각을 하셨나요?
- 자네트, 부모님과의 관계에서 기분이 좋았을 때 당신은 무엇을 했나요?

예외 탐색 질문

예외 탐색 질문은 해결 중심 질문 중 가장 널리 알려진 질문으로, 내담자가 해당 문제를 경험하지 않았던 때에 어떤 일이 일어났는지를 탐색한다(Bannink, 2015; De Jong & Berg, 2013; Franklin et al., 2012). 이 질문은 해결책을 모색하는 데 초점을 맞춘다. 대처 질문과 마찬가지로, 내담자의 삶에서 예외가 있었다고 가정한다. 자네트의 사례에서 다음과 같은 질문을 활용할 수 있다.

- 자네트, 우울하지 않고 불안하지 않았던 때가 있었을 텐데요. 언제였었는지 제게 말해줄 수 있을까요?
- 자네트, 불안하지 않았을 때 어떤 일이 있었나요?
- 힘든 시기에도 잠시나마 기분이 좋아지는 순간이 있습니다. 자네트, 그런 순간들을

저에게 말해줄 수 있을까요? 그런 순간에 당신에게는 어떤 일이 있었나요?

- 자네트, 몇 년 전에는 당신이 덜 우울하고 덜 불안했던 것 같은데요. 그 당시 어떤 일이 있었기에 우울과 불안을 피할 수 있었을까요?
- 자네트, 당신의 성정체성에 대해 좋은 느낌을 가졌던 때가 있었을 거예요. 그때의 경험을 말씀해 주실 수 있을까요?
- 자네트, 부모님과의 관계에서 좋은 감정을 가졌을 때 어떤 일이 있었나요?

해결 지향 질문

선호하는 목표 질문과 유사하게 해결 지향 질문 또한 내담자의 미래를 조명하지만, 구체적인 행동이 아니라 넓은 맥락을 다룬다(Bannink, 2015; De Jong & Berg, 2013; Franklin et al., 2012). 두 질문 모두 미래의 변화상을 탐색한다. 해결 지향 질문의 한 유형인 기적 질문을 이 절을 시작하면서 언급한 적이 있다. 아래에 해결 지향 질문을 추가로 제시했고, 자네트의 상황에 적용해 봤다.

- 자네트, 당신이 우울하지 않고 불안하지 않다면 당신의 삶은 어떻게 달라질까요?
- 자네트, 모든 것을 해결해주는 마법의 약을 먹는다면, 이후의 삶은 어떤 모습일까요?
- 자네트, 모든 것이 바뀌어서 지금보다 기분이 나아진다면, 세상은 어떻게 달라질까요?
- 어떤 신적인 존재가 당신의 삶을 개선해준다면, 당신의 삶은 어떨 것 같습니까?

척도 질문

척도 질문은 주로 상담 초기 또는 매 회기를 시작하면서 사용하는데, 내담자의 상태를 수치화해서 내담자에게 진전이 있는지 내담자가 어떻게 느끼고 있는지 평가한다(Bannink, 2015). 상담사는 이 질문을 사용해서 상담이 긍정적인 방향으로 나아가고 있는지 평가할 수 있다. 다양한 방식으로 척도 질문을 사용할 수 있는데, 내담자에게 간단한 평가도구를 제공할 수도 있다(그림 5.2 참조). 아래에 척도 질문 몇 개를 제시했다.

- 자네트, 당신의 기분을 1점에서 10으로 평가한다면 어떨까요? 1점은 최악을, 10점은 너무 좋다는 것을 의미합니다. 당신은 현재 어디쯤 위치할까요?
- 자네트, 지난주에 어느 정도로 진전이 있었는지 질문을 해 보겠습니다. 지난번에 사

용했던 척도를 사용했을 때(1점은 최악, 10점은 아주 좋음), 이번 주 상태를 평가하면 몇 점인가요?

- 자네트, 지금까지 당신이 느꼈던 가장 나쁜 기분은 1점, 가장 좋은 기분은 10점이라면, 현재는 어느 정도인가요?

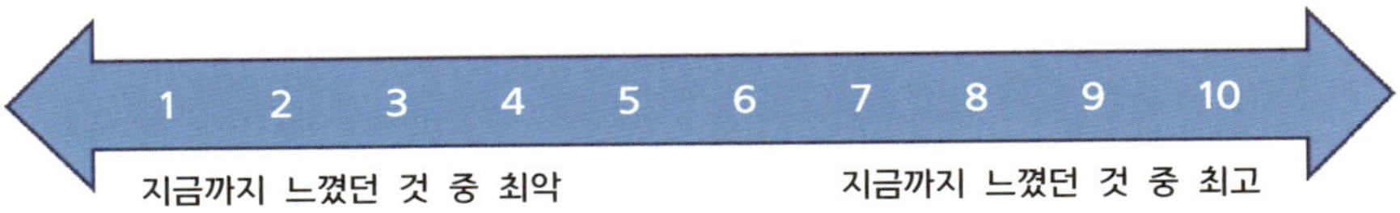

그림 5.2 척도를 활용한 평가

해결 중심 질문에 관한 종합적 고찰

해결 중심 질문은 긍정상담 전통에 그 기반을 두고 있다(McAuliffe, 2019; Terni, 2015). 이 말은 해결 중심 질문의 경우 지나치게 많은 시간을 할애해서 지난 과거를 이야기하지 않고, 병리적인 것에 초점을 두지 않으며, 내담자의 삶에서 만족을 주는 부분에 집중하고, 내담자가 현재의 어려움을 극복하는 데 도움이 되는 강점을 지니고 있다는 것을 전제한다. 자네트의 사례에서 볼 수 있듯이, 그녀의 성장 배경이나 가족 문제보다는 미래 목표, 기존의 대처 방식, 그리고 긍정적인 삶을 위한 새로운 행동 패턴에 초점을 맞춘다. 팩트 시트 5.2를 검토하고, 체험 활동 5.9와 5.10을 수행해 보자.

팩스 시트 5.2

해결 중심 질문 유형 요약

질문 유형		정의	예
선호 목표 질문	➡	내담자의 삶이 좀 더 나아질 경우 내담자가 미래에 할 구체적인 행동을 평가하는 질문	"상담이 성공적이라면 당신은 어떻게 다르게 행동할까요?"

평가 질문	➡	내담자의 행동이 지금까지 생산적이었는지 그렇지 않은지에 관한 평가가 포함된 질문	"자네트, 새 운동요법이 당신의 기분을 나아지게 했나요?"
대처 질문	➡	내담자가 자신의 문제를 다루기 위해 했던 행동 중 성공적이었던 행동을 확인하기 위해 사용하는 질문	"과거에 이런 기분을 느꼈을 때, 가장 효과가 있었던 것은 무엇이었나요?"
예외 탐색 질문	➡	내담자에게 해당 문제가 없었던 때를 확인하고, 그 당시 내담자가 무엇을 했는지에 초점을 두는 질문	"과거에 당신이 아주 안 좋았을 때가 있기는 하지만, 상황이 괜찮았던 순간도 있었죠. 그때 당신은 무엇을 했었나요?
해결 지향 질문	➡	해당 문제가 존재하지 않는다면 내담자의 삶이 어떨지를 폭넓게 묻는 질문	"지금 이 문을 나가서 모든 것이 나아져 있다면, 당신의 삶은 어떤 모습일까요?"
척도 질문	➡	내담자의 느낌을 평가하고, 어느 정도의 진전이 있었는지 확인하는 질문	"1점은 최악을, 10점은 최고라는 것을 의미한다고 했을 때, 지난주 당신은 어디쯤 위치한다고 생각하나요?"

체험 활동 5.9

자네트 조력하기

7명으로 한 조를 구성한 후, 한 학생은 자네트의 역할을 하고, 나머지 학생들은 여섯 가지 유형의 해결 중심 질문 중 하나를 선택한다. 자네트가 그녀의 삶에 대해 이야기할 때 나머지 학생들은 돌아가면서 자신이 선택한 질문을 한다. 이 교재에 나왔던 질문뿐 아니라 더 좋은 질문이 있다면 시도해 볼 수 있다.

체험 활동 5.10

해결 중심 질문 연습하기

다른 수강생과 짝을 지은 후, 가상의 상황 또는 실제 문제를 가지고 역할극을 한다. 상담사의 역할을 하는 사람은 최선을 다해 해결 중심 질문을 사용하려고 노력한다. 그러나 대화가 진행되기 위해서는 상담사의 역할을 하는 사람은 잘 경청해야 하고 내담자에게 공감적으로 반응해야 한다. 3자인 관찰자는 상담사가 한 반응을 필기하고, 역할극이 끝나면 그 반응을 검토한다.

상담 관계에 질문 통합하기

지금까지 내담자와 면담을 수행할 때 유용한 여러 핵심 기술을 살펴보았다. 이제 이러한 기술을 연습할 기회를 가져보자. 어느 정도는 이러한 기술들이 제시된 순서대로 진행되지만, 기초 기술이 먼저 제공된 후 필수 기술, 자주 사용되는 기술, 그리고 질문이 따라온다. 그러나 그렇지 않은 때도 있다. 예를 들어, 내담자가 처음 상담소에 방문했을 때는 내담자로부터 초기 정보를 수집하는 것이 중요하다. 이 경우 상담사는 질문과 필수 기술 및 자주 사용하는 기술을 병행하거나, 심지어 이보다 먼저 질문을 사용할 수 있다(희망컨대 기초 기술을 먼저 적용하는 것이 바람직하다).

기본적인 구조를 염두에 두면서, 이 기술들을 연습해 보자. 아래 기록지 5.1을 사용해서 지금까지 학습한 기술과 그 순서를 기억하고, 다른 수강생들과 함께 역할극을 해 본다. 보통 때처럼 다른 학생이 관찰자의 역할을 한다. 30분에서 60분 정도 역할극을 하면서 가능한 많은 기술을 연습해 본다. 관찰자는 상담사의 반응을 기록지에 기록한다. 역할극이 끝나면 상담사가 한 다양한 반응과 그것의 효과, 그리고 그러한 반응을 적절한 시점에 했는지 논의해 본다. 이 과제를 수업 밖에서도 할 수 있는데, 기록지를 작성할 관찰자가 있어야 한다. 이때도 효과적인 상담사의 9가지 특성을 보여줘야 한다. 역할극이 끝나면, 상담사가 이 9개의 특성을 얼마나 효과적으로 반영했는지에 대한 전반적인 피드백을 제공할 수 있다(자세한 내용은 기록지 하단을 참조할 것).

기록지 5.1

기술 활용 평가하기

시간: 반응을 한 대략적인 시간을 적는다(예: "5"는 역할극 시작 후 5분이 지났음을 의미함)
핵심어 또는 행동: 핵심어 또는 행동을 적는데, 이를 통해 상담사가 했던 반응에 대해 이야기할 수 있다.
효과: "좋음" "괜찮음" "서툶" 등과 같이 상담사의 반응에 대해 신속한 피드백을 제공한다.

기술 유형	반응에 대한 기록		
기초 기술	시간	핵심어 또는 행동	효과
비언어적 행동			
상담실 분위기			

복장
눈 맞춤/표정
몸자세/고개 끄덕임
개인 공간
신체접촉
음성 억양
평등하고 긍정적인 태도 및 기술
존중하고 존경하기
배려하는 호기심
힘의 한계 정하기/동등하기
병리화하지 않기
헌신하기
필수 기술
침묵과 정지 시간
경청
감정 반영
내용 반영
다른 말로 바꿔 표현하기(재진술)
기본 공감
자주 사용되는 기술
심층 공감
긍정/인정하기
격려
지지
대안 제시하기
정보 제공
조언하기
모델링(비의도적, 의도적)
자기 개방(내용, 과정)
협력
질문
정보 수집 질문
폐쇄형
개방형
잠정적
'왜'
해결 중심 질문

선호하는 목표
평가
대처
예외 탐색
해결 지향
척도

효과적인 상담사의 특징: 공감, 진정성, 수용, 웰니스, 문화적 민감성, "상담사의 고유 특성", 역량, 인지적 복잡성, 자신의 이론에 대한 믿음

요약

이번 장에서는 상담 관계에서 자주 활용되고 있는 다양한 유형의 질문들을 살펴보았다. 정보 수집 질문을 필두로, 이러한 질문은 내담자의 문제 해결이나 고민을 다루기 위한 정보를 수집하는 데 유용하다는 것을 강조했다. 하지만 이러한 질문은 상담사 중심적인 경향이 있는데, 상담사가 중요하다고 생각하는 내용을 중심으로 질문을 구성한다. 네 가지 유형의 질문을 다뤘는데, 폐쇄형 질문, 개방형 질문, 잠정적 질문, 그리고 "왜" 질문이 있었다. 일반적으로 폐쇄형 질문은 신속하게 정보를 수집해야 할 때, 그리고 예-또는-아니오, 혹은 제한된 범위 안에서 답변을 요구할 때, 또는 질문에 대한 구체적인 답변을 요구할 때 사용한다. 이러한 질문은 내담자가 말하고 있는 내용 또는 감정에 초점을 맞춘다. 개방형 질문은 다양한 응답을 허용하는 질문인데, 일반적으로 내담자가 말하고 있는 내용이나 감정에 대해 확장해서 이야기해 주기를 원할 때 사용한다. 잠정적 질문은 좀 더 초대하는 모양새를 띠는데, 내담자 중심적인 특징을 가지고 있다. 다른 유형의 질문과 달리 "왜" 질문은 자주 사용하지 말 것을 권고하는데, 그 이유는 내담자가 방어적이 될 가능성이 있기 때문이다. 하지만 상담사와 내담자가 강한 동맹을 형성했을 때에는 '왜' 질문을 무심결에 사용하기도 한다.

정보 수집 질문 외에도 해결 중심 질문에 초점을 맞췄다. 이러한 유형의 질문은 목표 중심적이고, 병리화하지 않으면서, 내담자의 강점에 초점을 맞춘다. 이러한 질문을 통해 어떤 행동이 내담자의 삶에서 효과적이었는지, 내담자가 미래에 무엇을 원하는지 확인할 수 있고, 목표 달성에 이로운 방법을 찾을 수 있다. 이장에서 우리는 여섯 가지 유형의 해결 중심 질문을 살펴보았다. (a) 내담자가 자신의 미래가 어떤 모습이 되면 좋을지 탐색하도록

돕는 '선호하는 목표 질문', (b) 지금까지 내담자의 행동이 목표 달성에 도움이 되었는지를 평가하는 '평가 질문', (c) 내담자가 과거에 성공적으로 문제를 해결했던 경험을 찾는 '대처 질문', (d) 내담자의 삶에서 해당 문제가 없었던 때를 확인하고 그 당시 내담자가 무엇을 했었는지에 초점을 맞추는 '예외 탐색 질문', (e) 내담자의 문제가 사라진다면 내담자의 삶이 어떻게 변할지를 폭넓게 묻는 '해결 지향 질문', (f) 현재 내담자가 어떤 느낌인지, 어느 정도로 진전이 이루어졌는지를 평가하는 '척도 질문'. 마지막으로, 지금까지 교재에서 다뤘던 기술과 이러한 질문들이 어떻게 통합될 수 있을지를 논의하였다. 이장 마지막 부분에 기록지를 포함시켰는데, 다양한 기술을 얼마나 잘 활용하고 있는지 검토하는 데 사용할 수 있다.

주요 단어 및 용어

강제 선택형 폐쇄 질문
개방형 질문
긍정 상담
기적 질문
내담자 중심
대처 질문
상담사 중심
선호하는 목표 질문
예/아니오 폐쇄 질문
예외 탐색 질문
'왜' 질문
잠정적 질문
정보 수집 질문
집중형 폐쇄 질문
척도 질문
평가 질문
폐쇄형 질문
해결 중심 질문
해결 지향 질문

사사(credits)

사진 5.1: 출처: https://pixabay.com/en/man-woman-question-mark-problems-2814937/.

사진 5.2: 출처: https://pixabay.com/en/questions-font-who-what-how-why-2245264/.

사진 5.3: 출처: https://pixabay.com/en/question-questions-man-head-2519654/.

CHAPTER 6

전문 기술

학습 목표

1. 상담 관계에서 종종 사용되는 전문 기술을 살펴본다. 그 기술은 다음과 같다.
   a. 옹호
   b. 치명성 평가: 자살 위험성, 살해 위험성
   c. 위기, 재난 및 트라우마 상담
   d. 직면: 지지적인 도전
   e. 인지−행동적 반응
   f. 해석
   g. 긍정 상담
   h. 라이프 코칭

들어가며

최근 한 백과사전을 편집하면서 나는 상담 및 심리치료 분야에 300개에 달하는 이론이 존재하고, 각 이론에는 고유의 기법이 존재한다는 것을 발견했다(Neukrug, 2015). 이렇게 많은 이론이 존재하는 상황에서 "어떤 기술을 받아들이고 적용해야 할까?"라는 질문을 던지게 된다. 지금까지 우리는 다양한 이론을 아우르는 보편적이고 중요한 기술들을 살펴보았다. 이번 장에서는 모든 내담자에게 사용되는 것은 아니지만 일부에게는 매우 중요할 수 있는 기술들을 추가적으로 살펴볼 것이다. 구체적으로, 옹호, 치명성 평가, 위기/재난/트라우마 상담, 직면: 지지적인 도전, 인지−행동적 반응, 해석, 긍정 상담, 코칭을 살펴볼 것이다(그림 6.1 참조).

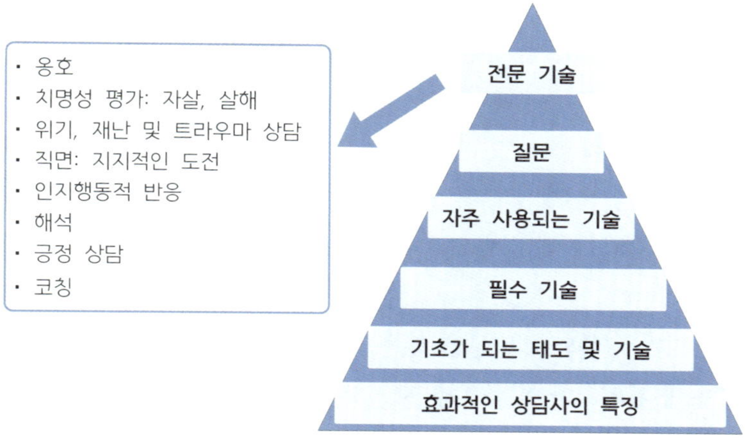

그림 6.1 상담 및 도움 기술

옹호

처음에 그들이 사회주의자들을 잡으러 왔을 때,
나는 침묵했다—나는 사회주의자가 아니었기 때문이다.
그다음에 그들이 노동조합원들을 잡으러 왔을 때,
나는 침묵했다—나는 노동조합원이 아니었기 때문이다.
그다음에 그들이 유대인을 잡으러 왔을 때,
나는 침묵했다—나는 유대인이 아니었기 때문이다.
그리고 마침내 그들이 나를 잡으러 왔을 때,
나를 위해 말해 줄 사람이 아무도 남아 있지 않았다.

(Niemoeller; Littlee, 1986, p. 8에서 인용함)

사회정의(social justice)적 관점의 일환으로 간주되는 옹호(advocacy)는 상담 관계에서 점점 더 중요한 요소가 되고 있다. 사실, 옹호는 그 중요성이 커지면서 다문화 상담 역량에 옹호 관련 내용이 포함되었고, 이후 다문화 및 사회정의 상담 역량으로 명명되었다(Ratts, Singh, Nassar-McMillan, Butler, & McCullough, 2015, 2016). 미국상담협회(ACA) 운영 이사회는 2015년에 이를 공식적으로 승인하였으며, 옹호 활동은 "개인, 집단, 기관, 그리고 사회적 수준에서" 적극적인 조치를 취하여 사회적 상처를 치유하고, 내담자의 성장과 발달을 저해하는 "잠재적인 장벽과 장애물을 제거하는 것"을 목표로 한다(ACA, 2014, Section A.7a., Advocacy; Simpson, Abadie, & Seyler, 2016).

옹호는 상담사가 수행할 수 있는 중요한 역할이지만, 초보 상담사들에게는 상담 관계 안에서 요구되는 깊이 있는 개인적 작업을 회피하는 수단이 될 수 있다. 반면, 일부 상담사는 상담 관계의 신성함을 지나치게 고수해서 옹호 활동을 소홀히 할 수도 있다.

> 나는 우리가 일종의 회전문을 만들고 있는 것은 아닌지 생각이 들었다. 우리는 내담자를 만나고, 그들이 좀 나아지면 떠나고, 다시 세상으로 돌아가 과거에 발생했던 문제나 부당한 일에 노출되면, 결국 고통과 어려움이 다시 발생하는 (Chung; Meyers, 2014b, para. 6에서 인용).

따라서 상담사는 적절한 균형을 찾는 것이 중요하다. 상담 관계 안에서는 전통적인 기법을 적용하는 신성함을 유지하면서, 상담 관계 밖에서는 내담자를 옹호할 필요성 사이에서 균형을 찾아야 한다. 또한 상담사는 옹호 활동을 수행하기 전에 반드시 내담자의 동의를 얻어야 한다.

> 상담사는 서비스 제공을 개선하고, 내담자의 접근과 성장 및 발달을 저해하는 체계적 장벽과 장애물을 제거하기 위한 옹호 활동을 수행하기 전에 반드시 내담자의 동의를 얻어야 한다(ACA, 2014, Section A.7.b, confidentiality and advocacy, 비밀 유지와 옹호).

옹호 개입의 수준과 유형

다문화 및 사회정의 상담 역량은 상담사가 내담자를 위해 또는 내담자를 대신해서 개입해야 하는 여섯 가지 수준과 유형의 옹호 개입을 제시하고 있다. 상자 6.1은 이러한 영역을 요약해서 보여준다. 다문화 및 사회정의 상담 역량에 대한 보다 자세한 논의는 9장에서 다룰 예정이다.

상자 6.1

옹호 개입의 수준과 유형

상담사의 개입 수준	개입에 대한 간략한 설명
개인 내적: 지식, 태도, 행동, 자기개념, 기술, 발달 이력과 같은 개인적 특성	내담자가 자신의 삶에 스며든 내면화된 억압 또는 내면화된 특권을 이해하도록 돕는 것.
대인 관계적: 개인에게 정체성과 지지를 제공하는 대인관계 과정 및 집단(예: 가족, 친구, 동료)	내담자의 인간관계가 어떻게 특정 세계관을 유지시키고, 내담자가 참여하는 의사소통과 활동으로 인해 특권과 억압이 조장되는지를 검토함.
제도적 차원: 학교, 교회, 지역사회 기관 등 사회에 존재하는 기관을 나타냄	사회적 제도가 내담자의 삶을 방해하고 있는지 검토하고, 해당 제도 안에 존재하는 장벽을 제거하는 방법을 활용함.
공동체: 공동체 전체적으로 사회에 깊이 내재된 명시적/암묵적 규범과 가치 및 규제들을 포괄한다. 공동체의 이러한 규범, 가치관 및 규제들은 구성원의 성장과 발달을 촉진할 수도, 억압할 수도 있다.	상담사는 공동체의 규범과 가치관, 규제를 검토해서, 해당 요소들이 내담자의 특권을 조장하는지 아니면 소외 계층 내담자를 방해하는지 판단함으로써, 이러한 부조리가 해소될 수 있게 한다.
공공 정책: 공공 정책은 내담자의 성장과 발달을 규제하거나 영향을 미치는 지자체 및 중앙정부의 법령과 정책을 반영한다.	상담사는 지자체 및 중앙정부의 법령과 정책을 검토하고, 그것이 소외된 내담자에게 장애물이 되거나 특권을 조장할 경우 변화를 꾀한다.
국제적인/글로벌한 문제: 국제적인/글로벌한 문제는 심리적 건강과 웰빙에 영향을 미치는 사건, 사안 및 정책을 의미한다.	상담사는 국제 정치, 법률, 정책에 대한 지식을 갖추고, 그것이 소외된 내담자에게 장애물이 되거나 특권을 조장할 경우 변화를 도모한다.

출처: Ratts et al., 2015

옹호 활동에는 다양한 기술과 태도가 포함되어 있는데, 이미 많은 것들을 논의했다. 아래에 여섯 가지 영역 각각에 대해 사례를 제시했다. 사례를 읽으면서 옹호가 어떤 역할을 수행하는지, 특정 상황에서 옹호자가 되기 위해서는 어떤 도구와 기술이 필요한지 생각해 보자. 사례를 읽고 체험 활동 6.1, 그리고 체험 활동 6.2를 수행해 보자.

개인 내적 사례: 한 여성 내담자는 자존감이 낮고, 남편과 대화할 때 한 마디 의견도 낼 수 없다고 느낀다. 내담자의 남편은 늘 자신이 옳다고 주장하고, 내담자는 마치 아는 것이 별로 없는 것처럼 내담자를 무시하는 태도를 보인다. 상담이 진행되면서 내담자는 자신의

목소리를 찾고 남편에게 당당히 맞설 수 있게 되었다. 이후 내담자는 직장을 구하면서 자존감이 향상되었고, 여성들로 구성된 집단에 참여하면서 집단구성원들이 각자 새롭게 발견한 정체성을 서로 지지하는 경험을 하게 된다. 결국 내담자는 남편뿐만 아니라 다른 사람들에게도 자신의 의견을 강하게 표현할 수 있게 된다. 시간이 지나면서 남편은 부부 상담을 요청하고, 내담자의 변화된 모습은 부부 관계를 보다 평등하고 사랑이 넘치는 관계로 발전시키는 데 기여한다.

대인관계 사례: 한 백인 중상류층 남성 내담자는 자신이 축적한 부를 자랑스럽게 여기며, 학교를 성적에 따라 구분하는 것이 바람직하다고 믿는다. 또한, 일부 사람들은 단순히 "무지하다"고 생각하며, '흑인생명운동'(Black Lives Matter)을 인종차별적 정치 단체로 간주한다. 그는 타인들이 자신의 관점을 이해하지 못한다는 사실로 인해 분노와 스트레스를 느껴 상담을 받게 된다. 상담사는 그의 성취를 인정하면서도, 그가 맺었던 인간관계들이 동일한 세계관을 강화하는 역할을 해왔다는 것을 인식하도록 내담자를 돕는다. 상담이 진행되면서 그는 점차 세상의 다양한 관점을 이해하게 되고, 타인의 시각을 더 수용할 수 있게 된다. 그 결과, 그의 분노는 점차 사라진다.

제도적 사례: 당신은 상담 기관 내에서 특정 내담자들에 대한 부정적인 뒷말이 오가는 것을 발견한다. 일부 상담사는 특정 민족이나 문화적 배경을 가진 내담자들이 절대로 변하지 않을 것이라는 뉘앙스로 이야기한다. 당신은 이 문제에 대해 슈퍼바이저와 상의하고, 그 역시 같은 우려를 표현한다. 결국, 두 사람은 기관 내 다문화 교육을 진행하기로 결정한다. 교육은 최소한 상담사들이 이러한 부정적인 믿음을 노골적으로 표현하지 않도록 하는 것이 목표이며, 궁극적으로는 그들의 신념이 변하기를 기대한다.

공동체 사례: 미국 법무부가 지역 경찰서 내에 뿌리 깊은 인종차별이 존재한다고 발표한 후, 당신의 상담 기관은 경찰서와 협력해서 지역사회 경찰 활동(community policing) 교육을 진행한다. 이 교육을 통해 경찰이 자신의 편견과 고정관념을 인식하고, 지역사회와 더 긴밀히 협력할 수 있도록 돕는다.

공공 정책 사례: 당신이 근무하는 정신 건강 클리닉에서는 가난한 사람들을 위한 무료 및 저비용 정신건강센터를 지원하는 전국적 법안을 지지하기로 결정한다. 이에 따라 기관 내에서 해당 법안을 홍보하는 자료를 배포하며, 직원들은 의원들에게 연락하여 법안 통과를 촉구하는 활동에 참여한다.

국제적인/글로벌한 문제: 세계보건기구(WHO, 2018)의 보고서에 따르면, 부유한 국가에서는 정신건강전문가 1명이 약 2,000명을 담당하지만, 저소득 국가에서는 그 비율이 1명당 100,000명으로 급격히 감소한다. 이에 문제의식을 느낀 당신은 미국 상담협회(ACA) 내 국제 분과를 신설하여 전 세계, 특히 저소득 국가에서 상담 및 정신건강서비스를 지원하는 방안을 추진하고자 한다.

이러한 예시는 내담자와 개인을 위해 옹호할 수 있는 다양한 방법을 보여준다. 물론, 일부는 특정한 정치적 관점을 포함할 수도 있는데, 이에 동의하지 않는다면 본인이 편안하게 수행할 수 있는 옹호 방식이 무엇인지 고민해 보아야 한다. 옹호는 모든 상담사의 책무이며, 자신이 가장 큰 변화를 만들어낼 수 있다고 생각하는 옹호 활동이 무엇인지 깊이 고려하는 것이 중요하다(체험 활동 6.1과 6.2를 살펴보자).

체험 활동 6.1

옹호 기술 및 도구

먼저, 앞서 설명한 다양한 옹호 활동을 수행하는 데 필요한 기술과 도구를 목록으로 작성해 보자. 그런 다음, 4명 또는 5명으로 소집단을 구성한 다음 당신이 적은 것을 공유한다. 어떤 기술이 가장 필요한가? 지금까지 이 교재에서 다루지 않은 기술은 무엇인가? 각 집단은 대표자를 선정해서 논의한 내용을 전체 수업에서 공유한다.

체험 활동 6.2

내담자를 위한 옹호 활동

소집단에서 아래 내용을 논의한다.

1. 내담자가 스스로 옹호할 수 있도록 돕고 싶은 상황
2. 당신이 내담자를 옹호하고 싶은 상황
3. 상담센터 내에서 옹호하고 싶은 상황
4. 지역사회 내에서 변화를 옹호하고 싶은 상황
5. 국가적 차원에서 정치적으로 활동하고 싶은 상황
6. 국제적으로 활동해야 하는 상황

위 상황에서 옹호 활동은 어떤 모습일까? 이런 활동이 직장에서 문제를 일으킬 가능성이 있을까? 당신은 상담사로서 기꺼이 옹호자가 될 의향이 있는가?

치명성 평가: 자살과 살해 가능성

어디에서 일하건 모든 상담사는 경력 중 어느 시점에서 자살 충동이나 살해 충동을 가진 내담자를 만나게 된다. 자살이나 살해와 관련된 생각과 행동은 심각한 결과를 초래할 수 있기 때문에, 내담자가 위험에 처해 있다고 의심되는 상황에서는 반드시 치명성을 평가해야 한다. 그러나 한 가지 주의할 점은, 자살 및 살해 위험성을 100% 정확히 평가할 수 있는 도구나 임상 면접 방식이 거의 없다는 것이다(Giddens, Sheehan, & Sheehan, 2014). 그러나 자살 및 살해 가능성을 평가할 때 고려해야 할 요소들을 아래에 개략적으로 제시했다.

자살 가능성 평가하기

전통적으로 상담사는 자살 가능성을 평가할 때 내담자를 하나의 연속선상에서 분석한다. 이 연속선은 자살 사고(생각하는 단계)에서 시작해서, 계획 수립, 실행 수단 보유, 실행 준비, 사전 연습, 그리고 최종적으로는 실행 단계까지 이어진다(Poa & Kass, 2015; Resnick, 2011; Scott & Resnick, 2005; 그림 6.2 참조).

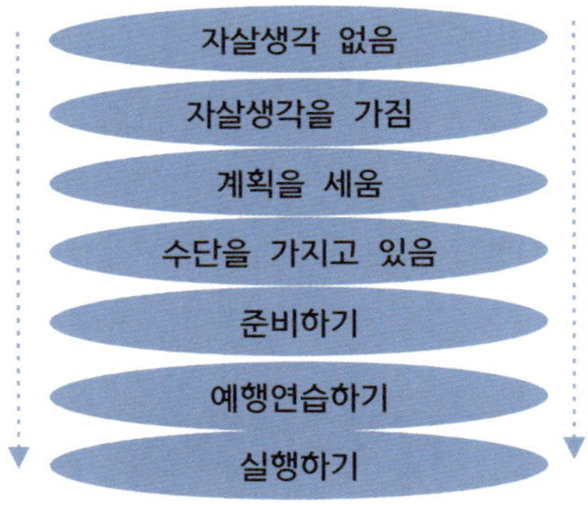

그림 6.2 자살 평가하기

질문을 통해 구체적인 정보를 수집하면 내담자가 어느 지점에 위치하는지 확인할 수 있고, 자살의 위험 수준을 판단하는 데 도움이 된다. 자살 충동을 가진 사람들이 모두 이 경로를 따르는 것은 아니지만 많은 경우 이러한 단계를 거친다. 내담자가 그림 6.2의 어느 지점에 위치하는지를 확인하는 것 외에도, 상담사는 내담자가 자살할 가능성을 평가하기 위해 광범위한 위험 요인들을 파악해야 한다(팩트 시트 6.1 참조). 이 목록이 모든 위험 요인을 포함하는 것은 아니지만, 자살 위험성을 평가하는 데 중요한 요소들을 제시하고 있다.

팩트 시트 6.1

자살의 위험 요인들

- 우울
- 유언장 만들기
- 이전의 자살 시도
- 직장에서의 문제
- 소지품 나눠주기
- 재정적인 문제
- 언어적 단서 제공
- 관계가 끝남
- 학대당한 과거 경험
- 약 복용을 거부함
- 알코올/약물 남용
- 죽음에 몰두함
- 다른 사람들에게 짐이 된다고 느낌
- 만성 질환 또는 장애
- 극도의 불안 또는 동요
- 갑자기 소지품을 주변에 나눠줌
- 화를 내고 공격적임
- 가까운 사람을 최근에 잃음
- 충동성/자기조절 결여
- 과거에 심각한 문제가 있었음
- 과거에 정신과적 치료를 받은 적이 있음
- 지금 늪에 빠졌다고 느낌
- 잘 먹지 못하거나 과식함
- 기분이나 느낌이 극적으로 변함
- 잠을 잘못 자거나 너무 많이 잠
- 편견과 차별로 인해 스트레스를 받음
- 죽고 싶다거나 자살하고 싶다고 말함
- 희망이 없고 삶에서 목적이나 의미를 느끼지 못함
- 학교나 직장에서의 수행이 갑자기 나빠짐
- 결과를 주의 깊게 살피지 않은 채 위험하고 충동적인 행동에 관여함
- 우울 증상에서 갑자기 회복하거나 갑자기 긍정적으로 미래를 내다봄
- 치명적인 도구들에 접근할 수 있음(더 치명적일수록 더 심각하다; 예: 총이 있음)

출처: ACA, 2011a; Center for Disease Control and Prevention, 2017, 2018; Hoff, Hallisey, & Hoff, 2009; Juhnke, Granello, & Lebron-Striker, 2007; Substance Abuse and Mental Health Services Administration, 2017.

이에 반해, 자살이나 살해 가능성을 줄이는 보호요인 또한 존재한다. 몇 가지 보호요인을 팩트 시트 6.2에 제시하였다.

팩트 시트 6.2

자살과 살인의 보호 요인

다음은 자살 또는 살해 행동을 예방할 수 있는 요인들이다. 이러한 요인들이 늘 보호하는 역할을 하는 것은 아니지만, 내담자가 자신 또는 다른 사람을 해칠 가능성을 고려할 때 참고할 수 있다.

- 임신
- 안정적인 직업
- 약물 복용 준수
- 함께 거주하는 자녀 존재
- 안전하고 안정적인 가정환경
- 상담사와 연계 유지
- 18세 미만의 자녀 존재
- 총기가 잠겨있고 장전되어 있지 않음
- 강한 종교적 신념, 영적인 믿음
- 임상적 개입에 쉽게 접근할 수 있음
- 삶의 의미와 목적 의식
- 가족 또는 지역사회로부터의 강한 지지
- 알코올/약물 남용의 증거 없음
- 긍정적인 대처 및 문제해결 기술
- 필요를 충족시키기 위해 타인과 소통하는 능력
- 친구, 가족, 지역사회 기관과 연계되어 있음

출처: ACA, 2011a; CDC, 2015; Juhnke, Granello, & Lebron-Striker, 2007; Kanel, 2018; Suicide Prevention Resource Center, 2018; U.S. Department of Veteran Affairs, n.d.

자살 위험이 있는 내담자와의 상담

자살 위험을 평가하는 데에는 정확한 과학적 기준이 존재하지 않는다(Pisani, Murrie, & Silverman, 2015). 그러나 그림 6.2와 함께 위험 및 보호요인을 고려하면 자살 가능성을 평가하는 데 도움이 될 수 있다. 자살 위기 내담자를 돕기 위한 다양한 모델이 개발되었는데, 이러한 모델들은 평가 영역을 좀 더 넓은 상담 전략에 통합해서 내담자가 자살 충동을 실행하지 않도록 돕는 데 초점을 둔다(Montague, Cassidy, & Liles, 2016). 이러한 모델들을 통합하면, 내담자의 자살 위험성을 평가하고 상담하는 데 중요한 다음과 같은 단계들을 발견하게 된다.

1단계: 라포를 형성한다.
2단계: 임상 면접을 실시한다.
3단계: 내담자의 이야기를 경청한다.
4단계: 팩트 시트 6.1을 사용해서 위험 요인을 평가한다.
5단계: 팩트 시트 6.2를 사용해서 보호 요인을 평가한다.
6단계: 그림 6.2를 사용해서 치명성을 평가한다.
7단계: 내담자가 감정을 관리하도록 도와준다.
8단계: 대안을 탐색한다.
9단계: 행동 전략을 개발한다.
10단계: 내담자와 후속 상담을 진행한다.

마지막으로, 자살 위험을 평가할 때 상담사는 반드시 자신이 거주하는 지역의 법률을 숙지하고, 관련 학회(예: 미국상담학회, 한국상담심리학회, 한국상담학회)의 윤리강령을 준수해야 한다. 이를 통해 내담자가 자신 또는 타인에게 위해를 가하는 것을 방지할 수 있다.

> 상담사가 정보를 기밀로 유지해야 한다는 일반적인 원칙은, 내담자 또는 신원을 확인할 수 있는 타인을 심각하고 예측 가능한 위험으로부터 보호해야 할 필요가 있을 경우 혹은 법적인 요구에 의해 비밀 정보의 공개가 요구될 경우에는 적용되지 않는다. 상담사는 예외 사항이 타당한지 의심스러울 때 다른 전문가와 상의해야 한다. 삶의 마지막과 관련된 문제들을 다룰 때는 추가적으로 고려해야 할 사항들이 있다(ACA, 2014, Section B.2.a, 심각하고 예측 가능한 위험 및 법적 요구사항; 체

험 활동 6.3 참조).

체험 활동 6.3

자살 위험 평가

4-5명으로 소집단을 구성한다. 집단마다 한 학생은 일정한 정도의 자살 위험이 있는 내담자 역할을 한다. 강사는 내담자 역할을 하는 학생에게 내담자가 처한 상황에 대해 설명해 준다. 내담자의 역할을 하는 학생은 자신의 집단으로 돌아가고, 집단은 방금 설명한 10단계 모델을 활용해서 내담자와 상담을 진행한다. 집단 구성원들은 내담자를 중심으로 원형으로 앉는다. 역할극이 끝나면 아래 질문에 답한다.

1. 확인된 위험 요인은 무엇이었나?
2. 확인된 보호 요인은 무엇이었나?
3. 내담자는 그림 6.2에서 어느 위치에 해당했나?
4. 내담자와 라포가 형성되었는가? 어떻게 형성되었나?
5. 내담자의 이야기를 경청했나?
6. 감정은 조절되었고, 대안은 탐색되었으며, 행동 전략은 결정되었나?
7. 추후 상담 계획은 세웠나?
8. 당신은 내담자가 자살하지 않을 것이라 확신하고 역할극을 끝냈나? 그렇지 않다면, 어떤 조치를 취했나?

살해 위험 평가

자살 위험 평가와 마찬가지로, 살해 위험 평가 역시 정확한 과학적 기준이 존재하지 않는다. 그러나 자살 위험이 있는 내담자들과 마찬가지로, 폭행 및 살해 행동을 예측할 수 있는 여러 위험 요인들이 확인되었다(사실 자료 6.3 참조). 또한, Hoff(2015)는 폭행 및 살해 위험 평가 도구를 개발했는데, 내담자가 폭행이나 살해 행동을 범할 가능성이 있는지를 평가하는 데 도움이 될 수 있다(평가 도구 6.1 참조).

팩트 시트 6.3

살인 위험 요인

- 거절감을 느낌
- 모욕감을 느낌
- 살해를 암시하는 언어적 단서를 제공함
- 과거에 폭력을 행사한 적이 있음
- 충동 조절에 서툶
- 현실 검증 능력 부족
- 복수하고 싶어 함
- 약물 복용을 거부함
- 타인을 학대한 적이 있음
- 알코올/물질 남용
- 죽음에 대한 집착
- 극도의 불안 또는 동요
- 반사회성 성격장애
- 위해를 가하려는 생각
- 과거에 심각한 문제가 있었음
- 충동성/자기통제 결여
- 현재 상황에서 벗어날 수 없다고 느낌
- 특정 형태의 외상성 뇌 손상
- 누군가를 살해하고 싶다고 말함
- 다른 사람이 자신을 해치려 한다고 믿음
- 기분이나 감정 상태가 극적으로 변함
- 분노, 공격성, 격노의 감정을 가지고 있음
- 결과를 고려하지 않고 위험하고 위험하고 충동적인 행동을 함
- 치명적인 수단에 접근 가능함(총기와 같이 더 치명적인 무기를 소지할 경우 위험성이 더욱 높음).

출처: ACA, 2011a; Center for Disease Control and Prevention, 2017; Hoff, Hallisey, & Hoff, 2009; Juhnke, Granello, & Lebron-Striker, 2007; Substance Abuse and Mental Health Services Administration, 2017.

평가 도구 6.1

폭행 및 살인 위험 평가

폭행 및 살해 위험 평가 도구

위험 수준	타인에게 임박한 위험 정도	전형적인 지표
1	예상되는 폭행이나 살해 위험이 존재하지 않음	타인을 공격하려는 또는 살해하려는 생각이나 충동이 없고, 과거에도 없었음; 기본적으로 만족스러운 사회적지지 체계가 있음; 사교 목적으로만 술을 마심
2	낮은 정도의 폭행 또는 살해 위험	타인을 공격하거나 살해하려는 생각(편집적 사고 포함)을 간헐적으로 하고, 살해 충동도 있음; 충동적으로 행동하거나 살해 시도를 한 적은 없음; 가끔 술을 많이 마시고 언어적으로 화를 표출함; 기본적으로 만족스러운 지지체계가 있음
3	중간 정도의 폭행 및 살해 위험	살해에 대한 생각과 충동이 빈번하게 발생하지만 구체적인 계획은 없음; 술을 마셨을 때, 약에 취해 있을 때, 또는 다른 상황에서 충동적으로 행동하고 폭언을 한 적이 있음; 주요 타인과의 관계가 불안정하고, 주기적으로 긴장 속에서 언쟁을 함
4	살해의 위험이 높음	구체적인 살해 계획이 있음; 수단을 획득할 수 있음; 과거 약물/알코올 남용 경험이 있음; 자주 폭력적인 행동을 하며, 중요한 타인과의 관계에서 심각한 언어적/신체적 갈등을 겪음; 하지만 아직까지 실제로 살해를 시도한 적은 없음
5	살해 위험이 매우 높음	매우 치명적인 살인 계획을 가지고 있음; 사용할 수 있는 수단이 있음; 과거에 실제로 살해 시도를 한 적이 있거나 충동적으로 공격한 적이 있음. 특정인을 통제하거나 "복수하고 싶다"는 강한 충동을 느낌: 심각한 약물/알코올 남용 경험이 있고, 자살 위험성 또한 높은 가능성이 있음

출처: L. A. Hoff, B. J. Hallisey, and M. Hoff, "Assault and Homicidal Danger Assessment," People in Crisis: Clinical and Diversity Perspectives, p. 439. Copyright © 2009 by Taylor & Francis Group.

살해 위험이 있는 내담자와 상담하기

폭력 또는 살인을 행동으로 옮길 가능성이 있는 내담자를 상담할 때, 자살 위험이 있는 내담자를 상담할 때 사용했던 것과 유사한 모델을 적용해 볼 수 있다. 이 모델은 10단계로 구성되어 있다. 이 단계들을 검토한 후 체험 활동 6.4를 수행해보자.

1단계: 라포를 형성한다.
2단계: 임상 면접을 실시한다.
3단계: 내담자의 이야기를 경청한다.
4단계: 팩트 시트 6.3을 사용해서 위험 요인을 평가한다.
5단계: 팩트 시트 6.2를 사용해서 보호 요인을 평가한다.
6단계: 평가 도구 6.1을 사용해서 치명성을 평가한다.
7단계: 내담자가 감정을 관리하도록 도와준다.
8단계: 대안을 탐색한다.
9단계: 행동 전략을 개발한다.
10단계: 내담자와 후속 상담을 진행한다.

체험 활동 6.4

폭력 및 살인 위험 평가하기

4-5명으로 소집단을 구성한다. 각 집단에서 한 학생은 일정한 정도의 폭력 및 살해 위험을 가지고 있는 내담자의 역할을 한다. 강사는 내담자 역할을 하는 학생에게 내담자가 처한 상황에 대해 설명해 준다. 내담자의 역할을 하는 학생은 자신의 집단으로 돌아가고, 집단은 방금 설명한 10단계 모델을 활용해서 내담자와 상담을 진행한다. 집단원들은 내담자를 원으로 둘러싸 앉는다. 역할극이 끝나면 아래 질문에 답한다.

1. 확인된 위험 요인은 무엇이었나?
2. 확인된 보호 요인은 무엇이었나?
3. 내담자는 평가 도구 6.1에서 어느 수준(1-5)에 해당되는가?
4. 내담자와는 라포가 형성되었나? 어떻게 형성되었나?
5. 내담자의 이야기를 경청했나?
6. 내담자의 감정은 조절되었고, 대안을 탐색했으며, 행동 전략은 결정되었나?
7. 내담자를 위한 후속 상담 계획은 수립되었나?
8. 당신은 내담자가 다른 사람에게 해를 가하거나 살해하지 않을 거라 확신하고 역할극을 끝냈나? 만일 그렇지 않다면, 어떤 조치를 취했나?

위기, 트라우마, 재난 상담

태풍, 9/11 테러, 중동에서 수천 명의 군인들이 외상후 스트레스 장애를 안고 돌아오면서, 상담사들은 위기, 트라우마, 재난 상담 분야에서 자신들의 훈련에 한계가 있음을 깨달았다(Meyer, 2017; Phillips, 2018). 따라서 최근 몇 년간 상담사와 지원 전문가들은 위기 상담 기술을 더욱 체계적으로 습득했고, 트라우마를 경험한 사람들을 이해하고 조력할 수 있는 역량을 키워왔고, 재난 상황에 놓인 사람들과 효과적으로 협력하는 방법을 발전시켜왔다. 그 결과, 위기, 트라우마, 재난에 대응하는 모델들이 개발되었다.

일반적으로 위기, 재난, 단일 사건 트라우마 상담은 단기 상담으로 간주되는데, 사람들에게 대해 기록을 남기지 않고, 내담자의 강점에 기반해서 진행되며, 진단 중심적이지 않으면서 비전통적인 환경(예: 가정 또는 위기가 발생한 장소; Federal Emergency Management Agency, 2015)에서 제공된다. 위기, 재난 또는 트라우마를 경험한 사람들을 지원하는 상담사들은 종종 지역사회에 있는 자원을 활용하거나 해당 자원을 연결해준다. 위기, 트라우마 또는 재난을 경험한 사람들 간에는 많은 유사점이 있지만, 세 용어 간에는 중요한 차이점이 존재한다(ACA, 2011b; James & Gilliand, 2013).

위기(crisis): 특정 사건이나 상황이 견딜 수 없다고 지각되어 일상적인 대처 방법이나 자원을 사용해서 해당 문제를 효과적으로 다룰 수 없는 경우인데, 인지, 정서, 행동상의 문제가 나타난다. 대부분 단발성 사건이고, 대부분의 사람들은 위기 발생 후 6–8주 내에 균형을 회복할 수 있다. 위기의 예로는 사랑하는 사람의 갑작스러운 죽음, 실직, 재난 후유증 등이 있다.

트라우마(trauma, 외상): 그리스어 '상처'에서 유래된 이 용어는, 특정 유형의 의학적 또는 심리적 개입이 없이는 치유되지 않는 신체적/정신적 손상을 의미한다. 종종 트라우마는 자아감 약화와 자존감 상실로 이어지며, 인지적/정서적/행동적인 문제들을 초래한다. 기존에 가지고 있던 개인의 스트레스 대처방식은 효과를 발휘하지 못한다. 트라우마가 단발성 사건인 경우 일반적으로 상세한 기억을 남기고, 트라우마가 지속되는 일련의 사건들일 경우 해리(dissociation), 부인(denial), 내적 분노 폭발 등을 초래할 수 있다. 트라우마의 예로는 강간, 폭행, 학대, 끔찍한 사건 목격 등이 있다.

재난(disaster): 원래 재난은 불길한 별들의 위치를 의미했는데, 대규모 사회적 격변이 발생해서 부상이나 사망뿐 아니라 지역사회 전체에 걸쳐 재산상의 피해가 발생한 것을 말한다. 재난은 인재(의도적/비의도적)와 자연재해로 구분된다. 인재이면서 고의적이지 않은 재난에는 항공기 추락, 기름 유출, 환경 파괴 등이 있다. 인재이면서 고의적인 재난에는 전쟁, 인종 간의 갈등, 테러 등이 있다. 자연재해로는 지진, 허리케인, 토네이도, 산불, 기근, 홍수 등이 있다. 재난은 위기나 트라우마로 이어질 수 있다.

위기 상담, 트라우마 대응, 재난 구조 간에는 중복되는 것들이 있지만, 각각의 대응 방식에는 차이가 존재한다. 아래에서 위기, 트라우마, 재난에 대응하는 구체적인 방법들을 살펴보자.

위기 상황의 내담자 상담하기

미국상담학회(ACA)에서는 위기 상담의 목표를 (a) 안전을 확보하고, (b) 위기 이후 안정성을 확인하며, (c) 개인이 공식적 또는 비공식적 자원 및 지원을 활용하게 하는 것이라고 제안한다. 위기 시 내담자는 일반적으로 상담사와 1~3회기 만나며, 각 회기는 15분에서 2시간까지 진행된다. ACA(2011c)에서는 위기에 처한 사람을 조력할 때 다음과 같이 8단계를 따를 것을 권장한다.

단계 1. 라포를 형성한다.
단계 2. 사람들로 하여금 이야기(위기)를 하게 한다.
단계 3. 주요 문제를 확인한다.
단계 4. 안전 문제를 평가한다.
단계 5. 내담자가 자신의 감정을 다루도록 도와준다.
단계 6. 함께 대안을 탐색한다.
단계 7. 활동 계획을 세운다.
단계 8. 지속적인 서비스가 필요할 경우 의뢰한다.

재난을 경험한 내담자와 상담하기

전국아동트라우마스트레스 네트워크와 전국 외상후스트레스장애 센터(Brymer et al.,

2006)에서는 재난 대응 시 참고할 수 있는 8단계를 제안했다(이 단계는 다양한 위기 상황에도 적용할 수 있다).

1단계. **접촉과 관여**: 도움이 필요한 이들과 공감적이고 배려하는, 유용한 접촉을 시작함
2단계. **안전과 위로**: 더 이상의 안전 문제가 없음을 확인하고, 심리적이고 신체적인 안정감을 제공함
3단계. **(필요 시)안정화**: 생존자에게 상황을 인지시키고, 평온한 환경을 조성하며, 정서적 혼란을 진정시킴
4단계. **정보 수집**: 내담자로부터 즉각적인 우려 사항과 요구를 파악하고, 수집된 정보를 바탕으로 개입 방안을 마련함
5단계. **실질적 도움 제공**: 생존자들에게 실질적인 도움을 제공함으로써 당면한 염려와 필요를 해결함
6단계. **사회적지지 체계와 연계**: 가족, 친구, 지역사회 자원과 단기 또는 지속적 연계를 구축함
7단계. **대처 방법 정보 제공**: 위기와 재난 상황에서 발생하는 스트레스 관련 정보를 제공함으로써 고통을 완화하고 건강한 기능을 유도함
8단계. **협력 기관 연계**: 위기와 재난을 겪은 사람들이 현재와 미래에 필요한 서비스를 확보하도록 지원함

트라우마를 경험한 내담자 상담하기

외상사건을 경험한 사람에게는 그 사건으로 인한 흉터가 몇 년간 남아 있을 수 있다. 실제로, 지속적으로 외상을 경험한 사람들이 외상후 스트레스 장애(PTSD)를 겪는 경우는 드물지 않다. 따라서 트라우마를 경험한 사람들은 트라우마와 관련된 전문성을 갖춘 상담사와 장기간 상담하는 것이 필요하다. PTSD로 힘들어하는 사람들을 지원하는 데 효과적이라고 알려진 인지행동 기법, 신경치료 기법 등 다양한 접근법이 존재한다(Neukrug, 2015). 반면, 단일 트라우마 사건을 경험한 사람들은 (항상 그렇지는 않지만) 상황을 더 쉽게 해결하는 경우가 많다. 이 경우 상담사는 위기 상황의 내담자와 상담하는 것과 유사한 방식으로 상담을 진행할 수 있다(본문 중 "위기 상황의 내담자 상담하기" 참조).

결론

위기, 재난, 트라우마 상담은 전통적인 상담과 그 기원이 다르다. 하지만 본문에서 언급한 기초 기술, 필수 기술, 자주 사용되는 기술들이 위기, 재난, 트라우마 상담에서 핵심적인 위치를 차지한다. 다만, 지속적으로 트라우마를 경험하는 사람의 경우 고급 기술이 추가로 필요할 수 있다. 일반적으로 단기 상담으로 해결되지만, 일부 내담자는 위기, 재난, 트라우마 이후 정서, 인지, 행동상의 문제들을 다루기 위한 장기 상담이 필요하다.

체험 활동 6.5

위기, 트라우마, 재난을 경험한 내담자와 작업하기

학생들을 세 집단, 즉 위기집단, 트라우마 집단, 재난집단으로 구성한다. 각 집단에서 한 명이 위기에 처한 내담자, 단발성 외상사건을 경험한 내담자, 또는 재난에서 생존한 내담자의 역할을 한다. 강사는 내담자 역할을 하는 학생에게 내담자가 처한 상황을 설명해 준다. 내담자의 역할을 하는 학생은 자신의 집단으로 돌아간다. 내담자가 위기 또는 단발성 외상사건을 경험하고 있으면 집단구성원들은 앞서 설명한 위기모델을 적용하고, 내담자가 재난을 경험하고 있다면 재난 모델을 적용한다. 역할극이 끝나면 아래 질문에 답한다.

1. 집단은 계획한 대로 절차에 따랐는가?
2. 절차에 따라 어떤 결정을 내렸나?
3. 내담자에게 후속 상담이 필요한가? 그렇다면 이유는 무엇인가? 그렇지 않다면 그 이유는 무엇인가?
4. 당신은 위기, 트라우마 또는 재난을 효과적으로 다뤘다고 생각하는가?
5. 내담자가 위기, 트라우마, 또는 재난을 성공적으로 대처하도록 돕기 위해 당신은 어떤 상담 기술을 사용했는가?

모든 집단이 작업을 마치면, 각 집단에서 발표자를 정해 역할극이 어떻게 진행되었는지 요약 발표하고, 어떤 기술이 성공적이었는지, 개선이 필요한 것은 무엇인지 공유한다.

직면: 지지적으로 도전하기

상담 관계에서 직면은 내담자의 세계관을 부드럽게 도전하는 것을 의미한다. 이를 통해, 내담자가 자신의 가치관과 행동 간 불일치, 감정과 행동 간 불일치, 이상적 자기와 실제 자기 간 불일치, 그리고 표현된 감정과 기저의 감정 간 불일치를 탐색하는 기회를 제공한다

(Neukrug, Bayne, Dean－Nganga, & Pusateri, 2012; Strong & Zeman, 2010; Thompson, 2016).

상담 관계에서 직면이 효과적이기 위해서는 우선 신뢰 관계 구축이 필수적인데, 이는 경청과 공감을 통해 형성된다. 이후 상담사는 불일치를 논의할 기회를 제공한다(Egan & Reese, 2019; Strong & Zeman, 2010). 이렇듯 지지를 제공한 다음 대화에 초대하면 내담자의 현실 인식이 변화될 수 있다(Neukrug, 2017a).

내담자 불일치의 네 가지 유형

친구와 의견 차이로 말다툼을 벌인 적이 있나요? 나 또한 그런 상황을 겪었고, 안타깝게도 내담자와도 비슷한 경험이 있다. 때로 내담자는 상담사를 이런 대화에 끌어들이곤 하는데, 내담자의 삶에서 발견한 불일치 때문에 상담사는 내담자와 감정적으로 대립하기도 한다. 하지만 친구와의 갈등에서처럼 이러한 직면은 좀처럼 도움이 되지 않으며, 대개 미해결된 문제 때문에 발생한다. 효과적인 상담사라면 감정적으로 얽히지 않으면서, 내담자의 삶에 존재하는 불일치에 대해 솔직하고 사려 깊게 대화를 나눌 수 있다. 앞서 언급한 것처럼, 네 가지 유형의 불일치는 내담자의 가치관과 행동 간 불일치, 감정과 행동 간 불일치, 이상적 자기와 현실 자기 간 불일치, 그리고 표현된 감정과 기저 감정 간 불일치가 포함된다.

1. 내담자의 가치와 행동 간 불일치

내담자가 특정 가치를 표명했고, 내담자의 행동이 표현된 가치와 부합하지 않을 때 내담자의 삶에는 불일치가 존재한다. 예를 들어, 한 내담자가 총기 소지를 강력하게 반대해 왔는데, 강도를 당한 후 총기를 구매하기로 결정했다고 가정해 보자. 이 상황에서 상담사가 내담자의 불일치한 면을 지적하면, 내담자는 자신의 가치관을 재정립하거나 아니면 자신의 행동을 수정할 수 있다. 이때 불일치를 어떻게 지적하느냐가 중요하다. 예를 들어, 상담사가 "저는 당신이 총기 소지를 반대한다고 생각했습니다. 그런데 왜 이런 결정을 하신 거죠?"라고 질문할 수가 있다. 이러한 대화 방식은 내담자를 방어적으로 만들 수 있다('왜' 질문에 주목하자!). 반면, 다른 상담사는 "흥미로운데요. 총기 소지에 불편함을 느낀다고 생각했었는데, 총기를 소지하는 것이 합리적이라고 생각하게 되었는지 알고 싶습니다"라고 말할 수 있다.

2. 내담자의 감정과 행동 간 불일치

내담자가 어떤 감정을 강하게 표현했는데 그것과 상반되는 행동을 하면 이것은 또 다른 유형의 불일치를 보여준다. 예를 들어, 어떤 어머니가 자신은 10대 딸을 사랑한다고 상담사에게 말을 한 다음, 자신이 얼마나 자주 딸에게 고함을 지르는지, 얼마나 딸을 비난하는지, 그리고 딸을 통제하려고 노력하는지 이야기했다고 가정해 보자. 가치관과 행동 간의 불일치처럼, 상담사는 이러한 불일치를 언급함으로써 내담자의 자기이해를 촉진시킬 수 있다.

상담사: 저는 당신이 따님을 사랑한다는 것을 알고 있습니다. 그런데 딸에게 소리를 지르고 비난하고 통제하려고 시도한다는 것이 좀 혼란스럽습니다. 이것을 어떻게 이해하면 좋을까요?

이런 식으로 내담자를 직면하면 내담자를 말다툼이 아닌 대화로 초청할 수 있다.

3. 이상적 자기와 실제 자기 간 불일치

내담자뿐만 아니라 대부분의 사람들은 자신이 어떻게 행동해야 한다고 믿는 이상적 자기와 실제 행동하는 방식(현실 자기) 간에 차이가 있다는 것을 경험하는데, 이는 흔한 일이다. 예를 들어, 한 내담자가 자신은 좀 더 온화하고 사랑이 넘치는 삶을 살고 싶다고 말할 수 있다.

내담자: 저는 제 자신을 위해 반지를 하나 사려고 해요. 그것을 볼 때마다 더 친절하고 사랑이 넘치는 사람이 되고 싶다는 다짐이 떠오를 것 같습니다. 특히 아내와 아이들, 그리고 동료들에게 더욱 그렇게 행동하고 싶어요.

하지만 다음 주에 내담자가 다시 와서 아내와 아이들, 그리고 동료들에게 화를 많이 냈다고 이야기한다고 가정해 보죠. 이에 대해 상담사는 다음과 같이 반응할 수 있다.

상담사: 지난번에 오셨을 때, 사람들에게 친절하고 사랑스럽게 대하는 것이 얼마나 중요한지 이야기하셨어요. 이를 상기시키기 위해 반지를 사서 그것의 중요성을 기억하고 싶다고도 말씀하셨구요. 그런데 그 생각은 어떻게 된 걸까요?

4. 표현된 감정과 기저 감정 간 불일치

내담자가 표면적으로 표현하는 감정과 수면 아래에 있는 내면의 감정 사이에 불일치가 발생하는 경우도 흔하다. 예를 들어, 내담자는 눈물을 참으며 다음과 같이 말한다고 가정하자.

내담자: 최근 건강상의 문제에도 불구하고 엄마와의 관계는 좋습니다. 정말 엄마를 사랑합니다.

이때 상담사는 다음과 같이 반응한다.

상담사: 어머니를 사랑하시는 마음이 분명하게 느껴집니다. 그런데 일종의 슬픔 같은 것도 느껴지는데요. 아마도 그건 어머니의 건강이 안 좋아지신 것 때문이 아닐까 싶습니다.

이처럼 상담사가 공감적인 반응을 하면 내담자는 기저에 있는 감정을 이야기하도록 초청을 받는다. 4장에서 다룬 심층 공감을 기억한다면, 위에서 한 상담사의 반응은 내담자가 외부로 표현하지 않은 감정을 이끌어내기 때문에 심층 공감 반응(수준 3 이상)에 해당된다고 볼 수 있다.

내담자의 불일치를 도전하는 다섯 가지 방법

상담 관계의 기반이 탄탄하게 형성되면, 상담사는 다양한 방식으로 내담자의 불일치에 대해 이야기할 수 있다. 이러한 방법에는 "당신은 ~라고 말했지만" 진술, 내담자에게 불일치를 설명하도록 요청하기, 재구조화, 풍자 사용하기, 높은 수준의 공감 활용 등이 포함된다.

1. "당신은 ~라고 말했지만(You/but)..." 진술

상담사는 "당신은 ~라고 말했지만..." 진술을 사용해서 내담자의 불일치함을 언어적으로 확인하고, 이것에 대해 이야기하도록 내담자를 초청한다. 예를 들어, 총기 소지를 반대했지만 최근 총기를 구매한 내담자의 경우, 상담사는 다음과 같이 말할 수 있다.

상담사: 당신은 총기를 소지하는 것에 대해 반대한다고 말했어요. 그러나 지금은 총기

를 구입하기로 결심했다고 말합니다. 이것을 어떻게 설명할 수 있을까요?

2. 내담자에게 불일치를 설명하도록 요청하기

불일치를 조명하기 위한 두 번째 방법은, 내담자에게 불일치에 대해 이야기하도록 요청하는 것이다. 이를 통해 상담사는 내담자가 불일치를 어떻게 이해하고 있는지 알 수 있고, 내담자는 자신의 불일치를 고민하게 된다. 위에서 언급한 두 번째 사례, 즉 자신의 딸을 사랑한다고 하면서 소리 지르고 비난하면서 통제하려는 내담자에게 상담사는 다음과 같이 말할 수 있다.

상담사: 네, 따님을 사랑한다고 분명히 말씀하셨습니다. 그런데 동시에 딸에게 자주 소리 지르고 비난하며 통제하려고도 한다고 하셨네요. 이 모든 상황을 어떻게 이해하면 좋을까요?

3. 재구조화(reframing)

이 방법은 내담자로 하여금 자신의 상황을 다른 시각에서 바라볼 수 있도록 돕는다. 이를 통해 내담자는 새로운 현실에 대해 이야기할 수 있다. 이 방법을 사용해서 상담사는 내담자가 새로운 틀에서 불일치를 탐색하도록 돕는다. 세 번째 사례, 즉 이상적인 자기와 실제 자기가 동일하지 않은 내담자에게 상담사는 다음과 같이 말할 수 있다.

상담사: 당신은 스스로에 대해 높은 목표를 설정하는 분이군요. 그 점이 참 인상적입니다. 그런데 한편으론 그것이 과연 당신에게 효과가 있는지 궁금하기도 합니다. 어떻게 생각하시나요?

4. 풍자 사용하기

상담사가 불일치를 지적하는 네 번째 방식은 풍자를 사용하는 것이다. 이런 방식으로 불일치를 강조하는 것은 다른 기법보다 더 직접적이고 도전적일 수 있기 때문에 가능하면 신중하게 사용해야 한다. 이 방법을 사용하면 내담자의 모순이 갖는 어리석음을 직면하게 된다. 예를 들어, 자신의 아내에게는 솔직하고 싶다고 말하면서 불륜을 저지르고 있는 내담자에게 상담사는 다음과 같이 말할 수 있다.

상담사: 글쎄요. 이 경우에는 정직하지 않은 것이 좋을 것 같습니다. 결국, 그렇게 해야 아내를 고통스런 감정으로부터 보호할 수 있으니까요. 이 점에 대해 이야기 나눠볼까요?

5. 높은 수준의 공감

내담자의 불일치함을 도전하는 마지막 방법은 심층 공감 반응을 사용하는 것이다. 내담자의 삶에 존재하는 불일치를 인식하도록 조력하기 위해 4장에서 다룬 심층 공감 반응을 사용할 수 있다. 예를 들어, 상담사가 내담자의 깊은 감정을 반영해 주거나 또는 갈등하고 있는 감정과 생각들을 지적하면, 내담자는 자신의 깊은 내면에 다가갈 수 있다. 아내에게 솔직하고 싶지만 불륜을 저지르고 있는 내담자의 경우 상담사가 다음과 같이 반응할 수 있다.

깊은 감정을 반영하고 갈등하고 있는 것들을 지적함

상담사: 말씀을 들으면서, 외도에 대해 죄책감을 느끼시는 것 같아요. 그런데 한편으론 (아내에게) 죄책감을 느끼면서, 다른 한편으로는 새로운 사람에 대해 설렘을 느끼는 것 같습니다. 이 두 가지 감정이 공존하는 상황이 쉽지는 않겠습니다.

갈등하고 있는 감정과 생각을 지적함

상담사: 상당히 갈등을 느끼고 계시겠어요. 한편으로는 정직을 중요하게 생각한다고 하시지만, 다른 한편으로는 외도를 숨기고 있어요. 이 상황을 어떻게 이해하면 좋을까요?

지금까지 불일치함과 그것을 직면하는 방법에 대해 이야기했는데, 체험 활동 6.6을 통해 상담 관계에서 불일치를 직면하는 방법을 연습해 보자.

체험 활동 6.6

바이올렛 직면하기

바이올렛은 여러 문제로 어려움을 겪고 있는 내담자이다. 3-5명으로 구성된 소집단에서 바이올렛의 삶에 내재된 여러 종류의 불일치함을 다뤄보자. 집단에서 한 사람이 바이올렛의 역할을 하고, 앞서 다룬 한두 가지 방식을 사용해서 바이올렛의 불일치함을 직면한다. 역할극이 끝나면, 역할을 바꿔 다른 학생이 바이올렛의 역할을 한다. 관찰자 역할을 하는 사람은 상담사가 어떤 유형의 반응을 사용했는지 기록한다. 앞서 설명한 기법을 활용해서 바이올렛을 직면하는 것이 어땠는지 논의한다.

바이올렛

바이올렛은 26세의 백인 여성으로 독신이고, 식료품 가게에서 최소 임금을 받으면서 생활하고 있다. 각각 8세, 5세인 두 명의 자녀가 있고, 아버지는 서로 다르다. 그녀는 정부로부터 식품구입권을 받아 생활하고 있다. 결혼한 적은 없으며, 아침과 저녁에, 매일 아이들 앞에서 술을 마신다. 그녀에게는 동거 중인 남자친구가 있는데 현재 일을 하고 있지 않다. 바이올렛은 남자친구가 '사랑스럽지만 게으른' 사람이고 현재 직장을 구하고 있지 않다고 말했다. 가끔 남자친구가 아이들을 돌봐주지만, 바이올렛의 적은 급여에 의존해서 생활하고 있다. 바이올렛은 더 이상 아이를 갖고 싶지 않다고 말하지만, 피임을 하지는 않는다. 바이올렛은 상담실에 와서 "자신의 삶을 바꾸고 싶다"고 말했다.

바이올렛과 상담을 진행한 지 약 2개월이 되었고, 바이올렛은 어느 정도 당신을 신뢰하고 있다. 그녀는 당신에게 솔직하게 마음을 열었으며, 다음과 같은 목표를 설정했다. (a) 고등학교 검정고시 합격하기, (b) 지역에 있는 작은 대학에 가서 학위를 취득하고 채혈사로 훈련 받기, (c) 금주하기, (d) (현재 남자친구와 또는 일을 하는 사람과) 안정적인 연인관계 형성하기. 이렇게 구체적인 목표를 세웠음에도 불구하고 바이올렛은 전혀 진전을 이루지 못하고 있다. 상담사로서, 당신은 바이올렛이 세운 목표로 나아갈 수 있도록 바이올렛을 부드럽게 직면하기로 결정했다.

인지-행동적 반응

1950년대와 1960년대에 Aaron Beck과 Albert Ellis는 각각 인지에 초점을 둔 치료적 접근을 개발했다(Neukrug, 2018; Neukrug & Ellis, 2015; Weishaar, 2015). 이후, 이 접근들이 행동 변화에도 초점을 두었기 때문에 인지행동치료로 불리게 되었다. 이 이론들은 많은 공통점을 가지고 있고, 상담사들이 상담을 수행하는 방식에 큰 영향을 미쳤다. 예를 들어, Beck은 우리에게는 핵심 신념(예: "나는 무기력해,")이 있고, 이것이 중간 신념(핵심 신념을 토대로 우리가 만들어 내는 태도, 규칙, 가정들)에 영향을 미치고, 중간 신념은 다시 자동적 사고를 형성한다고 주장했다(Rice, 2015). 자동적 사고란 우리가 일상의 상호작용 속에서 떠올리는 즉각적인 생각이다(예: "그 말을 하지 말았어야 하는데," "왜 내가 그렇게 했을까?" "난 똑똑하지 않아," "그건 꽤 좋은 대답이었어." 등). 대부분의 사람들은 자동적 사고를 인식할 수 있지만, 일부는 자동적 사고에 다가가기 위해 약간의 연습이 필요하다. Beck은 우리의 자동적 사고가 감정, 행동, 생리적 반응(예: 스트레스 호르몬 증가)에 영향을 미친다고 설명했다. 예를 들어, 한 사람이 "나는 무력해"라는 핵심 신념을 가지고 있다면, "인생은 엉망이야. 나는 아무것도 통제할 수 없어"라는 태도를 가지고 있을 가능성이 높고, "세상은 그대로일 거야"라는 가정을 할 수 있다. 이러한 중간 신념들은 개인의 반응에 영향을 미치는데, 슬픔을 느끼거나(감정), 하루 종일 집에 있으면서 아무것도 하지 않고(행동), 코티졸 수준을 증가시켜 스트레스가 증가할 수 있다(생리적 반응).

내담자가 자신의 자동적 사고에 접근할 수 있도록 상담사가 돕는다면, 내담자는 이를 거슬러 올라가 중간 신념과 궁극적으로는 핵심 신념에 접근할 수 있다. 그런 다음, 상담사는 내담자가 가지고 있는 핵심 신념을 변화시킬 수 있도록 돕는다. 핵심 신념이 변하면 자연스럽게 중간 신념, 자동적 사고, 감정, 행동, 생리적 반응 또한 바뀔 수 있다. Beck처럼 Ellis 역시 인지에 초점을 맞추었지만, 그는 사람들이 세 가지 비합리적 신념(irrational beliefs)을 고수한다고 주장했다(Ellis, 2015). Ellis가 언급한 비합리적 신념은 다음과 같다.

1. "나는 반드시 모든 상황에서 중요한 일을 잘 해내야 하고, 중요한 사람들로부터 인정받아야 한다. 그렇지 않으면 나는 적절하지 않은 사람, 사랑받을 수 없는 사람이다!"
2. "다른 사람들은 반드시 모든 상황에서 나를 공정하고 정당하게 대해야 한다. 그렇지 않으면, 그들은 나쁘고 형편없는 사람이다."
3. "내가 살아가는 환경은 반드시 내가 원하는 대로 되어야 하고, 즉각적인 만족을 줘야 하며, 이를 바꾸거나 개선하기 이해 내가 너무 많은 노력을 기울일 필요가 없어야 한다. 그렇지 않다면 그건 끔찍한 일이고, 난 견딜 수가 없으며, 그런 상황에서 난 절대로 행복할 수 없다!"(Ellis & MacLaren, 2005, pp. 32–33)

Ellis는 우리가 특정한 방식으로 느끼고 행동하는 것은 사건 그 자체가 아니라, 그 사건에 대한 우리의 생각 때문이라고 주장했다. 그는 이것을 "A, B, C"라고 불렀는데, A는 촉발사건(activating event), B는 그 사건에 대한 믿음(belief), C(consequence)는 결과로 나타나는 감정과 행동을 의미한다. 당신이 당신의 B(위에서 언급한 세 가지 비합리적 사고에 영향을 받는 것)가 무엇인지 알면, 당신의 C가 무엇일지 짐작할 수 있다. 예를 들어, 연인이 나를 떠났을 때 내가 우울해지는 것은 연인이 떠났기 때문이 아니라, 그 사건에 대한 나의 생각 때문이라는 것이다. 그리고 그 생각은 앞서 설명한 세 가지 비합리적 신념과 관련이 있을 수 있다.

물론, Beck과 Ellis의 이론은 위에서 언급한 내용보다 훨씬 더 복잡하다. 하지만 이들의 기본적인 생각은 다음과 같다.

1. 우리의 사고방식은 감정, 행동, 생리적 반응에 영향을 미치며, 때로는 우리가 인식하지 못하는 방식으로 영향을 미친다.
2. 우리의 사고가 감정과 행동, 생리적 반응에 어떻게 영향을 미치는지 알아차리는 것은 비교적 쉬운 일이다.
3. 다른 사람에게 우리의 생각(자동적 사고, 비합리적 사고)을 공유함으로써, 어떤 생각이 우리를 기분 나쁘게 하고 부적응적인 방식으로 행동하게 하는지 파악할 수 있다.
4. 어떤 생각이 우리를 부정적으로 느끼고 행동하게 만드는지 파악하면 그런 생각을 반박할 수 있고, 궁극적으로는 좋은 감정과 행동 및 생리적 반응을 초래하는 새로운 생각을 발전시킬 수 있다.
5. 부정적인 생각을 긍정적인 생각으로 바꾸는 것뿐만 아니라, 새로운 사고방식을 강화하는 행동을 개발할 수 있다.

초보 상담사가 숙련된 인지치료 전문가가 될 필요는 없지만, 이 접근은 많은 내담자들을 돕는 데 유용하게 활용될 수 있다. 따라서 상담사가 낙심하고 불안해하며 걱정하고 있는 내담자를 만났다면, 내담자로 하여금 자동적 사고나 비합리적 사고를 탐색하도록 요청하는 것이 도움이 될 수 있다. 내담자가 자신의 사고방식이 어떻게 문제를 악화시키는지 이해하면, 상담사는 새롭고 긍정적인 사고방식을 개발하는 과정을 조력할 수 있고, 동시에 긍정적인 생활 태도와 일치하는 행동 변화를 시도하도록 지원할 수 있다(성찰 활동 6.1 참조).

성찰 활동 6.1

인지적 논박 연습

1부: "애인이 저를 떠났어요"라는 촉발 사건을 경험한 내담자 사례를 활용하시오. 이때 자동적 사고, 비합리적 신념, 결과로서의 반응을 검토하시오. 그런 다음, 2부를 진행하시오.

촉발 사건(A): 애인이 나를 떠났다.
자동적 사고: 나는 그(그녀) 없이 살 수 없다.
비합리적 신념(iB): 내가 살아가는 환경은 반드시 내가 원하는 대로 되어야 하고, 즉각적인 만족을 줘야 하며, 이를 바꾸거나 개선하기 이해 내가 너무 많은 노력을 기울일 필요가 없어야 한다. 그렇지 않다면 그건 끔찍한 일이고, 난 견딜 수가 없으며, 그런 상황에서 난 절대로 행복할 수 없다!
가능한 결과(C): 감정적 결과: 우울, 공황, 고립감

행동상의 결과: 즉시 다른 연인을 찾는다(그 관계가 건강하지 않아도 괜찮다). 또는 우울증이 너무 심해 잠수를 탄다.

2부: 내담자의 비합리적 사고를 어떻게 논박할지, 새롭고 합리적인 사고는 무엇일지, 어떤 행동이 건강한 삶의 방식으로 이끌 수 있을지 생각해 본다. 그런 다음, 소집단에 있는 다른 구성원들과 생각을 공유하고, 이러한 접근을 상담에서 어떻게 활용할 수 있을지 이야기한다.

인지적 논박(비합리적 신념 논박):
새로운 합리적 신념:
새롭고 합리적인 신념을 지원하는 행동:

상담이론 수업이나 상담 실습 장소, 인턴을 하고 있는 곳, 또는 그 밖의 장소나 프로그램에서 인지행동치료에 관한 추가적인 훈련을 받을 수 있다. 또한 내가 인지행동 접근을 사용해서 제이크 밀러와 상담한 것을 시청할 수 있을 것이다(부록 B 참조). 이를 통해 당신은 생각이 당신 자신, 당신이 사랑하는 사람들, 그리고 당신의 내담자에게 어떤 영향을 미치는지 생각하게 될 것이다. 아래 활동을 통해 인지행동치료를 조금 더 연습해 보자(체험 활동 6.7 참조).

체험 활동 6.7

상담에 대한 인지행동치료 접근 연습하기

Beck 또는 Ellis의 인지행동치료(CBT) 접근법 중 하나를 선택해서, 두 명의 다른 학우와 함께 역할극을 진행한다. 한 사람은 상담사, 다른 사람은 내담자, 나머지 한 사람은 관찰자 역할을 한다. 내담자는 정서적으로 힘든 상황을 생각해 내고, 상담사는 몇 가지 기본적인 경청 기술을 사용한 다음, 내담자의 비합리적인 신념을 다루거나 자동적 사고를 식별해서, 이것이 내담자의 감정, 행동, 생리적 반응에 어떤 영향을 미치는지 파악한다. 내담자가 자신의 비합리적 신념이나 자동적 사고를 수정할 수 있도록 조력한다. 한 세션이 끝나면 역할을 바꿔 연습하고, 모든 사람이 상담사의 역할을 경험할 수 있도록 한다.
이 역할극을 통해 짧게 인지행동치료의 기본 개념을 체험해 볼 수 있다. 하지만 실제 상담에서는 인지행동치료를 적용하는 것이 이것보다 훨씬 더 복잡하다는 점을 기억해야 한다. 행운을 빈다!

해석

SIGNUND FREUD

한 내담자가 아들과의 관계에서 경험하는 어려움을 설명한다. 그는 아들이 냉담하고, 단절되어 있으며, 반항적이라고 묘사한다. 이어서 그는 아들에게 심각한 정신적인 문제가 있다고 생각한다고 말한다. 상담이 진행되면서 내담자는 부모님과의 관계를 자세히 이야기한다. 내담자에 따르면, 어머니는 사랑스럽지만 비난하는 사람, 아버지는 '존재하지 않는' 사람이었다. 더 많은 이야기를 나누면서 내담자는 "아빠는 제 삶에 전혀 존재하지 않았어요. 너무 멀게 느껴졌고 말을 하기도 어려웠죠"라고 말했다. 이러한 내담자의 이야기를 들은 후 상담사는 다음과 같이 말했다, "당신과 자제분 사이에 일어난 일과 당신과 아버님 사이에 일어난 것 사이에 비슷한 패턴이 존재하는 것 같습니다." 내담자는 깜짝 놀라며 "세상에, 정말 흥미로운데요"라고 말했다. 상담사의 반응은 해석인가, 아니면 공감인가? 어떤 사람들은 이것을 해석이라고 볼 수 있지만, 많은 이유에서 높은 수준의 공감 반응으로 간주될 수 있다(Carkhuff 척도에서 3.0 이상의 수준). 첫째, 해당 반응은 상담사가 깊이 경청하고 집중한 결과이다. 둘째, 해당 반응은 내담자의 현실 틀에 관한 깊은 이해에를 바탕으로 한다. 셋째, 상담사는 내담자가 말한 것 이외의 다른 것을 추가하지 않았고, 결론을 내리거나 가정하지 않으면서 내담자가 당면하고 있는 어려움을 반영해 주었다. 마지막으로, 내담자는 상담사의 평가에 동의했다. 상담사의 반응은 적중했다. 이런 유형의 상담사 반응은 심오하면서, 내담자의 영혼 속으로 깊숙이 다가갔으며, 상담사가 내담자를 이끄는 것과 촉진하는 것 사이의 미묘한 경계를 나타낸다(Neukrug, 2017a; Neukrug et al., 2012).

반면, 위에서 언급한 상담사의 반응을 "당신은 아버지와 온전히 동일시하지 않았고, 그런 점에서 당신 아들과의 관계는 미해결된 오이드푸스 콤플렉스의 결과라고 생각됩니다"와 비교해보자. 이러한 해석은 상담과 심리치료의 특정 모델을 기반으로 하며, 어떤 사람이 특정 상황에서 어떻게 반응한다는 가정을 포함하고 있다. 이는 종종 정신역동적 접근에서 사용된다(Neukrug, 2018).

정신분석은 정신역동적 접근의 한 유형으로, 해석을 주요 치료개입으로 활용한다. 예를 들어, 정신분석가들은 꿈에는 심리성적 발달 과정에서 해결되지 않은 갈등에 대한 상징이 담겨있기 때문에 내담자의 발달에 관한 이해를 제공할 수 있다고 믿는다(Bishop, 2015). 누군가가 먼지 한 점 없이 깨끗한 아파트에서 염소를 반려동물로 키우는 꿈을 꾸었다면, 이는 억압적인 양육 환경에 저항하려는 기저의 욕구를 반영할 수 있는데, 이때 염소는 저항하는 동물의 원형을 의미한다. 비슷하게, 일부 인지 치료사들은 특정 진단을 받은 사람들이 특정 인지 구조(사고방식)를 가지고 있다고 가정하고, 이것을 내담자에게 해석해 줄 수 있다고 가정한다(Neukrug, 2018). 가령, 불안장애를 가지고 있는 사람은 세상이 두렵고 위험한 장소라고 믿으며, 자신에게는 불안을 다룰 능력이 부족하다고 믿는다고 가정한다. 이러한 해석 역시 특정 행동 모델을 기반으로 한다.

정신역동을 지향하건, 인지적으로 접근하건, 아니면 다른 이론적 접근에 의존하건, 핵심은 해석의 타이밍이다. 모든 것이 잘 진행되면, 해석을 통해 왜 내담자가 지금과 같은 방식으로 반응하는지 깊이 이해할 수 있게 된다. 희망하는 것은, 내담자에 대한 새로운 이해를 통해 내담자에게 변화가 일어나는 것이다.

해석은 내담자가 상담 과정에서 큰 도약을 할 수 있도록 도울 수 있지만, 몇 가지 위험도 수반된다. 예를 들어, 해석은 상담사를 전문가의 위치에 두게 하며, 이로 인해 상담사와 내담자 간에 진정성 있는 관계가 형성될 가능성이 줄어든다(Daniels, 2015). 또한 해석은 치료적 관계에서 '지금-여기' 요소를 약화시키고, 상담사와 내담자가 해석의 대상이나 내용에 대해 이야기하기 때문에 지나치게 주지화(intellectualization)할 가능성이 커진다(Resnick, 2015). 마지막으로, 해석뿐 아니라 다른 정신분석적 기법들의 효과를 측정하는 것이 어렵기 때문에, 이러한 기법을 사용하는 것에 대해 의문이 제기된다(Gaskin, 2014; Kernberg, 2006). 이런 이유로 인해 Carl Rogers(1970)와 여러 학자들은 해석 사용을 완강히 반대했다.

> 나에게 개인 행동의 원인을 해석하는 것은 높은 수준의 추측 그 이상도 그 이하도 아니다. 해석에 무게가 실리려면 권위자가 해석 시 자신의 경험을 배제해야 한다. 그러나 나는 이런 권위적인 방식에 관여하고 싶지 않다. "제 생각엔 당신이 이렇게 난폭한 행동을 하는 것은 당신이 남자로서 부적절하다고 느끼기 때문인 것 같습니다"라는 말은 내가 하고 싶은 종류의 말이 아니다(Rogers, 1970, pp. 57-58).

언제 해석을 사용하고 사용하지 않는가

해석 사용 여부는 인간 본성에 대해 어떤 관점을 가지고 있느냐에 따라 달라진다. 만약 당신이 내담자의 행동은 내담자의 현실 이해와 별도의 것이라고 가정한다면, 내담자의 자료를 해석하는 것은 당신에게 중요한 도구가 될 것이다. 반면, 내담자가 스스로 자신의 현실을 더 깊이 이해하면서 성장할 수 있다고 믿는다면, 해석은 상담 과정에서 쓸모없는 도구가 될 가능성이 크다. 마지막으로, 해석이 상담사의 도구 중 하나로 유용할 수 있다고 믿는다면, 신뢰 관계가 충분히 형성되고, 이론적 접근에 대한 온전한 지식을 갖춘 다음에 해석을 사용해야 한다. 이제 해석이 무엇이며 어떻게 하면 그것을 부정확하게 사용할 수 있는지 알게 되었으니, 해석이 얼마나 효과적이라고 생각되는지 살펴보자(체험 활동 6.8 참조).

이 교재에서 다룬 다른 기술들과 달리, 해석을 사용할 때는 매우 신중하게 접근할 것을 권한다. 왜냐하면 해석의 효과가 의문시되기 때문인데, 해석을 효과적으로 사용하기 위해서는 해석이 기반을 둔 이론적 모델에 대한 철저한 지식이 필요하다. 그러나 대학원에서는 이런 지식을 습득하기 어렵다. 또한 해석은 많은 연습이 필요한 기술이고, 상담사들이 종종 즉흥적으로 해석을 만들어 사용하기도 하는데, 이는 바람직하지 않은 방식이다.

체험 활동 6.8

해석 연습

4인 1조로 나누어 한 명은 상담사, 한 명은 내담자, 다른 두 명은 관찰자가 된다. 내담자는 실제 또는 가상의 문제 상황을 이야기한다. 상담사는 내담자의 말을 주의 깊게 경청한 후 해석 반응을 시도한다. 예를 들어, 내담자가 “여자친구와 문제가 있어요. 그녀는 제 말을 전혀 들으려 하지 않습니다”라고 말하면, 상담사는 “당신 부모님도 예전에 당신의 말을 들어주지 않았을 수도 있겠네요”와 같은 방식으로 해석을 시도할 수 있다. 가능한 한 해석 반응을 많이 해 본다. 한편 관찰자는 상담사의 다양한 해석 반응들을 기록해야 한다. 모든 역할이 끝난 후, 다음 질문에 답해 본다. 시간이 허락된다면 역할을 바꿔서 연습해 본다.

1. 해석을 하는 것이 얼마나 쉬웠나?
2. 해석은 대부분 적절했나요, 그렇지 않았나?
3. 해석이 적절했다면, 내담자에게 도움이 되었나?
4. 해석이 적절하지 않았다면, 상담 관계에 얼마나 부정적인 영향을 미쳤나?
5. 당신이 상담사로 일하는 데 있어서 해석이 도움이 될 것이라 생각하나?

긍정 상담

기억하듯이, 5장에서는 해결 중심 질문에 대한 내용을 상당 부분 다뤘다. 이러한 질문들은 지난 수십 년에 걸쳐 등장한 긍정 상담(positive counseling) 또는 긍정 심리학 운동의 핵심 요소이다(Lopez, Pedrotti, & Snyder, 2015; McAuliffe, 2019). 긍정 상담은 우리가 정신적, 신체적, 그리고 영적 상태와 관련해서 선택권을 가지고 있으며, 초기 아동기 또는 기타 외부 요인에 의해 완전히 결정되지 않는다고 가정한다. 또한 사람에게 특정 진단이나 라벨을 부여하는 것이 전문가나 내담자에게 부정적인 인식과 자기진술을 초래할 수 있기 때문에 매우 신중해야 한다고 강조한다. 연구에 따르면, 긍정인 관점을 유지하면 회복 탄력성이 높아지고 수명 또한 연장되며, 건강 문제가 감소할 뿐 아니라 창의성, 삶에 대한 몰입, 그리고 개인적인 의미의 증진에도 도움이 된다(Bolier et al., 2013; Rankin, 2013; 성찰 활동 6.2 참조).

성찰 활동 6.2

당신의 긍정성 비율

일부 연구에 따르면, 건강한 긍정성 비율은 3:1로, 긍정적인 생각과 행동이 부정적인 것보다 세 배 더 많을 때 균형 잡힌 상태를 유지할 수 있다고 한다. 아래 제시된 웹사이트에 가보면, 당신의 긍정성 비율을 평가해 볼 수 있다. 이 검사도구를 작성한 후, 더 긍정적이 되기 위해서는 어떤 노력이 필요한지 고민해보자. 또한 이러한 척도를 내담자와의 상담에서 어떻게 활용할 수 있을지도 생각해보자.
긍정성 비율 웹사이트: www.positivityratio.com/

McAuliffe(2019)는 긍정 상담을 활용할 때 다음 세 가지 원칙을 따라야 한다고 제안한다. (a) 과거, 현재, 미래에 대한 긍정적인 감정을 증진하기, (b) "사랑, 일, 여가"에 대한 관여와 몰입 증가시키기, (c) 의미 있는 삶을 촉진하기. McAuliffe는 이러한 원칙을 상담에 통합할 수 있는 다양한 활동을 제안했는데, 강점 연습, 감사 연습, 희망과 낙관 연습, 부정적인 경험에서 긍정적인 요소 찾아내기, 그리고 기타 긍정 상담 개입 등이 있다.

강점 연습

이미 가지고 있는 강점을 강조하는 것은 내담자가 긍정적인 태도를 유지하도록 돕는 중요한 방법이다. 이러한 강점은 경험을 기반으로 해야 하며, 개인의 일상생활에 포함되어 있어서 관계에서 쉽게 강화될 수 있도록 해야 한다.

감사 연습

감사는 다양한 형태로 나타나며, 자기 자신에 대한 감사, 타인에 대한 감사, 삶과 자연에 대한 감사 등 여러 가지가 있다. 이 연습을 통해 내담자가 당연하게 여겼던 삶의 긍정적인 측면들을 확인하고 조명하면서, 이에 대한 감사를 표현하도록 돕는다.

희망과 낙관성 연습

인간이 때때로 부정적인 측면에 집중하는 경향이 있음을 고려할 때, 이 연습은 내담자의 주의를 삶의 긍정적인 측면으로 전환하도록 돕는다. 이 활동을 통해 내담자는 과거, 현재, 미래의 긍정적인 측면에 집중하고, 자신의 삶에서 발생한 부정적인 사건 속에서 예외적인 상황에 주목하며, 긍정적인 것에 주의를 기울이고, 긍정적인 미래를 그려본다.

부정적인 상황에서 긍정적인 면 찾아내기

상담사는 내담자가 부정적인 것에 집중하는 대신 긍정적인 것을 발견하도록 돕는다(레몬으로 레모네이드를 만든다). 예를 들어, 자신은 늘 우울하고 아무것도 하고 싶은 것이 없다고 말하는 내담자가 있다면, 상담사는 다음과 같이 예외 질문을 할 수 있다. “그렇게 우울했는데도 침대에서 일어나서 직장에 갈 수 있었네요. 어떻게 그럴 수 있었죠?” 상담사가 이렇게 말할 수도 있다. “지난주 내내 우울했다고 말씀하셨는데요. 혹시라도 웃었거나 조금이라도 기분이 나아졌던 순간이 있었나요? 그런 순간에는 뭐가 달랐나요?” 긍정적인 것을 이끌어내는 데 해결 중심 질문이 얼마나 중요한지 알 수 있는 지점이다.

기타 긍정 상담 개입

McAuliffe는 내담자의 긍정적인 측면들을 이끌어내기 위해 사용할 수 있는 다양한 활동을 제안했는데, 창의적인 상담사라면 내담자가 자신의 삶을 보다 긍정적으로 바라볼 수 있도록 수십 가지 방법을 개발할 수 있다. 비록 긍정 상담에 대한 몇 가지 심리치료적 접근들이 개발되었지만(Ruini, 2017 참조), 많은 심리치료 이론들에 긍정 상담을 접목시킬 수 있다(체험 활동 6.9 참조). 마지막으로, 내가 긍정 상담 및 포스트모던 접근을 활용해서 안젤라 밀러를 상담한 사례를 시청하는 것도 도움이 될 것이다(부록 B 참조).

체험 활동 6.9

긍정 상담을 상담 접근에 통합하기

두 명의 자원자가 수업 중에 상담사와 내담자의 역할을 한다. 나머지 학생들은 이 두 명의 학생을 원으로 둘러싸고 앉는다. 상담사가 이 교재의 5장까지 다뤘던 전통적인 기술들을 사용하는 동안, 원 안에 있는 학생 중 한 명이 긍정 상담에서 사용되는 질문이나 진술을 외칠 수 있다. 방금 전까지 다뤘던 McAuliffe의 기법들을 활용해 볼 수 있다(강점 연습, 감사 연습, 희망 및 낙관성 연습, 부정적인 상황에서 긍정적인 면 찾아내기 등). 역할극이 끝나면, 전체 학급이 모여서 긍정적인 질문이나 진술이 얼마나 효과적이었는지 이야기해 본다. 원한다면, 두 명 또는 세 명(이 경우 한 명은 관찰자)이 한 조를 이뤄 동일한 역할극을 해 볼 수 있다.

라이프 코칭

라이프 코칭(때때로 단순히 '코칭'이라고도 함)은 내담자가 건강한 습관을 형성하도록 돕는 또 하나의 기제로 자리 잡았으며, 앞서 논의한 긍정 상담 모델과 잘 어울린다(Labardee, Williams, & Hodges, 2012). 전통적인 상담과 달리, 코칭은 과거를 탐색하거나 문제에 초점을 맞추는 데 거의 시간을 할애하지 않는다. 대신, 코칭은 단기 목표 중심의 관계를 기반으로 하며, 코치는 해결 중심 질문을 활용해서 집중할 한두 가지 문제를 파악하고, 내담자와 협력해서 목표를 정하며, 내담자가 목표를 향해 나아가도록 격려하고, 목표 달성 후에도 이를 유지할 수 있도록 지속적인 후속 조치를 취한다(Shallcross, 2011; Sheff, 2016). 코칭에서는 심층적인 내면의 문제와 관련이 없는 단기적인 고민, 가령 체중 감량, 취업, 의사소통 기술 향상, 운동 습관 개발, 예산 관리에 초점을 맞춘다.

코칭은 정신건강 진단을 배제하고, 전통적인 상담 관계보다 덜 낙인찍히는 경향이 있다. 라이프 코칭이 상담 및 심리치료를 대체할 가능성은 낮지만, 일부 내담자에게는 추가적인 도움을 제공할 수 있다.

코칭의 단점으로는 기저의 핵심 문제를 깊이 탐색하는 데 적합하지 않으며, 건강보험으로 코칭 서비스를 받지 못하는 경우가 많다는 것이다(Shallcross, 2011; Sheff, 2016). 또한 코칭은 깊이 있는 접근보다는 효율성을 중시하기 때문에, 보다 심각한 정신 건강 문제를 다루는 데는 한계가 있을 수 있다(Ley, 2014). 오늘날 코칭은 하나의 전문 분야로 자리를 잡았으며, 상담사는 자격 인증 교육 기관이 자격 및 교육 센터(Center for Credentialing and Education)를 통해 공인 코치(board-certified coach: BCC) 자격을 취득할 수 있다(CCE, 2016).

앞으로 라이프 코칭의 인기가 지속될지, 그리고 코칭이 공식적인 도움 서비스로 자리 잡을지는 시간이 지나면서 더 명확해질 것이다(체험 활동 6.10 참조).

체험 활동 6.10

파트너 코칭

다른 학생과 짝을 이뤄, 1~5장에서 배운 조력 기술을 사용해서 상대방이 삶의 문제나 고민을 해결할 수 있도록 돕는다. 단, 코칭은 치료가 아니기 때문에, 장기적인 정서적 또는 심리적인 문제가 아니라 비교적 쉽게 해결할 수 있는 삶의 문제를 다루도록 한다(예: 스트레스 감소, 신체 건강 증진, 배우자나 자녀와 효과적으로 대화하기 등). 코칭을 진행할 때, 코치는 다음 사항에 초점을 맞출 수 있다.

1. 기초 및 필수 기술을 사용해서 신뢰 관계 구축하기
2. 정보 수집 질문을 활용해서 집중할 문제를 결정하기
3. 해결 중심 질문을 사용해서 목표 및 변화 전략을 확인하기
4. 자주 사용되는 기술을 활용해서 내담자를 지지하고 해결책을 제안하기
5. 설정한 목표와 전략을 강조하고 변화 실행 날짜를 정하기
6. 이 과정에서 내담자를 격려하고 긍정적인 피드백을 제공하기
7. 긍정적인 관점을 유지하고, 내담자의 강점을 활용하며. 헌신하고, 격려하고 인정하면서, 내담자가 목표 및 변화 전략에 공을 들이도록 부드럽게 촉진하기

20~30분가량 역할극을 한 다음 코칭이 어떻게 진행되었는지 함께 이야기한다. 코칭은 도움이 되었는가? 코칭이 장기적으로 유용할 것이라고 생각하는가? 코칭의 긍정적인 측면은 무엇이고 부정적인 측면은 무엇인가?

요약

이 장에서는 상담사가 내담자와 작업을 하면서 사용하는 전문 기술들을 살펴보았다. 여기에는 옹호, 치명성 평가, 위기/재난/트라우마 상담, 직면(지지적인 도전), 인지-행동적 반응, 해석, 긍정 상담, 코칭이 포함되어 있다.

우리는 옹호가 사회정의 상담의 일부이고, ACA에서 승인한 다문화 및 사회정의 상담 역량에서 다뤄지고 있음을 언급하며 이 장을 시작했다. 옹호는 6개 차원에서 실천할 수 있는데, 개인적, 대인적, 기관차원, 지역사회, 공공 정책, 국제적/글로벌 차원에서 옹호 활동을 할 수 있다. 각각의 차원을 정의했고, 사례를 제시해서 상담사가 각 수준에서 어떻게 옹호

를 실천할 수 있는지 살펴보았다.

다음으로, 자살 위험성 평가를 다뤘다. 자살위험 평가를 위해, 우리는 자살 생각이 전혀 없는 것에서부터 자살 사고 존재, 계획 수립, 실행 수단 보유, 준비, 예행연습, 실행으로 이어지는 연속선을 제시했다. 또한, 자살 행동의 위험 요인과 보호 요인을 확인하고, 자살 의도를 가지고 있는 내담자를 상담하는 데 활용할 수 있는 10단계 모델을 살펴보았다.

폭행 및 살해 위험을 평가하기 위해 5개 수준으로 구성된 평가도구를 제시했는데, 위험 수준은 예상되는 폭행 및 살해 위험이 없는 것부터 매우 높은 수준의 살해 위험까지 분포한다. 자살과 마찬가지로, 폭력적이고 살해 위험이 있는 사람들에게 적용할 수 있는 위험 요인과 보호 요인을 제시했다. 또한 폭력적이고 살해 위험이 있는 내담자와 작업할 때 활용할 수 있는 10단계 모델을 제시했다.

그다음으로 위기/재난/트라우마 상담에 대해 살펴보았다. 우선 위기, 트라우마, 재난을 정의했고, 위기에 처한 내담자, 재난을 경험한 내담자, 그리고 트라우마를 경험한 내담자를 조력하는 단계별 방법을 제공했다. 지속적으로 트라우마를 경험한 사람들은 PTSD를 겪을 가능성이 크고, 지속적인 상담이 필요할 수 있음을 언급했다. 위기, 재난, 단일 트라우마 상담의 특징은 단기적이고, 기록을 남기지 않은 채 익명성을 유지하며, 내담자의 강점을 기반으로 하고, 비진단적 접근을 지향하며, 비전통적인 환경(예: 내담자의 집이나 사건이 발생한 장소 등)에서 진행된다.

다음으로 직면(지지적인 도전)을 살펴보았다. 신뢰하고 배려하는 관계 형성을 시작으로, 상담사가 내담자의 불일치함을 살펴보도록 초대하는 과정이 필요하다. 우리가 주목한 네 가지 유형의 불일치에는 내담자의 가치관과 행동 간 불일치, 감정과 행동 사이의 불일치, 이상적인 자기와 실제 자기 간의 불일치, 표현된 감정과 기저 감정 간 불일치가 그것이다. 이러한 불일치를 논하는 5가지 방법에는 당신은 ~라고 말했지만 진술, 내담자로 하여금 불일치를 설명하도록 요청하기, 재구조화하기, 풍자 활용하기, 높은 수준의 공감 사용하기 등이 있다. 불일치를 이야기하는 방법 각각에 대해 구체적인 사례를 제시했다.

그다음으로 인지-행동적 반응을 다뤘다. Aaron Beck과 Albert Ellis는 서로 다른 이론을 개발했는데, 두 이론 모두 어떻게 인지가 감정과 행동, 그리고 생리적인 반응에 영향을 미치는지 이야기하고 있다. Beck이 핵심 신념, 중간 신념, 자동적 사고 및 결과로서 나타나는 감정, 행동, 생리적 반응 간 관계를 이야기했다면, Ellis는 사고의 A, B, C를 이야기했는데, 부정적인 감정이나 역기능적인 행동과 같은 결과(C)를 초래하는 것은 촉발 사건(A)이 아니라 촉발사건에 대한 신념(B)이고 이러한 신념이 결과에 영향을 미친다고 주장했다.

Ellis에 따르면, 비합리적 신념이 부정적인 결과를 초래한다. 상담사는 인지-행동적 반응을 활용해서 내담자가 생각을 바꿀 수 있도록 조력하고, 새롭고 건강한 사고방식에 맞는 행동을 채택하도록 도와줄 수 있다.

해석은 상담사의 관점에서 내담자의 세계를 이해하고 이를 상담 모델에 기초해서 분석하는 과정이다. 신중하게 해석해야 하지만, 상담 관계에 많은 영향을 미칠 수 있고, 해석이 완전히 틀릴 경우 관계를 손상시킬 수 있다. 정신역동적 접근을 따르는 상담사들은 해석을 통해 내담자의 행동을 설명하려 하는 반면, 인지적 접근을 취하는 상담사들은 내담자의 증상과 기저의 인지적 구조에 대한 가정(해석)을 바탕으로 치료계획을 세운다. 해석을 효과적으로 사용하기 위해서는 많은 연습이 필요하며, 신중하지 못한 해석은 상담 관계를 해칠 수 있다.

그다음으로 조명한 것은 긍정 상담이었다. 긍정 상담에서는 해결 중심 질문이 자주 사용되며, 긍정 상담에서는 정신, 신체, 영적인 상태에 대해 우리가 선택권을 가지고 있고, 유년기 경험이나 기타 요인이 우리를 결정하지 않으며, 사람을 진단하거나 낙인찍는 것에 주의해야 함을 강조한다. 긍정성 비율을 측정할 수 있는 웹사이트를 소개했고, 긍정 상담을 활용할 때 주목해야 할 세 가지 원칙을 소개했는데, 여기에는 (a) 과거, 현재, 미래에 대한 긍정적인 감정을 증진하기, (b) "사랑, 일, 여가"에 관한 관여와 몰입도를 증가하기, (c) 의미 있는 삶을 촉진하기 등이 포함된다. 이러한 원칙을 실천하기 위한 활동으로 강점 연습, 감사 연습, 희망 및 낙관성 연습, 부정적인 상황에서 긍정적인 측면 찾기, 기타 긍정 상담 개입을 제안했다.

마지막으로 라이프 코칭 또는 간단하게 코칭이라고 부르는 영역을 다뤘다. 코칭에서는 과거를 탐색하거나 문제를 깊이 있게 파고드는 대신, 목표를 설정하고 해결책을 찾는 것에 초점을 맞춘다. 코칭에서는 상담 관계가 치료적 관계가 아니라 파트너십이라고 간주하며, 강점에 기반을 두고 있고, 전통적인 상담보다 덜 구조화된 환경에서 이루어지는 경우가 많다. 자격 및 교육센터를 통해 공인 코치(BCC)가 될 수 있다는 것도 언급했다.

주요 단어 및 용어

A, B, C
Aaron Beck
Albert Ellis
감사 연습
강점 연습
강화 수반성
결과로서의 감정과 행동
공인 코치
긍정 상담
기타 긍정 상담 개입
내담자가 표현한 감정과 기저 감정 간 불일치
내담자에게 불일치를 설명하도록 요청하기
내담자의 가치관과 행동 간 불일치
내담자의 감정과 행동 간 불일치
내담자의 불일치함 도전하기
내담자의 이상적 자기와 실제 자기 간 불일치
높은 수준의 공감
다문화 및 사회정의 상담 역량
당신은 ~라고 말했지만
라이프 코칭
부정적인 상황에서 긍정적인 면 찾아내기
사회정의
살해 위험성 평가하기
옹호
옹호 개입의 수준 및 유형
외상후 스트레스 장애(PTSD)
위기 상담
위기에 처한 사람을 조력할 때의 8단계
인지-행동적 반응
자격 및 교육센터
자동적 사고
자살 위험성 평가하기
자살과 살해의 보호 요인
자살과 살해의 위험 요인
재구조화기
재난 대응 8단계
재난 상담
중간 신념
직면: 지지적인 도전
촉발 사건
코칭
폭행 및 살해 위험 평가 도구
풍자 사용하기
해석
핵심 신념
희망 및 낙관성 연습

사사(credits)

사진 6.1: 출처: https://pixabay.com/en/unhappy-man-mask-sad-face-sitting-389944/.

사진 6.2: 출처: https://pixabay.com/en/exchange-of-ideas-debate-discussion-222787/.

사진 6.3: 출처: https://pixabay.com/en/sigmund-freud-portrait-1926-1153858/.

사진 6.4: 출처: https://pixabay.com/en/terrorist-terror-happiness-positive-2481808/.

2부

처치 관련 이슈

이 교재의 마지막 네 개 장은 처치(treatment) 이슈에 초점을 맞추고 있다. 7장은 사례 관리를 다루는데, 내담자에게 최적의 서비스를 제공하기 위한 광범위한 활동을 아우르고 있다. 여기에는 고지된 동의, 전문가의 공개 진술, 평가, 내담자의 목표 설정, 향정신성 약물 모니터링, 노트 및 보고서 작성, 기록의 비밀 유지, 내담자 기록의 보안 확보기, 내담자 접촉 시간 문서화, 상담 종결 및 의뢰, 후속 관리 수행, 시간 관리 등이 포함된다.

8장은 사례 개념화, 진단, 처치 계획 수립을 다룬다. 먼저 사례 개념화의 중요성을 논의하며, 이를 통해 내담자의 삶에서 나타나는 주제를 이해하고, 문제의 원인을 탐색하는 데 있어 사례 개념화의 중요성에 대해 논의한다. 이때 이론에 기반한 사례 개념화와 이론에 기반하지 않은 사례 개념화의 차이점을 살펴보고, 내담자를 세 가지 차원, 즉 생물학적, 심리적, 사회문화적 차원에서 살펴보는 생물심리사회적 평가 모델을 조명할 것이다. 이 모델을 살펴보면서 이전에 다뤘던 제이크를 예시로 소개할 예정이다. 사례 개념화 과정을 통해 자연스럽게 진단이 이루어지게 되는데, DSM-5 진단을 내리고 보고서를 작성할 때 중요한 개념을 논의한다. 제이크의 사례를 기반으로 진단을 내리는 과정을 보여주고, 사례 개념화와 진단이 치료 계획을 수립하는 데 어떻게 활용될 수 있는지 보여준다. 마지막으로, 이론이 사례 개념화 과정에 어떻게 적용될 수 있는지를 다룬다.

9장에서는 문화적으로 역량을 갖춘 상담사에 대해 살펴볼 예정인데, 먼저 그 중요성을 살펴보고자 한다. 그런 다음, 문화적으로 배경이 다른 내담자들이 상담을 꺼리는 9가지 이유를 이야기할 예정이다. 또한 문화적으로 역량 있는 상담의 개념을 정의하고, 문화적으로 역량을 갖춘 상담사가 되기 위해 활용할 수 있는 세 가지 모델을 소개할 것이다. 여기에는 RESPECTFUL 모델, 다문화 및 사회정의 상담 역량, 그리고 문화적으로 역량 있는 상담의 통합적 모델이 포함된다. 9장 마지막 부분에서는 다양한 내담자 집단과 효과적으로 상담하기 위한 전략을 다룰 예정인데, 이러한 집단에는 다양한 인종 및 민족 집단, 종교적 배경이 다른 집단, 여성, 남성, LGBTQ, 빈곤층 및 노숙자, 아동, 노인, 심각한 정신장애를 가지고 있는 집단, 장애를 가지고 있는 집단, 약물 남용 집단이 포함된다.

이 교재의 마지막 장인 10장에서는 윤리적, 법적, 전문적인 이슈들을 다룬다. 먼저 윤리강령의 목적과 한계를 살펴보고, 네 가지 윤리적 의사결정 모델(문제 해결, 도덕적, 발달적, 사회구성주의적 접근)을 설명할 것이다. 그런 다음 10가지 주요 윤리적 이슈를 다룰 예정인데, 여기에는 고지된 동의, 비밀 유지, 면책특권 정보보호(privileged communication), 상담사 역량, 경계 유지 및 금지된 관계, 상담 관계에서의 가치, 다문화 상담, 상담에서의 기술(technology), 슈퍼비전, 윤리 위반 보고 등이 포함된다. 그런 다음, 상담사들이 77개의 윤리적 상황을 어떻게 인식했는지 연구 결과를 소개하고, 26가지 최선의 상담 실무(best practice)를 살펴볼 것이다. 마지막으로 과실 보험의 중요성을 짧게 논의하면서 장을 마무리할 것이다.

CHAPTER 7

사례 관리

학습 목표

1. 사례 관리의 다양한 활동을 학습한다. 사례 관리는 다음과 같은 활동을 포함한다.
   a. 고지된 동의 및 전문가의 공개 진술
   b. 치료 계획을 위한 평가
   c. 내담자 목표 설정
   d. 향정신성 약물 모니터링
   e. 회기 노트와 보고서 작성
   f. 기록의 비밀 유지
   g. 기록의 보안 확보
   h. 내담자 접촉 시간 문서화
   i. 상담 종결 및 의뢰
   j. 후속 관리 수행
   k. 시간 관리

들어가며

일부 학자들은 사례 관리를 내담자의 최적 기능을 유지하기 위한 전반적인 과정으로 정의하는데(Summers, 2016; Woodside & McClam, 2018), 여기에는 매우 광범위한 활동이 포함된다. 이러한 활동에는 고지된 동의 및 전문가의 공개 진술 제공, 평가, 내담자 목표 설정, 향정신성 약물 모니터링, 회기 노트 및 보고서 작성, 기록의 비밀 유지, 내담자 기록의 보안 확보, 내담자 접촉 시간 문서화, 상담 종결 및 의뢰, 후속 관리 수행, 시간 관리 등이 포함된다. 이 중 몇몇 활동은 상담 관계의 특정 시점에서 수행되는 경우가 많지만, 대부분은 상담 관계 전반에 걸쳐 지속적으로 검토되고 재평가될 필요가 있다(그림 7.1 참조). 정신건강 분야에서 책무성을 강조함에 따라, 사례 관리는 상담사의 업무에서 점점 더 중요한 역할을 하게

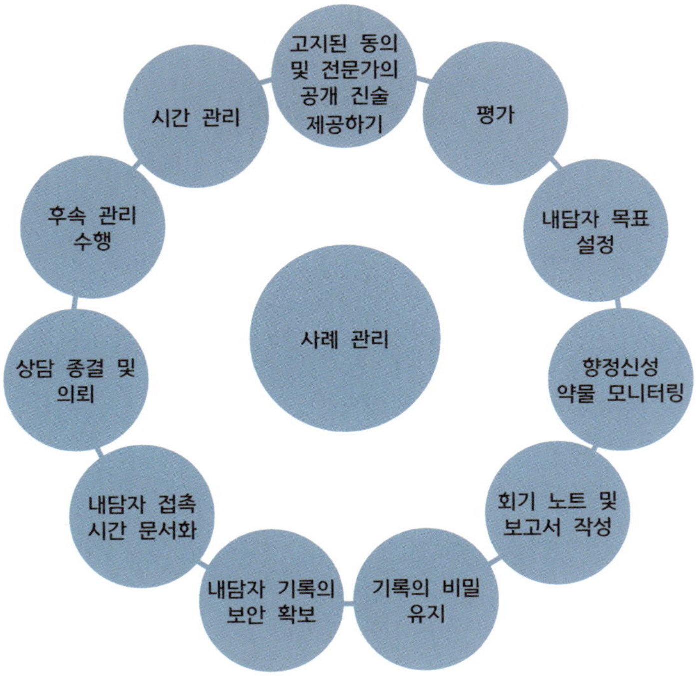

그림 7.1 사례 관리 흐름도

되었다. 이제 사례 관리의 주요 활동들을 하나씩 살펴보자.

고지된 동의와 전문가의 공개 진술

내담자가 상담에 대한 고지된 동의(informed consent)를 제공하는 것은 상담 관계의 초기 단계에서 매우 중요한 요소이며, 이는 ACA 윤리강령(2014)에서 강조하고 있다.

> 내담자는 상담 관계에 참여할지, 그 관계에 머무를지 결정할 자유가 있으며, 상담 과정 및 상담사에 대한 충분한 정보를 제공받아야 한다. 상담사는 상담사와 내담자의 권리와 책임을 서면과 구두로 검토할 의무가 있다. 고지된 동의는 상담 과정에서 지속적으로 발생하는 부분이어서, 상담사는 상담 관계 전반에 걸쳐 고지된 동의에 관한 논의를 적절히 문서화해야 한다(Section A.2.a 고지된 동의).

내담자는 고지된 동의를 제공하기 전에, 전문가 공개 진술문(professional disclosure

statement)을 제공받는 경우가 많다. 전문가의 공개 진술은 상담 관계의 목적, 절차 및 특징을 요약하고 있고, 폭넓은 내용은 포함하고 있다. 예를 들어, ACA 윤리강령뿐 아니라 윤리 관련 서적들은 이 진술문에 다음과 같은 항목이 포함되어야 한다고 권하고 있다(ACA, 2014; Corey, Corey, & Corey, 2019; Remley & Herlihy, 2016).

1. 상담 관계의 목적, 목표, 기법 및 절차
2. 상담의 잠재적 위험과 이점
3. 상담사의 자격, 경험 및 전문성
4. 상담사의 이론적 접근
5. 상담사가 업무를 수행할 수 없을 경우 서비스 지속 방안
6. 상담에서 기술(technology)의 역할
7. 진단의 역할
8. 평가 절차의 활용 방식
9. 상담 비용 및 결제 관련 정보
10. 비밀 유지에 관한 내담자의 권리
11. 비밀 유지의 한계, 특히 내담자 자신 및 타인에 대한 위해 관련 한계
12. 기록 활용 방식 및 내담자의 기록 접근 권리
13. 내담자가 상담 계획에 참여하는 방식
14. 내담자가 언제든지 상담 서비스를 거부할 수 있음
15. 내담자의 고유한 다양성 존중의 중요성
16. 상담 관계에서 경계(boundary)의 한계
17. 상담 관계에 영향을 미칠 수 있는 상담 기관의 규정
18. 상담 관계에 영향을 미칠 수 있는 법적 문제
19. 내담자에게 약속을 지키고 의무를 성실히 이행하겠다는 진술
20. 기타 관련 정보

상담자는 전문가 공개 진술문을 서면 또는 전자 문서 형태로 내담자에게 제공하며, 내담자가 이를 읽고 이해했음을 확인하는 서명을 받는다(체험 활동 7.1 참조).

체험 활동 7.1

고지된 동의와 전문가의 공개 진술

당신은 2장에서 전문가 공개 진술문을 작성할 기회가 있었는데, 위에서 제시한 모든 항목을 포함하지는 못했을 수 있다. 체험 활동 2.4에서 작성한 공개 진술들을 다시 검토한 후 모든 항목을 포함한 진술문으로 다시 작성해 보시오. 소집단에서는 당신이 작성한 진술문을 다른 구성원들과 공유하고 어떻게 개선할 수 있을지 논의하시오.

평가

상담사의 주요 기능 중 하나는 다양한 평가(assessment) 활동을 수행하는 것이다. 이러한 활동에는 임상 면접 실시, 심리검사 시행, 비공식 평가 등 많은 활동이 포함된다(Neukrug & Fawcett, 2015; Schwitzer & Rubin, 2015). 상담사는 평가를 통해 내담자를 보다 깊이 이해할 수 있고, 수집된 정보는 사례 개념화를 위해 사용될 수 있다. 사례 개념화를 통해 내담자 문제의 원인에 대한 주제와 개념을 이해할 수 있고, 진단을 내리며, 치료계획을 세울 수 있다. 사례 개념화, 진단, 치료 계획에 대해서는 8장에서 더 다룰 예정이다.

임상 면접

평가에서 가장 중요한 부분 중 하나는 임상 면접(clinical interview)이다. 임상 면접을 통해 상담사는 내담자 삶의 광범위한 영역에서 정보를 수집할 수 있다. 일반적으로 이 면접은 상담 기관과의 초기 접촉 시 진행되며, 접수 면접(intake interview)이라고도 불린다. 이 면접은 내담자가 개방적이고 솔직하게 이야기할 수 있도록 진행되며, 상담사가 내담자를 깊이 있게 이해하는 데 도움이 된다. 이 교재에서 다뤘던 상담 기술들이 이 면접을 효과적으로 수행하는 데 중요한 기초가 된다.

효과적인 임상 면접에서는 다양한 영역에서 정보를 수집하는데, 인구통계학적 정보, 호소 문제 또는 방문 이유, 가족 배경, 주요 의학 및 상담 이력, 약물 사용 및 남용 여부, 교육 및 직업 이력, 기타 관련 정보, 그리고 정신 상태 검사 등을 포함한다. 수집된 정보는 평가 결과, 진단, 요약 및 결론, 권고 사항이 포함된 심리보고서(psychological report) 형태로 작성된다. 부록 C에 각 항목에서 다뤄야 할 주요 내용을 설명하고 있고, 부록 D에서는 심리보고서의 예시를 제공했다. 보통 이 보고서는 치료계획을 세우고 의뢰할 목적으로 사용된다. 효과적인 임상 면접을 위해서는 정보 수집 질문이 필수적이지만, 내담자의 삶에서 민감한 영역에 다가갈 때는 상당한 양의 경청과 공감을 사용해야 한다.

임상 면접의 모든 영역이 중요하지만, 특히 주의가 필요한 영역은 정신 상태 검사이다. 정신 상태 검사(mental status exam)는 내담자의 여러 측면을 평가하는 과정으로, 일반적으로 다음과 같은 항목을 포함한다. (a) 내담자가 자신을 어떻게 표현하는지(외모 및 행동), (b) 내담자의 정서 상태(감정), (c) 내담자의 명확한 사고 능력(사고 과정), (d) 내담자의 기억 상태와 주변 세계에 대한 방향감각(인지: Akiskal, 2016; Burgess, 2013).

정신 상태 검사. 다음은 정신 상태 검사에서 평가하는 네 가지 주요 영역을 간략히 축약한 것이다. 부록 E에 정신 상태 보고서에서 자주 사용되는 용어와 표현을 제시했다. 일반적으로 정신 상태 검사는 심리보고서에서 한두 단락에서 요약되며, 이에 대한 예시는 부록 D의 심리보고서에서 확인할 수 있다.

외모 및 행동. 이 항목에서는 임상 면접 중 관찰할 수 있는 내담자의 외모와 행동이 포함되는데, 복장 상태, 위생, 자세, 틱, 주요 비언어적 행동(예: 눈맞춤 여부, 손을 비비거나 몸을 흔드는 행동), 말투(말더듬, 목소리 톤 등)가 포함된다.

감정 상태. 이 항목에서는 내담자의 정서적 반응과 기분을 묘사한다. 정서적 반응(affect)은 내담자가 현재 보이는 감정 상태를 의미하며, 행복, 슬픔, 기쁨, 분노, 우울 등의 감정을 포함할 수 있다. 또한 정서적 반응은 제한적인지, 풍부한지, 이야기되는 내용에 적절한지 또는 부적절한지, 불안정한지, 단조로운지, 무딘지, 또는 과장되었는지 등의 특징으로 보고될 수 있다. 반면, 기분(mood)은 내담자의 장기적인 정서적 안정감 및 전반적인 감정 상태를 의미하며, 일반적으로 내담자의 자기 보고를 통해 평가한다. 예를 들어, 내담자가 회기 중에는 불안하고 슬퍼 보이지만(정서적 반응), 본인의 기분은 전반적으로 우울하다고 보고할 수 있다.

사고 요소. 내담자가 생각하는 방식, 즉 사고 요소는 일반적으로 사고의 내용과 과정으로 구분된다. 사고 내용에는 내담자에게 망상이 있는지, 신체 이미지에 왜곡이 있는지, 환각이 있는지, 자살 또는 살해 생각이 있는지 등이 포함된다. 내담자의 사고 과정에 대한 진술문에는 우회적 사고(circumstantiality), 논리성과 일관성, 사고의 비약, 연관성이 있는지 아니면 느슨한 연상인지, 사고의 조직화, 우회적이고 빗나가는 생각인지를 평가한다.

인지. 내담자의 시간, 장소, 사람에 대한 지남력(현재 몇 시인지, 자신이 어디에 있는지, 스스로가 누구인지를 알고 있는지 여부)은 인지 기능의 중요한 요소이며, 일반적으로 정신 상태 보고서에 포함되어야 한다. 그 외에도 내담자의 단기 및 장기 기억, 지식수준 및 지적 기능에 대한 평가, 그리고 통찰력 수준 및 판단 능력에 대한 진술 등이 포함될 수 있다. 체험 활동 7.2를 통해 정신 상태 보고서를 작성할 기회를 가져보자.

체험 활동 7.2

정신 상태 보고서 작성하기

파트너를 찾아 한 사람은 심하게 손상을 입은 내담자의 역할을 하고, 나머지 한 사람은 상담사의 역할을 하되 내담자의 정신 상태를 평가한다. 그런 다음 정신 상태 보고서를 작성한다. 첫 번째 역할극이 끝나면 역할을 바꾸고, 상담사는 내담자를 평가하고 정신 상태 보고서를 작성한다. 이때 부록 D에 제공된 심리보고서의 정신 상태 보고서를 참고하고, 부록 E에 나와 있는 단어와 용어를 활용하면 도움이 된다. 이 작업을 완료하면 전체 집단에 돌아와서 아래 질문을 중심으로 논의한다.

1. 내담자의 정신 상태를 평가하는 것이 얼마나 어려웠나?
2. 평가 과정에서 어떤 점이 도움이 되었을까?
3. 네 가지 영역의 내담자 정신 상태를 평가할 때 어떤 질문들이 도움이 될 수 있을까?
4. 정신 상태 보고서를 작성하는 것의 가치는 무엇이라고 생각하는가?
5. 정신 상태 보고서에 대해 추가로 궁금한 점이 있는가?

검사

검사는 적합성(worthiness)을 갖춘 것으로 입증된 도구를 사용해서 내담자를 공식적으로 평가하는 과정이다. 검사가 적합하다는 것은, 타당하고(측정하려는 것을 정확히 측정한다), 신뢰로우며(일관되고 정확히 측정하고), 문화적으로 공정하고, 실용적(사용 목적에 부합한다)이라는 것을 의미한다(Neukrug & Fawcett, 2015). 상담사는 다양한 검사를 사용할 수 있으나, 투사 검사나 인지능력 검사(예: 지능검사)는 제외되는 경우가 많다. 그러나 (미국의 경우)상담사는 자신이 속한 주의 법률을 숙지하여 어떤 검사를 시행할 수 있는지 확인해야 한다. 어떤 검사를 실시하건 상담사는 실시하는 모든 검사에 대해 충분한 훈련과 역량을 갖추어야 한다(ACA, 2014).

상담사는 자신이 훈련받고 숙련된 검사와 평가 도구만을 사용해야 한다(ACA, 2014, Section E.2.a, 능력의 한계).

검사는 내담자의 문제를 보다 깊이 이해하고, 진단 및 사례 개념화를 돕고, 치료 계획을 수립하는 데 활용된다. 따라서 시행되는 검사는 내담자가 상담을 받으러 온 목적과 일치해야 한다(ACA, 2014). 예를 들어, 한 번은 해리성 정체성 장애(다중 인격 장애)를 가진 내담자를 평가한 적이 있다. 이 내담자는 비교적 통합된 상태였으며(쉽게 인격이 전환되지 않음), 검사 목적은 그녀의 직업 수행 능력을 평가하는 것이었다. 그녀는 사회보장 장애 혜택을 거부당했지만, 자신은 일을 할 수 없다고 믿고 있었다. 따라서 사용한 검사 도구는 해리성 정체성 장애를 평가하는 것과는 전혀 다른 것이었다. 검사는 진로 및 직업, 지능 및 인지 능력, 성격, 학업 성취도, 적성을 평가한다.

비공식 평가

비공식 평가는 사전 훈련이 거의 필요하지 않으며, 내담자에 대한 빠르고 집중적인 평가를 목표로 하는 다양한 평가 절차를 포함한다(Neukrug & Fawcett, 2015). 일반적으로 공식적인 검사만큼 타당성이나 신뢰성이 높지는 않지만, 신속하게 실시할 수 있으며 내담자의 주된 고민에 초점을 맞춰 맞춤형으로 제작할 수도 있다. 비공식 평가의 유형에는 관찰, 평정 척도, 행동 또는 감정 단어 체크리스트와 같은 분류 방법 등이 포함된다(부록 A 참조). 또한 내담자를 가정이나 직장에서 관찰하는 환경 평가, 기록 및 개인적인 문서, 실제 삶의 현장에서 과제를 평가할 때처럼 수행에 기초한 평가 역시 여기에 해당된다. 비공식 평가는 상담사가 직접 제작하는 경우가 많은데, 사용 가능한 도구의 수나 유형은 상담사의 창의력에 따라 무한히 확장될 수 있다. 성찰 활동 7.1은 간단하게 개발할 수 있는 비공식 평가의 한 예시를 소개하고 있다. 여러분은 또 다른 유형의 비공식 평가 방법을 생각해낼 수 있는가?

성찰 활동 7.1

신체 학대 체크리스트

다음은 파트너에 의한 신체적 학대를 평가하는 비공식 평가 도구이다. 이 체크리스트를 통해 신체적으로 학대를 당하고 있는지를 쉽고 빠르게 평가할 수 있다. (지난 2주 동안 당신의 파트너로부터 경험한 것을 모두 체크하시오).

- 당신을 손바닥으로 때렸다.
- 당신을 단단히 움켜잡았다.
- 당신을 주먹으로 쳤다.
- 당신을 불로 지졌다.
- 당신을 때렸다.
- 당신과 함께 있을 때 차를 난폭하게 몰았다.
- 당신에게 물건을 던졌다.
- 당신이 떠나지 못하게 막았다.
- 당신을 깨물었다.
- 당신을 꽁꽁 맸다.
- 당신의 머리카락을 잡아당겼다.
- 당신을 밀쳤다.
- 당신을 무기로 위협했다.
- 당신을 세게 밀쳤다.
- 당신을 억지로 눌러 움직이지 못하게 했다.
- 당신을 할퀴었다.
- 당신을 꼬집었다.
- 당신의 목을 조였다.

*주(week)의 수는 바뀔 수 있다.

위 체크리스트를 보면서 이것이 타당하고(원래 측정하고자 하는 것을 측정하는지), 신뢰로운지(측정하고자 하는 것을 일관되게 측정하는지), 문화적 배경에 관계없이 공정하게 적용될 수 있는지, 그리고 사용하기에 실제적이라고 생각되는가? 기억하겠지만, 이 네 가지 특징은 검사의 적합성을 나타낸다.

목표 설정

내담자의 목표 설정은 대부분의 치료적 접근에서 핵심적인 요소이다(Cooper & Law, 2018), 상담사가 내담자를 철저히 평가했다면 구체적인 목표를 설정하는 과정은 비교적 쉬울 것이다. 목표 설정 시 상담사가 고려해야 할 몇 가지 일반적인 원칙은 다음과 같다.

1. 목표 설정은 평가 과정의 결과물이어야 한다.
2. 목표 설정은 협력적인 과정이어야 한다. 목표는 내담자에게 '제공'되는 것이 아니라 상담사와 내담자가 함께 설정해야 한다.
3. 목표는 달성 가능해야 한다. 목표를 지나치게 높게 설정하면 내담자가 목표를 달성하지 못할 경우 실패감을 느낄 수 있다. 반대로 목표가 지나치게 단순하면, 내담자가 성취감을 느끼기 어려울 수 있다.
4. 목표에 대한 진척 상황을 모니터링해야 한다. 진행 상황을 모니터링하지 않으면, 내담자는 상담사의 능력이나 헌신에 대해 의문을 가질 수 있다. 또한 내담자가 목표를 향해 지속적으로 수행하지 않을 수도 있다. 만약 목표 달성이 정체되었다면, 목표

수정이 필요한지 검토해야 한다.

5. 목표는 변경될 수 있다. 만일 내담자가 자신의 목표에 다가가고 있지 않다면, 왜 그런지 이야기를 나누어야 한다. 목표가 지나치게 어려운지? 아니면 너무 쉬운지? 목표 자체가 적절하지 않았는지? 시간이나 동기가 부족해서 목표 달성을 시도하지 않은 것인지? 목표가 달성되지 않은 이유를 파악한 후, 목표를 수정하고 다시 시도해야 한다.
6. 기존 목표가 달성되면 새로운 목표를 설정한다. 내담자가 목표를 달성하면, 새로운 목표 달성을 위해 노력할 준비가 되어 있는지 확인한다.
7. 목표 달성을 인정해야 한다. 내담자는 목표를 달성하기 위해 많은 노력을 기울인다. 따라서 내담자의 목표 달성을 인정하고 격려하는 것이 중요하다.
8. 언제 멈춰야 할지 알아야 한다. 내담자가 계속 앞으로 나아가는 것이 중요하긴 하지만, 때로는 언제 내담자를 멈추라고 말할지 알아야 한다. 어떤 경우에는 내담자가 단순히 목표를 모두 달성한 것일 수도 있다.

정신 건강 서비스에 대한 재정 지원이 점점 더 줄어드는 상황에서, 목표 달성의 진행 과정을 문서화하는 것이 점점 더 중요해지고 있다(Drake & Latimer, 2012; Woodside & McClam, 2018). 실제로 일부 재정 지원 기관은 목표 달성에 대한 문서화가 없으면 지원을 갱신하지 않기도 한다. 이러한 진행 과정을 문서화하는 가장 간단한 방법은 내담자의 기록에 해당 내용을 기재하는 것이다. 창의적인 상담사는 차트나 그래프를 활용해서 내담자의 진척 상황을 시각적으로 문서화할 수 있다(체험 활동 7.3 참조).

체험 활동 7.3

욕구를 평가하고 목표를 설정하기

1부: 내담자 역할을 하는 다른 학생을 10~20분 정도 면접을 진행한다. 면접을 진행하면서 내담자의 욕구를 평가한다. 면접이 끝나갈 때, 상담사로서 파악한 내담자의 욕구를 적는다. 면접을 마친 후에는 당신의 평가가 정확한지에 대해 내담자로부터 피드백을 받는다.
2부: 1부에서 내담자 역할을 한 학생과 함께 최소 10분 동안 내담자의 목표를 설정한다. 목표는 1부에서 확인한 내담자의 욕구를 바탕으로 설정해야 한다. 이러한 목표 설정 과정은 협력을 기반으로 해야 하고, 설정한 목표에 대해 내담자가 편안함을 느껴야 한다.

향정신성 약물 모니터링

정신약리학으로도 불리는 향정신성 약물은 1900년대 중반부터 광범위하게 사용되기 시작한 이후로 크게 발전해 왔다. 사용 가능한 약물의 종류가 증가하고 부작용이 감소하면서, 현재 거의 모든 심리적 문제에 대해 약물이 처방되고 있다. 몇 가지 과제가 존재하지만(팩트 시트 7.1 참조), 약물 치료는 종종 치료의 보조 수단으로 고려될 필요가 있다.

팩트 시트 7.1

향정신성 약물의 이점과 단점

약물의 이점	약물의 단점
약물의 효과를 쉽게 평가할 수 있다.	상담만이 인간이 처한 상황의 복잡성을 다룰 수가 있다.
약물은 빠르게 증상을 완화하여 희망을 불러일으킬 수 있다.	상담은 자율성을 촉진하는 반면, 약물은 의존성을 유발할 수 있다.
약물은 내담자가 상담 관계에 적극적으로 참여하도록 동기를 부여할 수 있다.	약물의 긍정적인 효과로 인해 일부 내담자의 경우 자신의 문제를 해결하려는 의지가 감소될 수 있다.
약물에 대한 신속한 반응이 심각한 정신질환(예: 조현병)의 재발 가능성을 줄일 수 있다.	특정 정신 질환을 위한 약물 처방은 일부 내담자가 자신을 그 질환의 일부로 인식하도록 만들 수 있다.
심리치료가 도움이 되지 않는 사람들에게 약물이 도움이 될 수 있다.	일부 향정신성 약물에 대한 연구 결과는 서로 상반되거나 혼재되어 있다.
어떤 경우에는 약물 치료가 심리치료보다 비용 측면에서 효율적일 수 있다.	대부분의 향정신성 약물은 부작용이 있고, 경우에 따라 심각하고 장기적인 영향을 미칠 수 있다.
어떤 장애들은 생물학적 원인 때문에 발생하는데, 이때 약물 치료가 필수적이다.	향정신성 약물은 삶의 문제를 해결해 주지 않는다. 결국 내담자가 스스로 해결해야 한다.

상담사는 약물을 처방할 수 없지만, 약물을 처방할 수 있는 의료전문가에게 내담자를 의뢰하는 경우가 많다. 따라서 상담사는 약물에 대한 기본적인 지식을 갖추고 있어야 의사들과 상의할 수 있고, 처방된 약물을 복용하도록 내담자를 조력할 수 있으며, 잠재적인 부작용을 확인하도록 도와주고, 약물이 효과적으로 작용하는지 평가할 수 있다.

일반적으로 향정신성 약물은 다섯 가지 집단으로 분류되는데, 항정신병 약물, 기분 안정제, 항우울제, 항불안제, 자극제(stimulant)로 구분된다(National Institute of Mental Health, 2016). 아래 절에서는 이런 약물 집단을 간략히 개관함으로써, 각각의 약물이 무엇을 할 수 있고 또한 잠재적인 부작용이 무엇인지 설명한다(체험 활동 7.4 참조). 여기서 제공하는 정보는 향정신성 약물로 알려진 것들 중 일부에 불과하며, 주로 세 개의 주요 정신약리학 교과서에서 발췌했다(Preston, O'Neal, & Talaga, 2017; Schatzbertg & Nemeroff, 2017; Videbeck, 2017 참조). 정신장애와 관련된 정신약리학에 대해 더 깊이 알고 싶다면, 해당 서적 및 기타 자료를 참고하기 바란다.

체험 활동 7.4

약물은 도움이 되었는가 아니면 해가 되었는가?

다음 절에서 다룰 향정신성 약물에 대해 논의하면서, 약물을 사용해서 도움을 받았던 사람들, 또는 해를 입었던 사람들에 대해 이야기해 본다. 원한다면 정신 건강 문제로 인해 약물을 사용했던 당신의 경험을 이야기해 본다.

항정신병 약물

기분 안정제(antipsychotic drugs)은 신경이완제(neuroleptics)라고도 불리는데, 모든 유형의 정신병(psychosis) 치료에 사용된다. 가끔은 양극성 장애, 정신병적 증상이 동반된 우울증, 편집성 장애, 섬망, 치매 치료에도 사용된다. 오늘날 매우 다양한 약물이 존재하는데, 급성 정신병적 에피소드를 겪고 있는 사람의 치료 경과를 극적으로 변화시킬 수 있다(팩트 시트 7.2 참조). 예를 들어, 약물 사용을 통해 더 빨리 회복될수록 향후 정신병 증세가 발생할 가능성이 훨씬 더 줄어든다. 비록 항정신병 약물이 좀 더 정상적인 삶을 살아가도록 도와줄 수는 있지만, 이는 완전한 치료법이 아닐 뿐만 아니라 다양한 부작용을 초래할 수 있다. 이러한 부작용에는 혈액 질환, 불수의적 움직임 문제, 기억력 문제, 성욕 감소, 운동 장애 등이 포함되며, 그 외에도 다양한 부작용이 나타날 수 있다.

팩스 시트 7.2

일반적인 항정신병 약물

전통적인 항정신병 약물		비정형 항정신병 약물	
성분명	상품명	성분명	상품명
Chlorpromazine	Thorazine	Clozapine	Clozaril
Haloperidol	Haldol	Risperidone	Risperdal
Thioridazine	Mellaril	Olanzapine	Zyprexa
Trifluoperzine	Stelazine	Quetiapine	Seroquel
Fluphenazine	Prolixin	Ziprasidone	Geodon
Perphenazine	Trilafon	Aripiprazole	Abilify
Thiothixene	Navane		
Loxapine	Loxitane		
Molindone	Moban		

기분 안정제

1800년대부터 리튬(lithium)이라는 원소가 여러 질환 치료에 효과적이라는 것이 밝혀졌다. 이후 1950년대 초반, 리튬이 양극성 장애(당시에는 조울증으로 불림)의 효과적인 치료제로 확인되었다. 리튬은 특히 조증 증상을 완화하는 데 뛰어난 효과를 보인다. 리튬을 복용하는 개인의 경우, 혈액검사를 통해 체내 약물 농도를 정기적으로 확인해야 한다. 리튬이 과다하면 심각한 부작용을 유발할 수 있으며, 부족하면 치료 효과가 없다. 항정신병 약물과 마찬가지로 리튬도 여러 가지 바람직하지 않은 부작용을 일으킬 수 있지만, 일반적으로 항정신병 약물의 부작용보다는 덜 심각한 것으로 간주된다. 리튬에 잘 반응하지 않는 사람들을 위해 Depakote, Tegretol과 같은 항경련제 및 일부 벤조디아제핀 계열(항불안제)이 조증 치료에 효과적인 것으로 밝혀졌다.

항우울제

지난 100년 동안 우울증 치료를 위한 다양한 향정신성 약물이 개발되었다. 1900년대 초반 암페타민(amphetamine) 사용을 필두로, 이후 모노아민 산화 효소 억제제(monoamine oxidase inhibitor)와 삼환계 항우울제(tricyclics) 등 우울증 치료를 위해 새롭고 더 좋은 약들이 개발되었다. 최근에는 선택적 세로토닌 재흡수 억제제(selective serotonin reuptake inhibitor: SSRI)가 주요 항우울제로 자리 잡았으며, 기존 약물보다 더 효과적인 것으로 평가받고 있다(Hillhouse & Porter, 2015). 일부 환자들에게는 SSRI는 부작용이 적고 효과가 뛰어나 "기적의 약"으로 불렸다. 이에 따라 셀렉사(Celexa), 루복스(Luvox), 팍실(Paxil), 프로작(Prozac), 졸로프트(Zoloft)와 같은 약물이 미국 사회에서 빠르게 보편화되었다. SSRI는 단순히 우울증 치료뿐만 아니라 강박장애, 공황장애, 일부 조현병, 섭식 장애, 알코올 중독, 비만, 일부 수면 장애 치료에도 효과를 보인다. SSRI 외에도 수많은 비정형 항우울제(atypical antidepressants)가 우울증 치료에 효과적인 것으로 밝혀졌으며, 대표적인 약물로는 세르존(Serzone), 데시렐(Desyrel), 이펙사(Effexor), 레메론(Remeron), 웰부트린(Wellbutrin) 등이 있다. 최근 연구에 따르면, 상담이 항우울제만큼 효과적이며, 상담과 약물을 병행하면 약간 더 효과적인 것으로 나타났다(Qaseem, Barry, & Kansagara, 2016).

항불안제

현대적인 의미의 항불안제 사용은 1960년도 시장에 출시된 리브리엄(Librium)의 발견으로 시작되었다. 오늘날 발리움(Valium), 리브리엄(Librium), 자낙스(Xanax)와 같은 벤조디아제핀 계열 약물은 일반적으로 심리치료와 함께 범불안장애(GAD) 치료에 사용되며, 환자의 불안을 완화하는 효과를 가진다. 또한 벤조디아제핀 계열 약물은 불면증, 스트레스 완화, 알코올 금단 증상 관리에도 효과적인 것으로 알려져 있다. 그러나 이러한 약물은 내성과 의존성이 발생할 가능성이 있으며, 과다 복용 위험이 존재한다. 이에 대한 대안으로 부스파(Buspar)나 제피론(Gepirone)과 같은 비벤조디아제핀 계열 약물이 개발되어 사용되고 있다.

각성제

수년 동안 암페타민(각성제)이 주로 다이어트 보조제, 항우울제, 졸음 해소 용도로 사용되었으나 대부분 성공적이지 못했다. 그러나 1950년대에 들어 암페타민이 주의력 결핍 과잉행동장애(ADHD)로 진단된 많은 아동에게 암페타민이 역설적인 효과(paradoxical effect)를 보인다는 사실이 발견되었다. 즉, 암페타민이 아이들을 진정시키면서 집중력을 향상시키는 데 도움이 된 것이다. 오늘날에는 ADHD 치료에 각성제 사용이 널리 퍼져 있으며, 가장 흔히 사용되는 약물은 리탈린(Ritalin), 실러트(Cylert), 덱세드린(Dexedrine)이 있다. 또한 각성제는 기면증(narcolepsy) 치료에 효과적이며, 성인의 잔류성(residual) 주의력결핍장애 치료에도 어느 정도 효과를 보이고 있다.

향정신성 약물 관리

1950년대 최초의 현대적인 향정신성 약물이 등장한 이후, 정신약리학(psychopharmacology)은 비약적으로 발전했다. 현재 다양한 정신 장애 치료를 위해 약물이 사용되고 있으며, 그 효과는 더욱 향상되었고 부작용은 줄어들었다. 심리적 장애에 대한 이해가 깊어질수록, 보다 효과적인 새로운 약물이 개발될 가능성이 높다. 이에 따라 상담자들은 향후 여러 종류의 향정신성 약물을 복용하는 내담자와 함께 일하게 될 가능성이 커지고 있다. 따라서 상담자는 주요 정신과 약물에 대한 기본적인 지식을 갖추고, 특정 약물이 효과적이지 않을 때를 인지하며, 내담자가 약물 조정이 필요할 경우 적절한 의료전문가에게 의뢰하는 것이 중요하다(성찰 활동 7.2 참조).

성찰 활동 7.2

진단과 약물: 도움이 될까, 문제가 될까?

소집단을 구성해서 아래 제시된 사례 각각을 읽고, 각 사례에서 진단이 해당 인물에게 도움이 되는지, 아니면 해로운지 토론해 보자(진단은 8장에서 더 자세히 다룰 예정임). 또한 약물 치료가 문제 해결의 일부인지, 아니면 문제의 일부인지 논의해 보자.

- 조슬린은 중학생이며 공황장애(panic disorder)로 진단받았다. 대부분의 시간에는 학교 생활을 잘 하지만, 일주일에 몇 차례 심한 공황 발작을 경험하며, 결국 학교를 떠나 집으로 돌아오게 된다. 이러한 발작이 너무 심해지고 창피해지면서 홈스쿨링을 원하고 있다. 그녀에게는 오빠 한 명, 쌍둥이 동생들이 있는데, 모두 잘 지내는 것처럼 보인다. 조슬린의 아버지는 불안, 어머니는 우울증 이력이 있지만, 이들의 결혼생활은 "탄탄"하다고 묘사했다. 조슬린의 부모는 조슬린의 공황장애가 "유전적" 요인 때문인지 걱정하면서 어떻게 도와야 할지 혼란스러워하고 있다. 조슬린은 이제 막 상담을 시작했는데, 상담사는 항우울제 처방을 위한 의뢰를 고려 중이며, 이 약물은 항불안 효과도 있는 것으로 알려져 있다.
- 존은 35세 기혼 남성으로, 남편 스티브(32세)와의 관계에서 어려움을 겪고 있다. 스티브는 존이 바람을 피우고 있다고 끊임없이 의심하지만, 존은 전혀 그렇지 않다고 말한다. 또한 스티브는 망상적인 사고를 보이는데, 예를 들어 "정부가 컴퓨터를 통해 모든 사람의 대화를 도청할 수 있다"고 믿고 있다. 스티브는 이 사실을 존에게 "비밀"로 이야기했으며, 다른 사람들에게 말하면 자신이 미쳤다고 생각할까 봐 두려워했다. 스티브의 가족 중에는 조현병 병력이 많고, 따라서 존은 스티브가 조현병 초기 증상을 보이는 것 같아 걱정하고 있다. 존은 조현병 증세가 온전히 나타나기 전에 스티브가 빠르게 치료와 약물 치료를 받도록 도와주고 싶어 한다.

- 에두아르도는 27세 미혼 남성으로, 여자친구 엘리시아와 3년째 연애 중이다. 그는 엘리시아가 결혼하자고 압력을 주고 있다고 말했는데, 자신이 엘리시아를 사랑하기는 하지만 현재 결혼할 준비는 안 되어 있다고 말했다. 에두아르도가 "그다음 조치를 취하지 않을 경우" 엘리시아는 관계를 떠나겠다고 위협하고 있다. 에두아르도는 스스로를 "심각하게 우울하고 불안하다"고 묘사했고, 어떻게 해야 할지 모르겠다고 말했다. 에두아르도는 상담을 받을지 고민 중이며, 약물 치료를 통해 이 어려운 시기를 극복하고 싶어 한다.

과정 노트, 사례 노트, 사례 보고서 작성하기

내담자 기록은 사례 관리의 핵심적인 측면이며, 몇 가지 이유로 중요하다(Baird, 2014; Summers, 2016).

- 내담자의 문제를 사례 개념화하고 진단을 내리는 데 도움을 준다.
- 내담자가 좋아지고 있는지 판단하는 데 도움이 된다.
- 슈퍼비전을 받을 때 중요하다.
- 내담자가 어떤 말을 했는지 기억하는 데 도움이 된다.
- 적절한 돌봄이 내담자에게 제공되었는지 보여주기 위해 법정에서 사용될 수 있다.
- 보험회사나 정부기관에서는 내담자에게 제공된 서비스를 승인하기 위해 내담자 기록을 요구하는 경우가 있다.
- 상담센터의 효과성을 평가할 때 내담자 기록을 활용하는 경우가 있다.

어떤 노트와 보고서를 작성하느냐는 상담사가 근무하고 있는 센터나 기관에 따라 다르다. 그러나 일반적으로 센터나 기관에서 요구하는 세 가지 유형의 노트와 보고서는 심리치료/과정 노트, 사례 노트, 사례 보고서이다.

심리치료 또는 과정 노트

과정 노트(process note)라고도 불리는 심리치료 노트는 모든 상담사들이 작성하는 비교적 짧은 노트로서, 중요한 사항을 강조하고 내담자와의 모든 상담 내용을 요약한다. 이 노트는 상담사가 다음 상담 시 내담자와의 이전 대화를 기억하는 데 도움을 주며, 많은 내담자를 관리해야 하는 상담사에게 필수적이다.

의료보험의 양도 및 책임에 관한 법률(Health Insurance Privacy and Portability Act: HIPAA)의 사생활 규정에 따르면, 심리치료 노트는 승인되지 않은 사람이 열람해서는 안 되며, 이런 유형의 기록에 대해 내담자는 제한적인 접근 권한을 가지거나 전혀 접근할 수 없다(American Psychological Association, 2013; U.S. Department of Health and Human Services, 2017). HIPAA에서 정의한 공식적인 개념은 다음과 같다.

> ...(어떤 매체를 통해서건) 정신건강전문가인 건강관리인이 개인 상담 또는 집단 또는 가족상담 회기 중에 발생한 대화의 내용을 기록하거나 분석한 노트로서, 그 밖의 의료 기록과는 분리된 것을 의미한다. 약물 처방 및 모니터링, 상담 회기의 시작 및 종료 시간, 제공된 치료의 방식 및 빈도, 심리검사 결과, 그리고 다음 항목을 요약한 내용은 심리치료 노트에서 제외된다: 진단, 기능 상태, 치료 계획, 증상, 예후 및 현재까지의 진행 상황(Electronic Code of Federal Regulations, 2018, Section S164.501 Definitions).

사례 노트, 사례 보고서, 심리 보고서

사례 노트(case note)와 사례 보고서(case report)라는 용어는 종종 서로 혼용되지만, 일부에서는 사례 보고서가 사례 노트보다 더 길고 상세한 내용을 포함한다고 생각한다. 두 가지 유형 모두 다양한 방식으로 내담자의 정보를 요약한다. 예를 들어, 접수 면접 기록, 내담자의 목표 및 목적 요약, 정기적인 진행 상황 요약, 종결 요약, 법원이나 기타 기관에 제출할 목적의 특별한 보고서, 의뢰 요청서, 종합 심리 보고서 등이 이에 해당한다. 과정 노트와는 달리, 내담자는 거의 모든 경우에 사례 노트 및 사례 보고서를 열람할 권리를 가진다.

오늘날 상담사들은 소프트웨어를 사용해서 사례 노트와 사례 보고서를 작성하는 경우가 많다. 이런 소프트웨어를 사용하든 직접 작성하든, 기본적으로 포함해야 할 최소한의 기본적인 정보는 내담자의 이름, 날짜, 만남에서 목격한 주요 사실, 내담자 목표 달성 중에 나타난 진전, 상담사의 서명 등이 있다. 좀 더 많은 정보를 포함하는 보고서에는 인구통계학적 정보(예: 생일, 주소, 전화번호, 상담 날짜, 이메일 주소), 보고서 작성의 이유, 가족 배경, 기타 관련 배경 정보(예: 건강 관련 정보, 직업 이력, 적응 문제/정서적인 문제/정신 질환 이력), 정신 상태, 평가 결과, 진단, 요약, 결론, 추천 등의 내용을 포함한다(부록 D에 제시된 보고서 견본 참조).

내담자에 대한 모든 서면 기록은 비교적 객관적이어야 하며, 가능한 한 상담사의 개인적인 의견이 아닌 관찰 가능한 행동에 기반해야 한다. 상담사가 글로 기록한 것들이 법원에 의해 소환될 수 있으며, 상담사는 자신이 작성한 내용에 대해 법적인 책임을 질 수 있다는 점을 명심해야 한다. 따라서 사례 노트를 작성할 때는 객관적이고 감정을 배제한 시각에서 기록하는 것이 필수적이다. 일반적으로 내담자를 언급할 때는 제3자의 관점을 사용하는 것이 바람직하다. 예를 들어, "나는 짐으로부터 가족에 관한 정보를 수집했다"라고 표현하는 대신 "가족 관련 정보가 짐으로부터 수집되었다"로 기술하는 것이 좋다. 내담자로부터 주관적인 정보를 수집했다면 그렇게 언급해야 한다. 예를 들어, "...것 같다" "짐이 ...라고 말했다" "...처럼 보인다" "짐이 ...라고 보고했다." "클레어가 ...라고 말했다." "클레어가 ...라고 이야기했다" 등으로 진술한다.

사례 노트를 작성할 때 상담사는 편향적인 태도를 보이지 않아야 하며, 성차별적 표현을 사용하거나 지나치게 전문적인 심리학적 용어를 남용해서도 안 된다. 또한 (법원에서 상담사의 의견을 묻거나 상담사가 진단을 내리는 경우가 아니라면) 상담사는 자신의 가치관이나 의견을 진술하지 말아야 하며, 다른 정신건강전문가가 쉽게 이해할 수 있도록 작성해야 한다.

SOAP 노트

사례 노트를 작성하는 방법 중 오랫동안 인기를 누려온 방식 중 하나가 SOAP 노트라고 불리는 것이 있다(Woodside & McClam, 2018). 이 노트는 내담자의 경험에 대한 내담자의 주관적(**S**ubjective) 이해, 내담자의 상황에 대한 상담사의 객관적(**O**bjective) 설명, 내담자가 처한 상황에 대한 상담사의 평가(**A**ssessment), 치료 계획(**P**lan)을 중심으로 기록한다. 표 7.1은 우울한 내담자에게 이 방법을 어떻게 사용하는지 보여주고 있다. 이 노트는 초점을 맞추기 쉽고 관리가 용이하며, 시간이 지나면서 내담자의 변화와 진행 과정을 명확히 추적할 수 있다.

SOAP 노트가 내담자의 삶과 상담 과정에서 무엇이 일어나고 있는지를 짧고 간결하게 요약하는 데 중점을 두는 반면, 부록 D에 제시된 심리보고서는 내담자의 삶을 보다 심층적으로 평가한다. 체험 활동 7.5에 제시된 지침에 따라 직접 심리보고서를 작성해 보자.

표 7.1 SOPAP 노트/보고서

주관적(Subjective): 내담자가 경험한 것에 관한 내담자의 설명

내담자는 간헐적으로 우울 증상을 경험한다고 설명하면서 대부분의 시간에 슬픔을 느끼고 집에서 침울하게 지낸다고 말한다. 그녀는 자신의 슬픔이 삶 전반에 걸쳐 만연해 있으며, 다른 사람들과 관계를 맺는 것이 힘들다고 보고한다. 과제를 시작하고 완료하는 것이 힘들고, 자녀를 제대로 양육하지 못하고 있어서 걱정이라고 말한다.

객관적인(Objective): 내담자의 행동에 대한 상담사의 기술

내담자가 상담에 왔을 때 부스스해 보였다. 내담자는 대화하는 데 어려움을 보였고 상담 중간에 간간이 흐느꼈다. 내담자에게 Beck 우울척도를 실시했고, 35점이 나왔는데, 이는 우울이 심각하다는 것을 의미한다. 행동 또한 우울을 시사했는데, 잠이 부족했고, 체중이 감소했으며, 과제 수행 능력에 문제가 있었다. 이로 인해 여러 번 자녀들이 점심을 챙기지 못한 채 학교에 가거나, 옷도 세탁되지 않은 채 다시 입는 경우가 발생했다. 내담자의 우울은 약 8개월 전 내담자의 어머니가 사망한 후 시작된 것으로 보인다.

평가(Assessment): 내담자에 대한 평가를 바탕으로 상담사의 생각을 요약함

내담자는 DSM-5의 주요 우울 장애 진단 기준에 부합하는 심각한 우울증상을 보고하고 있다. 이 진단은 내담자가 보고한 슬픔과 동기 저하, 수면과 섭식의 어려움, 과제 수행의 어려움, 대인관계 문제 등과 일치한다. 또한 행동 관찰 및 검사 결과에서도 지속적인 우울증이 확인된다.

계획(Plan): 치료 계획에 관한 상담사의 기술

치료 계획에는 내담자의 어머니 사망과 관련된 애도 상담이 포함된다. 초기에는 라포 형성과 공감을 중심으로 상담을 진행하지만, 곧 구체적인 상담 목표를 설정해서 내담자가 자신의 삶에서 중요한 문제들 가령 자녀 돌봄에 집중할 수 있게 한다. 또한 항우울제 처방 가능성과 관련해서 다음 주에 정신과 자문을 고려한다. 이후 약물 복용에 대한 모니터링을 상담 회기에 실시한다.

체험 활동 7.5

심리보고서 작성하기

아래 제시된 지침을 활용해서 다른 학생을 면접한 후 사례 보고서를 작성한다. 보고서 작성이 완료되면 소집단에서 내용을 공유하고 피드백을 받거나 아니면, 수업을 담당하고 있는 교수로부터 피드백을 받는다. 보고서 작성 시 부록 D를 참고한다.

심리보고서의 범주 예시

1. 인구통계학적 정보(예: 생일, 주소, 전화번호, 면접 날짜)
2. 보고서 작성 사유
3. 가족 배경
4. 기타 관련 배경 정보(예: 건강 정보, 직업 이력, 적응 문제/정서적인 문제/정신 질환 병력)

5. 정신 상태 평가
6. 평가 결과(해당되는 경우)
7. 진단
8. 요약 및 결론
9. 권장 사항
10. 서명

기록의 비밀 유지

현재 내담자의 기록에 포함된 정보는 HIPAA의 개인정보 보호 규정에 의해 보호를 받고 있는데, 내담자의 승인 없이 정보가 공개되는 것에 대한 제한과 조건이 설정되어 있다(American Psychological Association, 2013; U.S. Department of Health and Human Services, 2017). 그러나 법적으로 상담사가 정보를 공개해야 하는 경우를 포함해서 몇 가지 예외가 존재한다. 이러한 예외 사항에는 다음과 같은 것들이 있다.

(a) 상담사가 다른 전문가에게 자문을 구할 경우 또는 내담자의 이익을 위해 슈퍼비전을 받고 있을 때,
(b) 법적으로 의무 보고(mandatory reporting)의 상황(예: 아동 또는 배우자 학대),
(c) 내담자가 자신 또는 타인을 해칠 위험이 있는 경우,
(d) 법원이 내담자의 기록을 소환하고, 상담사가 면책특권 정보보호(privileged communication)로 보호받지 못할 때(10장 참조),
(e) 내담자가 서면으로 다른 사람과 정보를 공유하는 것에 동의한 경우
(f) 상담 서비스 비용을 부담하는 건강 보험 회사나 기타 재정 지원 기관에 특정 정보를 제공해야 하는 경우

HIPAA는 내담자의 기록을 보호하는 것 외에도, 대부분의 경우 내담자의 건강 정보에 대한 접근 권한을 보장한다(Remley & Herlihy, 2016). 이와 유사하게, 1974년 제정된 정보자유법(Freedom of Information Act)은 연방 정부기관이 보유한 본인 관련 정보를 열람할 수 있도록 보장한다(U.S. Department of Justice, 2014). 또한 가족교육권 및 프라이버시에 관한 법률(Family Education Rights and Privacy Act: FERPA)은 개인이 본인 및 자녀의 교육 기록에 접근할 수 있는 권리를 보장하고 있다(U.S. Department of Education, 2018).

실제 상담 현장에서 내담자가 자신의 기록을 열람하는 경우는 드물다. 하지만 내담자가 기록 열람을 요청할 경우, 먼저 내담자와 대화를 나누어 기록에 어떤 내용이 포함되어 있는지 설명하고, 내담자가 기록을 열람하고자 하는 이유를 이해하려고 노력할 필요가 있다. 때때로 내담자의 기록 열람 요청은 단순히 기록을 보고 싶어서가 아니라, 상담에서의 진전(혹은 진전 부족)에 대한 불안감을 반영하는 경우가 있다. 내담자가 대화 이후에도 기록 열람을 원할 경우, 상담사는 기록 내용을 요약해서 제공하는 방안을 제안할 수 있다. 하지만 이 방법도 만족스럽지 않다면, 법적으로 내담자는 자신의 기록에 접근할 권리가 있으며, 상담사는 내담자에게 기록의 사본을 제공해야 한다. 마지막으로, 일부 특정 상황을 제외하고 법적 보호자(보통 양육권을 가진 부모)는 자녀의 기록을 열람할 수 있는 권한을 가진다(C. Borstein, 변호사, 사적인 의사소통, 2월 20일, 2018). ACA 윤리강령(2014)은 내담자가 자신의 기록에 접근할 권리를 보장하고 있으며, 이에 대해 다음과 같이 명시하고 있다.

> 상담사는 결정권이 있는 내담자가 요청할 경우, 합리적인 범위 내에서 기록 및 기록 사본을 제공해야 한다. 단, 내담자가 기록을 열람할 경우 심각한 위해를 초래할 가능성이 있다는 강력한 증거가 있을 경우에는 열람을 제한할 수 있다. 상담사는 내담자의 요청을 문서화하고, 일부 또는 전체 기록의 공개를 제한한 이유를 내담자의 파일에 기록해야 한다(Section B.6.e., 내담자의 접근권).

내담자가 자신의 기록을 열람하겠다고 요청할 경우 상담사는 내담자가 기록을 해석하는 것을 돕고 자문을 제공한다(Section B.6.f., 기록에 대한 지원)

기록의 보안 확보

> 상담사는 기록과 문서가 어떤 형태로 작성되었건 안전하게 유지하며, 오직 승인된 사람만이 접근할 수 있도록 보장해야 한다(ACA, 2014, Section B.6.b, 기록 및 문서의 비밀 유지).

내담자의 기록은 잠금 장치가 있는 서류함이나 비밀번호로 보호되는 컴퓨터 등 안전한 장소에 보관해야 한다. 전자적으로 전송되는 모든 기록물은 암호화되어야 하고 HIPAA 규정을 따라야 한다. HIPAA 안전 규정에 따르면 다음과 같이 행정적, 물리적, 기술적 보호 장치가 구비되어야 한다.

행정적 보호 조치. 위험 요소를 식별하기 위한 절차가 마련되어 있어야 하고, 보안 담당 직원이 배치되어야 하며, 정보 접근 권한을 적절한 경우에만 부여하는 절차를 시행하고, 직원 교육 및 감독을 제공하며, 보안 정책 및 절차를 정기적으로 평가해야 한다.

물리적 보호 조치. 시설, 작업 공간 및 장치에 대한 무단 접근을 제한하는 절차 및 프로세스 시행이 포함된다.

기술적 보호 조치. 접근을 통제하고, 자료의 완결성을 확보하며, 전자자료 전송을 보호하기 위한 기술적인 정책과 절차를 포함한다(Privacy Rights Clearinghouse, 2018, Section 3.c).

상담사는 자신이 일하고 있는 직장에 기술적인 보호 장치가 마련되어야 한다는 점을 인식해야 한다. 또한 사무보조원으로 일하는 사람들은 기록을 다룰 때 비밀 유지의 중요성을 이해해야 한다. 실제로 많은 기관에서는 사무 직원이 기록의 기밀성을 이해하고, 모든 서신 및 정보를 비밀로 유지할 것을 확인하는 법적 구속력이 있는 서약서에 서명하도록 하고 있다(성찰 활동 7.3 참조).

성찰 활동 7.3

기록은 얼마나 안전한가?

안타깝게도, 상담사들은 때때로 내담자의 기록이 얼마나 쉽게 유실될 수 있는지, 또는 정보가 대중에게 노출될 수 있다는 사실을 간과하기도 한다. 다음은 실제 사례로, 기록이 어떻게 잘못 관리될 수 있는지를 보여주며, 기록의 보안과 기밀성을 유지하는 것이 얼마나 중요한지를 강조한다.

1. 한 정신 건강 센터에서 객원 상담사로 근무할 당시, 한 내담자가 무심코 방치된 자신의 종이 기록을 가져갔다. 그 기록은 진단 용어를 사용한 "심리학적 언어(psychologese)"로 작성되어 있었고, 내담자는 그 내용을 보고 상당히 화가 났다. 이후 그는 주기적으로 119에 전화를 걸어서 자신의 기록을 읽으며, 기록 속 언어를 조롱하는 행동을 했다.
2. 박사 과정 수업 중, 우리는 오래전에 작성된 한 청소년의 지능검사 평가 보고서를 검토하고 있었다. 그런데 갑자기 한 학생이 "이거 나예요!"라고 외쳤다. 보고서에는 이름이 명시되어 있지 않았지만, 그는 과거에 받은 보고서를 바탕으로 그것이 자신의 것임을 알아차렸다.

3. 2014년, 지역사회 건강 시스템(Community Health Systems: CHS)에 보관된 정신건강 기록물 포함 450만 건의 의료 기록물이 해킹을 당했다(Pagliery, 2014). CHS는 자신들의 시스템이 안전하다고 생각했지만, 그렇지 않다는 사실을 확인했고, HIPAA 규정에 따라 사람들은 CHS를 상대로 정보 유출에 대한 소송을 제기할 수 있었다.

위 실제 사례들은 명백한 법적 책임 문제를 보여줄 뿐만 아니라, 내담자의 기록을 보호할 때 행정적, 물리적, 기술적 보호 조치를 확보하는 것이 중요함을 보여준다.

접촉 시간 문서화

보험회사뿐 아니라 지역, 주 및 연방 기금 기관의 요구 사항에 대응해야 하는 상담자들에게 있어, 내담자와 상담 회기 동안 이루어진 접촉 시간과 그 내용을 문서화하는 일은 점점 더 중요해지고 있다(Summers, 2016). 상담 기관마다 내담자와의 접촉 시간을 문서화하는 방식이 다르며, 그 과정은 일반적으로 다음과 같은 요소를 기반으로 한다.

1. 해당 기관에서 내담자들의 주요 문제 및 목표
2. 기관이 기대하는 회기 수 및 길이
3. 기관에서 요구하는 사례 노트 또는 문서 유형
4. 내담자가 기대하는 상담 빈도 및 지속 시간
5. 윤리적으로, 법적으로 요구되는 사례 노트의 종류(예: 과정 노트, 사례 ㅋ노트, SOAP 노트 등)
6. 상담이 취소되거나 연장될 경우 어떤 일이 발생할지에 관한 기대
7. 기금 지원 기관(예: 보험 회사, 규제 위원회, 교육위원회 등)의 요구 사항
8. 상담사가 내담자와 만나야 하는 시간에 대한 법적 규정

오늘날 대부분의 기관과 학교에서는 내담자와 상담사의 만남 시간을 기록하고 이를 문서화하는 방법을 갖추고 있다. 자신이 근무하고자 하는 기관을 고려할 때, 필요한 문서화 절차가 무엇인지 고민해 보는 것이 중요하다(체험 활동 7.6 참조).

체험 활동 7.6

접촉 시간 문서화 방법

각자 선호하는 상담 기관의 종류에 따라 4~5명으로 소집단을 구성한다. 그런 다음, 상담 기관에 직접 연락해서 문의하거나 인터넷을 검색해서 아래 항목에 대한 예시를 조사한다(이 과제는 며칠이 걸릴 수 있다).

1. 내담자가 얼마나 자주 그리고 얼마나 오랫동안 상담사를 만날 것으로 기대하는지
2. 내담자와의 접촉 시간을 어떻게 문서화하는지
3. 작성해야 할 사례노트의 종류, 그리고 그것을 어떻게 작성해야 하는지
4. 문서화와 관련된 법률 또는 규정
5. 기록을 토대로 어떻게 상담료를 지불하는지
6. 상담이 취소될 경우 상담료 지불은 어떻게 이루어지는지

소집단이 이와 관련된 정보를 수집한 후 수업 시간에 조사 결과를 공유한다. 기관마다 다른 방식으로 기록하고 있는지 확인한다.

종결 및 의뢰하기

다양한 이유로 내담자와의 상담이 종결되거나 내담자를 다른 전문가에게 의뢰되는데, 이 과정은 최대한 원활하게 이루어져야 한다(Summers, 2016; Woodside & McClam , 2018). 종결 또는 의뢰하는 이유는 다양한데, 상담사가 센터를 떠나야 하거나, 상담사가 사망한 경우, 상담사가 내담자와 상담할 만큼 역량이 없다고 느낄 때, 그리고 내담자가 상담 목표를 달성해서 다른 형태의 치료로 나아갈 준비가 된 경우 등이 있다.

ACA 윤리강령(2014)은 내담자와의 상담을 종결하거나 의뢰할 때 적절한 절차를 따르는 것이 중요함을 강조하고 있다. 의뢰 또는 종결이 이루어져야 하는 상황과 그렇게 하지 말아야 하는 상황을 아래에 제시하였다.

- 상담사가 "전문적인 조력"을 제공하기 위한 역량이 부족할 경우 내담자를 적절한 전문가에게 의뢰해야 한다.
- 상담이 더 이상 내담자에게 도움이 되지 않는다는 것이 분명할 때 내담자를 의뢰하거나 상담을 종결해야 한다.

- 상담사가 휴가 중이거나 병가를 내거나, 내담자의 상담이 종결되었을 때, 내담자가 다른 상담사를 만날 수 있도록 계획을 수립해야 한다.
- 상담사가 사망, 장애 은퇴 또는 상담을 종료해야 할 경우 내담자가 지속적인 치료를 받을 수 있도록 미리 계획을 마련해야 한다.
- 상담사는 단순히 가치의 차이 때문에 내담자를 의뢰해서는 안 된다(예: 정치적 신념, 성정체성에 관한 태도 등). 대신, 상담사는 가치의 차이를 존중하며, 자신과 다른 가치관을 가진 내담자를 효과적으로 상담할 수 있도록 도움을 구해야 한다.

상담사가 내담자를 다른 전문가에게 의뢰해야 하는 경우, 아래와 같이 행동해야 한다.

1. 의뢰하는 이유를 내담자에게 이야기하고 내담자의 승인을 구한다.
2. 내담자의 동의 없이 다른 전문가와 내담자에 대한 정보를 공유해서는 안 되며, 반드시 서면 동의서를 받아야 한다. (내담자의 이름조차도 동의 없이 공유해서는 안 됨)
3. 내담자를 다른 전문가에게 의뢰하는 과정에서, 계속해서 적절한 돌봄이 제공되는지 확인한다.
4. 의뢰 과정에서 내담자 정보의 비밀을 철저히 유지해야 한다(체험 활동 7.7 참조).

체험 활동 7.7

의뢰하기

두 명이 한 조를 이뤄, 한 명은 상담사를 다른 한 명은 내담자의 역할을 한다. 위에서 언급한 의뢰의 이유 중 하나를 선택해서, 의뢰해야 하는 상황을 역할극 해 본다. 내담자를 의뢰하는 것이 어떤 느낌인지 생각해 본다. 어떤 느낌이었는지 다른 학생들과 이야기해 본다.

추후 관리 수행

추후 관리는 사례 관리의 중요한 기능 중 하나로, 전화, 편지, 내담자 설문조사 등 다양한 방법으로 이루어질 수 있다. 추후 관리는 상담 관계가 종료된 후 며칠에서 몇 주 후에 실시할 수 있는데, 여러 가지 목적을 가진다(Summers, 2016). 일부 기금 지원 기관에서는 서비스의 적절성을 확인하기 위해 추후 관리를 요구하기도 한다. 추후 관리가 중요한 몇 가지 이유는 다음과 같다.

1. 내담자가 상담을 재개하고 싶어 하는지 또는 다른 상담사에게 추천받기를 원하는지 확인하는 역할을 한다.
2. 내담자가 상담을 통해 경험한 변화가 유지되고 있는지 평가할 수 있다.
3. 상담사에게는 어떤 상담기법이 가장 효과적이었는지를 확인할 수 있는 기회가 된다.
4. 내담자의 변화와 성장을 강화하는 기회가 된다.
5. 상담사가 제공한 서비스의 질을 평가할 수 있다.

추후 관리는 프로그램을 평가하고 제공되는 서비스의 질을 보장하는 한 가지 방법이다. 오늘날 추후 관리는 상담서비스의 필수적이고 핵심적인 요소로 간주된다.

시간 관리 실천

상담자들에게 부여되는 사례(case)와 업무량이 지속적으로 증가함에 따라, 소진(burnout), 공감 피로(compassion fatigue), 대리 외상(vicarious traumatization)을 예방하기 위해 시간 관리는 필수적이다(Woodside & McClam, 2018). 효과적인 시간 관리 전략은 적절한 시간 내에 모든 내담자를 만날 수 있게 해줄 뿐 아니라, 상담사가 회의, 상담 약속, 기타 중요한 일정을 기억하는 데 도움을 준다. 현재 수많은 시간 관리 시스템이 존재하지만, 이 교재에서는 각각의 시스템을 다루지는 않는다. 다만, 시간 관리의 중요성을 인식하고 실천하는 것이 현대 상담 환경에서 필수적임을 강조하고자 한다.

요약

이 장에서 우리는 사례 관리의 11가지 주요 영역을 다뤘다. 사례 관리는 내담자가 최적의 기능 수준을 유지하도록 돕는 전반적인 과정으로, 여기에는 고지된 동의 및 전문가 공개 진술문 제공하기, 치료 계획을 위한 평가 수행, 내담자 목표 설정, 정신과 약물 모니터링, 노트와 보고서 작성하기, 기록의 비밀 유지, 내담자 기록의 보안 확보, 내담자 접촉 시간 문서화, 종결 및 의뢰, 추후 관리 수행, 그리고 시간 관리 실천 등이 포함된다.

우리는 먼저 내담자로부터 문서로 된 고지된 동의를 얻는 것이 중요함을 강조하면서 이 장을 시작했다. 이는 일반적으로 내담자에게 상담 관계의 본질과 한계를 명확히 설명하는 전문가 공개 진술문을 제공함으로써 이루어진다. 내담자는 이에 서명하여 자신이 제공받을 서비스에 동의한다. 우리는 전문가의 공개 진술에 포함되는 20가지 주요 영역을 확인했다.

그다음 치료 계획에 대한 평가로 이동하면서, 다양한 환경에서 상담사들이 임상 면접을 실시하고, 심리검사를 실시하고 해석하며, 비공식적인 평가 절차를 활용해서 내담자를 더 잘 이해하려고 노력한다는 것을 언급했다. 접수 면접은 내담자가 처음 경험하는 중요한 임상면접이며, 이 면접 결과로 심리보고서가 작성된다는 점 또한 언급했다. 심리보고서를 작성할 때 중요한 몇 가지 영역들을 조명했고, 내담자의 외모와 행동, 감정, 사고 요소, 인지 등을 설명하는 정신 상태 검사를 살펴보았다. 평가 절차는 사례 개념화 과정에서 활용되는데, 사례 개념화를 통해 상담사는 내담자의 주요 주제를 이해하고 문제의 원인을 파악할 수 있으며. 치료 계획을 세울 때에도 활용된다(8장에서 더 논의할 예정임).

심리검사와 관련하여 검사의 적절성(worthiness)에 대해 다뤘는데, 이는 검사가 타당하고, 신뢰로우며, 문화적으로 공정하고, 실용성을 갖추었다는 것을 의미한다. 특정 검사를 실시할 때 관련 법률과 자신의 역량 수준을 숙지하는 것이 중요하다. 비공식적인 평가와 관련해서 언급한 내용은, 비록 이런 평가 절차가 심리검사에 비해 덜 타당하고 신뢰롭지만, 내담자의 다양한 문제 영역을 신속하게 측정할 수 있다는 점에서 유용한 경우가 있다.

목표 설정 시 고려할 8가지 원칙을 설명했는데, 평가 과정을 통해 목표가 도출되어야 하고, 협력적이어야 하며, 달성 가능해야 하고, 지속적인 모니터링과 수정이 가능해야 하며, 이전의 목표가 달성되었을 때 새로운 목표를 설정하고, 목표가 달성되었을 때 인정해야 하며, 내담자가 상담을 종료할 단계에 이르면 더 이상 새로운 목표를 설정하지 않는다는 내용이었다.

이어서 내담자가 향정신성 약물을 사용하는 것에 대해 논의했다. 약물 사용의 이점과 단점을 설명했고, 5가지 종류의 향정신성 약물을 간략히 소개했다(항정신성 약물, 기분 안정제, 항우울제, 항불안제, 각성제). 상담사가 향정신성 약물을 복용하고 있는 내담자를 상담하는 경우가 있기 때문에, 상담사는 약물의 기본적인 내용을 알고 있어야 하고, 약물이 언제 효과적이지 않은지 인지해야 하며, 약물과 관련해서 언제 정신과의사들에게 자문을 구하고 의뢰해야 할지 알고 있어야 한다.

이어서 과정노트, 사례노트, 사례 보고서를 작성하는 것에 대해 논의했다. 우선 사례노트와 사례 보고서가 왜 중요한지 그 이유들을 설명했다. 그런 다음 종종 과정 노트라고 불리는 심리치료 노트에 대해 언급했는데, 상담사가 다음 상담 회기에 내담자에 대한 기억을 되살리기 위해 사용된다. HIPAA의 개인정보 보호 규정에 따르면, 내담자의 기록을 타인이 열람해서는 안 되며, 심리치료 또는 과정 노트에 대해 내담자는 제한된 열람권을 가진다.

사례 보고서는 좀 더 상세하고 복잡한 내용을 포함하고, 심리보고서는 이보다 훨씬 포괄적인데 부록 D에 한 사례를 제시했다. 내담자에 관한 정보를 문서화할 때 그것은 비교적 객관적이이어야 하고, 편견이나 성차별적 태도, 심리학적인 전문 용어, 과도한 상담사의 의견을 묘사해서는 안 된다. 그런 다음 SOAP 노트에 대해 설명했는데, 내담자가 경험한 것에 대한 주관적 이해(S), 내담자가 처한 상황이 어떠한지에 대한 상담사의 객관적으로 기술(O), 내담자의 상황에 대한 상담사의 평가(A), 처치 계획 기술(P)을 의미한다. SOAP 노트의 한 사례를 제시했다.

기록의 비밀 유지에 관한 논의에서는 내담자의 동의 없이 기록이 공개될 수 있는 여섯 가지 상황을 살펴보았다. 여기에는 (a) 자문 또는 슈퍼비전, (b) 법적으로 요구되는 신고 의무, (c) 내담자가 자신 또는 타인을 해칠 위험이 있을 때, (d) 법원의 소환장에 의해 상담사의 비밀 유지 특권이 보장되지 않는 경우, (e) 내담자가 서면으로 정보 공유를 허락한 경우, (f) 상담서비스에 동의하고 있는 의료보험회사 또는 기금 기관에 특정 정보를 제공하는 경우가 포함된다. 일반적으로 내담자는 자신의 건강 기록과 교육 관련 기록에 대해 권리를 가지고 있는데, 이는 HIPAA, 정보공개법(Freedom of Information Act), FERPA에서 강조하고 있다.

내담자 기록의 보안과 관련하여 HIPAA의 개인정보 보호 규정에 따라 행정적, 물리적, 기술적 보안 조치가 필요하다는 점을 언급했다. 기록은 암호화해야 하고, 파일 캐비넷은 잠금장치가 있어야 하며, 컴퓨터는 비밀번호를 설정해야 한다.

내담자 접촉 시간을 기록할 때는 상담사가 근무하고 있는 환경에 따라 8가지 요소를 고려해야 한다. 여기에는 내담자의 호소 문제 및 상담 목표, 기관의 기대, 윤리적 고려 사항, 법적 고려 사항 등이 포함된다.

종결 및 의뢰를 논의하면서, 종결 또는 의뢰를 해야 하는 다양한 상황을 언급했는데, 상담사가 특정 문제에 대한 역량이 부족한 경우, 내담자가 더 이상 상담으로부터 혜택을 받지 못할 때, 상담사가 일정 기간 상담을 하지 못하는 상황, 그리고 상담사가 사망한 경우 등이 포함된다. 그러나 상담사는 가치관의 차이만으로 내담자를 다른 전문가에게 의뢰해서는 안 된다. 의뢰할 때는 내담자의 동의를 얻어야 하고, 관련 전문가들과 상의해야 하는 경우 내담자로부터 정보 공유에 대해 허가를 받아야 하며, 의뢰되는 과정이 원활하게 이루어지도록 모니터링하고, 비밀 유지를 확보해야 한다.

이어서, 추후 관리의 중요성에 대해 언급했는데, 추후 관리는 내담자가 상담을 다시 받고 싶어 하는지 확인하고, (내담자의)변화가 유지되고 있는지 평가하며, 어떤 기법이 가장 효과적이었는지 확인하고, 변화를 강화하며, 내담자에게 제공된 서비스를 평가하는 데 도움이 된다. 마지막으로, 소진, 공감피로, 간접외상을 회피하기 위해 시간관리를 실천하는 것이 중요함을 언급하면서 이 장을 마무리했다.

주요 단어 및 용어

DSM-5
HIPAA
HIPAA 사생활 원칙
SOAP 노트
가족교육권 및 프라이버시에 관한 법률
검사
검사의 적절함
고지된 동의
과정 노트
기록의 보안 확보
기록의 비밀 유지
기분 안정제
내담자 목표로의 진전
내담자 접촉 시간
리튬
면책특권 정보보호
모노아민 산화 효소 억제제
목표 설정
벤조디아제핀
비벤조디아제핀
비정형 항우울제
사례 보고서
사례노트
선택적 세로토닌 재흡수 억제제
시간관리
신경 이완제
신경이완제
심리보고서
암페타민
역설적 효과
임상 면접
전문가의 공개 진술문
접수면접
접촉 시간 문서화하기
정신상태검사
정신약리학
종결 및 의뢰
처치 계획 평가
추후 관리 수행
프라이버시 규정
항불안제
항우울제
향정신성 약물 모니터링

CHAPTER 8

사례 개념화, 진단, 상담 계획

학습 목표

1. 사례 개념화를 정의한다.
2. 이론에 기반한 사례 개념화와 그렇지 않은 사례 개념화의 차이를 이해한다.
3. 사례 개념화에 대한 생물심리사회 평가 모형에서 생물학적, 심리적, 사회문화적 영역을 설명하고, 이것이 어떻게 구현되는지 보여준다.
4. 인과관계에 대한 주제와 아이디어가 사례 개념화를 통해 어떻게 도출되는지 보여준다.
5. 정신질환의 진단 및 통계 편람 제5판(DSM-5)에 대해 간략히 소개한다.
6. 정확한 진단을 위해 사례 개념화 과정이 어떻게 활용될 수 있는지 보여준다.
7. 상담 계획(treatment planning) 과정을 정의하고, 이것이 어떻게 사례 개념화 과정을 통해 발전될 수 있는지 보여준다.
8. 상담 및 심리치료 분야의 대표적인 네 개 학파를 간략히 정의하고, 각 학파 안에서 잘 알려진 이론들을 확인한 다음, 이론적 관점이 사례 개념화 과정에 어떻게 적용될 수 있는지 보여준다.

들어가며

우리는 이 장에서 우리가 내담자를 어떻게 이해하고, 진단을 내리며, 상담 계획을 수립하는지 살펴볼 것이다. 첫째, 사례 개념화(case conceptualization) 과정을 검토할 예정인데, 이는 우리가 내담자를 이해하기 위해 사용하는 방법과 관련이 있다. 그런 다음, 이 과정을 통해 자연스럽게 진단을 내리게 된다는 것을 이해하게 될 것이다. 또한 사례 개념화 과정과 진단을 통해 상담 계획이 수립된다는 것을 살펴볼 것이다. 마지막으로, 이론이 우리의 상담 계획에 어떤 영향을 미칠 수 있는지 간략한 개요를 제공할 것이다.

사례 개념화

때때로 사례 공식화라고도 불리는 사례 개념화는, 상담사가 내담자의 상황을 이해하기 위해 사용하는 과정이다. 이 과정은 진단을 내리고, 성공적인 결과로 이어질 수 있는 상담 전략을 수립하는 데 도움을 줄 수 있다. Zubernis와 Snyder(2016)는 사례 개념화를 다음과 같이 정의했다.

> 사례 개념화는 내담자의 증상, 사고, 감정, 행동 및 성격 구조, 그리고 내담자가 호소하는 문제를 이해하기 위해 상담사가 사용하는 과정이다. 효과적인 사례 개념화는 통합적인 사고와 가설 개발 및 검증, 가설을 토대로 한 상담 계획 수립 등을 수반한다(p. 41).

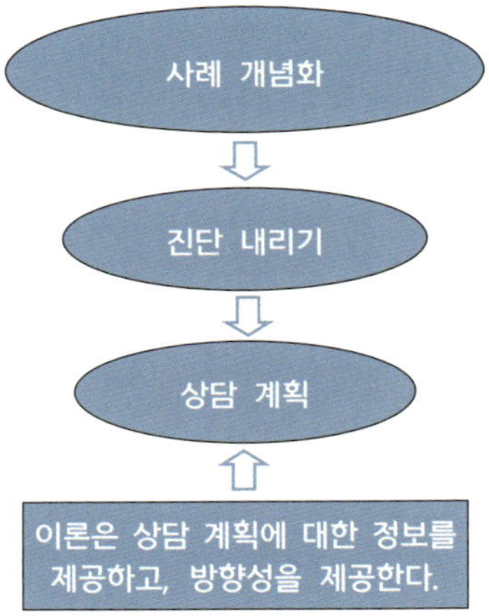

그림 8.1 사례 개념화, 진단, 상담 계획

내담자의 문제에 대한 실질적인 이해를 발전시키기 위해, 상담사는 자료를 수집하고 이를 통합하며, 자료 기반으로 도출된 아이디어를 통해 진단을 내리고 개입 방안을 발전시켜야 한다(Sperry & Sperry, 2012). 그러나 이 과정은 말처럼 쉽지 않으며, 오랜 시간에 걸친 훈련과 반성적인 연습을 통해 성숙해지는 과정이다. 상담사로서 내담자의 삶에 내재된 다양한 측면들을 생각해 보고, 내담자에 관한 지식이 어떻게 변화를 위한 전략을 발전시키는 데 도움이 될 수 있는지를 이해하는 것은 중요하다. 사례 개념화가 이런 방향으로 나아가도록 돕는다.

이론 특정 사례 개념화, 비이론 특정 사례 개념화

사례 개념화를 이해하고 수행하는 데 있어서의 한 가지 문제점은, 사례 개념화와 관련해서 제기된 모델이 다수 존재하고, 사례 개념화를 수행하기 위해 사용하는 방법이 모델마다 서로 다르다는 것이다(Ridley & Jeffrey, 2017a).

> 여러 가지 이유로 임상가들은 종종 사례 개념화를 완수하는 데 부족함을 느낀다. 부족함을 느끼는 이유 중 하나는 내담자에 대한 임상적인 그림을 형성하는 데 있어서 위기감을 느끼기 때문이고, 이런 위기감을 느끼는 이유는 사례 개념화를 위한 이론과 방법에 대해 혼란과 전반적인 의견의 불일치가 존재하기 때문이다 (Ridley, Jeffrey, & Roberson, 2017, p. 359).

일부 모델에서는 상담사의 특정 이론적 관점에 따라 사례 개념화를 수행해야 한다고 제언한다. 예를 들어, Berman(2015)은 최소 10개 이상의 다양한 이론적 방향에 따른 사례 개념화 과정을 제공했다(예, 심리역동적, 행동적, 인지적, 정서중심, 구성주의 등). 이러한 접근법은 다음과 같이 가정한다.

> ...사례개념화 과정은 상담사가 우선 자신이 채택할 이론적 관점을 결정하고, 내담자의 문제를 초래하고 유지하는 요인들에 대한 가설을 세운 후, 내담자에게 의미 있는 개입을 안내하고, 가설을 검증하며, 그 결과에 따라 개입을 수정하는 것을 포함한다(Bucci, French, & Berry, 2016, p. 517).

그러나 다른 사람들은 특정 이론에 기반한 사례 개념화 모델이 아직 자신의 이론적 성향을 충분히 이해하지 못한 초보 상담사들에게 특히 힘들 수 있다고 지적한다.

> 이론 특정 모델은 초보 수련생들에게 특히 어려울 수 있는데, 이들은 때때로 자신에게 맞는 단 하나의 상담이론을 신속하게 결정하고, 이것을 흔들림 없이 고수하라는 충고를 받기 때문이다(Ridley & Jeffrey, 2017b, p. 381).

초보 상담사에게 한 가지 선택지는 이론 특정적이지 않은 사례 개념화를 연습한 후, 상담 계획을 다룰 때 기본적인 상담 기술을 내담자에게 적용하는 것이다. 이는 많은 초보 상담사들이 아직 온전히 이해하지 못한 이론적 관점을 처음부터 사용해야 하는 부담을 줄여준다. 초보 상담사가 점차 이론을 배워가면서, 자신이 수용하는 특정 이론적 관점을 통해 상담의 목표를 바라볼 수 있게 된다. 이 장에서는 사례 개념화에 대한 생물심리사회 평가모델을 소개할 것이다. 이 모델은 내담자를 이해하고 상담 계획을 세우기 위한 세 가지 중요한 영역을 살펴본다. 그러나 상담사들이 점차 이론이나 통합적 이론 접근을 이해하고 받아들이면서, 생물심리사회 평가모델에서 얻은 지식을 자신의 이론적 프리즘을 통해 해석할 수 있게 된다.

생물심리사회 평가 모델

1970년대 의료 직업 분야에 도입되면서 개인을 보다 총체적(holistic)으로 이해하는 데 도움을 준 생물심리사회 평가모델(biopsychosocial assessment model)은 오늘날 포괄적이고 통합적인 사례 개념화 접근방식으로 간주되며, 정신건강 전문 분야에서도 널리 채택되고 있다(Meyer & Melchert, 2011). 이 모델은 개별 내담자의 문제를 분석할 뿐만 아니라 보다 광범위한 체계적 문제와 세 개 영역 간의 상호작용 또한 들여다본다. 생물심리사회 평가모델은 개인뿐 아니라 사회적 환경 요인에 대한 심층적인 탐색을 강조하는 현대 사례 개념화 모델들과 유사하다(Ellis, Hutman, & Deihl, 2013; Zubernis, Snyder, & Neale-McFall, 2017).

이 모델의 명칭에서 알 수 있듯이, 생물심리사회 평가모델은 내담자의 삶에서 생물학적, 심리적, 사회문화적 영역을 살펴볼 것을 요구한다. 세 개의 서로 다른 정신건강클리닉을 대상으로 진행된 연구에서, Meyer와 Melchert(2011)는 대부분의 상담사가 접수 면접 과정에서 생물심리사회 평가 정보를 일상적으로 수집한다는 것을 발견했다. 그러나 이들은 상담사들이 항상 철저하고 포괄적인 방식으로 자료를 수집하지는 않는다는 점 또한 발견했다. Meyer와 Melchert 여러 연구자들과 의료기관 인증 공동 위원회 및 미국 정신의학협회가 제안한 기준에 따라, 생물학적, 심리적, 사회문화적 영역 내에서 몇 가지 평가 요소를 도출했다. 다음은 각 영역에서 고려하는 주요 요소들이다. 임상 면접, 검사 및 비공식 평가(7장에서 이미 논의된 바 있음)를 사용하면 이 세 가지 영역에서 정보를 수집하는 데 도움이 된다.

생물학적 영역	심리적 영역	사회문화적 영역
일반 의학 병력	개인 정신병력	직업
복용 약물	자살 또는 살해 사고	법적 문제
어린 시절 건강 이력	약물 사용 이력	대인관계
현재 질병의 병력	아동기 학대 경험	현재 거주 환경황
	정신 상태 검사	학력
	심리적 외상	종교/영성
	성격 유형 및 특성	가족력
	행동 관찰	다문화적 요소
	개인 발달 이력	재정
		군 복무 이력
		관심사/취미

생물심리사회 평가모델을 사용할 때, 각 영역의 다양한 요소들을 탐색하고 그것들이 서로 어떻게 상호작용하는지를 검토하게 된다. 궁극적으로, 이러한 영역에 대한 심층적인 분석을 통해 주요 주제, 원인에 대한 가설, 진단이 도출될 것이다. 이상적으로는, 이러한 주제, 원인, 진단을 검토한 후 상담계획이 수립되어야 한다. 특정 이론에 대한 전문성을 갖춘 후에는 해당 이론적 관점을 상담 계획에 적용할 수 있다(그림 8.2 참조).

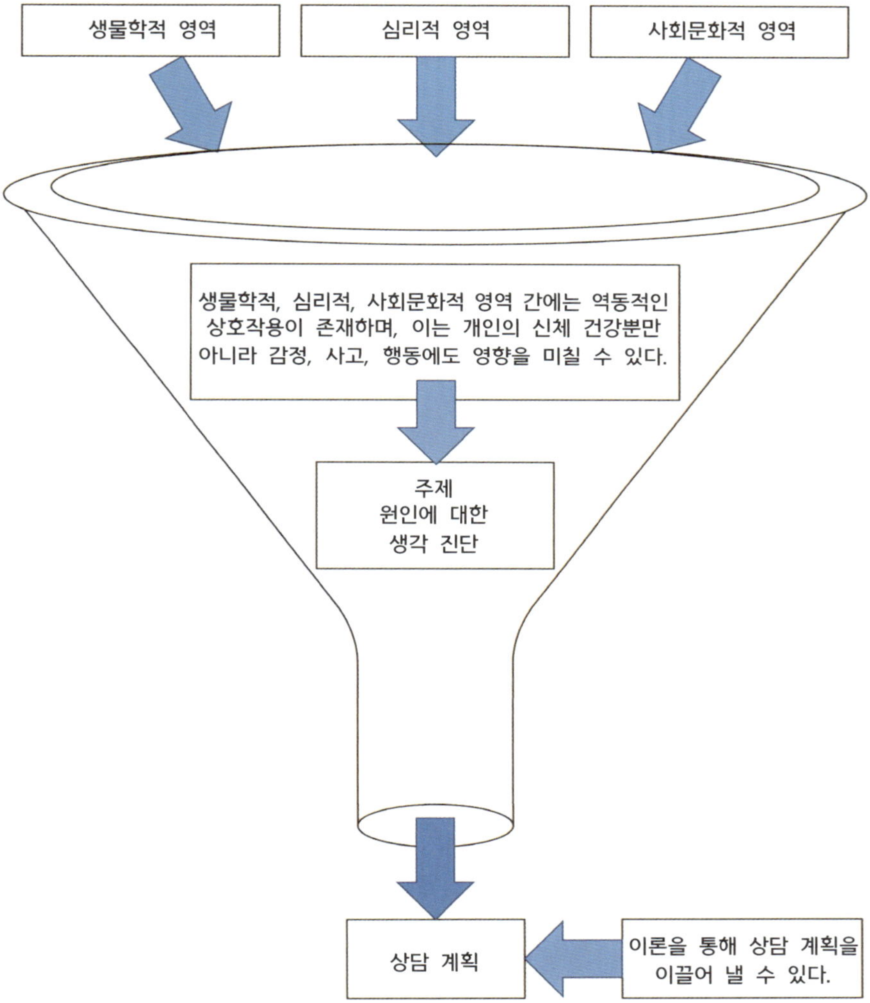

그림 8.2 생물심리사회 모델

생물심리사회 모델을 활용한 내담자 사례 분석

이전 장에서 다룬 것처럼, 제이크 밀러는 극심한 불안, 자녀의 안녕에 대한 염려, 결혼생활에서의 문제로 상담을 받으러 온 34세 기혼 남성이다. 제이크와 그의 가족에 대한 자세한 내용은 부록 B와 D에서 확인할 수 있다. 두 부록에 담긴 내용을 읽고 제이크에 대해 다시 익숙해지는 기회를 가지면 도움이 될 수 있다. 이제 생물심리사회 모델을 사용해서 어떻게 제이크를 이해할지 살펴보자.

생물학적 영역:

- **일반적인 의학 병력:** 특별한 병력이 없음. 현재 지속적인 두통, 피로감, 수면 장애, 체중 감소를 경험하고 있다.
- **약물:** 현재 복용 중인 약물은 없다. 아내인 안젤라를 만난 23세에 불안과 경미한 우울증으로 루복스를 복용한 적이 있다.
- **어린 시절 건강 이력:** 특별한 병력 없다.

심리적 영역:

- **현재 증상의 병력:** 약 10주 전부터 극심한 불안, 수면 문제, 두통, 식욕 부진, 부부 및 자녀와의 관계 문제를 경험하기 시작했다. 이러한 문제들은 자녀인 루크(10세)와 셀리아(7세)가 실수로 주차되어 있던 자신의 차를 건드려서 길거리로 굴러가게 만든 사건 이후에 시작되었다.
- **개인 상담/정신과 병력:** 상담사를 두 번 만났다. 처음은 13세 때였는데, 자신의 쌍둥이 여동생 저스틴과 함께 경험했던 사건이 발생한 지 3년이 지난 시점이었다. 그때 두 아이는 아버지 차를 "장난삼아" 몰았는데, 트럭에 치여 저스틴이 심각한 인지 장애를 겪게 되었다. 제이크는 이에 대해 죄책감과 불안을 느꼈고, 상담을 통해 어느 정도 도움이 되었다고 말했다. 제이크는 안젤라를 만난 직후인 23세 때 다시 상담을 받았고, 이후 제이크는 안젤라와 결혼했다.
- **자살 또는 타해 생각:** 보고된 바 없다.
- **약물 사용 이력:** 보고된 바 없다. 사교적인 목적으로 술을 마신다고 말했다.
- **아동기 학대 이력:** 보고된 바 없다.
- **정신 상태 검사(MSE):** 제이크는 단정하게 차려입고 접수 면접에 나타났다. 적절한

눈 맞춤을 유지했고, 시간, 장소, 사람을 인지하고 있었다. 면접 중에 종종 의자에서 몸을 앞뒤로 움직이며 불안해했다. 그는 "대부분의 시간 동안 불안함을 느낀다"고 보고하였고, 지금도 10세 때 쌍둥이 여동생 저스틴과 경험한 사고에 대해 죄책감을 느낀다고 말했다. 그는 자신의 자녀들이 차를 주차장에서 벗어나게 해서 차도로 굴러간 사건 이후 지난 10주 동안 불안을 느껴왔다고 말했다. 밤에 여러 번 잠에서 깨어나 모두가 침대에 있고 안전한지 확인한다고 보고했다. 그는 체중이 줄었다고 말했는데, 불안으로 인해 음식에 무관심해졌기 때문이라고 생각했다. 그는 대부분의 시간 동안 피곤함을 느끼며 지속적으로 두통을 경험하고 있다고 보고했다. 상담 중 저스틴과 경험한 사고에 관해 이야기할 때, 그는 눈물을 흘리며 "그 애 말을 듣지 말았어야 했어요—다 제 잘못입니다"라고 말했다. 제이크의 생각은 명확하고 기억력은 양호하며 지능은 평균 이상이었고, 양호한 통찰력과 적절한 판단력을 지니고 있으며, 자살 또는 살해 의도는 없었다.

- **심리적 외상**: 10세 때 제이크는 쌍둥이 여동생과 함께 아버지의 차를 "장난"으로 몰았다가, 그 차가 대형 트럭과 충돌하는 사고를 겪었다. 이 사고로 인해 저스틴은 심각한 인지 장애를 입었다. 제이크는 여전히 이 사건의 영향을 겪고 있는 것처럼 보이는데, 현재 경험하고 있는 불안, 여동생의 현재 기능 수준에 대한 지속적인 죄책감, 그리고 가족의 안전을 지나치게 통제하려는 행동을 통해 그 영향이 나타나는 것으로 추정된다.
- **성격 유형 및 특성**: 현재 제이크는 자녀와 아내의 안전에 대한 과도한 걱정과 관련된 강박적인 행동을 보이고 있다. 그는 아내에게 자녀들을 홈스쿨링하도록 요구하고, 아이들이 "거친 놀이"에 참여할 때마다 소리를 지르며, 밤마다 여러 번 깨어나 집의 모든 문이 잠겨 있는지 확인한다. 또한 아이들이 자신이 볼 수 있는 거리 내에 있도록 강박적으로 신경 쓰며, 아이들이 다치지 않도록 보호하려 한다.
- **행동 관찰**: 제이크는 말이 빠르고, 자녀들에게 소리를 지르며, 자녀들을 끊임없이 확인하려 하고, 밤에 여러 번 일어나 문이 잠겨 있는지 확인하는 등 불안의 징후가 관찰된다.
- **개인 발달사**: 제이크는 10세까지는 정상적으로 발달했지만, 자신과 쌍둥이 여동생인 저스틴이 아버지의 차를 거리로 몰고 나가 대형 트럭에 치이는 사건을 경험했다. 이로 인해 여동생은 심각한 인지 장애를 입었고, 제이크는 이 사건을 계기로 죄책감, 우울, 불안을 경험하게 되었다. 이후 그의 불안과 우울은 스트레스가 많은 시기에 더

욱 악화되는 경향을 보였다.

사회문화적 영역:

- **직업**: 8년간 기계 엔지니어로 근무 중이다.
- **법적 문제**: 보고된 바 없다.
- **대인 관계**: 최근 자녀들이 자신의 차를 거리로 굴리는 사건이 발생한 이후, 아내와 자녀들과의 관계가 긴장 상태라고 말한다. 자녀들에게 쉽게 화를 내며, 그들의 안전에 대해 예민하고, 아내에게 아이들을 홈스쿨링하도록 강요하는 등 통제적인 모습을 보이고 있다. 부모 및 처가와의 관계는 "좋다"라고 표현하지만, 어린 시절 자신이 경험한 차 사고("심리적 외상" 참조) 이후, 부모와의 관계가 여전히 가족 전체에 트라우마로 남아 있다고 언급했다. 안전에 관한 걱정이 시작되기 전까지는 아내와의 성적인 관계가 "정상적"이었지만, 현재는 "친밀한 적이 거의 없다"고 말했다.
- **현재 생활 환경**: 아내 안젤라와 자녀인 루크(10), 셀리아(7)와 함께 살고 있다.
- **학력**: 대학까지 공립학교에 다님. 캔자스 주립대학교에서 기계공학 학사 및 석사 학위를 취득했다. 학교에서는 특히 수학을 잘했다고 말했다. 그러나 항상 "글을 잘 쓰지 못했다"고 느꼈고 자신이 "난독증"일 수 있다고 생각했지만, 학습 장애 검사를 받은 적은 없다.
- **종교/영성**: 제이크는 자신을 불가지론자라고 말했고, 아내 안젤라는 성공회 신자지만 "그다지 종교적이지 않다"고 말했다. 자신의 가족이 교회에 가는 일은 드물다고 보고했다. 그는 "알 수 없는 신"보다는 "과학을 믿고 싶다"고 말했다.
- **가족사**: 제이크에게는 쌍둥이 여동생 저스틴이 있다. 이들이 10살 때 아버지 차를 가지고 "놀다가" 움직이는 바람에 차도로 굴러갔고, 이때 지나가던 트럭에 치이는 사고로 저스틴이 심각한 인지 장애를 입었다. 제이크는 여전히 자신 때문에 사고가 났다고 자책하고 있으며, 이 사고 때문에 여전히 가족이 괴로워하고 있다고 말했다. 제이크는 대학원에서 아내 안젤라를 만나 10년 동안 결혼생활을 해오고 있다. 최근 아들 루크가 자신의 차를 주차 상태에서 풀어 거리로 굴려 보낸 사건이 발생한 이후 긴장 상태가 이어지고 있다. 당시 차에는 딸 셀리아도 있었다. 이 사건 이후, 제이크는 불안이 심해졌고, 가족을 지나치게 통제하려는 행동이 두드러졌다. 아이들이 집에 있을 때는 그들이 자신의 시야 안에 있는지 계속 확인해야 하고, 밤에는 모든 문이 잠겨 있는지 점검하고, 밤에 여러 번 깨어나 확인한다고 말했다. 아이들이 "거친

놀이"를 하면, 극도로 화를 내며 그만두라고 소리를 지른다고 말했다. 학교에서는 무슨 "나쁜" 일이 생길까봐 두려워 아내에게 아이들을 홈스쿨링하라고 요청했다. 이로 인해 부부 관계에도 문제가 생겼다고 보고했다. 한편, 루크와 셀리아는 사고 이후에 문제가 생겼는데, 루크는 "어느 누구 말도 듣지 않으려 하고", 딸은 계속해서 복통을 호소해 종종 학교에서 조퇴하는 상황이다.

- **다문화 이슈**: 아내 안젤라는 혼혈이며, 부친의 부모는 나이지리아 출신, 부친은 미국에서 태어나 대학에서 영문과 교수로 재직하고 있다. 안젤라의 모친은 사회복지사로 백인이다. 안젤라는 부모님의 친딸이며, 부모님은 두 명의 아프리카계 미국인 아이를 입양했는데, 그 중 한 명인 마커스는 31세로 게이이고 현재 사귀는 사람이 있고, 다른 한 명인 릴리안은 29세로 결혼했다. 제이크는 자신의 자녀들이 혼혈이라는 점에 대해 특별히 문제라고 느끼지 않으며, 처남의 성적 지향도 받아들이는 것 같다고 말했다. 아내 안젤라는 나이지리아를 방문할 때는 자신을 백인으로, 미국에서는 흑인으로 인식했다고 말했다. 또한 안젤라는 성장하면서 선천성 고관절 기형을 가진 여동생에 대해 "보호자" 역할을 했다고 말했다. 안젤라는 본인의 정체성에 대해 갈등을 겪고 있고, 이로 인해 때때로 자신과의 관계에 "문제"가 생긴다고 말했다. 아내는 종종 자신을 돌보는 역할을 하지만, 때때로 독립적인 생활을 원한다.
- **재정**: 제이크는 자신을 "중산층"이라고 말했고, 특별히 경제적인 어려움은 없다고 보고했다.
- **군 복무 경험**: 없다.
- **관심사/취미**: 제이크는 최근 '어린이가 안전한 자동차'를 옹호하는 전국 단체에 가입해서 활동 중이다. 제이크는 자신이 이 단체에서 활동하는 것이 어린 시절 겪었던 외상 사건과 관련이 있다고 말했고, 기계 엔지니어로서 자신이 가지고 있는 기술이 보다 안전한 자동차 개발에 기여할 수 있다고 생각한다.

제이크의 호소 문제의 원인과 관련된 주제 및 아이디어

생물심리사회 모델을 기반으로 자료를 수집했으므로, 제이크와 관련된 주제, 인과관계에 대한 아이디어 및 진단을 도출할 수 있고, 이는 상담 계획을 세우는 데 도움이 될 수 있다. 예를 들어, 생물심리사회적 정보를 검토하면, 제이크에 대한 내 생각은 다음과 같다:

1. 제이크는 어린 시절 경험한 사건과 관련이 있는 불안 때문에 힘들어 하고 있다.
2. 제이크의 불안은 자녀 및 아내와의 관계에 부정적인 영향을 미치고 있다.
3. 여동생 저스틴과 경험한 어린 시절 사고는 제이크에게 심각한 외상을 남겼고, 제이크의 삶에 많은 영향을 미쳤다.
4. 현재 제이크는 그 사고로 인해 PTSD를 겪고 있을 가능성이 있다.
5. 제이크는 쌍둥이 여동생 저스틴과 겪었던 사고 때문에 여전히 죄책감을 느끼고 있는 것 같다.
6. 자녀와 아내를 통제하려는 제이크의 욕구는 가족에게 부정적인 영향을 미치고 있다.
7. 제이크의 원가족은 차 사고와 저스틴의 인지 장애로 인해 여전히 고통받고 있는 것 같다.
8. 현재 제이크는 불안과 걱정으로 인해 두통, 수면 문제, 체중 감소 등 신체적인 문제를 경험하고 있다.
9. 제이크는 23세 때 비슷한 증상으로 루복스를 복용했는데, 어느 정도 효과가 있었다.
10. 현재 제이크의 자녀들도 몇 가지 증상을 보이고 있는데, 루크는 말을 듣지 않고 셀리아는 지속적인 복통을 겪고 있다. 이러한 증상은 제이크의 걱정, 불안과 관련이 있을 수 있다.
11. 제이크의 통찰력은 좋은 것처럼 보이지만, 판단하려는 태도가 관계에 방해가 될 수도 있다.
12. 제이크의 최근 통제적인 태도는 아내 안젤라의 정체성 문제와 '돌봄 역할'을 원하지 않는 욕구를 자극해서 부부 갈등을 증폭시키고 있을 수 있다.

이상의 모든 것이 진단을 내리고 상담 계획을 세우는 데 유용하다. 이제 진단 방법을 이해해보고, 그런 다음 제이크에 대한 진단으로 돌아오고, 마지막엔 어떻게 상담 계획을 세울지 검토해 보자.

진단과 DSM-5

진단이라는 용어는 그리스어의 dia(분리)와 gnosis(인지하다 또는 알다)에서 유래했으며, 이는 개인을 외부 또는 객관적인 관점에서 평가하는 과정을 의미한다. 상담 계획의 중요한 단계인 진단은 평가 과정의 자연스러운 결과물로서, 내담자와 상담사에게 귀중한 정보를 제공한다. 정신 장애를 분류하려는 시도는 20세기 초부터 있었지만, 미국 정신의학회(American Psychiatric Association)가 최초의 종합적인 정신 건강 진단 체계인 '정신장애의 진단 및 통계 편람'(DSM-1; Blashfield, Keeley, Flanagan, & Miles, 2014)을 발표한 것은 1952년이었다. DSM-1은 132페이지에 128개의 진단 범주를 포함하고 있었으며, 가격은 3달러였다! 2013년에는 DSM의 다섯 번째 버전이 출판되었으며, 947페이지에 걸쳐 21개의 진단 범주 내 541개의 진단이 포함되어 있다(APA, 2013; 부록 F 참조). DSM-5는 정신장애와 관련해서 가장 널리 사용되고 인정받고 있는 진단 분류 체계이며, 다음과 같은 이유로 점점 더 그 중요성이 커지고 있다(Neukrug & Fawcett, 2015; Schwitzer & Rubin, 2015).

- 정신건강전문가들이 공통의 진단 언어를 통해 의사소통할 수 있는 수단이다.
- 내담자의 문제를 개념화하는 데 유용하다.
- 상담 및 치료 계획을 수립하는 데 도움이 된다.
- 내담자와 상담사가 내담자의 정신장애를 이해하는 데 기여한다.
- 내담자의 상담 및 치료 계획에 도움이 될 수 있는 약물 선택에 유용하다.

DSM-5는 보험 회사에 진단 정보를 제공하여 상담사 및 기타 정신건강전문가들이 상담 및 치료 비용을 보상받는 데 사용된다. 매년 약 20%의 미국인들이 정신장애를 겪고 있으며, 30% 이상이 상담을 받은 경험이 있는 사실을 고려하면(Kalkbrenner & Neukrug, 2018b; National Alliance on Mental Illness, 2018a), DSM이 중요한 평가 도구가 된 것은 놀라운 일이 아니다. DSM-5는 정신장애 진단 외에도, 상담사들이 Z 코드라고 불리는 분류 체계를 통해 심리사회적 및 환경적 스트레서를 식별하는 데 유용하다(예: 직업 상실, 결혼 문제, 노숙, 관계 문제). 정신 장애 코드와 Z 코드는 의료 제공자(예: 의사, 간호사 등)가 사용하는 국제 질병 분류(ICD) 매뉴얼에서 제공하는 코드와 유사하지만, DSM-5는 ICD보다 더 상세한 정의를 제공한다. 정신 장애 진단과 Z 코드를 나열하는 것 외에도, 상담사는 내담자의 심리적 기능에 영향을 미치는 의학적 진단을 기술하도록 권장된다. 따라서 한 개인에 대한 진단은 다음과 같이 표현될 수 있다,

F32.1 주요 우울 장애, 단일 삽화, 중등도
Z56.9 직업 관련 문제
Z63.0 배우자와의 관계 곤란

M50.020 경추 디스크 장애, 명시되지 않은 수준

진단 수행 및 보고하기

진단을 내릴 때는 단순히 질병명을 명명하는 것 외에도 여러 요소를 고려해야 한다. 여기에는 동반 질환의 목록화 방식, 진단의 하위 유형 및 명시자(specifier) 여부와 중증도, 잠정적(provisional) 및 비공식적 진단, "기타 명시된 장애"와 "명시되지 않은 장애"가 포함된다(Neukrug & Fawcett, 2015).

동반 질환: 미국에서는 약 800만 명이 하나 이상의 정신 장애를 동시에 겪고 있으며(Co-Occurring Disorders, 2018), 이들의 진단 순서를 고려하는 것이 중요하다. 첫 번째 진단은 주된 진단(principal diagnosis)이라고 하며, 2차 및 3차 진단은 임상적으로 관심을 기울여야 하는 순서대로 나열해야 한다. 만약 특정 장애가 일반적인 의학적 상태로 인해 발생했다면, 일반적으로 의학적 상태를 먼저 기록한 후 해당 장애를 기재하며, 보통 "일반적인 의학적 상태로 인해 발생함"이라는 설명을 추가한다.

하위 유형, 명시자 및 중증도: 일부 진단에는 하위 유형(subtype)이 있는데, 그 장애가 어떤 유형에 해당하는지를 명확히 해야 한다. 예를 들어, 적응 장애의 경우, 우울 기분을 동반하는지, 불안을 동반하는지, 혼합된 불안 및 우울 기분을 동반하는지, 행동 장애를 동반하는지, 감정 및 행동 장애를 혼합하여 동반하는지 또는 명시되지 않은 경우인지를 구체적으로 밝혀야 한다. 또한 많은 진단에는 명시자(specifier)가 있는데, 이는 증상을 더욱 세부적으로 설명하는 역할을 한다. 명시자는 서로 배타적이지 않으며, 하나 이상의 명시자를 선택할 수 있다. 예를 들어, 품행 장애의 경우 "제한된 친사회적 감정과 함께"인지 명시해야 하며, 이는 개인이 다음 중 두 가지 이상을 나타낼 때 사용된다: 죄책감 또는 후회의 감정 결여, 냉담함과 공감 부족, 성취에 대한 무관심, 피상적이거나 결핍된 감정 표현. 또한 DSM에서는 특정 진단의 중증도(severity)를 평가할 수 있다. 예를 들어, 주요 우울 장애의 경우, 내담자가 보이는 증상의 수와 유형에 따라 중증도를 경증, 중등도 또는 중증으로 평가할 수 있다. 요약하면, 하위 유형은 하나만 선택하고, 명시자는 해당하는 것을 모두 선택하며, 중증도는 장애의 심각도를 평가하여 기록한다.

잠정적 및 비공식적 진단: 상담사가 진단을 내릴 때, 내담자가 기준을 충족할 가능성이 높지만 아직 그 진단을 확실히 정당화할 충분한 정보가 없는 경우가 있다. 이때, 상담사는 잠정(예비, provisional) 진단을 내릴 수 있다(예, 잠정 장애: 순환성 장애). 추후 확정되면 '잠정적'이라는 표현을 제거할 수 있다. 마지막으로, 진단에 대한 여러 비공식적인 표현이 내담자를 이해하는 데 도움이 될 수 있다. 충분한 정보가 없어 특정 진단을 내릴 수 없지만 다른 장애를 고려할 수 있는 경우 "제외, 감별"을 사용한다(예: 범불안 장애 제외, 감별 진단). 어떤 사람이 기준을 충족하지는 않지만 해당 장애의 여러 특성을 보일 경우 "특성"(trait)이라는 용어를 사용한다(예: 자기애적 성격 장애 특성). 내담자가 과거에 다른 기관이나 전문가로부터 진단받은 적이 있지만, 현재 내담자가 그 장애를 경험하는 것으로 보이거나 그렇지 않다면 "과거 진단"(by history)이 사용된다(예: 과거 주요 우울 장애 진단). 마지막으로, 내담자가 과거에 특정 장애로 진단받았다고 말하는 경우 "자가 보고"(self-report)가 사용된다(예: 자가 보고에 의한 알코올 의존).

기타 명시된 장애 및 명시되지 않은 장애: 어떤 경우에는 내담자가 임상적으로 상당한 손상을 가지고 있지만 DSM 진단 기준을 완전히 충족하지 않을 수 있다. 우선, 내담자의 증상이 특정 진단 범주에 완벽히 부합하지 않지만, 그 이유를 명확히 설명할 수 있을 때는 기타 명시된 장애(other specified disorder)라는 표현을 사용한다. 반면, 내담자의 증상이 특정 진단 범주에 맞지 않거나, 상담사가 증상의 구체적인 특성을 명확히 설명할 수 없을 때는 명시되지 않은 장애(unspecified disorder)라고 진술한다. 예를 들어, 어떤 사람이 DSM에 나열된 공황장애의 많은 증상들을 가지고 있지만 충분하지 않을 경우, 진단은 "기타 명시된 공황장애"로 표현할 수 있다. 그렇지 않다면, 상담사는 "명시되지 않는 공황 장애"로 보고할 수 있다.

DSM-5에 대한 비판

DSM-5에 대해서는 여러 비판이 존재한다. 일부 비평가들은 특정 진단에 의문을 제기하며, 분류 방식이 비인간적이라고 생각하고, 진단이 낙인 효과를 초래한다고 주장한다. 또한 이들은 DSM-5가 충분히 과학적이지 않다고 비판하며, 진단 형성에 영향을 미치는 사회적인 요인들을 고려하지 않는다고 주장하고, 정신 장애가 개인 내부의 문제가 아니라 관계적인 문제로 봐야 한다고 믿는다(Cooper, 2017; Rubin, 2018). 이러한 비판에도 불구하고, DSM은 여전히 광범위하게 사용되며, 진단 과정만을 집중적으로 다루는 수업도 진행되고 있다(체험 활동 8.1 참조).

체험 활동 8.1

진단 내리기

DSM-5를 참고하여, 한 학생이 특정 진단을 연기하고, 나머지 학생들은 어떤 진단인지 맞히는 활동을 진행한다. 연기자는 자신의 진단명을 밝히지 않은 채 증상을 표현하며, 다른 학생들은 이를 평가해서 진단을 유추한다. 활동 이후에 다음 질문에 답해 보자.

올바른 진단을 찾아낼 수 있었나?
진단을 내리는 데 가장 도움이 된 기술은 무엇인가?
이 개인이 처한 상황에 적용될 수 있는 Z 코드가 있었나?
경쟁하는 진단이 있었나? 그렇다면, 어떤 것이 주요 진단이라고 생각하는가?
이 진단이 상담 및 치료 계획에 어떻게 도움이 될 수 있나?
이러한 방식으로 진단받는 것이 개인에게 어떤 문제를 초래할 수 있다고 생각하는가?

제이크에 대한 진단 내리기

이제 DSM-5를 사용하는 방법을 이해했으므로, 제이크에게 적용할 수 있는 하나 이상의 진단을 살펴볼 수 있다. 앞서 이 장에서 제시한 12가지 주제와 원인에 대한 아이디어를 참고하여, 몇 가지 잠정적인 진단을 내릴 수 있다. 제이크의 경우, 다음과 같은 진단을 고려할 수 있다.

- 불안 동반 적응 장애(F43.21)
- 범불안 장애 제외 감별 필요(F41.1)
- 외상 후 스트레스 장애 제외 감별 필요(F43.10)
- 철자 학습 장애 가능성(F81.81)
- 배우자 또는 친밀한 파트너와의 관계 곤란(Z63.0)
- 부모-자녀 관계 문제(Z62.820)
- 가족 내 높은 감정 표현 수준(Z63.8)

각각의 진단에 대해 간략히 살펴보자.

불안 동반 적응 장애: 제이크의 증상이 약 10주 전에 시작되었고 "확인가능한 스트레스 요인"(차에서 기어를 푼 아이들)에 대한 반응으로 보이기 때문에, 제이크의 증상은 "적응 장애" 범주에 해당한다. 불안을 느끼고, 체중 감소, 식욕 저하, 수면 장애, 강박적 사고 등 불안의 전형적인 징후를 보이기 때문에, 적응 장애는 "불안 동반"으로 분류된다.

범불안 장애 제외 감별 필요: 제이크는 범불안장애(GAD)의 진단 기준에 해당하는 증상을 다수 보이지만, 이 장애의 기준을 충족하려면 최소 6개월 이상 지속되어야 한다. 현재로서는 이 기준에 부합하지 않는다. 상담이 성공적이지 않고 같은 증상이 계속된다면 나중에 이 범주에 속할 수 있다. 희망컨대, 상담이 성공적이길 바란다!

외상 후 스트레스 장애 제외 감별 필요: 제이크는 PTSD의 일부 증상을 보이지만 모든 기준을 충족하지는 않아 보인다. 예를 들어, 제이크는 트라우마 상황에 노출된 적이 있고(여동생과의 사고), 가끔 사건에 대한 플래시백과 불쾌한 기억을 떠올리며, 자기 자신을 비난하고, 수면에 어려움을 겪으며, 안전을 보장하기 위해 과도하게 경계한다. 그의 증상은 삶에 상당한 스트레스를 주고 있지만, 비교적 경미한 정도의 불안 가운데 오랜 기간을 지내온 점을 고려하면, 일부 PTSD 요소가 여전히 존재하지만 제이크는 이 진단에 완전히 부합하지는 않는다.

철자 학습 장애 가능성: 제이크는 항상 철자에 어려움을 겪었으며, 이로 인해 학업에서 어려움을 겪었다고 언급했다. 학업에서의 다른 강점과 비교했을 때, 제이크는 잠재적인 철자 학습 장애를 가지고 있을 가능성이 있다. 이는 제이크와 상담자가 그의 삶에 도움이 될지 여부를 논의해 보면서 추가적으로 평가할 수 있다.

배우자 또는 친밀한 파트너와의 관계 곤란: 자녀들과 관련된 사건 이후 제이크와 안젤라의 사이가 안 좋아진 것은 분명하다. 그들의 성관계는 줄어들었고, 안젤라는 제이크의 통제 행동과 아이들을 홈스쿨링하라는 요구에 화가 나 있다.

부모-자녀 관계 문제: 제이크는 아이들의 행동을 통제하려는 방식으로 반응하고 있는데, 그 과정에서 자주 소리를 지른다. 그의 통제 시도에 대해 셀리아는 심인성 문제(복통)로, 루크는 학교에서 말을 듣지 않고 문제 행동을 보이는 방식으로 반응하는 것 같다. 아이들은 제이크의 지시에 잘 따르지 않는 모습도 보이고 있다.

가족 내 높은 감정 표현 수준: 제이크, 안젤라, 루크, 셀리아 모두 신경이 곤두서 있는 것 같다. 제이크는 안전을 보장하기 위해 모든 사람을 통제하려고 끊임없이 노력하고 있다. 아이들은 학교와 집에서 문제 행동을 보인다. 안젤라는 제이크가 아이들을 통제하고 그녀에게 아이들을 홈스쿨링하도록 밀어붙이는 것에 화가 나 있다. 가족 전체의 감정적 긴장도가 높은 상태이다.

결론

DSM-5를 이해하는 것이 로켓 과학처럼 어려운 일은 아니지만, 제대로 활용하려면 어느 정도 학습 시간이 필요하다. DSM을 사용하는 것은 사례 개념화 과정의 자연스러운 연장선이며, 상담 계획을 수립하는 데 유용한 도구가 될 수 있다. 제이크에 대한 몇 가지 주제, 원인에 대한 아이디어, 그리고 진단을 떠올렸으니, 다음 단계는 상담 계획을 세우는 것이다. 이를 통해 제이크가 자신에 대해 더 긍정적으로 느낄 수 있도록 돕고, 가족 내 건강한 관계를 형성하도록 지원할 수 있다.

상담 계획 수립

다음 단계는, 사례 개념화 과정과 진단을 반영해서 상담 계획을 세우는 것이다. 상담 계획은 내담자와 함께 작업할 방향을 제시하는 지도로서, 일반적으로 내담자의 문제를 파악하고, 상담 양식과 상담 목표, 그리고 변화를 어떻게 평가할지 제안하는 것이 포함된다.

> 진단 정보와 임상적이고 문화적인 요소들을 고려해서 상담 계획을 세우는데, 이는 상담 개입을 체계적으로 수행하기 위한 청사진 역할을 한다. 즉, "무슨 일이 일어났는가?" 또는 "왜 이런 일이 일어났는가?"라는 질문에 답하기보다는, "이 문제를 해결하기 위해 무엇을 할 수 있으며, 어떻게 해야 하는가"라는 질문에 답하는 것이다(Sperry, Carlson, Sauerheber, & Sperry, 2015, p. 5).

4단계 상담 계획 모델

일부 학자들은 상담사가 상담 계획을 세울 때 다음 네 단계를 고려해야 한다고 제안한다(Neukrug & Schwitzer, 2006; Schwitzer & Rubin, 2015): (I) 문제 정의하기, (II) 달성 가능한 목표 설정하기, (III) 상담 양식 결정하기, (IV) 변화 측정하기.

제이크의 사례로 돌아가서, 이 네 가지 단계를 상담 계획에 어떻게 적용할 수 있는지 살펴보자. 예를 들어, 내담자의 문제를 정의하는 과정에서는 주제, 원인에 대한 가설, 진단적 인상을 활용해서 다뤄야 할 핵심적인 문제를 결정할 수 있다. 제이크의 경우 다음과 같은 문제를 확인할 수 있다.

Ⅰ. 문제 정의하기

1. 불안 증상
2. 저스틴과 함께 경험한 사고에 대한 죄책감
3. 아이들에게 소리를 지르고 안젤라를 통제하려는 행동
4. 제이크에게 통제받는다고 느끼는 안젤라의 감정
5. 안젤라와의 친밀감 부족
6. 수면 부족, 체중 감소, 두통 등 신체 증상
7. 누구의 말도 듣지 않는 루크
8. 셀리아의 복통
9. 사고로 인해 자신의 원가족이 여전히 영향을 받고 있다고 느낌
10. 안젤라의 정체성 혼란

문제가 확인되면 이를 달성 가능한 목표로 변환시키는 것은 비교적 쉬운 과정이다. 다음은 제이크의 상담 목표이다.

Ⅱ. 달성 가능한 목표 설정하기

1. 제이크의 불안을 감소시킨다.
2. 제이크가 자신의 죄책감을 다룰 수 있는 방법을 모색한다.
3. 아이들에게 소리를 지르는 행동을 줄인다.
4. 아내를 통제하려는 행동을 감소시킨다.
5. 셀리아의 복통을 줄인다.
6. 루크가 더 잘 "듣도록" 돕는다.
7. 안젤라가 강한 자기 정체성을 형성하도록 돕는다.
8. 제이크의 수면의 질을 향상시키고 체중 증가를 돕고, 두통을 완화한다.
9. 제이크와 안젤라 사이의 친밀감을 회복한다.
10. 제이크의 원가족이 다시 정상적인 삶의 감각을 찾도록 돕는다.

제이크의 목표가 설정되면, 이를 달성하기 위해 어떤 상담 양식(treatment modality)을 사용할지 결정해야 한다. 제이크의 경우, 다음과 같은 상담 양식이 고려될 수 있지만, 반드시 모든 방법을 동시에 적용할 필요는 없다.

Ⅲ. 상담 양식 정하기

1. 제이크의 불안과 죄책감을 감소시키기 위한 개인 상담
2. 제이크와 안젤라 사이에 친밀감을 회복시키기 위한 부부 상담
3. 저스틴의 인지적 손상을 초래한 사건을 논의하기 위한 제이크와 그의 원가족을 대상으로 한 가족 상담
4. 안젤라가 자신의 정체성 문제를 다루기 위한 개인 상담 또한 가능함
5. 제이크의 불안을 감소시키기 위해 약물이 필요한지 평가하기 위한 정신과 상담

이제 목표가 설정되고 상담 방식이 결정되었기 때문에, 변화를 측정하는 것은 자연스럽게 진행될 수 있다. 다음은 제이크와 그의 가족의 변화를 측정할 수 있는 몇 가지 방법이다. 변화를 측정할 수 있는 다른 방법이 있을까?

Ⅳ. 변화 측정하기

1. 제이크의 불안 감소를 측정하기 위해 매 회기에 척도(1점=전혀 불안을 느끼지 않음, 10점: 극도로 불안을 느낌)를 사용해서 제이크로부터 구두로 확인하거나, Beck 불안 척도(BAI)와 같은 평가 도구를 사용함
2. 안젤라와 자녀들의 관찰 보고를 통해 아이들에게 소리치는 빈도 및 통제 행동이 감소하는지 측정함
3. 제이크와 안젤라가 각각 자기 보고를 통해 두 사람 사이에 친밀감이 증가하는지를 확인함
4. 제이크의 자기 보고를 통해 사고와 관련된 죄책감이 감소했는지 평가함
5. 안젤라가 자기 정체성을 확립하기 위해 상담에 참여하는지 여부
6. 제이크의 원가족이 단기 가족 상담에 참여하는지 여부
7. 시간이 지나면서 약물 사용이 감소하는지 확인함
8. 자기 보고 또는 일지를 활용해서 수면의 질 향상, 체중 증가, 두통 감소를 확인함

상담 계획 작성하기

상담 계획을 작성하는 데 있어 한 가지 방법만 있는 것은 아니다. 일부 기관이나 조직에서는 상담사가 제이크의 사례에서처럼 네 가지 단계를 모두 명확히 기술하는 것을 선호할 수 있다. 반면, 다른 기관에서는 제이크의 상황을 요약한 후 상담 권장 사항을 제시하는

것을 선호할 수도 있다(성찰 활동 8.1 참조).

성찰 활동 8.1

요약 및 권고사항 작성하기

다음은 제이크의 사례에 대한 요약과 권고 사항 목록이다. 요약에 추가할 내용이나 더 필요한 권고사항이 있는지 고려해 보고, 목록을 작성해서 수업 시간에 공유한다.

요약 및 권고 사항

이 내담자는 34세의 기혼 남성으로서, 불안 증가, 수면 문제, 식욕 저하, 두통, 결혼 문제 및 자녀와의 문제로 상담을 받으러 왔다. 내담자는 이러한 문제의 많은 부분이 자신이 10세 때 쌍둥이 여동생과 겪었던 자동차 사고, 그로 인해 자신의 원가족이 경험한 것과 관련이 있다고 생각한다. 당시 그는 여동생의 재촉으로 부모님의 차를 움직였다가 지나가던 트럭에 치여 여동생이 심각한 인지 장애를 입게 되었다. 내담자는 다치지 않았지만, 사고에 대한 죄책감과 책임감을 느낀다고 보고했다. 내담자는 사고로 인한 지속적인 죄책감과 불안으로 13세 때 상담을 받은 적이 있었고, 결혼 직전에도 압박감과 갇힌 듯한 느낌 때문에 한 번 더 상담을 받았다.

최근 내담자의 딸과 아들이 주차되어 있던 자신의 차를 밀어내어 차가 차도로 굴러가는 사건이 발생했다. 내담자는 이 사건이 자신의 불안을 다시 소환했다고 말한다. 이 사건 이후로 내담자는 집에 있는 사람을 안전하게 하려고 노력했는데, 이는 내담자가 자신의 불안을 통제하려는 시도로 이해된다. 내담자는 아내에게 아이들을 홈스쿨링하라고 요청했으나 아내는 이를 거부했다. 내담자는 가족의 안전을 보장하기 위해 가족을 계속해서 통제한다고 말한다.

내담자는 자신에 대한 이해도가 높은 편이며, 불안, 죄책감, 그리고 경미한 우울증을 겪고 있다. 이러한 문제들은 최근 내담자의 자녀들이 내담자의 차를 민 사건과 관련이 있는 것으로 보인다. 이 사고는 내담자가 10세 때 쌍둥이 여동생과 겪었던 자동차 사고를 연상시키며, 내담자의 두려움과 불안을 다시 소환한 것으로 보인다. 자신의 아이들에게도 비슷한 일이 일어날 것이라는 두려움이 내담자에게 엄습했고, 결과적으로 내담자는 자신의 불안을 통제하는 것을 힘겨워 하고 있다. 내담자는 주변 사람들을 통제함으로써 자신의 불안을 통제하려고 시도하고 있다. 이로 인해 자녀들에게도 증상이 나타나고 있고, 결혼생활에도 문제가 발생했다.

긍정적으로 보면, 내담자는 자신에 대한 이해도가 높고, 상담을 통해 자신의 삶을 돌아보고 가족의 문제를 치유하고자 한다. 내담자는 교육 수준이 높고, 총명하며, 자신의 삶을 변화시키는 것에 대해 희망을 갖고 있다. 다음과 같은 권고 사항을 제안한다.

- 불안 수준 감소를 위한 약물 치료 가능성을 평가하기 위해 정신과 의사에게 의뢰
- 여동생과 경험한 자동차 사고 관련 과거 이슈, 그리고 현재 내담자가 경험하는 가족 문제를 이야기하기 위해 주 1회 개인 상담을 추천함
- 결혼생활에서 경험하는 스트레스를 완화하기 위한 부부 상담 가능성 검토

- 내담자의 여동생에게 발생한 사고와 관련된 감정을 다루기 위한 원가족 상담 가능성
- 내담자가 원할 경우 철자법에 대한 학습 장애 가능성을 평가하기 위한 추가 검사

이론적 관점을 통한 사례 개념화

상담 이론에 익숙해질수록 특정 이론을 선호하게 되거나, 한 가지 이론을 중심으로 다른 이론적 접근을 통합해서 활용할 가능성이 높아진다. 또는 두 개 이상의 이론을 조합하여 자신만의 이론적 접근을 개발할 수도 있다(Corey, 2019). 현재까지 300개가 넘는 상담 이론이 존재하기 때문에(Neukrug, 2015; Meichenbaum & Lilienfed, 2018), 그중 어떤 이론을 선택할지는 어려운 과제가 될 수 있다. 오늘날 심리치료는 네 가지 주요 학파(정신역동, 실존주의-인본주의, 인지-행동, 포스트모던)로 구분되며, 대부분의 이론이 이 범주에 속한다(Neukrug, 2015, 2018). 아래에서는 각 학파에 대한 간략한 설명과 함께, 해당 학파의 관점을 따르는 상담사들이 제이크의 상황을 어떻게 개념화하는지에 대한 개요를 제시한다. 특정 관점에 따라 제이크에 대한 사례 개념화 작업을 수행하면, 사례 개념화를 어떻게 이론과 통합할 수 있는지 알 수가 있다. 여기서는 이 과정의 개략적인 흐름만을 소개하고자 한다.

정신역동적 접근

20세기 초반에 개발되어 현재까지 널리 활용되고 있는 정신역동적 접근은 다양한 형태로 존재하지만, 몇 가지 공통 요소를 포함하고 있다. 예를 들어, 모든 정신역동적 접근은 무의식과 의식이 개인의 기능에 개인적이고 "역동적인" 방식으로 영향을 미친다고 가정한다. 또한 발달 초기 자녀 양육방식이 아동의 성격 발달에 중요한 영향을 미친다고 가정한다. 또한, 과거를 탐색하고, 과거가 의식적/무의식적 요소와 어떻게 역동적으로 상호작용하는지를 이해하는 것이 상담 과정에서 중요하다고 믿는다. 이러한 접근들은 전통적으로 장기 상담으로 진행되는 경향이 있지만, 최근에는 비교적 짧은 형식으로 변형되어 사용되고 있다. 정신역동적 접근으로 간주되는 대표적인 이론으로는 정신분석, 융의 심리치료, 아들러 심리치료, 애착 치료, 대상관계 이론이 있다.

제이크의 사례: 정신역동적 접근을 따르는 사람들은 강한 자아가 인생의 힘든 시기를 견딜 수 있게 해준다고 믿는다. 왜냐하면 강한 자아는 인생의 장애물을 극복할 수 있는 자원을 찾는 방법을 알고 있기 때문이다. 제이크의 경우, 어린 시절의 무언가로 인해 장애물을 견딜 수 있는 자아를 형성하지 못했을 수 있다. 따라서 자신의 자녀들이 자동차와 관련된

사건을 겪었을 때, 제이크는 심리적으로 무너지기 시작했고, 수면 부족, 식욕 감소, 두통, 강박적 행동, 통제 욕구 등의 문제를 동반하는 심각한 수준의 불안을 경험했다. 정신역동적 접근을 따르는 상담사들은 제이크가 주요 양육자, 특히 부모와의 관계에서 형성한 초기 애착을 살펴보고 그 과정에서 무엇이 잘못되었는지 이해하도록 조력할 것이다. 궁극적으로, 제이크는 왜 자신의 자아가 충분히 강하게 발달하지 못했는지를 이해해야 하며, 상담사의 재양육(reparenting)을 통해 건강하게 기능하는 새로운 방식을 배움으로써 삶에서 가장 어려운 시기를 극복하게 될 것이다. 이러한 접근은 일반적으로 장기적인 상담을 요구하는데, 내담자의 과거를 탐색하고 재양육과 자아 강화 과정을 통해 새롭고 건강한 기능 방식을 발달시키는 것이 상당한 노력을 요구하는 과정이기 때문이다.

실존-인본주의 접근

실존주의와 현상학에 기반을 둔 실존-인본주의 접근은 20세기 후반에 특히 유행했지만, 오늘날에도 널리 사용되고 있다. 실존주의는 삶에서 의미와 목적을 찾기 위해 사람들이 하는 선택을 탐구하며, 심리치료적 관점에서는 사람들이 언제든지 새로운 삶의 방식을 선택할 수 있다고 본다. 현상학은 각 개인의 현실이 고유하며(unique), 그 사람을 이해하기 위해서는 그/그녀가 자신의 세계를 어떻게 이해하게 되었는지를 들어야 한다고 믿는다. 이러한 접근은 상담사와 신뢰롭고 "진실한" 관계를 형성하는 것, 지금-여기에 집중하는 것, 그리고 내담자가 자신의 삶에서 새로운 선택을 하도록 부드럽게 도전하는 것이 중요하다고 강조한다. 일반적으로 이 접근들은 정신역동적 접근보다 짧게 진행되지만, 인지-행동적 접근보다는 오래 진행되는 경향이 있다. 대표적인 실존-인본주의 접근으로는 실존 치료, 게슈탈트 치료, 인간중심 상담이 있다.

제이크: 이 접근에서는 상담 관계를 공동의 여정으로 간주하며, 신뢰롭고 수용적이며 공감하는 상담 관계를 통해서만 내담자가 자신의 가장 내밀한 생각을 이해하고 편안하게 공유할 수 있다고 믿는다. 이러한 관계가 발전함에 따라, 제이크는 상담 관계 안에서 점점 더 안전함을 느끼고 자신에 대한 모든 측면을 개방해서 이야기하게 될 것이다. 따라서 제이크는 쌍둥이 동생과 경험한 자동차 사고에 대한 자신의 감정, 자신이 느껴온 죄책감, 그리고 그것이 저스틴, 부모님, 아내, 아이들과의 관계에 어떤 영향을 미쳤는지 이야기할 가능성이 크다. 이 과정에서 제이크는 자신의 불안과 그로 인해 나타난 행동이 자신과 주변 사람들에게 부정적인 영향을 미쳤음을 검토하게 될 것이다. 상담 관계 내에서 제이크는 자신이 지금까지 한 행동과 관계에서 선택한 것들에 대해 책임을 인식하게 되고, 다른 무엇보다 현

재를 변화시키는 것이 중요한 과제가 될 것이다. 새로운 선택을 할 수 있는 방법을 탐색하면서 제이크의 불안은 줄어들고, 아내, 자녀, 저스틴 그리고 부모님과 진실되고 의미 있는 관계를 맺게 될 것이다.

성찰 활동 8.2

제이크의 실존-인본주의 상담 과정

제이크가 누구인지 알게 되었고 그가 처한 상황을 이해했으므로, 실존-인본주의 관점에서 제이크와 어떻게 상담할지 생각해 본다. 그런 다음 뉴크러그 박사와 제이크의 역할극을 시청한다. 뉴크러그 박사의 상담 방식은 당신이 상상했던 것과 일치하나? 그가 사용한 기법이 실존-인본주의적 관점에 부합한다고 생각하나? 제이크를 위한 상담 목표가 명확한가? 결국 그의 불안이 줄어들고 사랑하는 사람들과 더 효과적인 관계를 구축할 것으로 생각하나? 수업 시간에 당신의 생각을 공유해보자.

인지-행동적 접근

인지－행동적 접근은 인지/행동이 현재 삶의 방식에 어떤 영향을 미치는지를 탐색하며, 이러한 사고와 행동이 학습되었고 다시 학습될 수 있다고 가정한다. 이 접근에서도 관계 형성이 중요하지만, 이는 신뢰를 형성해서 내담자가 특정 행동과 사고를 변화시키도록 돕기 위한 수단일 뿐이며, 실존－인본주의 접근에서처럼 핵심적인 요소로 간주되지 않는다. 이 접근법은 내담자의 과거를 탐색하는 데 제한된 시간을 할애하는 경향이 있으며, 현재의 사고와 행동이 개인의 감정, 생각, 행동, 생리적 반응에 어떤 영향을 미치는지에 초점을 맞춘다. 또한 문제가 되는 행동과 사고를 식별한 후, 더 효과적으로 기능하게 하는 새로운 생각과 행동을 선택, 대체 또는 강화할 수 있다고 가정한다. 인지－행동적 접근은 정신역동적, 실존－인본주의 접근보다 단기적인 경향이 있다. 인지－행동 학파에 속하는 네 가지 접근이 20세기 후반에 좀 더 많이 알려졌는데, 행동 치료, 합리적 정서 행동 치료(REBT), 인지 행동 치료, 현실 치료가 여기에 해당한다.

제이크: 상담 관계를 형성한 후, 제이크는 자신의 사고와 행동을 검토하도록 요청받는데, 인지 왜곡, 비합리적 사고 및 부정적인 핵심 신념이 자신의 감정과 생리적 반응(예: 스트레스를 유발하는 높은 코르티솔 수치) 및 행동에 어떻게 영향을 미치는지 탐색할 것이다. 또한 자신의 행동이 주변 사람들에게 미치는 부정적인 영향을 살펴볼 것이다. 제이크는 심리 교육을 통해 자신의 사고와 행동을 바꾸는 방법을 배우고, 이를 통해 덜 불안을 느끼며, 아내

와 자녀, 부모님과 더 건강하고 사랑이 넘치는 관계를 맺게 될 것이다. 이 과정에서 상담사는 제이크에게 과제를 부여하는데, 연습과 상담사 및 주변 사람들의 강화를 통해, 제이크는 자신의 비합리적이고 잘못된 신념을 제거하고, 새로운 합리적인 건강한 핵심 신념을 발전시키며, 긍정적인 행동들을 하게 될 것이다(성찰 활동 8.3 참조).

성찰 활동 8.3

제이크의 인지-행동 치료 과정

제이크가 어떤 사람인지, 그리고 제이크의 상황이 어떤지 잘 이해했으므로, 이제는 인지-행동 접근에 따라 제이크와 어떻게 상담할 수 있을지 생각해 보시오. 그런 다음 뉴크러그 박사와 제이크와 진행한 역할극을 시청하시오. 이 작업은 당신이 예상했던 것과 일치하나? 그가 사용한 기법들은 인지-행동적 접근에 부합하나? 제이크를 위한 명확한 목표가 존재하나? 결국 제이크의 불안은 줄어들고, 사랑하는 사람들과 더 효과적인 관계를 맺게 될 것 같은가? 수업에서 여러분의 생각을 공유해보자.

포스트모던 접근

내러티브 치료, 해결중심 단기 치료, 관계-문화치료는 비교적 최근의 포스트모던 치료로서, 사회구성주의와 포스트모더니즘 철학에 기반을 두고 있다. 포스트모더니즘은 어떤 현실도 참된 진리를 갖고 있지 않다고 주장하며, 우리가 사실로 받아들였던 과거의 많은 가정들을 의문시해야 한다고 주장한다. 이 철학을 따르는 사람들은 특정 구조가 심리적인 문제를 유발한다는 기존의 잘 알려진 가정들에도 의문을 제기한다(예: 원초아, 자아, 초자아, 자아실현 경향, 핵심 신념, 내적통제소재 등). 사회구성주의는 사람들이 다른 사람들과의 대화를 통해, 자신이 속한 문화 및 사회 안에서 사용되는 언어를 통해 삶 속에서 의미를 구성한다고 가정한다. 이들은 권력을 가진 사람들이 언어, 행동, 법률을 통해 소수 집단에 속하는 사람들(예: 문화적 다양성을 가진 내담자, 여성, 장애가 있는 개인, 성적 소수자 등)의 삶에 부정적인 영향을 미칠 수 있다고 주장한다. 따라서 이들은 상담 관계가 평등하고 비병리적인 것에 초점을 두어야 한다고 강조한다. 과거의 문제는 억압적인 신념 체계에 내재되어 있는 경향이 있으므로 이를 반복해서 강조하기보다는, 내담자가 자신의 문제에서 예외적인 사례를 찾아내고, 창의적이고 새로운 방식으로 세상을 이해하는 방법을 찾을 수 있다고 제안한다. 일반적으로 포스트모던 접근은 단기 치료이며, 해결중심 단기 치료는 특히 짧은 기간 내에(때로는 5회기 미만) 진행될 수 있다.

제이크: 제이크와 상담하는 방식은 매우 다양할 수 있지만, 모든 포스트모던 접근은 기본적으로 제이크 안에 본질적으로 병리가 없다고 가정하며, 제이크가 새로운 삶의 방식을 찾을 수 있고, 대화를 통해 변할 수 있다고 믿는다. 따라서 제이크의 불안은 그의 성격 안에 내재된 것으로 간주되지 않으며, 상담은 긍정적이고 앞으로 나아가는 것으로 이해된다. 제이크의 불안이 제이크와 주변 사람들을 괴롭히고 있다는 것이 분명하다면, 포스트모던 상담사는 제이크의 이야기 또는 문제로 가득 찬 지배적인 이야기(narrative)를 이해하려 할 것이고, 제이크와 주변 사람들이 나아질 수 있게 하는 해결책을 찾으려 할 것이다. 상담사는 냉담한 전문가로서 또는 모든 것을 아는 사람처럼 행동하지 않을 것이다. 대신, 상담사는 궁금해 하고, 돌보는 자세를 나타내며, 제이크의 상황에 대해 겸손할 것이다. 상담사는 제이크의 이야기를 주의 깊게 들으면서, 제이크가 과거의 긍정적인 대처기제를 탐색하도록, 현재 가지고 있는 문제– 지배적인 이야기(예: 불안과 통제 행동)의 예외 사항을 확인하도록 조력할 것이다. 과거의 대처기제, 현재의 문제에 대한 과거의 예외 사항, 그리고 새로운 해결책을 확인함으로써, 제이크는 자신의 삶을 다시 서술하면서 새로운 이야기(narrative)를 발전시킬 수 있다. 이를 통해 제이크는 문제로 점철된 현재의 이야기를 덜 강조하게 되고, 보다 도움이 되는 긍정적인 서사와 생활 방식을 구축하기 시작할 것이다.

반성적 실무: 사례 개념화, 진단 내리기, 상담 계획 적용하기

Hinkle과 Dean(2016)은 역할극이 사례 개념화에 필요한 인지적 복잡성, 성찰 기술 및 감정 인식을 연습하는 데 도움이 될 수 있다고 보고했다. 물론 일대일 슈퍼비전 또한 유익할 수 있다. Ellis, Hutman과 Deihl(2013)은 반성적 실무 기술을 갖추고 있는 정도가 상담수련생마다 다르다는 것을 발견했다. 기초적인 수준에서, 수련생은 인과관계를 사용해서 치료적 사건을 설명할 수 있다. 그다음 수준에서 수련생은 사례 내에서 패턴을 분석할 수 있다. 최고 수준에서 수련생은 사례 간 패턴을 감지하고 성찰할 수 있으며, 사례 개념화 기저의 가정들을 도전할 수 있다. 수련생이 이 과정의 어느 단계에 있든, 상담 과정에 대한 이해가 깊어지고 슈퍼비전에 점점 더 적극적으로 참여할수록 사례 개념화와 진단, 상담 계획을 수립하는 데 더 능숙해질 것이다(체험 활동 8.2 참조).

체험 활동 8.2

사례 개념화 연습, 진단 내리기, 상담 계획 세우기

제1부: 안젤라

이 장에서 우리는 사례 개념화 과정을 통해 제이크의 상황을 어떻게 조망될 수 있는지 살펴보았다. 또한 제이크를 예로 들어 진단을 내리고 상담 계획을 세우는 방법을 살펴보았다. 마지막으로, 우리는 주요 네 가지 접근(정신역동, 실존-인본주의, 인지-행동적, 포스트모던 접근)에서는 제이크와의 상담이 어떻게 진행될 수 있는지 간략히 살펴보았다.

제이크를 이해하는 과정에서, 안젤라(제이크의 아내)의 삶 또한 엿볼 수 있었다. 부록 B와 D를 참고해서 안젤라의 상황을 한 번 더 검토해 보자. 이때 뉴크러그 박사가 정신역동적 접근과 포스트모던 치료를 사용해서 안젤라를 상담하는 장면을 확인하는 것도 유익할 것이다. 이를 통해 안젤라에 대해 추가 정보를 얻을 수 있고, 이러한 접근법에 대해 성찰하는 기회를 얻을 수 있을 것이다.

안제라에 대한 이해를 바탕으로, 생물심리사회 평가 모델을 사용해서 안젤라의 상황을 개념화해 보자. 그런 다음 DSM-5를 사용하여 진단을 내리고 안젤라를 위한 상담 계획을 세워보자. 마지막으로, 이러한 내용을 소집단에서 나눠보자.

제2부: 역할극

안젤라의 상황을 탐색하는 것 외에도, 옆에 있는 학생, 친구 또는 내담자와 역할극을 진행하고, 생물심리사회 평가 모델을 적용해서 사례 개념화를 진행한다. 그런 다음, DSM-5를 사용하여 내담자를 진단하고, 사례 개념화와 진단을 기반으로 상담 계획을 세워보자. 마지막으로, 내담자가 정신역동, 실존-인본주의, 인지-행동적 또는 포스트모던 상담을 받는다면 어떤 과정이 전개될지 생각해보자. 사례 개념화, 진단, 상담 계획이 어떻게 진행되었는지, 상담이 어떻게 진행될 것으로 예상했는지 소집단에서 나눠보자.

요약

이번 장에서는 사례 개념화, 진단 수립 및 상담 계획을 살펴보았다. 먼저, 사례 개념화(또는 사례 공식화, case formulation)가 내담자의 상황을 더 깊이 이해하는 데 도움을 주는 과정임을 설명했다. 다양한 사례 개념화 모델이 있으며, 이 중 일부는 특정 이론적 시각을 통해 내담자를 바라보고, 다른 것들은 특정 이론에 의존하지 않는다. 이 장에서는 비이론적 사례 개념화 모델 중 하나인 생물심리사회 평가 모델을 소개했다.

생물심리사회 평가 모델을 중심으로, 세 가지 영역, 즉 생물학적, 심리적, 사회문화적 영역을 탐색했다. 이때 각 영역에서 탐색해야 할 여러 분야를 조명했으며, 이 세 가지 영역이 서로 밀접하게 연결되어 있으며, 때때로 예상하지 못한 방식으로 서로 영향을 미칠 수 있음을 설명했다. 이런 이유로 이 모델은 총체적(holistic) 모델로 간주된다. 상담사가 각 영역을 깊이 이해할수록 특정 패턴을 발견하고 인과관계에 대한 가설을 세울 수 있으며, 이런 통찰은 진단 수립에 도움이 된다. 이 장에서는 제이크의 사례를 활용하여 생물심리사회 영역을 탐색하며, 주제와 인과관계에 대한 아이디어를 발전시키며 진단을 내리는 과정을 설명했다.

진단을 내리기 위해는 DSM-5에 대한 이해가 필수적이다. 따라서, DSM의 역사에 대해 간략히 설명했고, 이것이 정신건강 분야에서 어떤 의미를 갖는지 살펴보았다. 또한 DSM-5를 사용하여 진단을 내릴 때 고려해야 할 여러 요소들을 조명했는데, 여기에는 동반 질환 보고, 하위 유형(subtype) 및 명시자의 활용, 심각도 평가, 진단 시 사용되는 잠정적 진단, 비공식적 진단 등을 다뤘다. 그리고 감별 진단, 특성, 역사에 따른 진단, 자기 보고 등을 언급했다. 또한, "기타 명시된 장애" 또는 "명시되지 않은 장애" 진단을 사용하는 경우에 대해서도 설명했다. 이 절 마지막 부분에서는, 비록 DSM-5가 널리 사용되지만, 다양한 비판 또한 존재함을 언급했다. 예를 들어, 일부 연구자들은 특정 진단에 대한 타당성을 의심하며, DSM이 인간을 범주화함으로써 비인간화와 낙인을 초래한다고 주장한다. 또한 DSM이 과학적이지 충분히 검증되지 않았다는 의견도 있고, 사회적인 요인을 충분히 반영하지 못했다는 비판도 존재한다. 더 나아가 일부 학자들은 정신 질환이 개인에게 내재된 것이 아니라 관계적인 현상이라고 주장한다. 이 절을 마무리하면서, DSM-5를 사용해서 제이크를 진단하는 과정을 설명했다.

이후 사례 개념화와 진단 수립의 자연스런 결과로 나타나는 상담 계획에 대해 살펴보았다. 상담 계획을 수립하는 네 가지 단계를 제시했는데, 여기에는 문제 정의하기, 달성가능한 목표 설정하기, 상담 양식 결정하기, 변화를 측정하기가 포함된다. 이 네 단계를 제이크의 사례를 활용하여 설명했다. 비록 네 단계를 조명했지만, 상담 계획을 세우는 단일한 메커니즘이 없음을 언급했으며, 경우에 따라서는 단순히 내담자의 상황을 요약한 후 추천 사항을 나열하는 방식이 사용될 수도 있음을 언급했다.

장 후반부에서는 특정 이론적 시각을 통해 내담자를 분석하는 과정을 살펴보았다. 정신역동, 실존-인본주의, 인지-행동적, 포스트모던 상담을 간략히 설명했고, 이를 통해 제이크가 경험할 각각의 상담 과정이 어떤 모습일지 살펴보았다. 학생들이 다양한 상담 이론에 더 익숙해지면서 이론에 기반한 사례 개념화 작업이 진행될 것이다.

마지막으로, 반성적 실무의 중요성을 강조했는데, 상담사로서 사례 개념화 과정에 대해 지속적으로 성찰할 것을 강조했다. 또한 이 과정이 슈퍼비전을 통해 촉진될 수 있다고 언급했다. 추가적으로, 제이크의 아내인 안젤라의 상황을 활용해서 사례 개념화, 진단 수립, 상담 계획을 수립해볼 것을 제안했다. 더 나아가 동료 학생, 친구 또는 내담자와 역할극을 수행해서 사례 개념화를 연습하고, 진단 및 상담 계획을 수립할 것을 추천했다.

주요 단어 및 용어

“dia”(분리)
“gnosis”(인지하다, 알다)
DSM-5
감별 진단
게슈탈트 치료
관계-문화 치료
기타 명시된 장애
내러티브 치료
달성가능한 목표 설정하기
대상관계 이론
동반질환 진단
명시되지 않은 장애
명시자
문제 정의하기
변화 측정하기
병력에 의한(진단)
비공식적 진단
사례 개념화
사례 공식화
사회구성주의
사회문화적 영역
상담 계획 수립
상담 계획 작성하기
상담 계획의 네 단계
상담 양식 결정하기
생물심리사회 평가 모델
생물학적 영역
실존 치료
실존-인본주의적 접근
실존주의
심리적 영역
아들러 치료
애착 치료
융 치료
인간중심 상담
인과 관계에 대한 생각
인지행동 치료
인지-행동적 접근법
자가 보고
잠정적 진단
정신 장애의 진단 및 통계 편람
정신분석
정신역동적 접근
주제(또는 패턴)
중증도(심각도)
진단
특성
포스트모더니즘
포스트모던 접근
하위 유형
합리적 정서 행동 치료
해결 중심 단기 치료
행동 치료
현상학
현실 치료

CHAPTER 9

문화적으로 역량 있는 상담

학습 목표

1. 점점 더 다양해지고 있는 사회에서 문화적 역량을 갖추는 것이 중요한 이유를 이해한다.
2. 어떤 내담자들은 상담사가 다음과 같다고 믿는데, 이러한 이유로 상담을 경계한다는 점을 이해한다.
   a. 상담사들이 '용광로 신화(melting-pot myth, 동화주의)'라는 근거 없는 믿음을 가지고 있다.
   b. 상담사에게는 상담 관계를 조정하는 능력이 부족하다.
   c. 상담사는 사회적 영향력에 대한 이해가 부족하다.
   d. 상담사는 자문화 중심적인(ethnocentric) 세계관을 가지고 있다.
   e. 상담사는 자신의 무의식적인 편견에 무지하다.
   f. 상담사는 증상을 표현하는 데 문화적인 차이가 있다는 것을 이해하지 못한다.
   g. 상담사는 신뢰할 수 없는 평가와 연구 방법을 사용한다.
   h. 상담사는 제도적 차별에 대한 인식이 부족하다.
   i. 상담사는 개인주의적인 관점을 가지고 있다.
3. 문화적으로 유능한 상담의 정의와 그 과정을 이해한다.
4. 문화적으로 유능한 상담에 대한 세 가지 모델을 이해한다.
   a. RESPECTFUL 모델
   b. 다문화 및 사회정의 상담 역량 모델
   c. 문화적으로 유능한 상담에 대한 통합 모델
5. 다양한 집단을 대상으로 하는 상담 전략들을 검토한다.
   a. 다양한 인종과 민족 집단에 소속된 내담자
   b. 종교적 배경이 다른 내담자
   c. 여성

d. 남성
e. LGBTQ(lesbian, gay, bisexual, transgender, questioning)
f. 노숙자 및 빈민
g. 아동
h. 노인
i. 심각한 정신질환을 가진 내담자
j. 장애가 있는 내담자
k. 약물을 사용 및 남용하는 내담자

들어가며

> 각각의 사람은 모든 사람과 같고, 어떤 사람들과 비슷하며, 또 어떤 사람과도 같지 않다(Kluckohn & Murray, 1953, p.335).

우리는 이 장에서 문화적으로 다양한 내담자들과 어떻게 작업할 수 있는지 살펴보고, 다양한 내담자들과 성공적으로 일하기 위해 상담사가 갖추어야 할 신념과 태도, 지식과 기술의 중요성을 이해하고자 한다. 우선 다문화 상담의 중요성에 초점을 맞춘 다음, 다양한 배경을 가지고 있는 내담자들이 왜 상담을 경계하는지 9가지 이유를 살펴볼 예정이다. 그런 다음 문화적으로 유능한 상담의 정의를 살펴보고, 관련 모델과 역량을 확인할 것이다. 인종적으로/민족적으로 배경이 다른 집단을 포함해서 몇몇 집단을 상담하기 위한 전략들을 제공하면서 이 장을 마무리할 예정이다. 이러한 집단에는 다양한 종교적 배경을 가진 사람들, 여성, 남성, LGBTQ, 노숙자 및 빈민, 아동, 노인, 심각한 정신질환을 가지고 있는 사람들,

장애가 있는 사람들, 약물 사용자 및 남용자 등이 포함된다.

왜 다문화 상담인가?

2043년경에는 다양한 배경을 가진 사람들이 미국 인구의 다수가 될 예정이다. 그림 9.1에서 볼 수 있듯이, 2060년에 미국은 지금과는 매우 다른 모습이 될 것이다(U.S. Census Bureau, 2016, 2018a).

연도							
2016	61.3%	17.8%	13.3%	5.7%	1.3%	0.2%	2.6%
2060	43%	31%	15%	8.2%	1.5%	0.3%	6.4%
	비 히스페닉계 백인	히스패닉계	아프리카계	아시아계	미국 인디언	하와인 원주민/ 기타 태평양 제도민	둘 이상의 인종

그림 9.1 시간에 따른 미국 내 민족 구성의 변화

이런 인구 변화는 몇 가지 요인에 기인하는데, 소수민족 내 높은 출산율, 현재 대부분의 합법적 이민자들이 아시아인, 흑인, 라틴계 사람, 또는 다른 소수민족 출신이라는 점, 그리고 미국 역사상 가장 높은 이민율(U.S. Department of Homeland Security, 2018; U.S. Census Bureau, 2017b) 등이 그것이다. 과거 이민자들처럼 현재에도 많은 이민자들은 자신들의 문화적 유산에 강한 소속감을 느끼고 있다.

이민 패턴의 변화, 증가하는 인종 간 결혼 및 사회적 요인들로 인해 미국 사회의 인종/민족/문화적 배경뿐만 아니라 종교 구성 또한 변하고 있다(Pew Research Center, 2018a). 미국이 여전히 기독교 국가인 것은 분명하지만(약 50%가 개신교이고 20%가 가톨릭 신자임), 이전보다는 덜하고, 무슬림, 불교도, 힌두교도 등 종교적 소수 집단이 증가하고 있다. 또한, 23%에 달하는 미국인들이 특정 종교를 믿지 않으며, 그중 약 7%는 무신론자 또는 불가지론자들이다.

인종, 민족, 문화적으로 다양해질 뿐 아니라, 성정체성, 성역할 고정관념, 양성평등, 동성 관계에 대한 사회적 수용도 확대되고 있다(Pew Research Center, 2018b; Szymanski & Carretta, 2019; Trepal, Wester, Notestine, & Leeth, 2019). 어떤 사람들은 이러한 변화를 달가워하지 않겠지만, 차이(differences)를 이해하고 수용하는 것은 점점 더 현대사회의 규범이 되어가고 있는 것 같다.

지역사회, 주, 연방 차원의 법적 변화는 다양성을 수용하려는 움직임을 가속화했고, 이는 미국을 사회를 구성하는 다양한 집단에 대한 인식을 높이고 감수성을 강화하는 계기가 되었다. 이러한 인구통계학적 변화는 상담사가 다양한 내담자들과 효과적으로 작업할 수 있도록 접근 방식을 조정해야 함을 시사한다. 그러나 안타깝게도, 상담 분야에서 이러한 변화가 항상 충분히 반영되어 온 것은 아니다.

왜 일부 내담자는 상담을 경계하는가

상담사를 불신하고, 상담 과정이 혼란스럽고, 상담사와는 섬뜩하리만큼 멀리 떨어져 있는 것처럼 느낀다고 상상해 보자. 상담 관계를 시작하거나 지속하고 싶을까? 아마도 그렇지 않을 것이다. 안타깝게도, 다양한 문화적 배경을 가지고 있는 내담자들이 이렇게 느끼는 경우가 많다. 실제로 백인 내담자와 비교했을 때, 실제로 백인 내담자와 비교할 때, 문화적으로 다양한 내담자들은 상담사로부터 무시당하는 경험을 더 많이 하고, 상담 관계가 도움이 되지 않는다고 느끼며, 정신 건강 서비스를 덜 이용하고, 상담을 조기에 중단하는 경향이 있다(Escobar, 2012; Lo, Cheng & Howell, 2013; National Alliance on Mental Illness [NAMI], 2018a; U.S. Department of Health and Human Services, 2014; Williams, 2013). 문화적으로 다양한 내담자들이 상담을 불신하는 이유는 복잡하며, 역사적 요인과도 관련이 있다. 그러나 오랜 기간 제기되어 온 주요한 우려 사항은 다음과 같다(Hays & Erford, 2018; McAuliffe, 2019; Sue & Sue, 2016).

1. **용광로 신화(동화주의, melting-pot myth).** 오랜 세월 대부분의 백인들은 미국 사회를 "용광로"로 생각했는데, 이는 서로 다른 문화를 가진 사람들이 미국 문화에 동화된다고 믿는 것이다. 비록 모든 문화권의 사람들이 어느 정도 동화 과정을 거치지만, 미국의 이민 역사를 보면 비슷한 배경을 가진 이민자들이 같은 지역사회에 거주하면서 그들만의 고유한 전통을 유지하는 것을 알 수 있다. 이러한 문화적 모자이크(cultural mosaic)는 미국 사회에 아름다움과 다양성을 가져다주었다. 만약 상담사가 내담자는 커다란 미국 문화에 "녹아들어야" 한다고 가정한다면, 내담자는 마치 자신이 아닌 다른 누군가가 되어야 한다는 느낌을 받을 가능성이 높다.
   예시: 한 상담사는 상대적으로 빈곤한 사람들이 거주하는 지역에서 같은 문화권 사람들과 함께 살고 있는 내담자에게 "좀 더 안전한(백인들이 거주하고 있는)" 지역으로

이사하라고 권하고 있다. 내담자는 자신이 원하지 않는 일을 해야 할 것은 압력을 느꼈고, 가장 편안하게 지내는 사람들을 떠나야 할 것 같은 부담을 느꼈다.

2. **상담 관계를 조정할 능력의 부족**. 대부분의 상담 이론은 서양의 백인 남성 관점에서 개발되었고, 개인주의, 감정 표현, 인과관계, 자기 개방, 통찰의 중요성을 강조한다. 그러나 일부 문화권의 내담자는 이런 특징들을 중요하게 여기지 않을 수 있고, 이런 특징에 기초한 상담 접근이 편치 않을 수 있다. 그럼에도 불구하고, 일부 상담사들은 내담자의 문화적 배경에 따라 자신의 접근방식을 조정하는 것을 어려워하고, 심지어 어떤 상담사들은 이를 고려조차 하지 않는다.
   예시: 상담사는 베트남계 내담자에게 가족이 미국으로 이민 온 것에 대해 어떤 느낌을 가지고 있는지 말해 달라고 요청했는데, 정작 내담자의 자세나 목소리는 상담사의 이런 제안이 불편한 것처럼 보였다. 베트남에서는 감정 표현을 하는 것이 일반적이지 않기 때문에, 내담자는 이런 제안에 당황해하면서 곤혹스러워 했고, 못하겠다고 하면 상담사가 오해할 것만 같았다.

3. **사회적 영향력에 대한 이해 부족**. 상담사는 내적 요인(예: 생각, 무의식적인 요인, 감정)이 내담자의 선택에 어떻게 영향을 미치는지를 분석하는 데 능숙하다. 그러나 (내적인 힘에 초점을 맞추는)이런 접근을 취할 경우, 편견이나 차별과 같은 외부의 힘이 내담자에게 미치는 영향을 간과할 수 있다.
   예시: 직장에서 남성 동료보다 적은 임금을 받는 여성 내담자가 이러한 임금 불평등에 대해 몹시 불편해했다. 상담사는 "왜 그렇게 기분이 나쁘다고 생각하나요?"라고 질문했다. 이 경우, 상담사는 내담자가 임금 인상을 요구할 수 있도록 도와주는 것이 더 나을 수 있다.

4. **자민족중심적인 세계관**. 내담자가 비슷한 세계관을 가지고 있다고 상담사가 가정한다면, 특정 주제에 대해 내담자가 다른 생각을 가지고 있을 때 상담사는 내담자에게 부정적인 반응을 보일 수 있다. 상담사는 심지어 내담자의 반응이 정서적 불안정이나 오해의 표시라고 생각할 수 있다. 상담사는 내담자의 세계관을 존중해야 한다.
   예시: 상담사가 무슬림 내담자에게 "성탄절 잘 보내세요!"라고 말했는데, 이는 무심결에 내담자의 기분을 상하게 하는 행동이었다. 상담사의 인사말에 내담자가 열정적으로 반응하지 않자, 상담사는 이때 느낀 불쾌감을 비언어적으로 보여주었다.

5. **자신의 무의식적인 편견에 대한 무지**. 연구에 따르면, 대부분의 사람들은 특정 집단에 대해 어느 정도의 무의식적인 편견을 가지고 있다. 그러나 상담사가 자신이 가지고 있는 편견을 모니터링하지 않을 경우 내담자에게 부정적인 영향을 미칠 수 있다.
   예시: 상담사는 자신이 모든 성정체성을 수용한다고 믿고 있는데, 트랜스젠더는 자연의 법칙에 어긋난다고 생각한다. 트랜스젠더 여성과 상담할 때, 이 상담사는 내담자가 성전환과정을 설명하는 동안 자신이 얼굴을 찡그리고 있다는 것을 알아채지 못한다. 결국 내담자는 상담을 중단한다.

6. **증상 표현의 문화적 차이가 있음을 이해하지 못함**. 내담자의 문화적 배경에 따라 증상 표현이 극적으로 다를 수 있다. 상담사가 특정 증상이 병리의 표식이라고 가정하면, 내담자가 단순히 자신의 문화에서 일반적인 행동을 표현하고 있을 뿐이라는 사실을 깨닫지 못할 수 있다. 이는 잘못된 진단과 치료로 이어질 수 있다.
   예시: 푸에르토리코 출신 내담자가 신체적 불편을 호소했고 즉시 의사에게 의뢰되었다. 상담사는 일부 히스패닉 문화에서는 신체화가 슬픔을 표현하는 일반적인 방식이라는 사실을 몰랐다. 이 경우 내담자의 신체화는 푸에르토리코에 있는 자신의 딸을 그리워하는 내담자의 자연스러운 반응이었다.

7. **신뢰할 수 없는 평가 및 연구 도구**. 오랜 기간 평가 및 연구 도구들은 문화적으로 편견이 있는 것으로 악명이 높았다. 비록 개선되었지만, 효과적인 상담사는 이러한 도구를 사용하기 전에, 이 도구들이 모든 집단에서 어느 정도의 효과가 있는지 확인해야 한다.
   예시: 상담사는 아프리카계 미국 내담자가 소방관으로서의 능력이 어느 정도인지를 평가하기 위해 인지능력 검사를 실시한다. 이 검사가 백인들에게는 예측을 잘 하지만, 아프리카계 미국인에게는 그렇지 않고, 따라서 이 경우 검사를 사용해선 안 된다. 다른 형태의 평가(예, 실무능력을 평가하는 수행 기반 평가)를 사용했다면 더 좋았을 것이다.

8. **제도적 차별**. 성차별, 이성애규범성(heteronormativity), 선입견 및 편견이 사회에 스며들어 있지만 이들은 종종 인식되지 못하고, 조직과 기관에서 자연스럽지만 건강하지 않은 부분으로 자리 잡고 있다.
   예시: 정신건강 기관에 근무하고 있는 실무자들은 다른 누구보다 아프리카계 미국인 남성을 다른 인종보다 더 높은 비율로 조현병으로 진단한다. 실제로 아프리카계 미

국인은 조현병 발병률이 더 높지 않지만, 교육 프로그램과 정신건강센터가 아프리카계 미국인 남성과의 임상 면접을 올바르게 수행하는 방법을 이해하지 못해 이러한 내담자들이 종종 오진을 받는다.

9. **개인주의적 관점.** 백인들은 종종 개인주의적 관점(나는 스스로 문제를 해결할 수 있다!)에서 세상을 바라본다. 그러나 어떤 문화 집단은 역사적으로 집단주의적 관점을 가지고 있기 때문에, 부모, 연장자, 또는 지혜로운 사람들과 상의하는 것이 일반적이다. 만일 상담사가 의사결정의 주체는 내담자여야 한다고 가정한다면, 상담에 대한 내담자의 흥미는 떨어질 것이고, 주변의 주요 타인들과 상의 없이 내담자 혼자 결정하도록 압력을 가할 경우 더 넓은 시스템을 혼란스럽게 만들 수 있다.

   예시: 북미 인디언인 내담자는 결혼에 대한 중요한 결정을 내리기 전에 연장자들과 상의하고 싶어 한다. 그러나 상담사는 내담자가 스스로 결정을 내리는 것이 성숙의 표시라고 제안한다. 내담자는 혼란스럽고, 두 가지 다른 문화적 믿음 사이에서 갈등을 느꼈다. 이 경우 내담자가 연장자와 상의하는 것이 더 자연스럽고 건강한 접근이었을 것이다.

결론

위에서 언급한 아홉 가지 예시는 다양한 문화적 배경을 가진 내담자들에게 상담 관계가 왜 효과적이지 않았는지 그 이유를 강조하고 있다. 이는 상담사가 문화적으로 유능해야 할 필요성과 다양한 내담자를 상담할 때 더 높은 수준의 민감성이 필요함을 보여준다. 상담사는 위에서 언급한 문제뿐 아니라 이와 유사한 문제에 주의를 기울임으로써, 다양성에 대해 이해가 더욱 향상되고, 더 나은 상담 계획을 세울 수 있으며, 역사적으로 억압받은 내담자의 조기 종결 비율을 감소시키고, 상담 과정에 대한 만족도가 증가하는 것을 목격할 수 있을 것이다. 다음 절에서는 문화적으로 유능하다는 것이 무엇인지 살펴보고자 한다. 이어서 상담사가 문화적으로 유능해지기 위해 사용할 수 있는 몇 가지 모델과 역량을 소개할 것이다.

문화적으로 역량 있는 상담의 정의

'문화적으로 역량 있는 상담'에 관한 정의가 다수 존재하지만, 나는 직접적이고 핵심을 찌르는 McAuliffe(2013)의 정의를 좋아한다. McAuliffe는 문화적으로 역량 있는 상담이란 "내담자의 삶에서 문화적 차원을 식별할 준비가 항상 되어 있고, 이후 상담 과정에 문화를 통합하는 것"(p.6)이라고 제안한다. 이후 McAuliffe(2019)와 다른 학자들(예: Hays & Erford, 2018; Ratts et al., 2015, 2016; Sue & Sue, 2016)은 보다 구체적으로 문화적으로 역량 있는 상담 과정에는 다음과 같은 요소들이 포함된다고 주장했다.

1. 자신의 태도와 믿음을 인식하고 이것들이 내담자에게 미치는 부정적인 영향을 최소화한다.
2. 다양한 배경을 가지고 있는 내담자와 적절하게 상담할 수 있는 지식과 기술을 갖춘다.
3. 다양한 배경을 가지고 있는 내담자와 상담할 수 있는 능력을 향상시키기 위해 슈퍼비전 등을 통해 추가적으로 지식과 기술을 습득한다.
4. 다양한 문화와 배경을 가진 사람들을 이해하려는 호기심을 가지고 있고, 차이점을 수용할 수 있어야 한다.
5. 파워, 특권, 소외, 억압의 영향을 이해한다.
6. 필요할 때 내담자를 옹호할 의향이 있다.
7. 내담자와 상담 직군에 중요한 경우 대의(causes)를 옹호할 의향이 있다.
8. 내담자의 다양한 정체성이 교차하고 있음을 이해한다(성 정체성, 문화적 정체성, 인종 등)
9. 내담자가 상담 관계를 신뢰하지 못하는 다양한 이유를 이해한다.
10. 타인의 세계에 몰입하는 능력을 갖춘다.

문화적으로 유능해지기

RESPECTFUL 모델과 '다문화 및 사회정의 상담 역량'은 상담사가 내담자와 상담할 때 문화적 역량을 갖출 수 있도록 도움을 준다. 아래에서는 이 두 가지 접근을 각각 검토한 후, 다양한 배경을 가진 내담자를 상담할 때 적용할 수 있는 통합적 모델을 살펴보고자 한다.

RESPECTFUL 모델

1장에서 간략히 다뤘듯이, RESPECTFUL 모델은 상담사가 내담자와 상담사 간에 존재하는 10가지 잠재적인 차이를 탐색하는 데 실제적인 도움을 제공한다. 상담사가 애정 어린 호기심과 공감을 토대로 이 모델을 사용한다면, 상담사는 내담자를 더 깊이 이해할 수 있고, 내담자의 문화와 상담사의 문화 간에 존재하는 간극을 좁힐 수 있다. 이 모델은 다음과 같은 10가지 영역을 탐색한다(체험 활동 9.1 참조).

R: 종교(Religious)/영적 정체성
E: 경제적(Economic) 지위/배경
S: 성(Sexual) 정체성
P: 심리적(Psychological) 발달 수준
E: 민족적(ethnic)/인종적 정체성
C: 연령상의(Chronological)/발달상의 어려움
T: 다양한 형태의 외상(Trauma)과 심리적 안녕감을 위협하는 요소
F: 가족(Family) 배경 및 역사
U: 고유의(Unique) 신체적 특징
L: 거주 지역(Location of residence)과 언어 차이(Lewis, Lewis, Daniels, & D'Andrea, 2011, p.54)

체험 활동 9.1

RESPECTFUL 모델 사용하기

다른 학생과 짝을 이루거나, 수업 외에 진행할 경우 당신이 더 알고 싶은 사람과 함께 이 활동을 해 본다. 특히, 당신과 다른 문화권에서 온 사람을 찾을 수 있다면 이 작업은 더욱 의미 있는 경험이 될 것이다. 짝을 지은 후, 기초 기술과 정보 수집을 위한 질문을 활용해서 상대방에게 RESPECTFUL 모델의 10개 영역을 질문한다. 질의응답이 끝나면 상대방에 대해 무엇을 알게 되었는지 생각해 본다. 만일 상대방이 당신의 내담자라면, 당신이 수집한 정보가 이 사람과의 상담에 어떤 영향을 미칠 것으로 생각되는가? 가능하다면 당신의 생각을 다른 학우들과 공유한다.

다문화 및 사회정의 상담 역량[1]

원래 다문화 상담 역량과 사회정의 상담 역량은 별도로 개발되어, 상담사가 다양한 배

1) 이 절에서 인용한 어구는 Ratt 등(2015)에서 가져온 것임

경의 내담자와 효과적으로 상담하는 데 도움을 주었다. 그러나 다문화 상담과 사회정의 상담 사이에 긴밀한 관련성이 있음을 고려하여, 두 개념이 하나의 역량 체계, 즉 '다문화 및 사회정의 상담 역량'(multicultural and social justice counseling competencies(Ratts et al., 2015, 2016))으로 통합되었다. 이러한 역량들을 요약해서 아래에 제시하였다.

'다문화 및 사회정의 상담 역량'은 네 개 영역으로 구분된다: (a) 상담사의 자기 인식, (b) 내담자의 세계관, (c) 상담 관계, (d) 상담 및 옹호 개입. 첫 번째부터 세 번째 영역까지는 태도 및 신념, 지식, 기술, 그리고 행동을 기준으로 정의된다. 마지막 네 번째 영역(6장에서 옹호에 대해 이야기할 때 다룸)은 사회정의 활동에 초점을 두는데, 특히 다음과 같은 영역에 초점을 둔다: 개인 내적, 대인관계적, 제도적, 지역사회, 공공정책, 그리고 국제 및 글로벌 차원.

1영역: 상담사의 자기 인식

태도 및 신념: 상담사는 "자신의 사회적 정체성, (자신이 속한)사회적 집단의 지위, 힘, 특권, 억압, 강점, 한계, 가정, 태도, 가치, 신념, 편견을 인식한다(aware)"(p.5).

지식: 상담사는 "자신의 사회적 정체성, (자신이 속한)사회적 집단의 지위, 힘, 특권, 억압, 강점, 한계, 가정, 태도, 가치, 신념, 편견을 이해한다"(p.5).

기술: 상담사는 "자신의 사회적 정체성, (자신이 속한)사회적 집단의 지위, 힘, 특권, 억압, 강점, 한계, 가정, 태도, 가치, 신념, 편견"에 대한 이해를 함양하기 위한 기술을 가지고 있다"(p.5).

행동: 상담사는 "자신의 사회적 정체성, (자신이 속한)사회적 집단의 지위, 힘, 특권, 억압, 강점, 한계, 가정, 태도, 가치, 신념, 편견"에 대한 자기 인식을 증진시키기 위한 행동을 수행한다"(p.6; 체험 활동 9.2 참조).

체험 활동 9.2

상담사의 특권에 대한 인식

상담사가 자신이 어떤 종류의 특권을 가지고 있는지 인식하는 것은 내담자와 작업할 때 중요하다. 특권을 이해하면, 생활환경 때문에 어떤 내담자들은 다른 사람들보다 훨씬 더 힘든 시간을 보내고 있음을 인식할 수 있다. 이 활동을 통해 우리가 가진 특권의 종류를 검토할 수 있는데, 다음 두 가지 방식으로 연습해 볼 수 있다.

수업 중에 할 경우: 학생들은 강사와 약 3미터 떨어진 지점에 한 줄로 서서 강사를 바라본다. 강사는 부록 G에 있는 진술문을 읽고, 학생들은 지시를 따른다(각 진술문에 대해 한 걸음 앞으로 다가 오거나 또는 뒤로 물러선다). 이 활동을 통해 누가 더 많은 특권을 가지고 성장했는지 시각적으로 확인할 수 있다.

혼자서 할 경우: 진술문을 읽고, 한 걸음 앞으로 다가갈 경우에는 진술문 옆에 +를 표시하고, 한 걸음 물러서야 한다면 진술문 옆에 –를 표시한다. 그런 다음 +와 –를 모두 더한다(+가 7개이고, -가 5개라면 +2가 된다). 강사는 학급의 평균 점수를 집계하여, 개인 점수와 비교할 수 있게 한다.

논의: 활동을 마친 후 학생들은 다음 질문들을 가지고 토론한다.

1. 우리 사회에서 특권을 갖는 것은 얼마나 유리한가?
2. 특권을 가짐으로써 발생하는 단점이 있는가?
3. 특권이 없다는 것은 얼마나 불리한가?
4. 당신이 특권을 가지고 성장했다면, 그렇지 않았을 경우 당신의 삶은 어땠을까?
5. 당신이 특권이 적은 환경에서 성장했다면, 특권을 가지고 자랐다면 삶이 어떻게 달라졌을까?
6. 상담사로서 자신의 특권 경험이 상담을 진행하는데 어떤 영향을 미칠 것으로 생각되는가?

2영역: 내담자의 세계관

태도 및 신념: 상담사는 "내담자의 세계관, 가정, 태도, 가치, 신념, 편견, 사회적 정체성, (내담자가 속한) 사회적 집단의 지위, 힘에 관한 경험들, 특권, 억압 경험을 인식한다"(p.6; 성찰 활동 9.1 참조).

지식: **상담사는 "내담자의 세계관, 가정, 태도, 가치, 신념, 편견, 사회적 정체성,** (내담자가 속한)**사회적 집단의 지위, 힘에 관한 경험들, 특권, 억압 경험에 대한 지식을 가지고 있다"**(p.7).

기술: **상담사는 "내담자의 세계관, 가정, 태도, 가치, 신념, 편견, 사회적 정체성,** (내담자가 속한)**사회적 집단의 지위, 힘에 관한 경험들, 특권, 억압 경험에 대한 이해를 증진시키는 기술을 가지고 있다"**(p.7).

행동: **상담사는 "내담자의 세계관, 가정, 태도, 가치, 신념, 편견, 사회적 정체성,** (내담자가 속한)**사회적 집단의 지위, 힘에 관한 경험들, 특권, 억압 경험에 대한** (상담사의)**자기인식을 향상시키기 위한 행동을 수행한다"**(p.8).

성찰 활동 9.1

내담자에 대한 상담사의 지식

아래 제시된 사례를 읽어 보시오. 그런 다음 시각 장애가 있는 빈곤한 아일랜드계 미국인들에 대해 당신이 가지고 있는 지식을 기반으로, 만일 이 사람이 상담을 받으러 왔다면 당신은 이 사람을 어떻게 맞이할 수 있을지, 그리고 어떤 종류의 상담 계획을 고려할 수 있을지 생각해보자. 그런 다음 2부로 가서, 시각 장애인 그리고 아일랜드계 미국인들에 대한 지식이 어떻게 도움이 될 수 있었을지 생각해보자. 마지막으로 이 사례에 대한 당신의 생각을 수업에서 이야기해보자.

1부: "사례에 관한 설명: 존 맥거완은 시각장애가 있는 70세 홀아비로 강한 아일랜드 유산 및 문화를 가지고 있다. 최근 딸이 방문했을 때, 정오임에도 흐트러진 모습으로 여전히 파자마를 입은 채 먹다 남은 시리얼을 보면서 울고 있던 아버지를 발견했고, 상담실에 의뢰했다. 울음이 멈추었을 때에도 존은 무엇 때문에 이런 일이 발생했는지 딸에게 이야기 하지 못했다.

상담 약속 시간을 정할 때, 딸은 자신의 아버지가 지난 추수감사절(3개월 전) 이후로 '우는' 일이 몇 번 있었고, 흥겨운 아일랜드 음악을 들려주면 아빠를 달랠 수 있었다고 말했다. 추수감사절 이후로 존은 수면에 어려움을 겪었고, 이전에 즐겼던 대부분의 일에 대해 관심을 잃은 것처럼 보였다. 딸의 어머니 또한 아일랜드 사람으로서 강한 정체성을 느끼면서 살았는데, 갑자기 15개월 전에 심장마비로 사망했다. 존은 자신의 '눈이 되어' 일상의 필요를 돌봐주었던 아내에게 늘 의지했었다. 이들은 가톨릭계에서 운영하는 고등학교에서 만나 졸업 후 약혼했으며, 존이 19세였을 때 교통사고로 인해 눈에 심각한 손상을 입었고, 그로 인해 배관공 수습 기간을 마저 채우지 못했다. 이후 48년의 결혼생활 동안, 아내가 생계를 책임졌으며, 일하는 시간에는 이웃들이 딸을 돌봐주었다. 존은 점자로 된 시와 소설을 읽으면서 일상을 보냈는데, 작가가 되겠다는 실현되지 못한 포부를 가지고 살았다. 아내가 세상을 떠난 후, 그는 지팡이 쓰는 법을 배웠지만, 안내견을 키우는 것을 거부했다. 결국 존은 대부분의 시간을 자신의 작은 아파트에 머물렀으며, 토요일 밤마다 동네 작은 술집에서 술을 마시거나, 주일 미사에 참석하기 위해, 그리고 딸의 가족을 방문할 경우에만 밖에 나오곤 했다. 사망한 아내의 연금마저 지불이 끝난 상태여서 존의 재정 상태는 좋지 못했다. 딸은 아버지의 상태가 걱정되어 자신이 상담료를 직접 부담하겠다고 말했다." (Hansen, Pepitone-Arreola-Rockwell, & Greene, 2000, p.656).

2부: 다음은 만약 상담사가 시각장애 및 빈곤한 아일랜드 미국인들에 대한 전문적인 지식과 경험을 가지고 있다면, 내담자와 어떻게 상호작용할 수 있는지를 보여주고 있다.

"스미스 박사가 시각적으로 장애가 있는 빈곤한 아일랜드계 미국인을 상담한 경험과 지식을 가지고 있다고 상상해 보자. 이러한 배경을 가지고, 스미스 박사는 사생활을 중시하는 아일랜드 사람들을 존중해서 처음에는 존을 개별적으로 만나기로 결정한다. 스미스 박사는 대기실에서 존을 맞이했고, '제 팔을 잡으시겠어요?'라고 물어본다. 상담실에 들어가자마자 스미스 박사는 상담실에 관해 설명을 듣고 싶은지 존에게 물어 보았다. 즉, 다른 좌석 배치가 필요한지, 창문과 조명의 위치(어떤 시각장애인들은 환한 빛과 조명 때문에 부정적으로 영향을 받는다)가 괜찮은지 확인하려고 했다. 상담사는 존의 현재 주거 환경, 시각 손상 정도, 최근의 신체 및 심리적 증상에 관해 사실 위주의 질문을 한 다음, 좀 더 정서적인 무게가 실린 주제, 즉 아내의 사망에 관해 질문했다. 상담사는 존이 경험하고 있는 우울증의 원인에 대해 여러 가설을 가질 수 있다. 예를 들어, 아내 사망에 대해 미해결된 애도의 감정, 아내가 부재한 상황에서 독자적으로 대처할 수 있는 기술의 부족, 아일랜드 문화가 타인에게 도움을 요청하는 것을 꺼리게 하고 운명론적으로 인생을 바라보게 함, 시각 장애인들 사이에서 자주 발생하는 고립과 우울, 유전적 요인의 가능성, 나아가 현실 세계에서 존의 삶에 던져진 경제적 제약 등이 포함된다. 문화적으로 역량 있는 상담사라면, 존의 시각적 제약을 보완하기 위해 얼굴 표정이나 신체적 제스처를 언어로 설명하는 것과 함께, 직접적인 감정 표현을 금기시하는 아일랜드의 문화적 전통 사이에서 섬세한 균형을 찾고자 할 것이다. 또한, 차이점이나 갈등을 직접적으로 표현하는 것을 피하는 문화적 전통을 고려해서, 상담사는 유머나 스토리텔링 기법을 활용해 자신과 존 사이에 존재하는 차이를 간접적으로 탐색할 가능성이 크다(Hansen, Pepitone-Arreola-Rockwell, & Greene, 2000, pp.656-657).

3영역: 상담 관계

태도 및 신념: 상담사는 "내담자와 상담사의 세계관, 가정, 태도, 가치, 신념, 편견, 사회적 정체성, (내담자가 속한) 사회적 집단의 지위, 힘에 관한 경험들, 특권, 억압 경험이 상담 관계에 어떤 영향을 미치는지 인식한다"(p.9).

지식: 상담사는 "내담자와 상담사의 세계관, 가정, 태도, 가치, 신념, 편견, 사회적 정체성, (내담자가 속한)사회적 집단의 지위, 힘에 관한 경험들, 특권, 억압 경험이 상담 관계에 어떤 영향을 미치는지에 대한 지식을 가지고 있다"(p.9).

기술: 상담사는 "내담자와 상담사의 세계관, 가정, 태도, 가치, 신념, 편견, 사회적 정체성, (내담자가 속한)사회적 집단의 지위, 힘에 관한 경험들, 특권, 억압 경험이 상담 관계에 미치는 영향을 내담자와 논의할 수 있는 기술을 가지고 있다"(p.10).

행동: 상담사는 "내담자와 상담사의 세계관, 가정, 태도, 가치, 신념, 편견, 사회적 정체성, (내담자가 속한)사회적 집단의 지위, 힘에 관한 경험들, 특권, 억압 경험이 상담 관계에 미치는 영향을 더 깊이 이해하기 위해 행동을 취한다"(p.10; 체험 활동 9.3 참조).

체험 활동 9.3

상담 관계에서 문화적 차이에 대해 이야기하기

어느 누구도 껄끄러운 문제를 인정하고 싶지 않은 경우가 가끔 있다. 예를 들어, 내담자가 상담사와 문화적으로 다를 경우, 양측 모두 그 차이를 인식하지만 이에 대해 이야기하지 않는 경우가 있다. 그러나 지속적인 상담 관계에서는 두 사람의 차이점을 인정하고 이야기하는 것이 중요할 수 있다. 이를 통해, 내담자의 정체성이 내담자의 삶에 어떤 영향을 미쳤는지, 그리고 상담사와의 관계에는 어떤 영향을 미치고 있는지를 이해할 수 있다. 여러분은 인종이나 기타 다양성 이슈를 긍정적인 방식으로 이야기할 수 있는 기술을 가지고 있는가?
수업 또는 수업 외의 상황에서, 역사적으로 억압받은 집단에 속한 사람을 찾아본다. 아래 질문들을 사용해서, 그 사람과 솔직하고 개방적으로 대화한 후 아래 질문에 답한다.

1. 당신은 지금까지 어떤 형태로든 편견이나 선입견 또는 차별을 경험한 적이 있나?
2. 편견, 선입견 또는 차별을 경험했을 때, 당신은 어떻게 반응했나?
3. 계층, 성별, 인종, 성 정체성, 문화적 정체성 또는 기타 차이점 때문에 박탈당했다고 생각되는 특권(특혜)이 있나?
4. 여성, 흑인, 게이, 레즈비언, 가난한 사람, 장애인으로 살아가는 것은 어떤 경험인가?
5. 문화적인 차이가 상담 관계에 영향을 미칠 수 있다고 생각하나?
6. 제가 당신의 상담사라면, 상담 관계를 긍정적으로 만들기 위해 어떤 점을 고려하면 좋을까?

4영역: 상담 및 옹호 개입

a. **개인 내적 요인**: "한 사람의 개인적인 특성을 의미하는데, 예를 들어 지식, 태도, 행동, 자아 개념, 기술, 발달사 등이 있다"(p.11).
   개인 내적 개입: 상담사는 "특권을 가진 내담자와 소외된 내담자에게 영향을 미치는 개인 내적 과정을 다룬다"(p.11).
b. **대인관계 요인**: "사람들에게 정체성과 지지를 제공하는 대인관계 과정 또는 집단(가족, 친구, 동료들)"(p.12).
   대인관계 개입: 상담사는 "특권을 가진 내담자와 소외된 내담자에게 영향을 미치는 대인관계 과정을 다룬다"(p.12).
c. **제도적 요인**: "학교, 교회, 지역 기관과 같은 사회 내 제도를 의미한다"(p.12).
   제도적 개입: 상담사는 "제도적인 수준에서의 불공평함을 해결한다"(p.12).
d. **지역 사회 요인**: "지역 사회(community)는 사회에 내재된, 명시적, 암묵적 규범, 가치

및 규정을 반영한다. 이러한 규범, 가치 및 규정은 인간의 성장과 발전을 돕거나 억압할 수 있다"(p.13).

지역 사회 개입: 상담사는 "개인, 집단, 지역 사회의 발전을 저해하는 지역 사회의 규범과 가치, 규정을 다룬다"(p.13).

e. **공공 정책 요인:** "공공 정책은 내담자의 인간적인 성장과 발달을 규정하거나 영향을 미치는 지방자치, 중앙정부의 법령 및 정책을 의미한다"(p.13).

공공 정책 개입: 상담사는 "내담자의 발달을 방해하는 공공 정책 문제를 내담자와 함께 또는 내담자를 대신해서 해결한다"(p.13).

f. **국제 및 글로벌 문제:** "국제 및 글로벌한 문제는 심리적 건강 및 복지에 영향을 미치는 사건, 사고 및 정책을 의미한"(p.14).

국제적/전 세계적인 문제 개입: 상담사는 "내담자의 발달을 방해하는 국제적인/전 세계적인 사건, 사고, 정책을 내담자와 함께 또는 내담자를 대신해서 다룬다"(p.14; 체험 활동 9.4)

체험 활동 9.4

지역 및 글로벌 차원에서의 옹호 활동

나는 대부분의 학생들이 억압받는 사람들, 삶의 문제로 힘들어 하는 사람들에게 도움을 주기 위해 상담직업에 입문한다고 확신한다. 비록 상담 관계가 내담자의 자기존중감을 향상시키고 내담자 스스로 자신을 옹호하는 방법을 배우도록 도와줄 수는 있지만, 내담자를 돕는 또 다른 방법은 제도, 지역 사회, 공공 정책, 그리고 글로벌한 차원에서 옹호 활동을 전개하는 것이다. 소집단을 구성해서 이 집단이 사람들을 옹호할 수 있는 방법이 무엇인지 자유롭게 이야기해 본다. 목록을 작성한 다음 학급의 다른 구성원들과 공유한다. 만일 학급에서 충분한 관심과 의지가 있다면, 목록에서 한두 가지 항목을 선택하여 실천해 본다.

문화적으로 유능한 상담의 통합 모델

다문화적인 관점에서 한 개인을 이해하고자 하는 두 가지 모델로는 **개인 정체성 3중 모델과 다문화 상담의 실존적 모델**이 있고, 둘 다 세상에서의 존재 방식을 정의한다(Moodley & Walcott, 2010; Sue & Sue, 2013). 이 두 모델을 자유롭게 적용해서, 모든 사람이 구현하는, 자기(self)를 규정하는 세 가지 경험 영역을 도출했다: 개인적 경험, 집단적 경험, 보편적

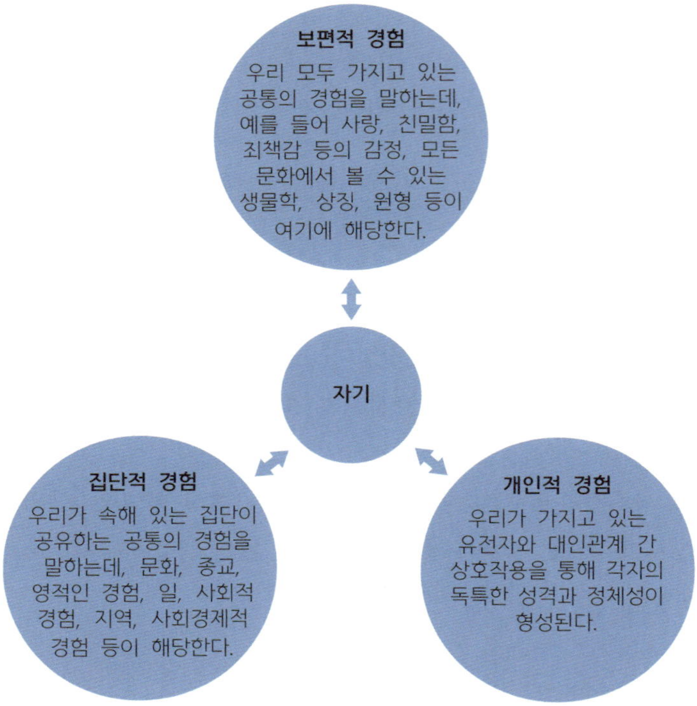

그림 9.2 자기를 규정하는 세 가지 경험 영역

(universal) 경험(그림 9.2 참조). 문화적으로 유능한 상담사는 내담자를 상담할 때 이 세 가지 영역에 있는 중요한 개념들을 고려해야 한다. 여기에는 상담사 자신의 편견을 인식하고 점검하는 것, 호기심을 갖고 존중하면서 협력적인 자세로 작업동맹을 형성하는 것, 내담자가 상담을 경계하는 9가지 이유 중 어느 것도 포함하지 않는 것, 내담자의 문화와 신념 체계를 학습하는 것(지식), RESPECTFUL 모델을 활용하는 것, 내담자의 문화적 배경에 적합한 기술을 활용하는 것, 내담자가 개인주의적인 관점을 갖는지 또는 집단주의적인 관점을 가지고 있는지 고려하는 것, 상담사로서 언제 옹호자가 되어야 하는지 아는 것, 자기를 규정하는 세 가지 경험 영역에 온전히 주의를 기울이는 것, 내담자의 복지와 상담 과정에 헌신하는 것 등이 포함된다. 그림 9.3은 이러한 주요 개념들을 시각적으로 제시하고 있고, 문화적으로 유능한 상담의 통합 모델을 보여준다.

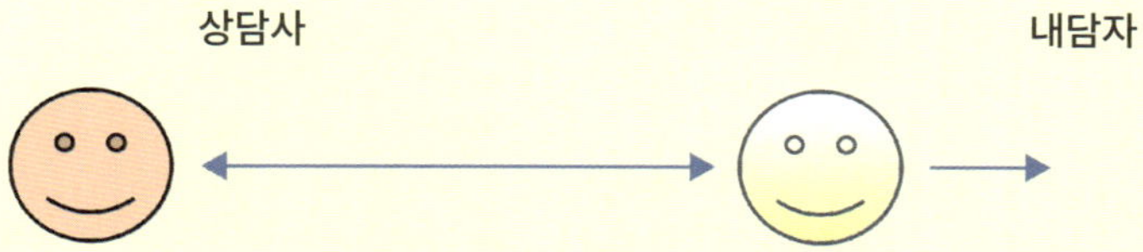

상담은 협력적인 과정이다

평가, 진단 및 처치 과정 포함 요소

1. 자신의 편견을 인식하고 지속적으로 점검한다.
2. 호기심을 갖고, 존중하며, 협력적인 자세로 작업동맹을 형성한다.
3. 내담자가 상담을 두려워하게 만드는 아홉 가지 이유 중 어느 것도 포함하지 않는다.
4. 내담자의 문화와 신념 체계를 학습한다("지식").
5. RESPECTFUL 모델을 사용한다.
6. 내담자의 문화적 배경에 적합한 상담 기술을 사용한다.
7. 내담자가 개인주의적 관점을 갖는지 아니면 집단주의적 관점을 가지고 있는지 고려한다.
8. 상담사로서 언제 내담자의 옹호자가 되어야 하는지 안다.
9. "자기"를 구성하는 세 가지 영역을 기억하고, 이 모두에 적절한 관심을 기울인다.
10. 내담자의 복지와 상담 과정에 헌신한다.

내담자의 "자기"
개인적 경험
집단적 경험
보편적 경험
(그림 9.2 참조)

그림 9.3 문화적으로 유능한 상담사

특정 집단과 상담할 때 고려해야 할 사항

이번 절에서는 다양한 배경을 가지고 있는 사람들 가운데에서도 특정 집단의 내담자를 상담하는 방법에 대해 다뤄볼 예정이다. 이 사람들이 이미 당신이 상담하고 있는 내담자의 배경을 대표할 수도 있는데, 만일 그렇지 않다면 이 사람들을 상담할 때 필요한 지식과 기술을 습득하기 바란다. 여기서 제시된 많은 제안들은 내가 이전에 저술한 작업(Neukrug, 2016, 2017b 참조)과 최근에 작성한 문헌에서 발췌하거나 재구성한 것들이다(성찰활동 9.2 참조).

성찰 활동 9.2

이게 당신인가요?

다음에 소개되는 다양한 집단에 대해 읽으면서, 당신이 현재 또는 과거에 이들 집단에 속한 적이 있는지 생각해 보자. 만약 그렇다면, 이러한 집단과 상담할 때 고려하라고 제안한 것들이 당신에게 그럴듯하게 다가오는지 살펴보자. 만약 제시된 내용이 잘 맞지 않는다고 느껴진다면, 추가하고 싶은 제안들이 있나? 또는 삭제해야 한다고 생각되는 내용이 있나? 추가하거나 삭제할 것이 있다면 출판사를 통해 또는 나에게 이메일 보내주기 바란다. 이 교재를 개정할 때 참고할 예정이다.

인종/민족적으로 다른 집단에 속한 내담자를 상담하기[2)]

아프리카계 미국인, 아시아계 미국인, 라틴계, 아메리카 원주민 간에 문화적인 차이가 크지만, 이러한 배경을 가지고 있는 사람들을 상담할 때 참고할 수 있는 몇 가지 제안들이 있다. 아래에 몇 가지 제안을 제시하였다(McAuliffe, 2019; McAuliffe, Grothaus, & Gomez, 2013; Sue & Sue, 2016).

1. **다문화 상담 및 사회정의 역량을 수용한다.** 당신이 가지고 있는 편견을 인식하고, 내담자의 문화적 배경에 대한 지식을 습득하며, 내담자의 문화적 배경을 토대로 상담할 수 있는 기술을 습득하고, 내담자가 스스로 옹호할 수 있도록 돕고, 내담자를 옹호할 준비가 되어 있어야 한다.
2. **내담자가 자신의 모국어를 사용할 수 있도록 장려한다.** 상담사가 반드시 이중언어를 구사할 필요는 없지만, 내담자의 모국어에서 중요한 표현을 알고 있다면 상담 관계 형성에 도움이 될 수 있다.
3. **내담자의 문화적 정체성을 평가한다.** 앞서 논의한 RESPECTFUL 모델 또는 통합적 모델(또는 당신이 선택한 다른 모델)을 활용해서 내담자의 문화적 정체성을 이해한다. 내담자의 정체성에 대한 우리의 가정이 정확하지 않을 때가 있다. 내담자의 문화적 정체성을 명확히 파악하는 것이 내담자의 욕구를 평가하고 목표를 설정하는 데 유용하다.
4. **내담자의 비언어적 표현의 정확성을 확인한다.** 비언어적 표현은 문화마다 다를 수 있으

2) Ed Neukrug가 편집한 Theory, Practice, and Trends in Human Services: An Introduction 중 Richmond Calvin이 저술한 "Counseling Myths Questionnaire"(pp. 206−215)를 각색한 것임. Copyright © 2012 Cengage Learning, Inc.

므로, 의문이 생기면 상담사는 내담자의 비언어적 표현에 대해 질문해야 한다.

5. **다양한 의사소통 방식을 활용한다.** 어떤 내담자들은 상담사를 불신해서, 상담 관계의 전체적인 사항을 이해하지 못해서, 또는 "부정확하게" 이야기하는 것이 두려워서(예: 영어가 제2외국어일 경우) 말로 자신을 표현하는 것을 꺼릴 수 있다. 이런 경우, 연기, 그림 그리기, 음악, 스토리텔링, 또는 콜라주 제작 등의 활동을 활용해서 의사소통을 촉진시킬 수 있다.
6. **내담자로 하여금 문화적으로 중요하고 개인적으로 의미가 있는 물건을 가져오도록 격려한다.** 내담자로 하여금 의미 있는 물건(예: 책, 사진, 의미 있는 물건, 문화적으로 의미 있는 물건)을 가져오게 하면, 상담사가 내담자, 내담자의 가족, 그리고 내담자의 문화를 이해하는 데 도움이 될 수 있다.
7. **(상황에 따라)상담 환경을 달리한다.** 어떤 내담자에게 상담 관계는 익숙하지 않은 영역일 수 있는데, 자그마한 은밀한 방에 앉아 있으면 불안을 느낄 수 있다. 가끔은 대안적인 조력 환경을 탐색하는 것이 현명할 수 있는데(예: 산책을 하고, 조용한 레스토랑에서 커피 한 잔을 하거나, 적절하다고 판단되면 내담자의 집에서 첫 만남을 갖는다), 이를 통해 내담자가 상담 관계에 다가올 수 있다.
8. **내담자에 대해 섣부른 결론을 내리지 않는다.** 특정 문화권 출신의 내담자가 정형화된 방식으로 행동할 것이라고 단정짓지 않도록 주의해야 한다. 많은 내담자는 기존의 고정관념과 일치하지 않는다.
9. **사회 · 정치적인 이슈들을 평가한다.** 현재 내담자에게 영향을 미치고 있는 사회적 · 정치적인 이슈들에게 대해 질문한다.
10. **능숙해지고 지식을 갖춘다.** 배려하면서 호기심을 보이고, 적절한 상담 기술을 활용하며, 내담자의 문화적 배경에 대해 알고, 약속을 지키며, 헌신하는 태도를 가진다.

다양한 종교적 배경을 가진 내담자 상담하기

어떤 내담자를 만나든, 내담자의 종교적 배경을 이해하고 그것이 상담 관계에 미칠 영향을 고려하는 것이 중요하다. 종교와 상담 관계에 대한 몇 가지 유의할 사항은 다음과 같다(Fowler, 1995; Association for Spiritual, Ethical, and Religious Values in Counseling, n.d. 참조; Young & Young, 2011).

1. **다문화 상담 및 사회정의 역량을 수용한다.** 당신이 가지고 있는 편견을 인식하고, 내담

자의 종교적 배경에 대한 지식을 습득하며, 그에 맞는 상담 기술을 익혀야 한다. 또한, 내담자가 자신의 신념을 옹호할 수 있도록 돕고, 상담사는 내담자를 옹호할 준비가 되어 있어야 한다.

2. **상담 관계 초기에 내담자의 종교적 배경을 파악한다.** 상담 계획을 수립하기 위해 상담사는 내담자가 어떤 종교를 가지고 있는지, 그리고 그것이 상담 관계에 어떤 영향을 미칠지 알아야 한다(예: 명절, 기도 시간, 호칭 사용 방식, 신체 접촉 관련 이슈 등). 접수 면접에서 이런 정보들을 얻을 수 있지만, 상담사는 내담자가 첫 만남에서 종교에 관해 이야기하는 것을 꺼리면 신중하게 접근해야 한다.
3. **종교가 내담자의 삶에서 얼마나 중요한지 질문한다.** 어떤 내담자에게 종교는 별다른 의미가 없을 수 있지만, 어떤 내담자에게는 삶을 이끌어 가는 핵심 요소일 수 있다. 어떤 경우건, 상담사는 내담자가 자신의 종교에 대해 깊이 이해하고 있다고 가정해서는 안 된다. 왜냐하면 많은 사람들, 심지어 스스로 독실하다고 생각하는 사람들조차 자신의 종교적 전통에 대한 이해가 기초적인 수준에 머물러 있는 경우가 있기 때문이다. 내담자의 삶에서 종교가 어떤 역할을 하는지 평가함으로써, 상담 목표를 설정하고 계획을 세우는 데 도움이 된다.
4. **내담자의 신앙 발달 수준을 평가한다.** 신앙 발달 수준이 낮은 내담자는 이원론적이고(dualistic) 구체적인 것을 선호하기 때문에 상당히 많은 정도의 구조와 뚜렷한 목표를 설정할 때 상담이 잘 진행된다. 반면, 신앙의 발달 수준이 높은 내담자는 세상을 복합적으로 바라보고, 다양한 신앙 경험을 존중하며, 추상적 사고와 자기성찰을 강조하는 상담 관계를 더 편히 여길 가능성이 크다(Fowler, 1995 참조).
5. **내담자에 대해 잘못된 가정을 하지 않는다.** 고정관념을 갖지 않도록 주의한다(예: 모든 유대인은 코셔 식단을 따른다). 또한 당신의 신념을 타인에게 투사하지 않는다(예: 기독교인인 상담사가 신앙을 가지고 있는 모든 사람이 원죄를 가지고 태어난다고 가정한다).
6. **내담자의 종교적 신념에 대해 스스로 학습한다.** 상담사는 내담자의 종교에 대해 기초적인 정보를 알고 있어야 한다. 수업을 듣거나 워크숍에 참석해서 배울 수도 있고, 관련 도서를 읽고, 내담자의 예배 장소에 참석하거나, 필요할 경우 내담자에게 직접 물어볼 수 있다.
7. **종교적 공휴일과 전통에 익숙해진다.** 상담사가 내담자의 종교와 관련된 주요 휴일과 전통을 배우려는 노력을 기울이면, 내담자는 상담사에게 더욱 친밀감을 느낄 수 있다. 또한 이는 황당한 실수를 방지하는 데 도움이 된다(어떤 이슬람교도들은 라마단 기간 중

에는 낮에 음식을 받으려 하지 않을 것이다).

8. **종교가 내담자의 무의식뿐 아니라 여러 차원에서 내담자에게 깊은 영향을 미친다는 점을 기억한다.** 종교가 없다고 말하는 내담자라도 어렸을 때 배웠던 종교적 가치에 의해 무의식적으로 영향을 받는 경우가 있다. 상담사는 단순히 내담자의 언어에만 귀를 기울이지 말고 행동을 봐야 한다. 예를 들어, "성당에 나가지 않는" 어떤 가톨릭 신자는 어린 시절 배웠던 종교적 신념 때문에 특정 문제에 죄책감을 느낄 수 있다.
9. **호기심을 보이고, 겸손하고, 헌신한다.** 우리가 모든 종교에 대해 완벽히 알 수는 없다. 그러나 우리가 내담자의 종교적 신념을 존중하고, 그것에 대해 더 많이 알고 싶어 한다는 것을 내담자에게 보여줄 수는 있다. 이러한 태도는 작업동맹을 공고히 하고 긍정적인 상담 성과를 가져오는 데 도움이 된다.

여성 상담

몇몇 저자들은 여성이 사회에서 경험하는 억압과 독특한 정체성 발달을 고려해서, 여성 내담자를 상담할 때 적용할 구체적인 지침들을 제안했다(American Psychological Association [APA], 2007; Clark, Neukrug, & Long, 2018; Pusateri & Headly, 2015). 아래에 몇 가지 지침을 제시했다.

1. **다문화 상담 및 사회정의 역량을 수용한다.** 당신의 편견을 인식하고, 내담자의 문화적 배경에 관한 지식을 습득하고, 그 배경을 바탕으로 상담할 수 있는 기술을 익히며, 내담자가 스스로를 옹호하도록 돕고, 내담자를 옹호할 준비를 한다.
2. **여성을 대상으로 수정된 상담 모델을 활용한다.** 많은 상담 모델이 소위 남성의 행동 모델에 기반을 두고 있다. 따라서 어떤 모델을 사용하건 그 모델이 여성을 염두에 두고 수정되었는지 또는 여성 친화적인지 확인해야 한다.
3. **평등한 관계를 형성하고, 파워를 포기하며, 상담 관계를 탈신비화한다.** 전문가의 역할을 대단하게 여기지 말고, 여성이 스스로를 신뢰하도록 격려한다. 여성 상담사는 여성 내담자에게 자기 개방을 활용할 수 있지만, 남성 상담사는 보다 신중해야 한다. 어떤 경우든, 상담사는 전지전능한 존재가 아니라 도움을 제공하는 동반자로 인식되어야 한다.
4. **내담자의 호소 문제가 어떻게 사회정치적 요인과 관련될 수 있는지 인식한다.** 종종 여성들은 학대하는 남성과 제도적 성차별(예: 임금 격차), 그리고 성역할기대(예: 여성들은 특

정한 방식으로 보여야 하고 그래야 아름답다) 때문에 무력감을 느낀다. 상담사는 이런 요인이 여성 내담자의 삶에 미친 영향을 탐색하도록 도와야 한다.

5. **여성들이 처한 곤경에 대해 여성이 느끼는 분노를 정당화한다.** 여성들이 어떻게 희생 당해온 것인지 내담자가 이해하게 되면, 상담사는 내담자가 자신의 무력함과 무망감, 낮은 자존감과 싸우는 것을 조력할 수 있다. 이는 여성 문제에 대한 인식을 증진시키는 활동(예: 독서, 세미나 참석, 여성 단체 활동 등)에 참여하도록 격려함으로써 촉진될 수 있다.
6. **내담자가 다른 여성들과 연계를 형성하게 되면, 감정을 표현할 수 있는 안전한 환경을 제공한다.** 사회가 여성을 대상화함으로써 여성들이 느끼는 두려움과 다른 여성들과의 경쟁이 매우 큰데, 상담사는 이런 감정을 정당화할 수 있다. 이런 감정들이 줄어들면서, 내담자는 다른 여성들과의 강하고 특별한 연대로 나아갈 수 있다.
7. **여성 문제에 대한 학습을 통해 치유를 촉진한다.** 내담자가 여성 문제, 여성에 대한 억압, 여성에 대한 사회의 고정관념 등을 학습하도록 격려한다. 이를 통해 내담자는 여성이 직면했던 많은 장애물을 이해할 수 있다. 이런 지식은 내담자에게 위로가 될 수 있는데, 이를 통해 내담자는 새로운 자기 인식을 발달시킬 수 있다. 또한 상담사는 내담자가 특정 남성에 대해 느끼는 분노와 남성 중심의 사회에 대해 느끼는 분노를 구분하도록 조력할 수 있다.
8. **기존의 가치와 새롭게 발견한 가치 사이에서 갈등하는 내담자를 돕는다.** 내담자는 새롭게 발견한 페미니즘적 신념과 이런 신념과 일치하지 않는 것으로 보이는 기존의 가치관 사이에서(예: 독립적이고 싶은 마음과 집에 머물면서 아이들을 양육하고 싶은 마음) 갈등할 수 있다. 상담사는 이런 모순되는 감정들을 정당화하고, 내담자가 경험하는 혼란을 인정하면서, 내담자가 자신의 신념 체계를 충분히 탐색하도록 지원해야 한다.
9. **내담자가 새로운 정체성을 통합하도록 촉진한다.** 내담자가 기존의 가치와 새롭게 발견한 가치를 탐색한 후, 상담사는 내담자가 수용하기로 선택한 다양한(때로는 상충되는) 생각들을 통합도록 도와야 한다(예: 집에 머무는 것과 일을 하는 것). 이를 통해 내담자는 자신의 신념과 삶의 방식을 스스로 결정할 수 있다는 점을 깨닫게 되고, 주체적인 힘을 느낄 수 있다.
10. **작별인사를 한다.** 내담자가 상담 없이 이 세상에서 살아가도록 격려함으로써 내담자가 새롭게 발견한 정체성을 가지고 앞으로 나아갈 수 있도록 돕는다.

남성 상담

> 아버지는 나를 받아들이지 않았지만, 나는 그를 받아들이는 법을 배웠다. 그런 후 그가 나를 받아들였다(Ed Neukrug).

현대 사회에서 남성들은 권력의 자리들을 차지했었고 또 계속해서 차지하고 있기 때문에, 종종 문제를 겪지 않는 존재로 보인다. 따라서 이들은 특권을 가진 집단으로 간주되는 경향이 있다. 그러나 상담사는 권력과 특권이 고유한 문제를 수반할 수 있다는 점을 인식해야 하며, 모든 남성이 이러한 위치에 있는 것도 아니라는 것을 이해해야 한다. 또한 남성들에게는 상담 관계 내에서 고려되어야 할 독특한 문제들이 존재한다. 이에 대해 많은 저자들이 남성 내담자를 상담할 때 고려해야 할 지침을 제시했다(Englar-Carson, Evans, & Duffey, 2014; Evans, Duffey, & Englar-Carlson, 2013; Neukrug, Bitton, & Crews, 2013; Wexler, 2009).

1. **다문화 상담 및 사회정의 역량을 수용한다.** 당신의 편견을 인식하고, 내담자의 문화적 배경에 관한 지식을 습득하며, 내담자의 문화적 배경을 토대로 상담할 수 있는 기술을 습득해서, 내담자가 스스로를 옹호하도록 돕고, 내담자를 옹호할 준비가 되어 있어야 한다.
2. **남성을 있는 그대로 받아들인다.** 남성 내담자는 상담 관계에 처음 들어올 때 경계심을 가질 수 있다. 따라서 신뢰를 형성하기 위해 내담자를 현재의 상태 그대로 받아들이는 것이 중요하다. 일단 남성 내담자가 상담 공간에서 안전하다고 느끼면, 자신의 문제를 해결하기 위해 적극적으로 노력하는 경향이 있다.
3. **"여성의 감정"으로 간주될 수 있는 것을 표현하라고 밀어붙이지 않는다.** 특성상 상담 관계에서는 일반적으로 '여성적인 감정'으로 여겨지는 감정(예: 깊은 슬픔, 무능감, 부적절감, 친밀감)을 표현해야 한다는 분위기가 형성된다. 그러나 남성들은 이러한 감정을 표현하는 것에 불편함을 느낄 수 있으며, 대신 논리적으로 사고하거나 문제를 해결하고, 목표를 설정하는 것, 혹은 분노나 자부심과 같은 감정을 표현하는 것에 더 익숙할 수 있다. 남성 내담자를 너무 빠르게 압박하면, 오히려 상담 관계에서 멀어질 수 있다.
4. **남성이 성역할 고정관념에 의해 어떻게 제한받아 왔는지에 대한 남성의 감정과 관점을 타당화한다.** 자아를 보호하기 위해 남성은 때때로 자신의 문제를 타인이나 사회의 탓으로 돌리는 경향이 있다. 따라서 상담 초기에 남성 내담자는 사회에서의 성 역할 고정관

념과 압박으로 인해 자신이 어떻게 제한받고 있는지에 대해 이야기할 수 있다(예: 가족을 위해 특히 열심히 일해야 한다는 부담감). 이러한 관점과 감정을 인정해 주는 것은 신뢰를 형성하고 상담 관계를 구축하는 데 도움이 된다. 상담사는 내담자의 감정을 수용하되, 반드시 이면에 있는 논리를 받아들일 필요는 없다.

5. **계획을 세운다.** 구조화와 목표 지향적 접근은 종종 남성에게 선호된다. 따라서 상담 초기에 상담사는 남성 내담자와 협력해서 상담 과정에 대한 계획을 수립하는 것이 좋다. 필요할 경우, 이후에 계획을 수정할 수도 있다.
6. **발달 과제를 논의한다.** 남성마다 고유한 문제가 있지만, 일반적으로 남성들이 겪는 공통된 발달적 과제로 씨름하고 있을 수 있다. 상담사는 이러한 이슈들(예: 중년의 위기)을 인지하고 논의해야 한다.
7. **새로운 감정을 표현하도록 천천히 장려한다.** 신뢰가 형성되면서 남성 내담자는 "부드러운" 감정, 때로는 "여성적"이라고 여겨지는 감정(예: 슬픔, 친밀감, 죄책감)을 표현할 수 있다. 상담사는 새롭게 발견된 감정을 표현하는 것을 강화해야 한다.
8. **내면의 문제를 탐색하고 새로운 세계관을 강화한다.** 새로운 감정을 표현하는 과정에서 내면에 숨겨져 있던 문제들이 드러날 수 있다(예: 해결되지 않은 어린 시절의 문제, 부적절감). 남성에게 중요하면서도 동시에 고통스러운 문제 중 하나는 아버지와의 관계이다. 아버지가 어떻게 본보기가 되었는지, 거리를 두었는지, 또는 사랑을 표현했는지가 남성의 관계 형성 방식에 영향을 미칠 수 있으며, 내담자는 과거의 이러한 틀이 현재 자신에게 여전히 적절한지 성찰할 필요가 있다.
9. **행동 변화를 탐색한다.** 자신에 대한 새로운 통찰을 얻은 남성들은 새로운 방식으로 행동하고 싶어질 수 있다. 내담자는 상담사와 협력해서 새로운 행동을 확인하고 실천할 수 있다.
10. **새로운 감정, 사고방식, 행동을 내담자의 삶에 통합하도록 격려한다.** 새롭게 표현된 감정, 새롭게 얻은 통찰, 그리고 변화된 사고 및 행동 방식은 점차 내담자의 삶 속에서 자연스럽게 자리 잡아갈 것이다. 상담사는 이러한 새로운 방식들이 지속적으로 정착될 수 있도록 적극적으로 강화하고 지원한다.
11. **새로운 남성 관계를 독려한다.** 남성 내담자가 성장함에 따라, 자신의 감정을 자유롭게 표현할 수 있는 새로운 남성 친구 관계를 형성하도록 격려한다. 남성 집단에서 남성들은 다른 남성과 좀 더 깊이 있는 관계를 형성하고, 지지를 받으며, 변화하도록 도전받는 기회를 가질 수 있다.

12. **상담을 마무리한다.** 어떤 남성들은 상담 관계를 지속하고 싶어 하지만, 다른 이들은 상담을 목표 달성을 위한 한시적인 과정으로 인식한다. 따라서 상담자는 작별을 고하고 상담 관계를 종료할 수 있어야 한다. 원활한 마무리를 통해 내담자가 필요할 때 다시 상담을 받을 수 있도록 심리적 기반이 마련된다.

LGBTQ 상담

레즈비언(L), 게이(G), 양성애자(B), 트랜스젠더(T), 그리고 성정체성을 탐색하는(Q) 사람들(LGBTQ)은 상담 시 고려해야 할 고유한 고민과 이슈를 가지고 있다. 따라서 LGBTQ를 위한 일반적인 상담 지침을 제시하는 것은 쉽지 않다. 그러나 연구를 바탕으로, LGBTQ 내담자를 상담할 때 고려할 수 있는 몇 가지 지침을 제시한다(Dragowski & Sharron-del Rio, 2016; Ritter, 2015; Sue & Sue, 2013; Szymanski & Carretta, 2019). 하지만 LGBTQ 여부와 상관없이 모든 내담자는 각자의 고유한 어려움과 삶의 여정을 가지고 있음을 항상 염두에 두어야 한다.

1. **다문화 상담 및 사회 정의 역량을 수용한다.** 자신의 편견을 인식하고, 내담자의 문화적 배경에 대한 지식을 쌓으며, 해당 배경을 바탕으로 효과적인 상담 기술을 익힌다. 또한 내담자가 스스로 옹호할 수 있도록 돕고, 상담자가 직접 옹호자로서 개입할 준비를 한다.
2. **정체성 문제를 이해한다.** 레즈비언, 게이, 양성애자, 트랜스젠더 및 성정체성을 탐색하는(Q) 개인들의 정체성 발달 과정, 특히 '커밍아웃 과정'과 관련된 문제를 이해한다.
3. **LGBTQ 내 개인차를 인식한다.** LGBTQ라는 하나의 범주로 묶이긴 하지만, 이들 사이에 개인차가 매우 크다. 예를 들어, 정체성 발달 과정은 LGBTQ 개인마다 상당히 다를 수 있다.
4. **LGBTQ 친화적인 상담 환경을 조성한다.** 상담 기관과 상담실이 모든 내담자에게 환영받는 공간이 되도록 한다. 이를 위해 상담실 내에 이성애 중심적(heteronormative) 또는 이성애 우월적(heterosexist) 자료들을 비치하지 않고, 모든 문서 및 설문지가 LGBTQ 친화적인지 확인한다. 물론, 상담사와 기관의 모든 직원들은 내담자들을 비판 없이 수용하고 존중하는 태도를 가져야 한다.
5. **LGBTQ 내담자에게 영향을 미치는 사회적 억압을 이해한다.** LGBTQ 개인들이 여전히 다양한 형태의 편견과 차별을 경험하고 있음을 인식하고, 이러한 사회적 억압이 내담

자의 정신 건강과 삶에 어떤 영향을 미칠 수 있는지 민감하게 살핀다.

6. **긍정적이고 강점 기반(Strength-based) 접근법을 사용한다.** 내담자의 성적 지향과 성 정체성을 긍정적으로 인정하고, 모든 성 정체성과 성적 지향이 동등하게 건강하다는 관점을 유지한다.
7. **내담자의 생활방식을 함부로 단정하지 않는다.** LGBTQ 내담자가 대중매체에서 묘사하는 LGBTQ 생활방식에 익숙하고 편안할 것이라고 가정하지 않는다. 실제로 많은 LGBTQ 사람들은 영화나 TV에서 묘사하는 생활방식과는 다른 삶을 살아가고 있다.
8. **LGBTQ 내담자들이 겪는 특수한 문제를 숙지한다.** LGBTQ 사람들이 직면하는 고유한 문제를 이해하기 위해 전문 문헌을 읽고, LGBTQ 관련 단체나 모임에 참여하여 경험을 쌓는다.
9. **지역사회 자원을 파악한다.** LGBTQ 내담자들에게 유용할 수 있는 지역사회 내의 자원을 파악한다.
10. **종교와 LGBTQ 정체성 간의 특수한 관계를 이해한다.** LGBTQ 사람들이 종교적·영적 측면에서 겪을 수 있는 독특한 고민과 갈등에 대해 숙지한다.
11. **호기심을 가지고 겸손하게 접근하며, 헌신한다.** 상담사가 모든 LGBTQ 내담자에 대해 완벽히 알 수는 없지만, 그들의 삶과 정체성을 존중하고 배우려는 자세를 보이는 것이 중요하다. 이러한 태도는 상담사와 내담자 간의 신뢰를 형성하고, 긍정적인 상담 결과를 도출하는 데 중요한 역할을 한다.

빈곤층과 노숙인을 위한 상담

미국에서는 매일 50만 명 이상의 사람들이 노숙을 경험하고 있으며, 아동의 약 18%와 전체 인구의 13%가 빈곤선 이하에서 생활하고 있다. 이러한 현실에서 상담사들은 빈곤층과 노숙인을 효과적으로 돕는 방법을 숙지하는 것이 필수적이다. 다양한 연구를 바탕으로, 빈곤층과 노숙인을 상담할 때 고려해야 할 몇 가지 일반적인 지침을 제시한다(APA, 2018; Clark, Moe, & Hays, 2017; Foss-Kelly, Generali, & Kress, 2017; U.S. Census Bureau, 2018a; U.S. Department of Housing and Urban Development, 2017; Zalaquett & Chambers, 2017).

1. **다문화 상담 및 사회 정의 역량을 수용한다.** 자신의 편견을 인식하고, 내담자의 문화적 배경에 대한 지식을 쌓으며, 해당 배경을 바탕으로 효과적인 상담 기술을 익힌다. 또

한 내담자가 자기 옹호를 할 수 있도록 돕고, 상담자가 직접 옹호자로서 개입할 준비를 한다.

2. **사회 문제에 초점을 맞춘다.** 기본적인 생존 욕구를 해결해야 하는 내담자와 상담할 때는 대인관계나 개인 내면의 문제보다는 식량과 주거 확보 등과 같은 현실적인 사회 문제 해결에 초점을 맞추는 것이 중요하다. 물론, 심리적 문제도 간과해서는 안 되지만, 상담 초기에는 생존과 직결된 기본 욕구를 우선적으로 해결해야 한다.
3. **관련 법률을 숙지한다.** 맥킨니–벤토 노숙자 지원법(McKinney–Vento Homeless Act)과 같은 법률은 노숙인이 주거와 식량을 찾도록 돕고, 노숙 아동이 공교육을 받을 수 있도록 보장한다. 이외에도 주거 지원, 식량 지원(푸드 스탬프), 의료 서비스 등 빈곤층을 돕는 다양한 법률이 존재한다. 상담사는 노숙인과 빈곤층과 관련된 연방 및 주(州) 법률을 숙지하여 상담 과정에서 적절히 활용할 수 있어야 한다.
4. **내담자의 인종 · 민족 · 문화적 배경을 안다.** 노숙인과 빈곤층 중 상당수가 역사적으로 억압받은 집단에 속해 있다. 상담사가 이러한 내담자들과 효과적으로 관계를 형성하려면, 문화적 차이에 대한 이해를 높이고, 다양한 문화적 배경을 가진 내담자들과 편안하게 소통할 수 있어야 한다.
5. **건강 위험에 대한 지식을 갖춘다.** 노숙인과 빈곤층은 AIDS, 결핵 및 기타 질병에 걸릴 위험이 더 크다. 상담사는 이러한 질병에 대한 기본적인 지식을 갖추고, 기초적인 건강 상태를 확인할 수 있어야 하며, 필요한 경우 의료 서비스 기관으로 연계할 수 있어야 한다.
6. **다양한 문제를 동시에 다룰 준비가 되어 있어야 한다.** 전체 노숙인의 최대 50%가 정신질환 또는 약물남용 문제를 겪고 있다. 따라서 상담사는 노숙과 빈곤뿐만 아니라 정신질환 및 약물 의존 문제까지 함께 다룰 수 있어야 한다.
7. **발달 지연을 이해하고 적절한 기관에 의뢰한다.** 빈곤층 및 노숙 아동은 언어 및 사회적 기술 발달이 지연될 가능성이 높으며, 학대 경험이 있을 가능성이 크고, 운동 발달 지연을 겪을 가능성 또한 높다. 상담사는 이러한 발달 지연을 어떻게 확인하는지 알고 있어야 한다.
8. **심리적 영향을 이해한다.** 상담사는 빈곤과 노숙이 내담자에게 미치는 심리적 · 정서적 영향을 이해해야 한다. 이러한 영향에는 절망감, 우울증, 그리고 희망 상실감 등이 포함될 수 있다.
9. **지역사회에 있는 자원을 숙지한다.** 상담사는 지역사회 내에서 빈곤층과 노숙인을 지원

하는 다양한 자원과 프로그램을 숙지하고 있어야 하며, 필요할 때 적절한 기관으로 내담자를 의뢰할 수 있어야 한다.

10. **내담자의 강점을 확인하고 이를 강화한다.** 빈곤층과 노숙인은 종종 사회적으로 낙인이 찍히며, 이러한 사회적 시각이 내면화되기도 한다. 상담사는 내담자가 자신의 강점을 발견하고, 이를 활용하여 더 나은 삶을 향해 나아갈 수 있도록 도와야 한다. 또한 내담자의 존재 자체와 그들이 가진 강점을 인정하고 격려하는 것이 중요하다.

아동 상담

오늘날 약 20%의 아동이 정신 건강 문제를 가지고 있으며, 11%는 기분 장애, 10%는 품행 장애, 8%는 불안 장애를 가지고 있다. 또한, 평생에 걸친 정신질환 사례의 절반이 14세경에 시작된다(NAMI, n.d.). 성인과 마찬가지로, 아동도 정신질환, 빈곤, 질병, 위기 또는 트라우마에서 자유롭지 않다. 따라서 상담사는 아동을 위한 적절한 개입 방법을 알고 있어야 한다. 아래에 아동 상담을 어떻게 진행할지에 관한 몇 가지 생각을 제시했다(Henderson & Thompson, 2016; National Institute of Mental Health, 2009; Vernon, 2009).

1. **다문화 상담 및 사회적 정의 역량을 수용한다.** 자신의 편견을 인식하고, 내담자의 문화적 배경에 대한 지식을 습득하며, 그에 맞는 상담 기술을 익힌다. 또한, 내담자가 스스로 옹호할 수 있도록 돕고, 상담사가 직접 옹호할 준비도 해야 한다.
2. **비밀 유지의 한계를 이해한다.** 7장에서 언급했듯이, 일반적으로 부모는 자녀의 상담 내용에 대한 모든 정보를 알 권리가 있다. 부모를 잠재적 적대자로 보기보다, 아동의 건강을 위해 부모와 협력적인 관계를 구축하는 것이 중요하다. 이는 까다로운 일이 될 수 있지만, 상담사는 아동과의 신뢰 관계와 부모와의 협력 관계를 조화롭게 유지해야 한다. 이러한 균형은 아동의 연령과 가족 역학에 따라 달라질 것이다.
3. **발달 이론을 숙지한다.** 아동은 저마다 다른 속도로 성장하지만, 생물학적, 인지적, 도덕적 발달은 예측이 가능하다. 아동이 정신 건강 문제, 불안정한 가정환경, 상담 부재 등의 상황을 겪을 경우, 이러한 발달 과정은 더욱 혼란스러워질 수 있다. 그러나 상담사가 생애 발달 이론을 충분히 이해하고 있다면, 아동이 이러한 단계를 보다 건강하고 덜 충격적인 방식으로 통과할 수 있도록 도움을 줄 수 있다.
4. **아동에게 적합한 상담 기술을 사용한다.** 아동 상담은 성인 상담과 다르다. 따라서 상담사는 일반적으로 아동 중심적인 접근방식을 취해야 하며, 신뢰 관계를 구축하는 능

력을 갖추고, 선택지를 포함한 질문을 활용할 수 있으며, 다양한 의사소통 방식을 사용할 수 있어야 한다. 또한, 발달 수준에 맞는 활동을 적용하고, 아동의 세계(친구, 학교, 가족 등)를 이해하는 것이 중요하다.

5. **대안적인 의사소통 방법을 활용한다.** 인형, 그림책, 찰흙, 꼭두각시 등 발달 수준에 적합한 다양한 도구를 사용하면 아동은 자신의 고민을 보다 쉽게 표현할 수 있다. 아동은 이러한 물체에 자신의 경험을 투영하며, 이를 통해 자신의 삶을 이야기할 수 있다.
6. **아동을 이끌지 않는다.** 특히 어린 아동은 쉽게 영향을 받을 수 있으며, 상담사가 무심코 전달한 정보로 인해 잘못된 믿음을 형성할 수도 있다. 따라서 상담이 아동 중심으로 진행되어야 하며, 아동이 진짜 자신의 이야기를 하도록 해야 한다. 상담사의 편견이 아동의 이야기 형성에 영향을 미치지 않도록 주의해야 한다.
7. **관련 법률을 숙지한다.** 비밀 유지, 사생활 보호, 양육권, 학대 등의 법률은 주마다 다르다. 상담사는 이러한 법률을 숙지하고, 상담 관계에 미칠 영향을 이해해야 한다. 상담사는 대부분의 경우 학대가 의심될 때 이를 신고해야 할 의무가 있기 때문에, 아동 보호 서비스나 관련 기관에 연락하고 협의하는 방법을 알고 있어야 한다.
8. **이용 가능한 자원을 파악한다.** 적절한 평가가 시행된 후에, 상담사는 때때로 아동을 의사, 발달 전문가, 특정 분야(예: 트라우마)에 대한 전문성을 갖춘 치료사 또는 기타 전문가에게 의뢰해야 할 수도 있다. 이러한 경우를 대비해, 상담사는 잠재적인 의뢰 목록을 미리 준비해 두는 것이 좋다.
9. **종결을 적절히 수행한다.** 아동은 상담사와 가까운 관계를 형성할 수 있다. 따라서 아동은 처음부터 상담 과정, 예상 기간, 종료 방식에 대해 명확히 알고 있어야 한다. 상담이 끝날 때, 아동이 버려졌다는 느낌을 받지 않도록 종결 과정에 특별히 신경을 써야 한다.

노인 상담

65세 이상 인구가 미국 전체 인구의 20%를 차지하게 될 것으로 예상됨에 따라, 상담사들은 점점 더 많은 노인과 상담하게 될 가능성이 높다(U.S. Census Bureau, 2018b). 노인 내담자의 고민을 효과적으로 다루기 위해 상담사는 다음 사항을 고려해야 한다(APA, 2014; Chatters & Zalaquett, 2013; Meyers, 2014c; Williams, 2017):

1. **다문화 상담 및 사회적 정의 역량을 갖춘다.** 자신의 편견을 인식하고, 내담자의 문화적

배경에 대한 지식을 습득하며, 해당 배경을 고려한 상담 기술을 익힌다. 또한, 내담자가 스스로 옹호할 수 있도록 돕고, 내담자를 위해 상담사가 직접 옹호할 준비도 해야 한다.

2. **상담 스타일을 조정한다.** 상담사는 노인 내담자의 필요에 맞춰 상담 관계를 조정해야 할 수도 있다. 예를 들어, 청력이 저하된 노인의 경우 저널 쓰기나 미술 치료를 활용할 수 있다. 거동이 불편한 내담자의 경우, 내담자의 집에서 상담을 진행하는 것도 한 가지 방법이 될 수 있다.
3. **신뢰 관계를 형성한다.** 노인은 다른 연령층에 비해 상담을 덜 받으며, 상담을 받더라도 상담에 대한 신뢰가 낮을 수 있다. 이는 상담이 흔하지 않았던 시대를 살아왔기 때문이다. 따라서 상담자는 신뢰를 기반으로 한 탄탄한 상담 관계를 형성하는 데 특별한 주의를 기울여야 한다.
4. **우울증의 잠재적 원인을 이해한다.** 노인의 우울증은 사랑하는 사람의 상실, 생활 방식의 변화, 정체성의 혼란, 건강 상태의 변화 등 여러 가지 원인으로 발생할 수 있다. 상담사는 이러한 다양한 원인을 식별할 수 있어야 한다.
5. **정체성 문제를 이해한다.** 은퇴, 가족 내 역할 변화, 지역 사회에서의 역할 변화 등으로 인해 노인의 정체성이 흔들릴 수 있으며, 이는 우울, 불안, 절망감을 초래할 수 있다. 일부 노인은 이전 역할을 더 이상 수행할 수 없기 때문에 자신을 새롭게 정의해야 할 수도 있다. 상담사는 내담자가 삶에서 새로운 의미를 찾을 수 있도록 도울 수 있다.
6. **예상되는 건강 변화를 인지한다.** 예측 가능한 건강 변화는 우울감을 유발할 수 있으며, 미래에 대한 불안감을 증가시킬 수 있다. 또한, 예기치 못한 건강 문제는 소득 감소나 정서적 문제를 초래할 수 있다. 상담사는 노인의 잠재적인 건강 문제와 그에 따른 심리적 영향에 주의를 기울여야 한다.
7. **대인관계 변화에 공감한다.** 노화 과정에서 친구, 연인, 배우자, 동반자가 건강 문제를 겪거나 이사를 하거나 사망하게 되면 대인관계에 변화가 발생한다. 상담사는 이러한 변화를 이해하고, 내담자가 경험하는 감정을 공감해야 한다.
8. **성기능 장애의 신체적·심리적 원인을 이해한다.** 상담사는 노인의 성기능 장애가 신체적 또는 심리적 원인에서 비롯될 수 있음을 인지하고, 이에 대한 적절한 해결 방법을 알고 있어야 한다. 또한, 상담사는 연령과 관계없이 인간은 언제나 성적인 존재임을 명심해야 한다.
9. **존중하고, 헌신하며, 지혜롭게 접근한다.** 대부분의 노인은 오랜 삶을 살아오면서 상담사

가 보는 현재의 모습과는 다른 정체성을 가지고 있었다. 노인의 삶의 연륜을 존중하고, 그들의 노년기를 이해하며 헌신하는 자세를 갖추어야 한다.

중증 정신 질환자 상담

미국인 중 상당수가 삶의 일정 시점에서 중증 정신장애를 경험하는 것을 고려했을 때 (NAMI, 2018b), 상담사로서 다양한 정신 질환, 정신과 약물의 종류, 그리고 중증 정신질환을 가진 내담자의 독특한 요구를 이해하는 것은 필수적이다. 이러한 내담자와 상담할 때 상담사가 취할 수 있는 구체적인 단계는 다음과 같다(Crowe & Averett, 2015; Garske, 2016; Kress & Paylo, 2018):

1. **다문화 상담 및 사회적 정의 역량을 갖춘다.** 자신의 편견을 인식하고, 내담자의 문화적 배경에 대한 지식을 습득하며, 해당 배경을 고려한 상담 기술을 익힌다. 또한, 내담자가 스스로 옹호할 수 있도록 돕고, 내담자를 위해 상담사가 직접 옹호할 준비도 해야 한다.
2. **내담자가 자신의 정신 질환을 이해하도록 돕는다.** 많은 내담자가 자신의 질환, 질환의 일반적인 경과, 그리고 가장 효과적인 치료법에 대한 이해가 부족하다. 상담사는 내담자가 자신의 정신 질환에 대한 최신 정보를 알 수 있도록 도와야 한다.
3. **내담자의 정신 질환과 관련된 감정을 다룰 수 있도록 돕는다.** 많은 내담자가 자신의 정신 질환에 대해 당황해하며, 정신 질환에 대한 사회적 낙인으로 인해 위축되기도 한다. 상담사는 항상 무비판적인 태도를 유지해야 하며, 때로는 내담자가 스스로에 대해 갖는 관점을 정상화하는 데 지지집단이 도움이 될 수 있다.
4. **상담 참여를 독려한다.** 내담자는 자신의 질환을 부정하거나, 부끄럽게 여기거나, 또는 신경 쓰지 않아서 상담 회기를 빠질 수 있다. 상담사는 내담자의 상담 참여를 높이기 위해 상담 전날 전화하거나, 가족이나 친한 친구에게 도움을 요청할 수 있고, 상담 일정을 기억할 수 있도록 전략을 세우고, 또는 온라인 상담이나 가정 방문과 같은 새로운 방법을 고안할 수 있다.
5. **계속해서 약물을 복용하는지 확인한다.** 내담자는 약물 복용을 중단할 수 있는데, 그 이유는 건망증, 질환에 대한 부정, 불편한 부작용, 재발하지 않을 것이라는 믿음, 혹은 약물이 도움이 되지 않는다고 생각하기 때문일 수 있다. 상담사는 내담자가 꾸준히 약물을 복용하는지 확인하고, 약물의 효과에 대한 의문이 생길 경우 약물 검토를 위

해 내담자를 의사에게 의뢰해야 한다.

6. **정확한 진단을 확보한다.** 정확한 진단은 치료 계획을 세우고 적절한 약물 사용을 위해 필수적이다. 상담사는 심리검사, 임상 면접, 내담자의 주변인 면담, 그리고 슈퍼비전 활용 등을 통해 정확한 진단이 이루어질 수 있도록 해야 한다.
7. **내담자의 상담 계획을 재평가하고, 포기하지 않는다.** 정신장애를 가진 내담자는 상담하기 어려운 경우가 많으며, 그래서 상담사가 쉽게 좌절할 수 있다. 그러나 상담사는 내담자와의 작업을 지속적으로 점검하고, 꾸준한 헌신과 관심을 기울이며, 상담 계획을 계속해서 재평가해야 한다.
8. **가족을 상담 과정에 포함한다.** 일부 가족은 내담자에게 큰 정서적 지원을 제공할 수 있으며, 내담자의 심리 상태를 이해하는 데 중요한 역할을 할 수도 있다. 따라서 상담사는 가족이 상담 과정에 적절히 참여할 수 있도록 유도하고, 가족이 내담자의 진단과 그 의미를 이해하도록 도울 필요가 있다.
9. **자원을 파악한다.** 정신질환을 가진 내담자는 종종 사회보장기관, 주거 지원 기관, 지지집단 등 다양한 지역사회 자원과 연결되어 있다. 따라서 상담사는 이러한 자원에 대한 실질적인 지식을 가지고 있어야 한다.
10. **긍정적인 태도를 유지하고 지속적으로 헌신한다.** 정신질환을 가진 내담자를 상담하는 것이 힘들기 때문에, 상담사가 낙담하고, 소진되며, 공감 피로를 경험할 수 있다. 상담사는 자신의 정신적, 정서적 건강을 유지하면서 긍정적인 태도를 유지하고, 내담자에게 꾸준히 헌신할 수 있어야 한다.

장애인 상담

미국인의 약 13%가 장애를 가지고 있고, 예상할 수 있듯이 연령이 증가할수록 장애를 가진 비율도 증가한다. 75세 이상의 미국인의 절반, 65세에서 74세 사이의 4분의 1, 35세에서 64세 사이의 13%, 5세에서 34세 사이의 약 5~6%, 5세 미만의 약 1%가 장애를 가지고 있다(Pew Research Center, 2018). 연방 법률이 장애인을 위한 서비스 권리를 점점 더 보장함에 따라, 상담사들은 이들의 치료와 재활 과정에서 더 적극적인 역할을 수행하게 되었다. 다음과 같은 치료 이슈를 고려하면 상담사가 이 집단을 위해 긍정적인 서비스를 제공하는 데 도움이 될 수 있다(Kelsey & Smart, 2012; Marini, Graf, & Millington, 2018; Smart, 2016).

1. **다문화 상담 및 사회 정의 역량을 갖춘다.** 상담사는 자신의 편견을 인식하고, 내담자의

문화적 배경에 대한 지식을 습득하며, 그 배경을 고려한 상담 기술을 익혀야 한다. 또한, 내담자가 스스로 옹호할 수 있도록 돕고, 내담자를 위해 옹호할 준비가 되어 있어야 한다.

2. **다양한 장애 조건에 대한 지식을 갖추어야 한다.** 상담사는 다양한 장애에 대한 지식을 습득해야 한다. 만약 충분한 지식이 없다면 슈퍼비전을 받거나 지속적인 교육에 참여하거나, 해당 지식을 가진 전문가에게 내담자를 의뢰해야 한다.
3. **내담자가 자신의 장애를 이해하도록 돕는다.** 내담자는 자신의 장애에 대해 충분한 정보를 제공받아야 하며, 치료 과정과 예후를 이해해야 한다. 이를 통해 내담자는 의사결정 과정과 치료 계획 수립, 그리고 필요한 정서적 치유 과정에 적극적으로 참여할 수 있다.
4. **내담자가 애도(grieving) 과정을 거칠 수 있도록 지원한다.** 장애를 갖게 된 내담자는 자신의 상태를 받아들이는 과정에서 애도의 단계를 겪을 수 있다. 이는 Kübler-Ross의 사별 애도 단계와 유사한데, 부인(denial), 분노(anger), 협상(negotiation), 체념(resignation), 수용(acceptance)의 과정을 거칠 수 있다(Kubler-Ross & Kessler, 2014). 상담사는 내담자가 이러한 단계를 통과할 수 있도록 지원할 수 있다.
5. **의뢰할 수 있는 자원을 파악한다.** 장애를 가진 사람들은 다양한 필요를 가지고 있으며, 상담사는 지역사회에 존재하는 자원(예: 의사, 사회복지 서비스, 물리치료사, 특수교육 교사, 통증 관리 전문가, 직업 재활 전문가 등)을 파악하는 것이 중요하다.
6. **관련 법률을 숙지하고 내담자에게 안내한다.** 상담사가 장애인을 보호하는 법률을 숙지하면, 내담자가 필요한 서비스를 받을 수 있도록 지원할 수 있으며, 차별받지 않도록 도울 수 있다. 또한 내담자가 자신의 법적 권리를 이해하도록 교육함으로써, 스스로를 보호할 수 있도록 지원할 수 있다.
7. **직업 및 진로 상담을 준비한다.** 장애를 갖게 된 많은 사람들이 직업적으로 전환을 해야 하는 상황에 직면한다. 상담사는 직업 및 진로 상담을 제공할 준비가 되어 있어야 하며, 필요할 경우 진로/직업 상담사에게 내담자를 의뢰할 수 있어야 한다.
8. **가족을 포함시킨다.** 가족은 내담자를 정서적으로 지지하고, 장기적인 치료 계획을 지원하며, 내담자의 정서적 요구를 충족시키는 데 중요한 역할을 할 수 있다. 가능하다면 상담 과정에서 가족을 포함시킨다.
9. **내담자를 위한 옹호자가 된다.** 장애를 가진 사람들은 일반적으로 편견과 차별을 경험한다. 상담사는 법을 숙지하고, 내담자의 권리를 보호하며, 내담자가 자신의 권리를

주장하도록 지원함으로써 내담자의 옹호자가 될 수 있다. 자신의 권리를 알고 적극적으로 주장하는 내담자는 더 큰 힘을 얻을 가능성이 높다.

10. **내담자를 존중하고 역량을 강화한다.** 대부분의 장애인은 자신의 장애에 계속해서 집중하지 않는다. 상담사 또한 지나치게 장애를 강조하는 것을 피하고, 대신 내담자가 가진 능력에 대해 말하고, 내담자를 위한 긍정적인 힘이 되어야 한다.

약물 사용 및 남용자 상담

사회 전반에서 불법 약물과 처방 약물을 남용하는 사람들의 수가 심각하게 증가하고 있는 상황에서, 상담사가 약물 의존 또는 중독 문제를 가진 내담자를 어떻게 도와야 하는지를 알아야 하는 것은 의심의 여지가 없다. 숙지해야 한다. 이러한 내담자를 상담할 때 고려해야 할 중요한 사항들이 아래 지침에 포함되어 있다(Fisher & Harrison, 2018; Lewis, Dana, & Blevins, 2015; Substance Abuse and Mental Health Services Administration, 2016).

1. **다문화 상담 및 사회 정의 역량을 갖춘다.** 상담사는 자신의 편견을 인식하고, 내담자의 문화적 배경에 대한 지식을 습득하며, 그 배경을 고려한 상담 기술을 익혀야 한다. 또한, 내담자가 스스로 옹호할 수 있도록 돕고, 내담자를 위해 옹호할 준비가 되어 있어야 한다.
2. **약물 의존 및 남용 정도를 평가한다.** 약물을 남용하는 사람들은 자신의 사용을 숨기려는 경향이 있다. 따라서 상담사는 구조화된 면담을 통해 광범위한 약물 사용 문제를 조사해야 한다. 또한, 신뢰할 수 있는 평가 도구를 사용해서 내담자의 약물 사용 및 남용 여부를 파악할 수 있다. 문제를 조기에 발견할수록 상담의 성공 가능성이 높아진다.
3. **약물 남용에 대한 지식을 습득한다.** 상담사는 다양한 약물의 치료 과정에 대한 기본적인 지식을 갖춰야 한다. 약물 남용 치료에 대한 이론은 다양하며, 치료 과정은 남용되는 약물의 종류에 따라 달라질 수 있다.
4. **동반 질환과 남용에 대해 파악한다.** 약물 남용자는 종종 한 가지 이상의 약물을 동시에 남용하며, 정신 질환을 함께 겪는 경우도 많다. 상담자는 내담자의 모든 문제를 효과적으로 다룰 수 있어야 하며, 어떤 질환을 우선적으로 다룰 것인지, 복합적인 문제를 어떻게 균형 있게 치료할 것인지에 대한 지식을 갖추어야 한다.
5. **의학적 혁신과 생물학적 개입 방법을 숙지한다.** 약물 남용 치료는 새로운 의학적 혁신이

등장함에 따라 크게 변할 수 있다(예: 오피오이드 과다복용 시 사용되는 날록손[Narcan] 및 기타 만성 중독 치료를 위한 약물 개입). 상담사는 지속적인 교육을 통해 최신 치료 방법을 숙지해야 한다.

6. **내담자와 신뢰 관계를 형성하고 헌신적인 태도를 유지한다.** 약물 남용자는 금단을 원하면서도 이를 실천하는 데 어려움을 겪을 수 있으며, 흔히 "재발"을 경험하게 된다. 상담사는 내담자가 실수하더라도 지속적인 치료를 받을 수 있도록 돕고, 상담자가 항상 그들을 지지하고 있음을 알게 해야 한다.
7. **재활 시설이나 병원으로의 의뢰할 준비를 한다.** 경우에 따라 입원이 내담자의 생명을 구하는 필수 조치가 될 수 있다. 다른 경우에는 재활 시설이 회복을 위한 유일한 해결책이 될 수 있다. 상담사는 이러한 자원을 알고 있어야 하고, 적절한 시기에 내담자를 의뢰할 수 있어야 한다.
8. **자조 모임에 의뢰한다.** 알코올중독자익명모임(Alcoholics Anonymous), 알-아논(Al-Anon), 마약중독자익명모임(Narcotics Anonymous)과 같은 자조 모임은 많은 약물 남용자들에게 중요한 치료의 일환이 될 수 있다. 상담사는 이러한 자원에 대해, 그리고 어떻게 의뢰하는지 알고 있어야 한다.
9. **가족의 지지를 강조한다.** 치료 과정에서 가족의 지지는 내담자의 회복에 결정적인 영향을 미친다. 도움이 된다고 판단이 되면, 가족을 치료 과정에 포함시키는 것을 고려한다.
10. **관계를 유지하고 헌신한다.** 약물 남용 문제는 평생 지속될 수 있다. 따라서 내담자는 상담사가 오랜 기간 자신을 지지하고 있음을 알 필요가 있다. 상담사는 내담자가 필요로 하는 한 지속적으로 함께할 준비가 되어 있어야 한다.

마무리 생각

이번 장에서는 여러분이 상담사로서 일하면서 만날 가능성이 높은 다양한 집단을 다뤘다. 그러나 여기에 포함되지 않은 많은 집단들도 존재한다. 다양한 배경을 가진 내담자들과 함께 일할 때, 문화적 역량을 갖춘 상담이란 "내담자의 삶에서 문화적 차원을 지속적으로 인식하고 이를 상담 과정에 통합하려는 준비된 태도"라는 점을 기억해야 한다(McAuliffe, 2013, p. 6). 이는 당신이 모든 내담자와 함께 일하고자 하는 의지를 가지며, 상담사로서 성장하는 과정에서 새로운 집단에 대해 배우려는 자세를 견지하는 것을 의미한다. 다양한 집단을 상담하는 새로운 방식을 습득하면서 더 많이 배우고, 슈퍼비전을 받으면서, 자신의 상담 역량을 확장하는 데 열려 있어야 한다(체험 활동 9.5 참조).

체험 활동 9.5

다양한 내담자 면접하기

이번 장에서 다뤘던 다양한 집단 중 한 집단의 구성원이라고 인식하는 사람을 찾는다. 그런 다음, 이 장에서 설명한 내용을 바탕으로 그 사람의 삶에 대해 질문하고, 필요에 따라 추가 질문을 해서, 그 사람에 대한 깊은 이해를 도모한다. 예를 들어, 약물 남용 문제를 겪는 사람을 인터뷰한다면 다음과 같은 질문을 할 수 있다. 수업에 있는 모든 사람이 인터뷰를 마치면, 소그룹이나 전체 수업에서 인터뷰 내용을 공유하며 논의해 본다.

1. 지금까지 어떤 종류의 약물을 사용해 본 적이 있나?
2. 현재도 약물을 사용하고 있나?
3. 만약 약물 사용을 중단한 적이 있거나 현재 사용하지 않는다면, 무엇이 가장 도움이 되었나?
4. 약물 사용이나 남용이 당신의 삶에 어떤 영향을 미쳤나?
5. 약물 사용 및 남용 문제로 상담을 받아본 적이 있나?
6. 약물 사용 문제로 인해 입원하거나 재활 시설을 이용한 경험이 있나?
7. 알코올중독자익명모임(AA)과 같은 자조 모임에 참여해 본 적이 있나?
8. 약물 사용과 관련하여 가족과 친구들로부터 어떤 형태의 지지를 받았나?
9. 만약 상담을 받는다면, 상담사의 어떤 도움과 헌신이 가장 가치 있다고 느껴질까?
10. 약물 사용을 중단하는 데 있어 어떤 자원이 가장 도움이 될 것 같나?
11. 상담사가 약물 사용 문제를 이해하는 데 도움이 될 만한 추가적인 생각이 있나?

요약

이번 장은 미국의 변화하는 인구 통계와 함께, 다양한 사회에서 문화적 역량을 갖춘 상담이 왜 중요한지를 강조하며 시작했다. 다양한 내담자들은 여러 이유로 상담을 꺼릴 수 있는데, 이에 대한 원인으로 상담사가 융합(melting-pot) 신화를 믿거나, 상담 관계를 적절히 조정하지 못하는 경우, 사회적 힘을 이해하지 못하는 경우, 자문화 중심적(ethnocentric) 세계관을 가질 때, 자신의 무의식적 편견을 인식하지 못하는 경우, 문화적 차이에 따른 증상의 표현 방식을 이해하지 못하는 경우, 신뢰할 수 없는 평가 도구를 사용하는 경우, 제도적 차별을 인식하지 못하는 경우, 지나치게 개인주의적인 관점을 가질 때 등을 들 수 있다.

이어서 문화적으로 역량 있는 상담(culturally competent counseling)을 정의했다. 이를 위해 McAuliffe(2013)의 정의를 인용하여, "내담자의 삶에서 문화적 차원을 지속적으로 인식하고 이를 상담 과정에 통합하려는 준비된 태도"로 설명했다. 또한, 문화적으로 역량 있는 상담사가 되는 데 필요한 10가지 과정을 다루었다.

이후 RESPECTFUL 모델과 다문화 및 사회정의 상담 역량(Multicultural and Social Justice Counseling Competencies), 그리고 두 가지 개념을 통합한 통합적 상담 모델을 살펴보았다. 통합적 상담 모델은 RESPECTFUL 모델과 사회정의 상담 역량뿐만 아니라, 개인 정체성의 삼중 모델(tripartite model of personal identity)과 실존주의적 다문화 상담 모델(existential model of cross-cultural counseling)의 개념을 포함하며, 모든 사람을 개인적 경험(individual experiences), 집단적 경험(group experiences), 보편적 경험(universal experiences)의 세 가지 차원에서 이해해야 한다고 설명했다. 문화적으로 역량을 갖춘 상담사가 되기 위해 10가지 핵심 요소를 강조했는데, 상담사가 자신의 편견을 인식하고 모니터링 할 것, 호기심을 갖고 존중하며 협력적인 자세를 취하면서 작업동맹을 형성할 것, 상담을 꺼리게 만드는 9가지 요인을 피할 것, 내담자의 문화와 신념 체계를 학습할 것, RESPECTFUL 모델을 적용할 것, 내담자의 문화적 배경에 맞는 상담 기술을 활용할 것, 내담자의 개인주의적 또는 집단주의적 관점을 고려할 것, 필요할 경우 옹호자로서의 역할을 할 것, 세 가지 차원의 경험(개인적, 집단적, 보편적 경험)에 주의를 기울일 것, 그리고 내담자의 안녕과 상담 과정에 헌신하는 것을 포함했다.

이 장 후반부에서는 특정 집단과 상담할 때 사용할 수 있는 많은 전략들을 검토했으며, 이런 집단에는 다양한 인종 및 민족 집단, 다양한 종교적 배경을 가진 개인. 여성, 남성, 성소수자(LGBTQ+), 노숙인 및 빈곤층, 아동 및 노인, 중증 정신 질환을 가진 사람들, 장애인, 약물 사용 및 남용 문제를 가지고 있는 사람들이 포함되었다. 마지막으로, 문화적 역량을 갖춘 상담사는 지속적으로 배우고, 슈퍼비전을 받으며, 다양한 내담자 집단에 대한 상담 역량을 확장해야 한다는 점을 강조하면서 이 장을 마무리했다.

주요 단어 및 용어

LGBTQ 상담
개인 정체성의 삼중 모델
개인적 경험
개인주의적 관점
경험의 세 영역
공공 정책 옹호
국제 및 글로벌 사안에 대한 옹호
남성 상담
다양한 인종 및 민족 집단 상담
다양한 종교적 배경을 가진 내담자 상담
대인 관계적 옹호
무의식적 편견에 대한 무지
문화적으로 역량 있는 상담
문화적으로 역량 있는 상담의 통합적 모델
문화적으로 유능한 조력에 대한 McAuliffe
보편적 경험평가 및 연구 도구의 신뢰성 부족
빈곤층 및 노숙인 상담
사회적인 힘에 대한 이해 부족
상담 관계를 조정하지 못함
아동 상담
약물 사용 및 남용 상담
여성 상담
영역 1: 상담사의 자기 인식의 정의
영역 2: 내담자의 세계관
영역 3: 상담 관계
영역 4: 상담 및 옹호 개입
자기
자문화 중심적 세계관
장애인 상담
제도적 옹호
제도적 차별
중증 정신 질환자 상담
중증 정신질환을 가진 내담자
증상 표현의 문화적 차이 이해 부족
지역사회 옹호
집단 경험
집단주의적 관점
태도와 신념, 지식, 기술, 행동

사사(credits)

사진 9.1: 출처: https://pixabay.com/en/people-group-crowd-team-isolated-309095/.

CHAPTER 10

윤리적, 법적, 전문적 이슈

학습 목표

1. 윤리강령의 목적 및 한계를 이해한다.
2. 문제 해결, 도덕적 접근, 발달적 접근, 사회 구성주의적 접근을 포함한 네 가지 윤리적 의사결정 모델을 학습하고 적용한다.
3. 상담사의 업무에서 중요한 다음의 윤리적 이슈들을 검토하고, 관련 사례에 해당 지식을 적용한다.
   - 고지된 동의
   - 비밀 유지
   - 면책특권 정보보호(privileged communication)
   - 역량
   - 경계 유지 및 금지된 관계
   - 상담 관계에서의 가치
   - 다문화 상담
   - 상담과 기술
   - 슈퍼비전
   - 윤리적 위반 사항 보고하기
4. 상담사들이 반응한 77가지 윤리적 상황을 성찰해 본다.
5. 내담자와 최선의 상담을 하는 데 도움이 되는 26가지 최선의 실무 행동을 조명한다.
6. 과실 보험의 중요성과 비용을 살펴본다.

들어가며

이 장에서 우리는 윤리강령의 목적과 한계를 살펴본 다음, 4개의 윤리적 의사결정 모델, 즉 문제해결, 도덕적, 발달적, 사회구성주의 모델에 대해 검토할 것이다. 그런 다음, 몇

가지 선별된 윤리적 이슈들을 살펴볼 예정인데, 여기에는 고지된 동의, 비밀 유지, 면책특권 정보보호, 역량, 경계 유지 및 금지된 관계, 슈퍼비전, 윤리적 위반 사항 보고하기 등이 있다. 각각의 영역에 여러분이 숙고해 볼 사례들을 제시하였다. 또한 상담사의 행동과 관련해서 77개의 문항으로 구성된 설문 결과를 제시할 예정인데, 이 설문에는 500명의 미국상담학회 회원들이 참여했고, 각각의 상담사 행동이 윤리적인지 또는 비윤리적인지를 묻고 있다. 그런 다음 상담사로서 최선의 실무를 제공하면서 소송당할 가능성을 감소시키는 26가지 방법을 살펴볼 것이다. 그러나 소송을 당했다면 과실 보험을 들 것을 추천하는데, 이 점에 대해서는 이 장의 마지막 절에서 다룰 예정이다. 이장 전체에 걸쳐 미국상담학회 윤리강령(2014)을 참고할 예정이지만, 필요할 경우 다른 전문 기관의 윤리강령을 참고할 것을 추천한다(예: 미국정신정강협회, 미국학교상담사협회, 미국심리학회, National Board for Certified Counselors 등). 미국상담학회 윤리강령은 www.counseling.org/resources/aca-code-of-ethics.pdf에서 확인할 수 있다.

윤리강령의 목적과 한계

윤리강령은 비교적 최근에서야 상담 전문직에 도입되었는데, 1953년 미국심리학회에서 처음으로 윤리강령을 출판했다. 이후 미국상담학회는 1961년에 처음으로 윤리강령을 제정했고, 10년마다 이를 개정해 왔는데, 가장 최근의 윤리강령은 2014년에 출간되었다(ACA, 2014). 10년이라는 시간 동안 많은 것들이 변할 수 있다. 예를 들어, 일부 윤리강령의 내용은 빠르게 쓸모없어지고, 새롭고 중요한 영역을 포괄하지 못하는 경우도 종종 있다. 그럼에도 불구하고 윤리강령은 여전히 중요한 목적을 가지고 있다(Corey, Corey, & Corey, 2019; Remley & Herlihy, 2016). **가령, 윤리강령은 아래와 같은 기능을 한다.**

- 상담사의 비윤리적이고 무능한 상담으로부터 내담자를 보호한다.
- 전문기관과 그 회원들의 직업적인 입장을 강화한다.
- 해당 직업이 특정한 지식, 기술 및 가치에 기반을 두고 있음을 보여준다.
- 해당 직업의 특정한 가치와 신념을 반영하고 지지한다.

- 윤리적 의사결정 과정을 위한 틀을 제공한다.
- (윤리강령을 따랐지만)소송을 당할 경우 방어 수단을 제공한다.

윤리강령이 이상의 목적을 달성한다고 하더라도 한계가 있다(Corey et al., 2019; Remley & Herlihy, 2016).

- 상담사가 직면하는 모든 문제를 다루지 않는다.
- 늘 강제적으로 시행될 수 있는 것은 아니다.
- 윤리강령을 만드는 과정에 소비자를 포함시키는 경우가 드물다.
- 윤리강령은 해당 문제를 다루는 다른 방법(예: 법)과 차이가 있을 수 있다.
- 윤리강령이 다른 강령과 충돌하는 경우가 가끔 있고, 심지어 같은 강령 내에서도 충돌하는 조항들이 존재한다.
- 윤리강령이 전문가의 가치와 충돌할 수 있다.

윤리강령은 특정 전문 기관의 가치와 신념을 표방하지만, 그렇다고 법적인 문서는 아니다. 그러나 미국 내 일부 주에서는 면허를 발급하는 기관에서 윤리강령을 수용하고 있는데, 이 경우 윤리강령이 약간의 법적인 효력을 갖게 된다. 실제로, 미국 내 18개 주에서는 미국상담학회의 2014년 윤리강령을 채택하고 있다(Shifflet, 2016). **무엇보다 중요한 것은, 힘든 윤리적 의사결정 과정에서 윤리강령이 사용될 수 있다는 것이다.** 다음 절에서는 네 가지 윤리적 의사결정 모델을 설명할 예정인데, 상담사는 윤리강령과 함께 이러한 모델을 사용해서 윤리적 딜레마에 처했을 때 어떤 방향으로 나가야 할지 결정할 수 있다.

윤리적 의사결정 모델

윤리강령은 의사결정을 내리는 데 중요한 길잡이지만, 구체적으로 어떤 결정을 내려야 하는지를 직접적으로 명시하지는 않는다. 가령, 자살충동을 느끼는 내담자가 있다고 가정해 보자. 윤리강령은 다음과 같이 말하고 있다.

> 심각하고 예측할 수 있는 위해로부터 내담자 또는 확인된(identified) 타인을 보호하기 위해, 또는 비밀스러운 정보가 개방되어야 한다고 법에서 요구할 경우

> 상담사가 비밀을 유지해야 한다는 일반적인 요구사항은 적용되지 않는다. 상담사는 예외 규정의 타당성이 의심될 경우 다른 전문가의 자문을 구해야 한다. 삶의 마지막과 관련된 문제를 다룰 경우에는 추가적으로 고려할 것들이 존재한다(Section B.2.a., 심각하고 예상가능한 위해 및 법적 의무사항).

위 강령은 어느 정도 구체적이다. 즉, 예측 가능한 위해가 존재한다고 생각되면 자문을 구할 수 있고, 필요할 경우 비밀 유지 의무에서 벗어날 수 있다. 그러나 자문을 구한 이후에도 확신이 들지 않는다면 어떻게 해야 할까? 무엇을 할 수 있을까? 지금까지 4가지 의사결정모델이 제시되었는데, 어떤 방향으로 나아가야 할지 결정하는 데 도움이 될 수 있다(Cottone & Tarvydas, 2016; Levitt & Moorhead, 2013; Welfel, 2016). 여기에는 문제해결 모델, 도덕적 모델, 발달 모델, 사회구성주의 모델이 있다. 각각에 대해 살펴보자.

문제해결 모델

이 실용적이고 구체적인 모델은 여러 학자들에 의해 논의되었으며. 상식적인 단계를 포함하고 있다. Corey 등(2019)이 제안한 모델은 8단계로 구성되어 있는데, 각 단계를 신중하게 수행하면 상담사가 보다 명확한 결정을 내리는 데 도움이 된다. 8단계를 아래에 제시하였다.

1. 문제 또는 딜레마를 파악한다.
2. 관련된 잠재적 이슈를 식별한다.
3. 해당 윤리적 지침을 검토한다.
4. 적용할 수 있는 법률 및 규정을 파악한다.
5. 자문을 구한다.
6. 가능한, 개연성 있는 행동 절차(course of action)를 생각해 본다.
7. 서로 다른 결정들이 가져올 결과를 꼼꼼히 따져본다.
8. 최선의 행동 절차(course of action)를 결정한다.

상담사가 이상의 8단계를 거치면, 윤리적 딜레마가 어느 정도 명료해지면서, 복잡한 윤리적 문제를 다룰 수 있는 보다 분명한 방법을 얻을 수가 있다.

도덕적 모델

문제해결 모델이 윤리적 의사결정의 실제적인 측면을 강조한다면, 다른 학자들은 의사결정과정에서의 도덕적 원칙의 역할을 강조한다. 도덕적 모델이 문제해결 모델과 상호 배타적인 것은 아니지만, 도덕적 모델은 상담사가 윤리적 의사결정 과정에서 다양한 도덕적 원칙을 검토하라고 제안한다. Ann Kitchener가 제안한 유명한 모델(1984, 1986; Urofsky, Engels, & Engebretson, 2008)은 윤리적 의사결정 과정에서의 다섯 가지 도덕적 원칙의 역할을 설명하면서, 상담사가 윤리적 딜레마에 처해 있을 때 이 원칙들을 고려할 것을 제안했다. 이러한 원칙들은 (a) **자율성**(autonomy), 내담자의 자기결정권을 존중하기; (b) **선행**(beneficence), 타인 및 사회의 이익을 보호하기, (c) **무해성**(nonmaleficence), 내담자 및 타인들에게 해를 끼치지 않기, (d) **정의**(justice), 내담자들을 공정하고 동등하게 대하기, (e) **충실함**(fidelity), 내담자의 신뢰를 유지하고 내담자에게 헌신하기. 여섯 번째 도덕적 원칙은 **진실성**(veracity)으로서, Meara, Schmidt와 Day(1996)에 의해 추가되었으며, 상담사가 상담 관계에서 내담자에게 진실하고 진정성 있는 태도를 유지해야 한다는 의미를 갖는다. 다른 도덕적 모델에서는 상담사가 자신의 인격과 덕(virtue)을 인식해야 하고, 자기성찰적 태도를 유지하며, 공감적이고, 문화적으로 민감한 시각을 갖추어야 하며, 선을 행하고, 더 나아가 미래에 대한 비전을 가지고 의사결정을 해야 한다고 제안한다(Welfel, 2016).

발달 모델

발달 모델은 윤리적 의사결정 단계 또는 도덕적 원칙에 초점을 두는 대신, 윤리적 결정을 내리는 사람의 인지 능력을 검토한다(Lambie, Hagedor, & Ieva, 2010; Levitt & Moorhead, 2013), 인지발달 수준이 낮은 사람들은 사고 방식이 흑백논리에 가깝고, 결정을 내릴 때 옳고 그름이 있다고 믿으며, 진실되고 정확한 반응을 찾는 경향이 있다. 반면, 인지발달 수준이 높은 사람들은 윤리적 의사결정을 깊은 자기성찰을 요구하는 복잡한 과정으로 간주한다. 이들은 문제를 다양한 방식으로 바라볼 수 있고, 좀 더 유연하며, 서로 다른 관점을 고려하는 능력이 뛰어나다. 이러한 발달 모델에서는 상담 수련생과 상담사가 높은 수준의 사고를 발전시킴으로써 문제를 바라보고 반응하는 방식을 변화시킬 수 있다고 제안한다.

예를 들어, 두 명의 상담사를 살펴보자. 제임스는 낮은 발달단계에 있고, 조지아는 좀 더 높은 수준의 인지적 발달단계에 있다. 두 사람은 동일한 딜레마에 직면한다. 제임스와 조지아는 약물중독 재활 센터에서 집단상담을 진행하고 있다. 어느 날, 마약에 중독된 한 내담자가 찾아왔고 마리화나에 대한 소변 검사에서 음성 반응을 보였다. 이 상담센터에서 상담을 받아온 내담자는 지난 60일 중 36일 동안 마리화나를 하지 않았는데, 상담사를 찾아와 다음과 같이 말한다. "주말에 집에 갈 수 있었어요. 집에 있을 때 친구가 저에게 마리화나를 건넸죠. 두 모금 들이마셨는데, 그 순간 망쳤구나! 생각했어요. 죄송해요. 이곳에서 계속 치료를 받고 싶고, 모든 약물에서 완전히 깨끗해지고 싶습니다." 센터 규정에 따르면, 검사에서 음성이 나오면 내담자는 즉시 퇴소해야 한다. 제임스는 윤리 지침과 기관의 정책을 검토한 후, "올바른 일" 그리고 그가 가지고 있는 유일한 선택은 이 내담자를 기관장에게 보고하는 것이었다. 그러나 조지아는 윤리적 의사결정을 다르게 바라보았다. 그녀 또한 기관의 정책과 윤리 지침을 살펴보았고, 그에 더해 한 가지 이상의 윤리적 의사결정모델을 활용하여 어떻게 할지 고민했다. 또한 다양한 관점을 확인하기 위해 다른 전문가들에게 자문을 구했고, 그런 다음 무엇이 내담자에게, 기관에게, 사회에게, 그리고 자신에게 최선일지 신중하게 고민했다. 신중하게 숙고한 다음 조지아는 어떻게 진행해 나갈지 결정하게 된다.

이 사례에서 중요한 것은 결론 자체보다는 그 과정이다. 제임스가 다소 성급하게 의사결정을 내린 반면, 조지아는 이 상황을 사려 깊고 복합적으로 다뤘다. 비록 두 사람이 동일한 결론에 이를 수 있지만, 나는 조지아와 같은 사람과 함께 일할 것 같다. 왜냐하면 조지아는 신중함과 자기성찰의 능력을 보여주었고, 나는 이러한 자질을 가진 동료 상담사(그리고 친구!)를 옆에 두고 싶기 때문이다. 윤리적 의사결정은 누구에게나 복잡한 과정이 될 수 있고, 또 그래야만 한다(성찰 활동 10.1 참조).

성찰 활동 10.1

윤리적 의사결정- 대안 고려하기

소집단을 구성해서 위에서 언급한 윤리적 딜레마 상황에서 어떤 과정을 거쳐 의사결정을 내릴지 자유롭게 생각해 보고, 몇 가지 서로 다른 시나리오를 떠올려보자. 어떤 결정이라도 떠올려보자(비록 그것이 상담사가 해고될 수 있는 결정이라도 한번 생각해 보자). 그런 다음, 각 선택이 가져올 결과를 토론한 후, 어떤 결정이 최선의 결정일지 전체 학급에서 논의해 본다.

사회구성주의 관점

사회구성주의적 관점을 취하는 사람들은 "실재하는 것은 객관적인 사실이 아니다. 오히려 실재하는 것은 대인상호작용을 통해 그리고 무엇이 '사실'인지에 관한 합의를 통해 진화한다"고 믿는다(Cottone, 2016, p.79). 이 접근에서는 윤리적 의사결정이 상담사의 "머릿속"에서 발생하는 것이 아니라 상담사와 관련 당사자들(예: 내담자, 내담자의 주요 타인, 슈퍼바이저, 전문가 및 전문기관의 신념과 같은 좀 더 큰 사회적 맥락) 간 사회적 상호작용으로 발생한다고 가정한다. 그 결과, 윤리적 딜레마에 대해 한 개 이상의 진리 또는 답이 존재할 수 있다. 사회구성주의적 관점을 취하는 사람들은 그들의 내담자와 협력자, 슈퍼바이저, 그리고 딜레마와 관련된 사람들에게 겸손한 태도로 접근한다. 이들은 대화를 통해 해결책이 도출된다고 믿으며, 호기심과 궁금함으로 관련 당사자들에게 접근하고, 당사자들을 평등한 협력자로 대하는데, 이를 통해 직면하고 있는 윤리적 딜레마 상황에서 최선의 해결책을 찾으려고 함께 노력한다. 그러나 '최선'(best)이라고 하는 것은 상대적인 것이어서, 최선의 해결책이 여러 개 존재할 수 있고, 해결책(들)을 찾기 위해 관련 당사자들이 함께 협상할 필요가 있다. 이 접근은 쉽지 않은데, 의사결정 과정에서 종종 제외되는 사람들(예: 내담자, 내담자와 가까운 사람들)을 이 과정에 적극적으로 포함시켜야 하기 때문이다(성찰 활동 10.2 참조).

성찰 활동 10.2

윤리적 의사결정 모델 활용하기

앞서 언급한 윤리적 의사결정 모델을 활용해서 아래 제시된 사례에 적용하고, 소집단에서 당신의 생각을 공유해 보자. 각각의 의사결정 모델이 의사결정 과정에 어떻게 활용될 수 있는지 이야기한다.

> 당신은 지역에 있는 청소년상담센터에서 15세 청소년과 상담을 진행하고 있다. 이 내담자를 지난 몇 달 동안 상담을 해오던 중, 최근 상담에서 내담자는 남자친구와 성관계를 가질 예정이라고 말했다. 내담자의 남자친구는 피임을 사용하지 말라고 종용하고 있고, 자신이 임신하지 않도록 책임지겠다고 말했다. 내담자는 자신의 남자친구와 성적으로 친밀해진다는 사실에 들떠 있고, 상담사인 당신의 승인을 구하고 있다. 당신은 상담 초기, 내담자의 어머니에게 (상담의)비밀 유지의 중요성에 대해 이야기했고, 동시에 내담자의 나이 때문에 비밀 유지에 한계가 있음을 내담자와 내담자의 어머니에게 설명한 적이 있다. 또한 내담자와 내담자의 어머니가 서명했던 고지된 동의서에는 내담자에게 예측가능한 위험이 있을 경우 비밀을 유지하지 않을 수 있다는 설명이 적혀 있다.

몇 가지 윤리적인 문제와 윤리적 딜레마

다음은 대부분의 윤리강령에서 다루고 있는 주요 윤리적 영역들이다. 여기에는 고지된 동의, 비밀 유지, 면책특권 정보보호, 역량, 경계 유지 및 금지된 관계, 상담 관계에서의 가치, 다문화 상담, 상담에서의 기술, 슈퍼비전, 윤리적 위반 사항 보고 등이 포함된다. 미국상담학회 윤리강령(2014)을 활용해서 각 영역을 설명한 후 관련 윤리적 사례를 제시하고자 한다. 이러한 문제를 검토하고 사례에 대한 답변을 작성할 때, 위에서 다룬 윤리적 의사결정 모델을 고려하고, 미국상담학회 윤리강령(2014)을 참고하기 바란다(www.counseling.org/knowledge-center/ethics).

고지된 동의

7장에서 논의한 바와 같이, 고지된 동의(informed consent)란 상담 과정과 관련된 모든 사항의 목적과 본질에 대해 내담자가 알 권리가 있고 이에 동의하는 것을 의미한다(Corey et al., 2019; Remley & Herlihy, 2016; 2014년 미국상담학회 윤리강령Section a.2 '상담 관계에서의 고지된 동의' 참조). 일반적으로 내담자에게 '전문가의 공개 진술문'이 제공되는데, 이 진술문에는 상담의 범위와 한계가 기술되어 있고, 내담자는 이를 검토한 후 서명을 하게 된다. 이를 통해 내담자가 상담에 관한 정보를 알고 이를 승인하다는 것을 알린다. 7장에서 다뤘던 고지된 동의와 관련된 미국상담학회 윤리강령을 참조하고, 전문가의 공개 진술문에서 강조하는 20개의 항목을 검토한 후(7장 참조), 다음 사례들에 대해 생각해 보기 바란다.

고지된 동의와 관련된 윤리 사례

1. 내담자와 몇 차례 상담을 진행한 후 상담사는 자신의 내담자가 반사회성 성격장애를 가지고 있을 가능성이 높다고 판단한다. 상담사는 내담자를 상담하는 동안 점점 더 긴장하고 자신의 안전을 걱정하기 시작한다. 상담사는 내담자를 상담할 만큼 충분히 훈련 받지 못했다고 느끼고 있으며, 설령 훈련을 받더라도 이 분야에서 숙련된 전문가들이 있다고 판단한다. 상담사는 내담자에게 다른 상담사에게 의뢰하고 싶다고 설명했을 때, 내담자의 얼굴이 흙빛으로 변했다. 내담자는 상담사가 전문가의 공개 진술문을 설명할 때 이것에 대해 전혀 언급한 적이 없었다고 주장한다. 내담자의 주장은 타당한가? 상담사는 내담자를 의뢰해야 하는가? 이 상황에서 윤리적, 법적, 직업적 이슈는 무엇인가?
2. 한 상담사는 가족 상담을 진행하면서, 부모에게 비밀 유지의 한계와 상담의 전반적인 방향을 설명하는 서명 동의서를 제공한다. 부모는 고지된 동의서를 읽은 후 서명했고, 아이들과 함께 상담에 참여한다. 그러나 상담사는 8세와 5세인 아이들에게는 동의서를 제공하거나 설명하지 않았다. 상담사의 행동은 윤리적으로, 전문가로서, 그리고 법

적으로 적절한가? 고지된 동의서를 설명하고 서명하는 과정에 자녀들을 참여시켜야 하는가?

3. 한 상담사는 4페이지 분량의 전문가 공개 진술문을 작성하여 내담자들에게 제공하고 있다. 그러나 상담사는 대부분의 내담자들이 빨리 상담을 시작하고 싶은 마음 때문에 진술문을 거의 읽지 않는다는 것을 알게 되었다. 어떤 내담자들은 “아, 저는 당신이 의사라고 생각했어요” “이렇게 상담이 비싼 줄 몰랐어요,” “이렇게 상담이 진행될 거라고는 생각하지 않았어요”라고 말하기도 했다. 어떤 내담자는 자신이 자살을 생각하고 있다면 상담사가 어떻게 하겠냐고 묻기도 했다. 상담사는 내담자들이 과연 전문가 진술문을 읽은 것인지 의심하게 되었는데, 자신이 내담자로부터 받은 질문들은 모두 진술문에서 다루고 있는 내용이었기 때문이다. 내담자가 진술문의 내용을 충분히 숙지하고 있다고 확신하기 위해 상담사는 무엇을 할 수 있을까? 이 상황에서 윤리적, 전문적, 법적인 문제는 무엇인가?
4. 한 상담사는 문서화된 전문가의 공개 진술문을 사용하지도 않고, 내담자로부터 고지된 동의서에 서명을 받지도 않는다. 대신, 상담사는 상담에서 어떤 일이 일어나는지 구두로 설명한 다음, 내담자가 이해했는지 그리고 질문이 있는지 물어본다. 이런 방식은 윤리적인가? 전문적인가? 합법적인가?

비밀 유지

내담자의 정보를 비밀로 유지하는 것은 신뢰 관계를 형성하는 데 있어 가장 중요한 요소 중 하나이다(Milliken & Neukrug, 2009; Neukrug & Milliken, 2011). 이는 미국상담학회 윤리강령(2014) Section B 비밀 유지 및 사생활 보호에서 자세히 다루고 있다. 그러나 언제 비밀 유지를 지켜야 하는지는 경우에 따라 까다롭고 모호할 수 있다.

> 17세 내담자가 임신했다고 말한다. 이것을 내담자 부모에게 알려야 할까? 만일 내담자가 15세 또는 12세라면 상황이 달라질까? 만일 내담자가 임신 중에 술을 마시거나 마약을 하고 있다면 어떨까? 내담자가 낙태하고 싶다고 말한다면 어떨까? 만일 내담자가 임신 때문에 자살충동을 느낀다고 말하면?

대부분의 상담사는 비밀 유지가 상담 관계의 핵심 요소라는 점에 대해 동의하지만, 그렇다고 비밀 유지가 늘 최선의 선택은 아니다. 모든 윤리적 결정은 어느 정도 개인적인 판단이 필요한 영역이며, 비밀 유지를 깨는 의사결정을 해야 하는 상황에서는 몇 가지 일반적인 지침을 따를 수 있다(항상 법률을 검토할 필요가 있다). 일반적으로 다음과 같은 경우 상담사는 비밀 유지를 해제할 수 있다.

- 내담자가 미성년자이고, 법적으로 부모가 자녀의 정보에 대한 권리를 가지고 있는 경우(대부분의 경우 부모는 이러한 권리를 가지고 있다)
- 내담자가 상담자에게 비밀을 공개하라고 요청할 경우(예: 법정에서 상담사의 증언이 필요한 경우)
- 법적으로 상담사가 비밀을 공개해야 하는 경우(예: 아동학대가 의심되어 아동보호서비스에 신고해야 하는 경우)
- 내담자에게 도움이 되는 방식으로 상담사가 슈퍼바이저에게 정보를 공유하는 경우
- 내담자가 서명 동의를 통해 특정 기관(예: 같은 내담자를 치료하고 있는 다른 정신건강전문가)과 정보를 공유하도록 허락한 경우
- 내담자가 자신 또는 타인에게 위해를 가할 위험이 있는 경우. 이는 예측 가능한 위험 또는 '경고할 의무'라고도 한다. 성찰 활동 10.3을 수행한 후 체험 활동 10.1을 진행한다.

성찰 활동 10.3

타라소프(Tarasoff) 사건

타라소프 대 캘리포니아대학 이사회 사건(1976)은 정신건강전문가가 비밀 유지의 의무를 지키는 것과 함께, 내담자가 자신 또는 타인에게 해를 끼치는 것을 예방해야 할 책임을 가지고 있음을 보여준 대표적인 판례이다. 이 사건은 캘리포니아 대학교 버클리캠퍼스 건강서비스 센터에서 심리학자를 만나고 있던 한 내담자와 관련되어 있다. 내담자는 심리학자에게 자신의 전 여자친구인 타티아나 타라소프를 살해할 것이라고 말했다. 이에 심리학자는 슈퍼바이저에게 자문을 구했고, 슈퍼바이저는 대학 캠퍼스 경찰에게 신고할 것을 권했다. 이후 경찰이 내담자를 심문하였으나, 임박한 위험이 없다고 판단하여 그를 보내주었다. 내담자는 심리학자와의 상담을 중단했고, 2개월 후 타티아나를 살해했다. 타티아나의 부모는 소송을 제기했으며, 캘리포니아 주 대법원은 심리학자가 타티아나를 보호하기 위해 할 수 있는 모든 조치를 다하지 않았다고 판결했다. 비록 주마다 비밀 유지 관련 법률이 다르지만, 이 사건은 정신건강전문가가 내담자로부터 예측 가능한 위험을 인지했을 경우 위험에 처한 사람에게 경고할 의무가 있으며, 공공의 안전이 위기에 처해 있을 때 비밀 유지의 의무를 해제해야 한다는 법적 시사점을 제공한다. 즉, 정신건강전문가들은 관련 인물이 위해를 당하지 않음을 확인하기 위해 합리적으로

가능한 모든 것을 해야 한다. 이 사례에서 타티아나 타라소프에게 직접 연락하는 것이 더 적절한 행동이었다고 볼 수 있다.
상담사로서 내담자가 자신이나 타인을 해칠 위험이 있다고 판단된다면, 당신의 책임은 어디까지일까? 슈퍼바이저에게 자문을 구하는 것으로 충분할까? 만약 슈퍼바이저의 결정에 동의하지 않는다면, 어떻게 해야 할까?

체험 활동 10.1

타라소프 판례의 미해결 질문

타라소프 사건으로 인해 거의 모든 윤리강령에는 내담자가 예측 가능한 위해를 암시할 때 무엇을 해야 할지 진술하고 있다. 이 장 전반부에서 언급했던 것처럼, 이러한 경우 상담사는 비밀 유지의 의무를 해제할 수 있으며, 상담사가 무엇을 해야 할지 확신이 서지 않는다면 자문을 구할 필요가 있다. 그러나 타라소프 판례에는 많은 의문이 남아 있다. 예를 들어, 미국심리학회 회장이었던 Donald Bersoff는 자신의 학생들에게 비밀 유지 해제 여부에 대한 몇 가지 사례를 제시했는데, 이에 대한 반응은 다양하게 나타났다(Vitelli, 2014). 소집단을 구성해서 아래 시나리오에 대해 어떻게 반응할지 생각해 보시오. 당신의 생각을 전체 학급에서 공유해 보시오.

- 내담자는 오늘 밤 집에 가서 아내 손을 칼로 찌르겠다고 말했다. 아내를 살해할 생각이냐고 물었을 때 "아뇨. 전 단지 아내가 약간의 피를 흘리는 것을 원합니다"라고 내담자가 말했다.
- 내담자는 오늘 밤 집에 가서 아내의 얼굴을 주먹으로 때리겠다고 말했다.
- 내담자는 오늘 밤 집에 가서 아내의 손가락 끝(주로 사용하지 않는 손)을 자르겠다고 말했다.
- 내담자는 오늘 밤 집에 가서 아내의 뺨을 때리겠다고 말했다.
- 내담자는 오늘 밤 집에 가서 아내가 울 때까지 아내에게 소리를 지르겠다고 말했다(Vitelli, 2014)

비밀 유지 의무를 해제할 수 있는 경우가 있는 반면, 절대로 비밀을 공개해서는 안 되는 상황이 있다. 일반적으로, 다음과 같은 경우에는 비밀 유지 의무를 해제하는 것이 적절하지 않다.

- 상담사가 내담자와의 상담 과정에서 좌절감을 느껴, 단순히 자신의 감정을 해소하기 위해 친구나 동료에게 사례를 이야기하는 경우(주의: 이름과 신원을 특정할 수 있는 정보를 밝히지 않는다 하더라도 이것은 비윤리적이다)
- 다른 정신건강전문가가 내담자에 관한 정보를 요청했지만, 이 전문가가 내담자로부터 서면 동의를 받지 않은 경우

- 상담사의 친구가 상담사가 담당하는 내담자에 대한 흥미로운 이야기를 해달라고 요청하는 경우
- 비밀 유지의 의무를 해제하는 것이 내담자에게 해를 초래하는 것이 분명하고, 앞서 언급한 범주에도 해당하지 않는 경우

지금까지 언제 비밀 유지 의무를 지켜야 할지 또는 해제해야 할지 살펴보았는데, 이제 몇 가지 윤리 사례들을 살펴보자. 미국상담학회 윤리강령(2014)을 참고하면 도움이 될 것이다.

비밀 유지와 관련된 윤리 사례

1. 당신은 지난 몇 달 동안 이 기관에서 상담을 하면서, 상담사들이 자신의 내담자와 관련된 내용을 자문이나 슈퍼비전의 형태가 아니라 정서적 배설의 목적으로 다른 상담사들에게 이야기하고 있다는 것을 알게 되었다. 이것은 윤리적인가, 전문적인가, 합법적인가?
2. 당신의 내담자가 할머니를 걱정하는 것을 들었는데, 내담자의 할머니는 혼자 살고 있고, 우울해하며, 먹지 않고, 체중 또한 상당한 정도로 감소했다. 당신은 내담자의 할머니에게 연락을 취했지만, 할머니는 상담서비스를 거절했다. 당신이 할 수 있는 것이 있다면 무엇일까? 경찰 또는 지원서비스를 제공하는 센터에 연락을 취해야 할까?
3. 15세 남자 청소년 내담자를 상담하던 중 내담자가 최근 방학 동안 자신의 삼촌에게 성추행을 당했다고 말했다. 내담자는 부모님한테 말하지 말라고 요청했다. 당신은 무엇을 해야 할까?
4. 17세 내담자가 17세인 의붓 누나와 성관계를 맺고 있다고 말했다. 당신은 무엇을 해야 할까?
5. 당신의 내담자는 술을 마실 때 심하게 우울하고 자살충동을 느낀다고 말했다. 자살과 관련해서 계획이 있는지 질문했을 때, 내담자는 "네. 가끔 칼로 자살하겠다는 생각을 해요"라고 말했다. 어느 날 내담자가 당신에게 전화를 걸었다. 내담자는 술을 마셨고 지금 우울하다고 말했다. 내담자는 "뭘 해야 할지 모르겠어요"라고 말하면서 전화를 끊었다. 당신은 무엇을 해야 할까?
6. 회기 중 내담자가 "아이들이 입을 닥치지 않아 벨트를 풀어 때린다"라고 말했다. 당신

은 비밀 유지를 깨고 아동보호센터에 신고하겠는가? 아동보호센터에서는 누가 신고했는지 공개하지 않는데, 당신이 신고했다고 내담자에게 알리겠는가?

7. 내담자가 자신의 상담 기록을 열람하고 싶다고 말했다. 당신은 진단명, 내담자의 양육 방식에 대한 염려, 그리고 내담자와 공유하지 않은 다른 정보들을 기록해 두었다. 당신은 내담자가 왜 상담 기록을 열람하고 싶어 하는지 이야기를 나누었고, 내담자에게 요약본을 제공할 수 있다고 말했다. 하지만 내담자는 원본을 원한다고 말했다. 당신은 원본을 내담자에게 제공해야 하는가?(확신이 서지 않는다면 7장을 참고하기 바란다).
8. 위기상담센터에서 만나왔던 내담자가 방문해서 자신과 관련된 기록을 보고 싶다고 요청했다. 이 기록에는 위기일지가 포함되어 있는데, 내담자가 처한 상황과 관련해서 당신이 작성한 사례 노트뿐 아니라 다른 내담자들에게 관한 정보도 포함되어 있다. 당신은 내담자의 요구에 어떻게 반응하겠는가?

면책특권 정보보호(Privileged Communication)

비밀 유지(confidentiality)가 윤리 강령에서 내담자의 정보를 비밀로 유지하는 것의 중요성을 강조하는 개념인 반면, 면책특권 정보보호는 법으로 규정되며 법적으로 보호될 수 있는 정보를 의미한다(윤리 지침이 법적인 문서가 아니라는 점을 기억할 필요가 있다; Remley & Herlihy, 2016). 무엇을 비밀로 할 것인지는 내담자가 정한다. 일반적으로, 면허가 있는 전문상담사, 관련 면허를 소지한 정신건강전문가, 성직자, 변호사, 의사는 내담자와의 의사소통에서 면책특권 정보보호의 권한이 부여된다. 반면, 내담자와 학교 상담사 또는 다른 유형의 상담사 간 의사소통은 일반적으로 이 권한이 부여되지 않는다. 그러나 이 사안은 주마다 다르게 정의되기 때문에, 이 사안이 어떻게 정의되고 있는지 확인하고, 자신이 보호받는 전문가인지 확인하기 위해 면허위원회나 교육위원회 또는 다른 기관에 문의해야 한다(Stone, 2015). 심리치료사가 이 권리를 가진 것은 1996년 Jaffee v. Redmond 사건을 통해 확립되었다(성찰 활동 10.4 참조).

성찰 활동 10.4

Jaffee v. Redmond

1996년 Jaffee v. Redmond 사건에 대한 법원의 판결은 면허를 가진 사회복지사에게 면책특권 정보보호의 권리가 있음을 인정했다(Remley, Herlihy, & Herlihy, 1997). 이 사건에서 Mary Lu Redmond라는 경찰관은 다른 남성을 칼로 찌른 것으로 의심되는 남성을 쫓고 있었다. 추격 중에 Redmond는 이 남성에게 총을 쏴 사망에 이르게 했다. 이에 사망한 남성의 가족은 Redmond뿐만 아니라 경찰서 및 해당 마을을 상대로 소송을 제기하며, Redmond가 공권력을 과하게 사용했다고 주장했다. 원고 측 변호사들은 Redmond가 면허가 있는 사회복지사에게 상담을 받았다는 사실을 알게 된 후, 해당 사회복지사가 상담 기록을 제출하고 재판에서 증언할 것을 요구했다. 그러나 Redmond는 자신과 상담사 간의 의사소통이 면책특권 정보보호에 해당된다고 주장하며 변호사의 조언에 따라 기록 제출을 거부했다. 이에 판사는 배심원들에게 해당 기록이 Redmond에게 불리한 내용을 포함하고 있을 가능성이 있다고 말했다. 결국 배심원단은 원고에게 545,000달러의 배상금을 지급하라는 판결을 내렸다. 그러나 여러 차례의 항소 끝에 미국 연방 대법원은 사회복지사가 면책특권 정보보호 권한을 가지고 있으며, 해당 판사의 설명은 배심원단에게 편견을 갖게 했고 따라서 부당하다고 결정했다. 이 판결에서는 사회복지사를 "치료사" 또는 "심리치료사"라고 표현했기 때문에, 이는 연방법원에서 모든 면허 소지 치료사를 보호할 가능성을 시사한다.

우리의 윤리강령에서는 상담사와 내담자 간의 정보를 비밀로 유지할 책임을 강조한다. 그렇다면, 당신은 어떤 경우에 상담사가 기밀을 깨고 정보를 공개해야 한다고 생각하는가?

미국상담학회 윤리강령(2014)에서는 면책특권 정보보호와 관련해서 단 한 번 언급하고 있다.

> 법원이 내담자 동의 없이 기밀 정보를 공개하라고 명령할 경우, 상담사는 내담자로부터 서면으로 고지된 동의를 얻거나, 정보공개를 막기 위한 조치를 취하거나, 아니면 내담자 또는 상담 관계에 가해질 잠재적인 위해를 고려해서 가능한 정보공개를 제한적으로 한다(Section B.2.d, 법원 명령에 따른 정보 공개).

지금까지 면책특권에 대해 다루었으니, 다음 사례에 대해 무엇을 할 수 있을지 살펴보자. 미국상담학회 윤리강령을 참고하면 도움이 될 것이다.

면책특권 정보보호와 관련된 윤리 사례

1. 현재 당신은 면허가 있는 상담사로부터 슈퍼비전을 받으면서 면허 취득을 준비하고 있다. 내담자 중에 두 명의 자녀를 두고 있는 여성이 있는데, 곧 있을 이혼에 대한 불안으로 인해 상담을 받고 있다. 그러던 중, 당신은 부부 간의 양육권 분쟁과 관련해서 법원에 출석하여 내담자에 대한 정보를 제공하라는 소환장을 받았다. 당신은 법정에 출석했지만 "이것은 비밀스러운 정보여서 어떤 정보도 공개할 수 없습니다"라고 말하

며 어떠한 정보도 공개하지 않았다. 이러한 당신의 행동은 윤리적이며, 전문적이고, 법적으로 적절한가?

2. 최근 한 면허상담사는 법원으로부터 자신의 내담자에 대한 정보를 공개하라는 요구를 받았다. 이 내담자는 음주 운전 중 사람을 다치게 했으며, 현재 소송을 당한 상태이다. 상담사는 어떤 정보도 공개하는 것을 거부했는데, 이로 인해 판사로부터 법정 모독 혐의로 제재를 받았다. 이에 상담사는 항소를 진행하며, 내담자와 나눈 이야기는 비밀유지를 해야 하고, 따라서 자신은 정보를 공개할 의무가 없다고 주장하고 있다. 이 상담사의 주장은 타당한가?
3. 한 내담자의 남편이 상담실로 찾아와 자신의 아내가 당신과 상담을 하고 있는지 알려달라고 요구한다. 당신은 그에게 내담자의 상담 여부를 확인해 줄 수 없으며, 상담실에서 다루는 모든 정보는 기밀이라고 설명했다. 그러자 그는 당신과 상담실을 고소하겠다고 위협하며, 정보를 공개하지 않을 권리가 상담사에게 없다고 말했다. 당신이 설명은 정확한가? 남편이 아내에 대한 정보를 얻을 수 있는 상황을 떠올릴 수 있는가?
4. 한 면허 소지 상담사가 상담을 진행하던 중, 내담자가 5년 전 15세 소녀를 성추행했다고 고백했다. 그러나 상담사는 이 내담자가 다시 이러한 행위를 저지를 가능성이 없다고 판단하고 있다. 그러던 중, 법원으로부터 이 사건에 대해 증언하라는 소환장을 받았다. 하지만 내담자는 상담 관계가 비밀스러운 것이기 때문에 법원에서 증언하지 말라고 요청한다. 이 경우 상담사는 법정에서 증언해야 하는가?

역량

상담사의 역량(competence)은 대부분의 전문 학회에서 관심을 두고 있는 중요한 윤리적 사안으로서, 상담사는 자신의 전문 지식의 한계와 역량 수준을 알고 있어야 한다(Corey et al., 2015; Neukrug & Milliken, 2011). 1장에서 살펴본 것처럼, ACA(2014) 윤리강령 Section C.2., 전문적 역량 조항은 역량과 관련된 여러 이슈들을 다루고 있다. 주요 내용은 다음과 같다.

- 교육/훈련과 경험 범위 안에서만 상담을 수행한다("역량의 한계")
- 새로운 전문 분야에서 상담을 수행하려면 적절한 교육과 훈련, 슈퍼비전을 받아야 한다.
- 충분한 교육과 훈련을 받지 않은 분야에서의 고용은 수락하지 않는다.

- 자신의 효과성을 지속적으로 점검하고, 개선이 필요하다고 판단되면 적절한 조치를 취한다.
- 윤리적인 문제에 직면하면 다른 전문가에게 자문을 구한다.
- 최근 동향을 따라가기 위해 지속적인 교육을 받는다.
- 자신의 신체적, 정서적인 문제들을 모니터하고, 자신이 심각하게 손상되었다고 판단되면 상담을 중단한다.
- 상담사의 무능력, 사망, 은퇴, 또는 상담을 종결해야 할 경우 내담자를 다른 동료에게 의뢰할 계획을 세운다.

역량 및 지식의 범위와 관련된 다음 사례들에 대해 당신이 어떻게 반응할지 살펴보자. ACA(2014) 윤리강령을 참고하면 도움이 된다.

역량 관련 윤리 사례

1. 상담사는 외상후 스트레스 장애(PTSD)에 종종 활용되는 안구운동 둔감화 및 재처리 기법(EMDR)을 배우기로 결정한다. 상담사는 2주 동안의 훈련과 EMDR 전문가와의 추가적인 상담사례 자문을 받은 후, 수료증을 받는다. 이후 상담사는 자신을 "훈련된 EMDR 전문가" "트라우마 치료 전문가"로 광고한다. 이러한 행동은 윤리적인가, 전문적인가, 합법적인가?
2. 학교상담 전공 석사학위를 가진 상담사가 높은 연봉의 재활상담사로 일할 기회를 얻게 된다. 다만 상담사는 대학원에서 이 분야에 관한 공식적인 강의를 수강한 적이 없다. 상담사는 새로운 직업에 대한 기대감으로 들떠 있다. 이 경우 어떤 상황에서(또는 어떤 조건에서) 이 직무를 맡는 것이 윤리적인가, 전문적인가, 합법적인가?
3. 상담사는 세상의 종말과 관련된 기이한 생각을 가지고 있는 내담자와 상담을 하고 있다. 상담사는 정신증적 경향을 보이는 내담자를 상담하는 것과 관련해서 거의 훈련을 받은 적이 없지만, 정신병 환자를 상담하는 것에 관한 온라인 보수교육을 들으면서 이 상황에 대처하기로 결정한다. 그러나 상담사는 이와 관련해서 슈퍼비전을 받지 않는다. 이 사례에서 상담사는 어떤 윤리적, 전문적, 법적인 문제들을 갖게 될까?
4. 항우울제인 프로작을 복용하고 있는 내담자가 상담사에게 지난 2개월 동안 이 약물을 복용했지만 여전히 우울하고 아무런 변화가 없다고 말한다. 상담사는 내담자에게 약의 용량을 늘리거나 아니면 다른 약물을 시도해볼 필요가 있다고 제안한다. 상담사는

정신과의사를 만나 자문을 구하라고 권한다. 내담자에게 약물 복용량을 늘리거나 다른 약물을 시도해보라고 말하는 것은 윤리적인가, 전문적인가, 합법적인가?

5. 상담사는 6개월 후에 다른 지역으로 이사할 예정이고, 자신의 내담자들에게 이 사실을 알린다. 상담사는 내담자들에게 "상담이 계속 필요하면 주 면허위원회 웹사이트에 가서 어떤 전문가들이 있는지 확인할 수 있다"라고 말했다. 이것으로 충분할까? 상담사는 내담자들을 위해 별도의 조치를 취해야 할까? 그렇다면 당신은 상담사가 어떤 조치를 취해야 한다고 생각하는가?

경계 유지 및 금지된 관계

이전에는 이중관계 또는 다중관계로 불렸던 이 개념은 상담 관계의 전문성을 유지하기 위해 상담사와 내담자 간에 적절한 경계를 유지한다는 것을 의미한다. 적절한 경계를 유지하는 것이 중요할 때가 많다. ACA(2014) 윤리강령 'Section A.5: 금지된 비상담적 역할 및 관계, A.6: 경계 및 전문적인 관계를 관리하고 유지하기'에서는 경계 유지와 관련해서 다음과 같이 제언하고 있다.

- "성적/낭만적인 성격의 상담사-내담자 상호작용 또는 현재 내담자, 내담자의 파트너 또는 내담자의 가족구성과의 성적/낭만적 관계는 금지된다."
- "상담사가 이전에 성적/낭만적인 관계를 맺었던 사람과 상담 관계를 맺는 것은 금지된다."
- 상담 관계가 종료된 후 5년 동안 이전 내담자와 성적인 관계를 맺는 것이 금지된다. 만약 성적인 관계를 고려하고 있다면, 상담사는 이 관계가 이전 내담자에게 착취적이지 않을 것이라는 것을 문서로 남겨둬야 한다.
- 객관적인 상태를 유지할 수 없는 친구나 가족구성원과 상담 관계는 금지된다.
- 내담자가 상담사의 전문 웹사이트에 접속할 수는 있지만, 상담사는 소셜 미디어에서 내담자와 교류해서는 안 된다.
- 일반적으로 상담사는 이전에 어떤 종류의 관계를 맺었던 사람과는 가급적 상담 관계를 맺는 것을 피해야 한다. 만일 상담사가 이러한 내담자를 받아들인다면, 고지된 동의, 자문, 슈퍼비전을 통해 적절한 상담이 이루어질 수 있도록 해야 한다.
- 상담사는 상담 관계 이외의 장면에서 내담자와의 상호작용이 적절한지 신중히 생각해야 한다(예: 장례식, 결혼식, 졸업식에 참석 등).

- 상담사는 "상호작용이 내담자에게 해가 될 가능성이 있을 때, 이전 내담자, 내담자의 연인 또는 가족구성원과 비전문적인 관계"를 맺는 것을 피해야 한다.

경계를 유지하고 금지된 관계를 피하는 것은 신뢰할 수 있는 상담 관계에 핵심적인 부분이다. ACA(2014) 윤리강령을 참고하면서 다음 사례들을 살펴보자.

경계 유지 및 금지된 관계와 관련된 윤리 사례

1. 상담사는 지난 몇 달 동안 운동량을 늘리라고 내담자에게 권했다. 어느 날, 상담사가 다니고 있는 운동 시설에 내담자가 나타났다. 이 경우 상담사에게 (있다면)어떤 의무가 있는가? 상담사가 계속 이 시설에 나가는 것이 윤리적이고 전문적인가?
2. 상담사는 최근 이혼 후 온라인 데이팅 서비스를 통해 사람들을 만나기 시작했다. 어느 날, 한 사람과 저녁 식사를 하기로 했고, 상대방에게 첫눈에 반했다. 그런데 이야기를 나누던 중 자신이 상대방의 동생을 상담했다는 것을 알게 되었다. 이 경우 상담사는 어떻게 해야 하는가?
3. 상담사는 내담자에게 매력을 느꼈고, 내담자에 대해 성적 환상을 가지고 있다. 상담사는 내담자와 사적으로 관계를 맺는 것이 부적절하다는 것을 알고 있지만, 자신의 성적 환상이 상담 관계에 영향을 미칠까 염려하고 있다. 이에 상담사는 이런 감정을 내담자에게 솔직하게 이야기해서 자신의 감정을 극복하고자 한다. 이것은 적절한가? 이것은 윤리적이고 전문적인가? 당신은 상담사가 어떻게 해야 한다고 생각하는가?
4. 친분이 두텁지 않은 상담사의 이웃이 가끔 자녀 문제로 상담사와 의논한다. 어느 날 이 이웃이 "제 아이에 대해 정말 잘 아는 것 같아요. 아이가 당신을 만나는 것이 어떨까 싶어요"라고 상담사에게 말했다. 상담사는 개인상담소를 운영하고 있는데, 이 이웃과 깊은 친분이 없기 때문에 상담을 진행할 수 있을 것 같다고 말했다. 이것은 윤리적인가, 합법적인가, 전문적인가? 어떤 조건이라면 상담이 허용될 수 있을까?
5. 상담사는 상담사가 많지 않은 작은 시골에 살고 있다. 종종 사회적으로 알고 지내던 사람들이 상담을 요청해 온다. 어느 조건이라면 상담사가 이 사람들을 내담자로 받아들일 수 있는가?
6. 상담자는 위기 상담 센터에서 근무하고 있으며, 여러 명의 자원봉사자와 함께 일하고 있다. 상담사는 한 명의 자원봉사자에게 마음이 끌렸는데, 이 자원봉사자는 7년 전에 자신의 내담자였고, 현재는 상담을 받고 있지 않다. 상담사는 이 사람과 관계를 진전

시키기로 마음을 먹었다. 이것은 적절한가? 윤리적인가? 상담사가 지켜야 할 안전장치가 있다면 무엇이 있을까?

7. 불임 문제로 어려움을 겪던 내담자가 수년간 상담사를 만나왔다. 내담자는 자신에 대한 상담사의 배려와 헌신 때문에 이 힘든 역경을 헤쳐 나올 수 있었다고 믿고 있다. 결국 수년 동안의 시도 끝에 내담자는 임신하게 되었고, 상담사를 출산 축하 모임에 초대했다. 만일 상담사가 초대에 응하지 않는다면 내담자는 크게 실망할 것이 틀림이 없다. 상담사는 이 초대에 응해야 할까? 만일 상담사가 모임에 가기로 또는 가지 않기로 결정하다면 어떤 조치가 필요할까?

상담 관계에서의 가치

부분적으로는 최근 몇 건의 법적 소송의 결과로 인해(Kaplan, 2014; Rudow, 2013), ACA(2014) 윤리강령에서는 상담사가 내담자와 상담할 때 자신의 개인적인 가치를 어떻게 다뤄야 하는지에 대한 조항들이 추가되었다. 특히, 특정 사건(성찰 활동 10.5 참조)이 이러한 변화의 주요 원인으로 지목되고 있다. 현재의 ACA(2014) 윤리강령의 두 개 조항에서 가치와 관련된 문제들을 언급하고 있다.

> 상담사는 자신의 가치, 태도, 신념, 행동을 인식하고 이를 내담자에게 강요하는 것을 피한다. 상담사는 내담자, 실습생, 연구 참여자의 다양성을 존중하며, 특히 상담사의 가치가 내담자의 목표와 부합하지 않거나 차별적인 성격을 띠는 경우, 상담사는 자신의 가치를 내담자에게 강요할 위험이 있는 분야에서 교육을 받아야 한다(Section A.4.b, 개인적인 가치).

> 상담사는 자신의 개인적인 가치, 태도, 신념 및 행동을 이유로 미래 또는 현재의 내담자를 의뢰하는 것을 삼가야 한다. 상담사는 내담자, 실습생, 연구 참여자의 다양성을 존중하며, 상담사의 가치가 내담자의 목표와 부합하지 않거나 차별적인 성격을 띠는 경우, 상담사는 자신의 가치를 내담자에게 강요할 위험이 있는 분야에서 교육을 받아야 한다(Section A.11, 종결과 의뢰 시 가치).

성찰 활동 10.5

줄리아 워드 v. 동미시건대학(Easern Michigan University: EMU) 이사회

EMU의 상담대학원생이었던 Julea Ward는 동성 관계를 맺고 있는 내담자를 상담할 예정임을 알게 되었다. Julea는 자신의 종교적 신념 때문에 이 내담자를 상담할 수 없다고 판단하고, 자신의 슈퍼바이저에게 이 내담자를 다른 상담사에게 의뢰해달라고 요청했다. 이 요청을 검토한 슈퍼바이저는 Julea가 이 내담자를 상담할 수 있어야 한다고 판단하고, 이에 대한 비공식적인 검토를 진행했다. 그 결과, 프로그램 측에서는 Julea가 자신의 종교적 신념을 내려놓고 동성 관계를 맺고 있는 내담자를 상담할 수 있어야 한다고 결정했다. 이에 따라 Julea는 보완 교육을 받거나 교수진과의 공식 청문회를 진행해야 한다는 요구를 받았다. Julea는 공식적인 청문회를 요청했고, 결국 대학원 프로그램에서 제적되었다. Julea는 EUM를 상대로 소송을 제기했으며, 법원은 처음에는 학교 측의 결정에 손을 들어 주었다. 그러나 항소 후, 이 사건은 법정 밖에서 합의되었다. 이 소송과 다른 법적인 소송으로 인해 ACA 윤리강령에 변화가 발생했는데, 현재 윤리강령에서는 상담사가 개인적인 가치의 차이를 이유로 내담자를 의뢰해서는 안 된다는 점을 더욱 강조하고 있다. 가치 차이를 이유로 내담자를 의뢰하는 것에 대해 당신은 어떻게 생각하는가?

ACA 윤리강령에 따르면, 가치 차이만을 이유로 내담자를 의뢰하는 것은 허용되지 않는다. 그러나 상담사가 내담자를 상담하기 위한 훈련 또는 역량을 갖추고 있지 않다면 내담자를 의뢰하는 것은 가능하다. 이상적으로는, 상담사가 지식과 기술이 미흡해서 내담자를 상담할 수 없다고 판단하면 내담자를 받아들이기 전에 내담자를 의뢰해야 한다. "상담사가 내담자에게 전문적인 도움을 줄 수 있는 역량이 부족한 경우, 상담사는 상담 관계를 시작하거나 지속하는 것을 피해야 한다"(ACA, 2014, Section A.11.a). 또한 윤리강령에서도, 그리고 상담사들 역시 내담자에게 가치를 강요하는 것을 강하게 비난한다(예: 종교적 신념, 정치적인 생각 등; Neukrug & Milliken, 2011). 다음은 상담 관계에서 가치문제를 다루는 몇 가지 사례다. ACA(2014) 윤리강령을 참고하면서 어떻게 반응할지 생각해 보자.

가치와 관련된 윤리 사례

1. 내담자는 탄자니아 출신으로, 그곳에서는 여성 할례(부분적 음핵 절제술)가 하나의 통과의례로 행해지고 있다. 내담자는 11세 된 딸이 이를 수행할 시기가 되었다고 상담사에게 말했다. 내담자는 이 의식이 딸에게 중요한 의식이 될 것이라 생각하며, 친구와 가족들이 이 의식에 참석할 예정이다. 상담사에게는 어떤 윤리적, 전문적, 법적 의무가 있는가?

2. 상담사는 생물학적으로는 남성으로 태어났지만 현재 자신을 여성으로 정체하는 12세 아동을 상담하고 있다. 내담자의 부모는 자녀가 딸인 것을 부인하면서 아들로 남기를 원한다. 따라서 부모는 자녀가 여성처럼 보이는 옷을 입지 말라고 주장하고, 대신 남성적인 활동(예: 스포츠, 여성과의 데이트)을 하라고 요구하고 있다. 상담사가 고려해야 할 윤리적, 전문적, 법적인 사안은 무엇인가?
3. 상담사는 일부다처론자이면서 세 명의 아내를 두고 있는 내담자를 상담하고 있다. 상담사가 거주하는 지역에서는 이 관습이 불법이며, 상담사 또한 개인적으로 이 관습이 마음에 들지 않는다. 상담사는 내담자가 아내들을 혐오하고 언어적으로 학대한다고 믿고 있다. 상담사가 지닌 윤리적, 전문적, 법적 의무는 무엇인가?
4. 상담사는 몇 달 동안 내담자를 상담한 후 내담자가 코카인 중독 및 알코올 의존 문제를 가지고 있음을 알게 되었다. 하지만 상담사는 물질 남용(중독) 상담에 대한 전문성이 거의 없다. 이 경우 상담사의 윤리적, 전문적 의무는 무엇인가? 상담자는 어떤 경우에 이 내담자와의 상담을 지속할 수 있을까?
5. 상담사는 피부색이 밝은 아프리카계 미국인 이슬람교도로서, 일부 내담자들은 상담사를 백인으로 착각하고 있다. 한 내담자는 이슬람교도와 흑인들을 차별하는 발언을 상담사에게 반복적으로 하고 있고, 상담사 역시 자신과 비슷한 생각을 공유하고 있다고 믿고 있다. 상담사는 이 내담자의 말에 불쾌감을 느꼈고, 이런 감정이 내담자와 상담하는 것에 부정적인 영향을 미칠까 걱정하고 있다. 이 경우 상담사는 어떤 윤리적 의무를 가지고 있는가? 당신은 이 상황에서 상담사가 어떻게 반응해야 한다고 생각하는가? (성찰 활동 10.6 참조)

성찰 활동 10.6

내담자의 인종차별적, 반유대주의적 발언

앞서 언급한 5번 항목과 유사하게, 나는 인종차별적이고 반유대주의적 발언을 하는 내담자를 만난 적이 있다. 몇 달 동안 나는 그와 관계를 형성하려고 노력하면서 주의 깊게 경청을 했다. 어느 날 내담자는 또다시 반유대주의적인 발언을 했는데, 그때 나는 내담자를 바라보면서 "아, 저는 유대인입니다"라고 말했다. 내담자는 재빠르게 "아, 당신은 달라요"라고 말했다.

당신은 내가 말한 것이 적절했다고 생각하나? 내가 한 말이 윤리적이고 전문적이었나? 제가 다르게 말했어야 할까? 제가 이 내담자를 다른 상담사에게 의뢰해야 할 근거가 있었을까? 제가 할 수 있었던 또 다른 일이 있었을까?

다문화 상담

ACA(2014) 윤리강령 전반에 걸쳐 문화 간 차이에 주의를 기울이고, 문화적 역량을 갖춰 내담자를 상담하는 것에 관해 진술되어 있다. 이러한 진술 중 일부를 강령 내 해당 절과 함께 아래에 요약해서 제시하였다. 따옴표로 표시된 것은 강령에서 직접 발췌한 것이다.

- 상담사는 내담자의 발달 수준과 문화적 배경에 적절한 방식으로 내담자와 소통하며, 필요할 경우 통역사를 활용한다. 상담사는 내담자가 고지된 동의서(informed consent) 내용을 이해하는지 확인하고, 문화적 차이를 고려해서 절차를 적용해야 한다. (섹션 A.2.c, 발달 및 문화적 민감성)
- 상담사는 자신의 문화적 정체성을 이해하고 그것이 상담 관계에 미칠 수 있는 영향을 검토한다. (섹션 A, 서론)
- 상담사는 비밀보장 및 사생활 보호에 대한 이해가 내담자의 문화적 배경에 따라 다를 수 있음을 인식하고, 이러한 문제를 내담자와 지속적으로 논의한다. (섹션 B.1.a, 다문화/다양성고려)
- "상담사는 문화적으로나 임상적으로 적절한 의뢰 자원 및 기관을 잘 알고 있으며, 이러한 대안을 제안한다." (섹션 A.11.a, 종결 및 의뢰에서의 역량)
- "상담사는 부모와 법적 보호자에게 상담사의 역할과 상담 관계에 내재된 기밀성을 현재의 법적, 양육권 관련 규정에 맞게 알린다. 상담사는 가족의 문화적 배경에 민감하며, 법에 따라 부모/보호자의 자녀/피부양인에 대한 고유 권리와 책임을 존중한다. 필요할 경우 상담사는 내담자를 돕기 위한 목적으로 부모/보호자와 협력 관계를 구축하기 위해 노력한다." (섹션 B.5.b, 부모 및 법적 보호자에 대한 책임)
- "다문화 상담 역량은 모든 상담 전문 분야에서 요구되므로, 상담사는 다양한 내담자 집단과 상담할 때 문화적으로 역량 있는 상담사가 되기 위해 필요한 지식, 개인적 인식, 민감성, 태도 및 기술을 습득한다." (섹션 C.2.a, 역량의 한계)
- 상담사는 차별해서는 안 된다. (섹션 C.5., 차별 금지)
- "상담사는 내담자의 문제가 정의되고 경험되는 방식에 문화가 영향을 미친다는 점을 인식한다. 또한 내담자의 정신 장애를 진단할 때, 내담자의 사회경제적, 문화적 경험을 고려한다." (섹션 E.5.b, 문화적 민감성)

이미 알고 있듯이, 다문화와 관련된 이슈는 역량 있는 상담사가 되기 위해 필수적인 요소이다. 다음 사례들을 살펴보며, 이 중요한 문제에 대해 어떻게 대응할지 ACA(2014) 윤리강령을 참고하면서 고민해 보자.

다문화 상담 관련 윤리 사례

1. 한 상담사가 문화적 차이로 인해 미얀마에서 이민 온 내담자와 효과적으로 상담하지 못했다고 느낀다. 그러나 상담사는 내담자를 다른 상담사에게 의뢰하는 대신, 슈퍼비전을 받으면서 해당 문화에 대해 더 공부하기로 결정한다. 이러한 상담사의 행위는 윤리적이고, 전문적이며, 합법적인가?
2. 당신이 근무하는 기관에서 몇몇 동료들이 성차별적 농담을 하거나, 특정 문화적 배경을 가진 내담자들의 지능을 비하하는 발언을 하는 것을 목격했다. 이 상황에서 당신은 윤리적, 전문적, 도덕적으로 책임이 있나? 당신은 어떻게 대응하겠나?
3. 당신의 가족이 성차별적이거나 인종차별적인 농담을 하는 것을 들었다. 이 경우, 당신에게 윤리적, 전문적, 도덕적 의무가 있을까? 어떻게 행동해야 할까? 이런 상황을 경험한 적이 있나요? 그때 어떻게 대응했나?
4. 함께 일하는 상담사가 내담자의 문제를 내담자의 탓으로 돌리는 경향이 있다. 하지만 당신은 빈곤과 인종차별 같은 외부 요인들이 내담자의 삶에 부정적인 영향을 미쳤다고 생각한다. 그 동료 상담사는 "진정으로 원한다면 누구나 잘 될 수 있다"고 믿고 있다. 이 경우 당신에게는 어떤 윤리적, 전문적, 법적 책임이 있을까?
5. 함께 일하는 동료가 동성애는 선택이라고 믿고 있으며, 동성애자인 내담자들에게 그러한 믿음을 직접적으로 표현하지는 않지만, 마음 깊은 곳에서는 그들이 이성애자가 될 수 있다고 믿고 있다. 이 상담사에 대해 당신에게는 어떤 윤리적, 전문적, 도덕적 의무가 있을까?
6. 당신의 친구가 자신을 '기독교 상담사'라고 홍보하고 있다. 그런데 그 친구가 상담 중 내담자들에게 성경 구절을 읽게 하고 죄를 회개하라고 권고하는 것을 알게 되었다. 이것은 윤리적인가요? 전문적입니까? 합법적일까?
7. 감정을 표현하지 않는 한국인 내담자와 상담할 때, 상담사가 내담자에게 감정을 표현하라고 압박한다. 상담사는 내담자에게 "자신을 표현해야만 나아질 수 있다"고 말한다. 이 상담사는 윤리적이고 전문적으로 행동하고 있나?
8. 경제적으로 어려운 가정을 대상으로 부모 교육 워크숍을 진행하던 중, "자녀를 때리는

것은 절대 안 된다"고 말했을 때 일부 부모들이 반발하며 때로는 체벌이 자녀의 주의를 끌게 하는 유일한 방법이라고 주장한다. 그들의 주장은 일리가 있나? 당신은 어떻게 대응해야 할까? 이 경우 당신에게 어떤 윤리적, 전문적, 법적 의무가 있나?

상담에서의 기술 활용

여러분도 잘 알고 있듯이, 기술의 발전은 상담 방식에 큰 변화를 가져왔다. 현재 상담은 온라인, 전화, 심지어 이메일을 통해서도 이루어지고 있다. 이에 따라 비밀보장의 문제, 개인정보 보호, 기록 보안과 관련된 문제가 중요해졌으며, 이러한 문제들은 의료보험의 양도 및 책임에 관한 법률(HIPAA), 가족교육권 및 프라이버시에 관한 법률(FERPA), 정보공개법(FOIA)과 같은 여러 법률의 영향을 받고 있다(7장 참조). 2014년 ACA 윤리강령의 'H항: 원격상담, 기술 및 소셜 미디어'에서는 이러한 문제를 다루고 있으며, 다음과 같은 핵심 내용을 포함하고 있다.

- 상담에서 기술을 활용한 상담을 할 때, "관련된 기술적, 윤리적, 법적 고려사항(예: 특별 자격증, 추가 교육 과정)"에 대한 지식과 기술을 알고 있어야 한다.
- 상담사는 "자신의 근무 지역뿐 아니라 내담자가 거주하는 지역의 법률과 규정을 준수해야 하며, 내담자가 이러한 법적 문제를 인지하도록 해야 한다."
- "상담사는 국가 간 또는 주 간 상담에서 적용되는 법적 권리와 제한 사항을 내담자가 충분히 이해할 수 있도록 설명해야 한다."
- "상담사는 전자 기록 및 데이터 전송의 기밀 유지 한계를 인정한다. 상담사는 동료, 감독자, 직원, IT 전문가 등 승인된 혹은 비승인된 개인이 해당 기록이나 전송된 정보에 접근할 가능성이 있음을 내담자에게 알린다."
- "상담사는 기술 사용과 관련된 비밀 유지의 한계를 내담자에게 알린다. 상담사는 내담자가 개방한 정보에 대해 승인된 또는 승인되지 않은 접근 가능성에 유의할 것을 권고해야 한다."
- 상담사는 기록의 비밀 유지 및 데이터 전송과 관련해서 적절한 암호화 표준을 사용한다.
- 상담사는 기술 기반 상담을 진행할 때, 내담자의 신원을 확인하는 절차를 마련한다(예: 코드 단어 사용).
- 상담사는 기술을 활용한 상담이 가지는 한계를 내담자에게 인식시킨다.

- 상담자는 직업적 소셜미디어 계정과 개인적인 소셜미디어 계정을 명확히 구분해야 하며, 내담자가 상담자의 개인 정보에 접근하는 것을 제한해야 한다.

다음은 상담에서 기술을 활용할 때 발생할 수 있는 윤리적 딜레마에 대한 사례들이다. 2014년 ACA 윤리강령을 참고하여 어떻게 대응할지 생각해보자.

상담에서의 기술과 관련된 윤리 사례

1. 한 상담사는 자신의 사무실에서 멀리 떨어진 곳에 거주하는 내담자들이 거리 때문에 상담실에 직접 오지 못할 경우 전화상담이나 온라인 상담을 진행하고 있다. 이 상황은 윤리적이고, 전문적인가? 윤리성과 전문성을 확보하기 위해 상담사는 무엇을 해야 할까?
2. 상담사가 모든 내담자에게 기술을 활용한 상담에서 비밀 유지의 한계를 설명했음에도 불구하고, 한 내담자의 컴퓨터가 해킹당했다. 이때 별거 중인 내담자의 남편이 내담자가 부부의 폭력적인 관계를 이야기하는 상담 회기를 실시간 방송으로 듣게 되었다. 내담자는 격분해서 상담사를 고소하겠다고 말했다. 상담사는 윤리적이고 전문적이며 합법적으로 행동했나? 비밀보장을 위해 상담사가 추가로 할 수 있었던 일이 있을까? 내담자는 상담사를 법적으로 고소할 수 있을까?
3. 한 내담자는 온라인 채팅을 통해 지속적인 상담을 받고 있다. 어느 날 상담사는 지난 주의 상담 내용을 요약하면서 대화를 시작했다. 그러나 내담자는 이전 주에 상담이 없었다고 주장했다. 알고 보니 내담자의 “코드 이름”이 도용되었고, 다른 사람이 내담자인 척 상담을 받았던 것이었다. 상담사는 이 “실수”에 대해 법적인 책임이 있을까? 상담사는 비밀보장 강화를 위해 추가적으로 어떤 조치를 취할 수 있었을까?
4. 상담사는 보험 회사 및 다른 전문가들에게 기밀 정보를 전송할 때 암호화된 소프트웨어를 사용하고 있다. 하지만 해당 소프트웨어는 HIPAA 승인을 받지 않은 상태이다. HIPAA 승인을 받지 않은 암호화 소프트웨어를 사용하면 어떤 결과가 있을 수 있나? 이것이 윤리적이고 전문적이며 합법적일까?
5. 한 학교 상담사는 학생이 걱정되어, 학생이 자주 사용하는 소셜 미디어에서 친구 추가를 요청했다. 학생은 요청을 수락했다. 이러한 행동은 윤리적이고 전문적이며 합법적일까? 친구가 될 경우, 또는 그렇지 않을 경우 결과는 무엇일까?

슈퍼비전

내담자에게 적절한 서비스를 제공하기 위한 한 가지 방법은 슈퍼비전을 받는 것이다. 슈퍼비전을 통해 상담사는 인간 본성에 대한 자신의 관점, 이론적 접근법, 기법 적용 능력, 내담자에 대한 효과를 점검할 수 있다. 슈퍼비전은 상담사의 훈련 과정에서 시작되고, 내담자와 상담하는 한 지속되는 경우가 많다. 신뢰, 상호 존중, 이해를 바탕으로 한 슈퍼비전 관계를 통해 상담사는 자신의 태도, 지식, 기술을 깊이 있게 성찰할 수가 있다(Bernard & Goodyear, 2018; Corey et al., 2019). 슈퍼바이저의 역할은 광범위한데, 다양한 슈퍼비전의 역할을 이해하기 위해 ACA(2014) 윤리강령 'F항: 감독, 훈련, 교육'을 읽어볼 것을 추천한다. 특히 몇 가지 핵심적인 역할을 강조하자면 다음과 같다.

- 내담자의 복지 보장하기
- 슈퍼바이지가 슈퍼비전을 받고 있음을 내담자에게 알리고, 이에 따른 비밀보장의 한계를 설명하게 하기
- 슈퍼바이지와 슈퍼바이저 간 적절한 경계를 유지하기
- 상담 직종의 문지기(gatekeeper) 역할을 하며, 필요한 경우 슈퍼바이지가 보완(remedial) 교육을 받을 수 있도록 지원하기
- 슈퍼바이지가 개인 상담이 필요할 경우 상담 서비스를 찾도록 돕되, 직접 상담을 제공하지 않기
- 슈퍼바이지가 상담사로서 발달하는 것에 대해 지속적으로 피드백을 제공하기
- 슈퍼바이지가 내담자에게 적절한 상담 서비스를 제공할 수 없는 경우, 교육프로그램, 상담 기관 및 자격 훈련 과정에서 제외 및 퇴학 권고하기

이제 슈퍼비전과 관련된 몇 가지 윤리적인 이슈를 간략히 논의했으므로, 윤리적인 사례들을 살펴보자. ACA(2014) 윤리강령을 옆에 두고 참고하자.

슈퍼비전 관련 윤리 사례

1. 한 상담사는 자신의 내담자에게 자살 위험이 있다고 생각한다. 그러나 슈퍼바이저는 상황을 면밀히 검토하고 내담자를 직접 만나본 결과, 자살 위험이 없다고 판단한다. 상담사는 여전히 예측가능한 위험이 있다고 믿으며 조치를 취해야 한다고 생각한다.

상담사는 어떤 조치를 취할 수 있을까? 윤리적, 전문적, 법적인 측면에서 어떤 문제가 있을까?

2. 자신의 슈퍼바이지를 만난 후, 슈퍼바이저는 슈퍼바이지의 내담자 자녀가 학대 받고 있을 수 있다고 판단하고, 부모를 아동 보호 서비스에 신고해야 한다고 생각한다. 그러나 수퍼바이지는 수퍼바이저가 부모를 신고하면 자신과 부모의 관계가 나빠질 것을 염려하고 있다. 슈퍼바이지는 어떻게 해야 할까? 슈퍼바이저가 부모를 신고하면, 부모는 자신 또는 슈퍼바이저가 신고했다고 의심할까? 신고하거나 신고하지 않는 것에 대한 윤리적, 전문적, 법적 결과는 무엇일까?
3. 한 슈퍼바이저는 한 학기 동안 슈퍼바이지와 함께 일한 후, 슈퍼바이지의 상담 능력에 대해 심각한 의문을 갖게 되었다. 그 결과, 슈퍼바이지는 대학원 프로그램 내 상담 기술 향상을 목적으로 운영되는 전문성 발달 과정에 배정되었다. 그러나 슈퍼바이지는 슈퍼바이저의 평가에 동의하지 않는다. 슈퍼바이지는 이에 대해 어떤 조치를 취할 수 있을까? 슈퍼바이지와 슈퍼바이저는 어떤 윤리적, 전문적, 법적 사항을 고려해야 할까?
4. 상담사는 자신이 슈퍼비전을 받고 있다는 사실을 내담자에게 알리지 않았다. 이것은 윤리적이고, 합법적이고, 전문적일까?
5. 슈퍼비전을 받으면서, 슈퍼바이지는 점점 더 자신의 개인적인 문제를 편안하게 이야기하게 되었고, 슈퍼바이저는 상담과 슈퍼비전 사이의 경계가 모호해진다고 느꼈다. 이에 슈퍼바이저는 슈퍼바이지에게 상담을 받을 것을 제안했고, 슈퍼바이지는 화가 났고 슈퍼바이저에게 버림받은 기분이 들었다. 이 경우 슈퍼바이저는 어떻게 반응해야 할까? 슈퍼바이저는 윤리적으로, 합법적으로, 그리고 전문적으로 행동했을까?

윤리 위반 보고

ACA(2014) 윤리강령 중 '섹션 I, 윤리적 문제 해결(Resolving Ethical Issues)'은 상담사 및 관련 전문가들이 윤리적 위반을 다룰 때 어떻게 대응해야 하는지에 대한 지침을 제공한다. 다음은 해당 섹션의 주요 내용이지만, 전체 내용을 숙지할 것을 추천한다.

- 가능한 경우, 상담사는 윤리적 딜레마를 해결하기 위해 모든 관련 당사자들과 열린 소통을 통해 해결을 시도해야 한다. 필요한 경우, 동료 상담사나 슈퍼바이저로부터 자문을 구하는 것이 바람직하다.

성찰 활동 10.3

윤리적 위반에 대한 비공식적 해결

내가 알고 있던 한 심리학자는 다른 심리학자가 부실한 심리평가보고서를 작성했다는 이유로 주 면허위원회에 신고했다. 그러나 면허위원회는 오히려 신고한 심리학자에게 먼저 해당 심리학자와 직접 논의하고 비공식적으로 해결하려 하지 않은 점을 지적하면 경고 조치를 내렸다.
당신이라면 동료의 사소한 윤리적 위반을 신고할 것인가? 가족이나 친구나 경미한 도덕적 문제를 범했을 경우 이에 대해 직접 이야기할 의향이 있나? 다른 사람을 신고하거나 가까운 사람을 직면하는 것은 결단력을 요구한다. 그러나 이는 우리의 도덕적, 윤리적 책임이다.

- 심각한 피해가 발생했거나 발생할 가능성이 있는 경우, 상담사는 주 또는 국가의 전문 윤리 위원회, 전문학회, 주 면허 위원회, 또는 관련 당국에 보고하는 것을 포함한 적절한 조치를 취해야 한다. (섹션 1.2b, 윤리 위반 보고하기)
- 다른 상담사가 윤리 강령을 위반했다고 믿는 경우, 내담자에게 심각한 피해가 발생한 경우가 아니라면, 상담사는 먼저 비공식적으로 해당 상담사와 문제를 해결하려고 시도해야 한다.

ACA(2014) 윤리강령을 참고하면서, 윤리 위반 보고와 관련된 아래 사례들을 살펴보시오.

윤리 위반 보고 관련 윤리 사례

1. 한 상담사가 이제 막 박사과정을 시작했는데 자신을 박사 수료자로 광고하고 있다. 그녀는 명함에 이름과 함께 "박사수료생"이라고 명시했다. 이를 본 동료 상담사는 아직 학위 과정이 거의 완료되지 않은 상태에서 이러한 표현이 내담자에게 혼란을 줄 수 있다고 생각한다. 상담사가 자신을 박사수료생으로 광고하는 것이 윤리적, 전문적, 법적으로 적절한가? 동료는 이를 상담사에게 직면해야 할까?
2. 내담자는 자살할 가능성이 있고, 슈퍼비전을 받고 있는 상담사는 내담자의 자살 가능성을 평가하는 데 도움이 필요한 상황이다. 상담사는 동료 상담사를 불러 내담자의 자살 가능성 정도를 평가하는 데 도움을 청했다. 상담사의 슈퍼바이저는 이와 관련해서 슈퍼비전 요청을 받지 않았다. 이를 알게 된 슈퍼바이저는 해당 상담사가 비밀 유지 의무를 위반했다고 판단하고, 이를 주 면허 위원회에 보고했다. 상담사의 행동은 적절했나? 슈퍼바이저는 어떤가?

3. 한 상담사는 자신의 동료가 보험사기에 연루되어 있다고 의심하고 있다. 이 위반이 너무 심각하다고 생각한 상담사는 동료와 직접 이야기하는 것을 생략하고 곧바로 보험회사와 면허 위원회에 이를 신고했다. 이 상담사는 윤리적이고, 전문적이며, 합법적으로 행동했나?
4. 한 상담사는 동료 상담사가 내담자와 부적절한 성관계를 맺고 있다고 강하게 의심하고 있다. 상담사는 동료에게 다가가 우려를 전했지만, 동료는 이를 부인했다. 상담사는 여전히 강하게 의심했기 때문에, 이 사실을 ACA 윤리위원회에 신고했다. 그러나 ACA 윤리위원회는 해당 동료가 ACA 회원이 아니기 때문에 이 문제에 대해 관할권이 없다고 상담사에게 알렸다. 대신, 상담사에게 주 면허위원회에 신고할 것을 권했다. ACA의 대응은 적절했나? 상담사는 이후 어떻게 행동해야 할까?

상담사의 윤리적 행동에 관한 설문조사

2011년 Neukrug와 Milliken은 500명이 넘는 ACA 회원을 대상으로 설문조사를 실시했는데, 77개의 상담사 행동에 대한 참여자들의 인식을 조사했다. 표 10.1은 각각의 상담사 행동과 몇 %의 참여자들이 상담사 행동을 윤리적이라고 응답했는지를 보여준다. 각 학생은 이들 행동 중 5~10개를 선택하여 목록을 만든 후, 소그룹을 형성한다. 그룹 내에서 몇 가지 행동을 선택하고, ACA 윤리 강령에서 해당 행동에 해당되는 조항을 찾아본다. 그런 다음, 각 항목 및 설문결과에 대한 구성원들의 생각을 이야기해 본다.

표 10.1 무엇이 윤리적으로 적절한 행동인가?

상담사 행동	윤리적이라고 반응한 상담사의 비율
1. 내담자를 위한 옹호자가 된다.	99
2. 내담자의 자율성과 자기결정을 장려한다.	98
3. 내담자가 자신을 해칠 위험이 있을 경우 비밀 유지 의무를 깬다.	96
4. 대인관계 갈등이 있을 때 내담자를 다른 상담사에게 의뢰한다.	95
5. 내담자가 상담사를 편하게 부르게 한다.	95
6. DSM을 기반으로 진단을 내린다.	93
7. 내담자를 이해하기 위해 통역사를 활용한다.	89
8. 내담자에게 자기 개방을 한다.	87
9. 불법 이민자를 상담한다.	87

상담사 행동	윤리적이라고 반응한 상담사의 비율
10. 내담자를 위로하기 위해 신체적 접촉을 한다(예: 어깨에 손을 댄다).	84
11. 논란이 되는 사회적 이슈를 공개적으로 지지한다.	84
12. 상담 기록을 상담실 컴퓨터에 보관한다.	74
13. 내담자의 공식 행사에 참석한다(예: 결혼식)	72
14. 말기 암 내담자의 삶의 마지막 결정(자살 포함)에 대해 상담한다.	69
15. 인터넷으로 내담자를 상담한다.	68
16. 내담자를 포옹한다.	67
17. 전문학회의 회원으로 가입되어 있지 않다.	66
18. 부모 동의 없이 임신한 10대 내담자를 상담한다.	62
19. 내담자에게 화가 났다고 내담자에게 말한다.	62
20. 안내 데스크에서 일하는 사람에게 비밀정보를 이야기한다.	59
21. 부부와 가족구성원들에게 비밀 유지를 확언한다.	58
22. 제3자(예: 내담자를 좌천시킬 수 있는 고용주)로부터 내담자를 보호하기 위해 진단을 내리지 않는다.	55
23. 상담 서비스에 대한 대가로 물품이나 서비스를 받는다.	53
24. 박사학위 논문을 작성하는 동안 상담 현장에서 박사 후보자라는 명칭을 사용한다.	48
25. 부모의 요청이 있음에도 불구하고 미성년 내담자에 관한 정보를 제공하지 않는다.	48
26. 상담 관련 제품(예: 책, 비디오 등)을 내담자에게 판매한다.	47
27. 이론 및 연구 기반이 없는 기법을 사용한다.	43
28. 내담자에게 필요한 서비스를 받으라고 압박한다.	43
29. (상담 종료 후 5년이 지난) 이전 내담자와 성적 관계를 맺는다.	43
30. 내담자가 자신에 대한 사례 노트를 열람하는 것을 허락하지 않는다.	43
31. 동성애로 인해 불만을 느끼는 내담자를 전환 치료(Reparative Therapy)에 의뢰한다.	38
32. 남성 또는 여성만 내담자로 받아들인다.	37
33. 집단상담 구성원들에게 비밀 보장을 확언한다.	37
34. 가족상담을 진행하던 중에 실시한 개인 상담에 대해 상담료를 청구한다.	35
35. 특정 문화 집단에 속한 사람만 상담한다.	32
36. 내담자의 권리를 보호하기 위해 법률을 위반한다.	32
37. 비윤리적인 행동을 한 동료 상담사와 먼저 상의하지 않고(기관이나 윤리위원회에) 고발한다.	30
38. 내담자의 기밀 정보를 동료에게 이야기한다.	29
39. 배우자 학대가 의심될 때 이를 보고하지 않는다.	29
40. 과실 보험을 들지 않았다.	28

상담사 행동	윤리적이라고 반응한 상담사의 비율
41. 이미 다른 상담 관계를 맺고 있는 내담자를 상담한다.	27
42. 부모의 동의 없이 미성년자를 상담한다.	25
43. 내담자의 동의 없이 내담자의 웹 페이지(예: 페이스북)를 열람한다.	25
44. 다문화 상담에 대한 교육과 훈련 없이 다양한 배경을 가진 내담자를 상담한다.	22
45. 내담자가 잘 아는 사람과 성관계를 갖는다.	22
46. 보험이 있는 내담자에게 높은 상담료를 책정한다.	22
47. 내담자가 호소하는 문제에 대해 훈련을 받지 않은 채 상담한다.	20
48. 내담자가 자신에 관한 기록을 열람하도록 허용하지 않는다.	17
49. 내담자의 가치를 바꾸려고 시도한다.	13
50. 친근함의 표시(예: 인사)로 내담자에게 입맞춤한다.	13
51, 자살하려는 내담자의 결정을 수용한다.	12
52. 3만원이 넘는 선물을 내담자로부터 받는다.	12
53. 내담자가 사망한 경우 기밀 정보를 공개한다.	11
54. 동료 상담사를 상담한다.	11
55. 이중관계를 맺는다(예: 내담자가 자녀의 담임교사; 현재 대학원 선배가 슈퍼바이저)	10
56. 내담자에게 매력을 느낀다고 내담자에게 말한다.	10
57. 상담사로서 정상적인 기능을 하지 못하게 되었을 때 내담자를 의뢰하는 계획을 세우지 않는다.	9
58. 낙태하지 말라고 내담자를 설득한다.	8
59. 동성애를 정신병리로 간주하고 다룬다.	6
60. 자신의 전문성을 과장해서 이야기한다.	6
61. 3만원이 넘는 선물을 내담자에게 제공한다.	5
62. 잠금장치가 없는 서류 캐비닛에 내담자 기록을 보관한다.	5
63. 보수교육에 참여하지 않는다.	5
64. 친구를 상담한다.	5
65. 아무런 사전 고지 없이 상담 관계를 종결한다.	5
66. 전문가의 공개 진술문을 제공하지 않는다.	3
67. 동성애에 만족하는 내담자를 전환 치료(Reparative Therapy)에 의뢰한다.	3
68. 내담자에게 돈을 빌려준다.	3
69. 가까운 사람에게 내담자의 기밀 정보를 이야기한다.	3
70. 노인학대가 의심될 때 신고하지 않는다.	1
71. 내담자에게 법적 권리(예: 비밀 유지)를 알리지 않는다.	1
72. 자격증을 취득하는 과정에 있으면서 자격증이 있다고 말한다.	1
73, 내담자의 허락 없이 내담자 기록을 내담자의 배우자에게 공개한다.	<1
74. 아동학대가 의심될 때 이를 신고하지 않는다.	<1

상담사 행동	윤리적이라고 반응한 상담사의 비율
75. 특정 종교적 신념을 받아들이라고 내담자를 설득한다.	<1
76. 민간자격증이 국가자격증과 같은 것이라고 말한다.	<1
77. 내담자에게 비밀 유지의 한계를 설명하지 않는다.	<1

상담사로서 최선의 실무하기

이 시점에서 당신은 다음과 같이 생각할 수 있다. "상담 현장에는 윤리적으로 고려해야 할 사항이 너무 많은데, 과연 이 분야에 진입하는 것이 맞을까?" 그러나 실제로 잠재적인 윤리 위반으로부터 자신을 보호하는 것은 그리 어렵지 않다. 윤리강령을 숙지하고, 윤리적 딜레마에 직면했을 때 하나 이상의 의사결정 모델을 활용하면서, 최선의 실무를 수행하는 것이 중요하다. Corey 등(2019)을 비롯한 많은 학자들은 윤리적이고 합법적인 상담 실무를 위한 다양한 방법을 제시했다. 다음은 그중 주요한 실천 사항이다.

1. 관련 법률을 숙지한다.
2. 내담자에게 자신의 가치를 강요하지 않는다.
3. 내담자를 항상 전문적으로 대한다.
4. 가치관 차이를 이유로 내담자를 의뢰하지 않는다.
5. 잘 기록하고, 내담자의 진행 상황을 문서화한다.
6. 내담자와의 상담 약속을 어기지 않는다.
7. 내담자를 존중하고, 배려하고, 친절하게 대한다.
8. 양질의 기록 관리 시스템을 갖춘다.
9. 학대 신고 관련 법령을 숙지한다.
10. 역량의 범위를 벗어난 내담자를 상담하지 않는다.
11. 종이 및 전자 기록을 안전하게 보관한다.
12. 내담자의 기록과 정보를 기밀로 유지한다.
13. 상담에서 사용하는 이론을 잘 알고 숙달한다.
14. 내담자를 유능하게 상담하지 못할 때 내담자를 의뢰한다.
15. 임상 평가를 실시하고 그 결과를 내담자에게 알린다.
16. 전문가의 공개 진술문을 제시하고 고지된 동의를 구한다.

17. 내담자가 서명한 것 또는 당신이 내담자에게 설명한 것을 내담자가 이해하고 있는지 확인한다.
18. 미성년자 상담 시 부모 또는 보호자로부터 서면 동의를 받는다.
19. 필요할 경우 타 전문가에게 자문을 구하되, 반드시 내담자의 허락을 받는다.
20. 현재 또는 이전 내담자, 그리고 내담자의 친구 또는 친척과 성관계를 맺지 않는다.
21. 상담 관계를 지속해야 하는 것이 아님을 내담자가 이해하고 있는지 확인한다.
22. 다양한 배경의 내담자와 상담할 수 있도록 태도와 신념, 지식과 기술을 갖춘다.
23. 적절한 경계를 유지하고, 친구, 친척, 동료를 상담하지 않는다.
24. (상담사의)역전이를 이해하고, 내담자에 대한 자신의 반응이 어떻게 상담에 방해가 될 수 있는지 이해한다.
25. 잠정적인 진단(명)을 내담자에게 알리고, 특정한 상담 계획과 관련된 위험과 이점을 알린다.
26. 내담자가 자신 또는 타인에게 위해를 가할 위험이 있을 때 그 치명성을 평가하는 법과 어떻게 대응해야 하는지 알고 있다.

과실 보험

이 장을 통해 과실 보험(malpractice insurance)의 필요성을 충분히 인식하게 되었기를 희망한다. 상담사가 내담자나 다른 사람들로부터 소송을 당하는 것이 자주 일어나는 것은 아니지만, 소송을 당한다면 과실 보험을 가입해 두는 것이 현명하다. 보험 없이 소송에 패소할 경우, 평생 동안 금전적 부담을 떠안을 수도 있다. 현재는 당신이 ACA 회원이면서 상담 전공 석사과정생일 경우 Healthcare Providers Service Organization(HPSO, 2018)으로부터 무료 과실 보험을 제공받을 수 있다. 만일 당신이 신입 전문가라면 보험료의 50%를 할인받을 수 있고, 연간 100달러 이상 보험료를 납부하는 전문가는 ACA 회원일 경우 10% 할인을 받을 수 있다. 보험료는 주마다 다르고 여러 요인에 따라 달라질 수 있지만, ACA 회원인 상담사가 기관에서 일할 경우 연간 150달러 이하, 사설 상담소에서 개업할 경우 연간 300불 이하의 비용이 발생하는 것이 일반적이다. 과실 보험의 혜택과 예상 보험료에 대한 자세한 내용은 www.hpso.com에서 확인할 수 있다.

요약

이 장에서는 윤리강령의 목적과 한계를 살펴보는 것으로 시작했다. 이후 네 가지 윤리적 의사결정 모델, 즉 문제 해결, 도덕, 발달, 사회구성주의 모델에 대해 설명했다. 문제 해결 접근은 간단하다. 이 모델은 잠재적인 문제를 식별하고, 관련 윤리 강령을 검토하며, 적용 가능한 법률과 규정을 파악하고, 전문가의 자문을 구하며, 가능한 행동 방침을 고려하고, 다양한 결정의 결과를 나열한 후 최선의 행동 방침을 결정하는 일련의 단계로 구성된다. 도덕적 모델에서는 윤리적 결정을 내릴 때 도덕적 원칙을 검토한다. Kitchener의 도덕적 모델에는 자율성(내담자의 자기결정), 선행(다른 사람과 사회의 권익 보호), 무해성(내담자와 타인에게 해를 끼치지 않음), 정의(내담자를 공정하고 평등하게 대함), 충실성(내담자의 신뢰 유지 및 내담자에 대한 헌신)이 포함된다. 일반적으로 여기에 여섯 번째 도덕적 원칙인 진실성(내담자를 진실하고 진지하게 대함)이 추가된다. 발달 모델에서는 의사결정자의 인지 발달 수준을 고려하는데, 인지 발달 수준이 높은 사람일수록 윤리적 의사결정이 더 복잡하고 자기 성찰적이라고 가정한다. 마지막으로, 사회구성주의 모델은 윤리적 의사결정 과정에 관련된 모든 사람들의 내러티브와 복수의 관점을 검토하며, 여러 진리가 존재한다고 가정한다. 이 관점을 따르는 사람들은 윤리적 딜레마 및 의사결정과 관련이 있는 모든 사람들(내담자, 내담자의 주요 타인, 상담사, 슈퍼바이저 등)을 포함시키려고 한다.

이 장에서는 고지된 동의, 비밀유지, 면책특권 정보보호, 역량, 경계 유지 및 금지된 관계, 상담 관계에서의 가치, 다문화 상담, 상담에서 기술 활용, 슈퍼비전 및 윤리적 위반 보고하기와 같이 중요한 윤리적 이슈들을 다루었다. 각 영역에서 단어 및 용어들을 정의했고, ACA 윤리강령에서 관련된 특정 부분을 강조했다. 일부 윤리적 우려 사항과 관련해서 타라소프 판결(Tarasoff decision)을 조명했는데, 예측 가능한 피해에 대응하는 것이 중요하다는 점, 그리고 언제 경고의 의무가 있는지 아는 것이 중요하다는 점을 강조했다. 자피 판결(Jaffee decision)은 면책특권 정보보호의 권리를 공고히 했고, 워드 판결(Ward decision)은 가치 차이로 내담자를 의뢰하는 것에 영향을 미쳤다. 우리는 또한 정보공개법(FOIA), 의료보험의 양도 및 책임에 관한 법률(HIPAA), 가족교육권 및 프라이버시에 관한 법률(FERPA)과 같은 법률을 언급했다. 특히 상담에서 기술 사용이 증가하면서 내담자의 사생활 보호 및 비밀유지가 더욱 중요해졌음을 강조했다. 이 장에서는 각각의 윤리적 문제에 대해 고민할 수 있도록 윤리적 딜레마 사례를 제공했고, 다양한 윤리적 의사결정 모델을 실제 상황에 적용해 볼 수 있도록 하였다.

이 장 후반부에서는 500명 이상의 ACA 회원을 대상으로 실시한 설문조사 결과를 소개했고, 77가지 상담사 행동에 대한 윤리적 인식을 살펴보았다. 또한 26가지 최선의 실무 방법을 소개해서 상담사들이 비윤리적 행동을 피하는 데 활용하게 하였다. 마지막으로, 상담사가 소송을 당하는 경우는 드물지만, 과실 보험에 가입하는 것이 현명하다는 점을 강조했고, Healthcare Providers Service Organization(HPSO)이 ACA를 통해 이러한 보험을 제공한다고 언급했다.

주요 단어 및 용어

ACA 윤리강령
Ann Kitchener
HIPAA
HPSO
Jaffee v. Redmond
Julea Ward v. 동미시건대학 이사회
가족교육권 및 프라이버시에 관한 법률
경계 유지 및 금지된 관계
경고의 의무
고지된 동의
과실 보험
다문화 상담
다중관계
면책특권 정보보호
무해
문제해결 모델
발달모델
비밀 유지
사회구성주의 모델
상담에서의 기술 활용
선행
슈퍼비전
역량
윤리 모델
윤리강령의 목적
윤리강령의 한계
윤리적 의사결정 모델
이중관계
자율성
정보공개법(FOIA)
정의
진실성
최선의 실무
충실함
타라소프 대 캘리포니아대학 이사회
77가지 상담사 행동에 관한 인식

사사(credits)

사진 10.1: 출처: https://pixabay.com/en/arrow–ethics–morality–credibility–2110610/.

표 10.1: Edward S. Neukrug와 Tammi Milliken, "윤리적 행동에 관한 상담사들의 인식", *Journal of Counseling and Development*, 89, 2. Copyright © 2011 American Counseling Association.

부록 A: 감정 단어 체크리스트

버려진	에너지가 넘치는	환희에 찬	존경받는
사랑받는	깨달은	온전한	안절부절하는
악화된	열정적인	실망한	슬픈
공격적인	부러운	한계가 없는	만족한
화난	짜증난	외로운	무서운
불안한	신나는	상실한	이기적인
감사한	들뜬	사랑스러운	고요한
걱정하는	비범한	사랑하는	충격받은
부끄러운	넘치는	운이 좋은	수줍은
단호한	실패	거짓말하는	회의적인
확신하는	환상적인	마법 같은	슬픔에 잠긴
경외	두려운	심술 궂은	신
끔찍한	두려움이 없는	마음 챙기는	장관인
배신당한	집중하는	기적적인	억제된
쓴	강요	비참한	강한
행복	자유로운	오해받은	고집센
지루한	차가운	동기부여된	어리석은
찬란한	좌절한	방치된	놀림받은
상심한	충족된	긴장한	부드러운
부담되는	재미있는	의무를 느끼는	훌륭한
차분한	잘못된	열린	무서워하는
유능한	빛나는	억압된	사려 깊은
배려하는	친절한	압도된	경솔한
쾌활한	감사하는	아픈	짜릿한
편안한	슬퍼하는	공황상태인	고통받는
자신감 있는	죄책감을 느끼는	편집증의	외상을 경험한
혼란스러운	행복한	열정적인	창피한
대담한	무기력한	평화로운	신뢰하는
만족하는	희망찬	불쌍한	용인되지 않은
비판받은	절망적인	장간기 있는	무관심한
결정적인	영광스러운	기분 좋은	바람직하지 않은
낙담한	모욕스러운	현명한	이해받은
우울한	피곤한	긍정적인	불편한
힘든	조급한	무력한	도움이 되지 않는
더러운	불가능한	소중한	사랑받지 못한
실망한	불충분한	압력을 느끼는	불친절한
불만족한	무능한	자랑스러운	충족되지 않은
낙담한	우유부단한	도발 당한	불행한
역겨운	불안정한	처벌받은	성공하지 못한
무시당한	영감을 받은	조용한	원치 않는
괴로운	관심 있는	준비된	가치 없는
의심하는	참지 못하는	수용적인	고양된
지친	활력 있는	인식된	속상한
역동적인	적이 없는	거부당한	쓸모없는
열망하는	저항할 수 없는	이완된	가치 있는
매우 기쁜	무책임한	새로워진	피해를 입은
당황한	질투하는	불쾌한	복수심 강한
권한을 부여받은	기쁜	원망하는	따뜻한
비어있는	즐거운	탄력성 있는	조심하는

부록 B: 밀러 家 사람들

제이크와 안젤라는 최근 친구, 부모님, 그리고 자녀들과 함께 결혼 10주년을 기념했다. 제이크의 부모인 테드와 앤도 참석했는데, 제이크의 누나인 저스틴을 데리고 왔다. 테드와 앤은 애틀랜타에서 만나 42년간 결혼생활을 이어오고 있다. 테드는 법학 학위를 취득한 후 기업 법률 분야에서 일해 왔고, 앤은 제이크와 저스틴 쌍둥이가 태어나기 전까지 피아노 교사로 일했다. 현재 제이크는 34세이고, 안젤라는 33세이다.

안젤라의 부모인 덱스터와 에반젤린도 가족과 함께 축하해 주었다. 덱스터와 에반젤린은 41년 전 캘리포니아에서 대학 시절 만나 결혼했다. 덱스터의 부모는 나이지리아 출신으로, 중간 정도 규모의 사립 대학에서 영문과 교수로 재직 중이다. 에반젤린은 사회복지사로서 입양을 중개하는 일을 했다. 그녀가 하는 일로 인해 덱스터와 에반젤린은 안젤라가 5살일 때 두 명의 아프리카계 미국인 아이들을 입양하게 되었다. 릴리안은 당시 갓난아기였고, 마커스는 2살이었다. 안젤라는 그들의 유일한 친자식이다. 릴리안은 사회복지사로, 결혼해서 두 명의 자녀를 두고 있으며, 마커스는 동성애자로서 파트너와 함께 살고 있고, 최근 고등학교 영어 교사직을 그만두고 문학 박사 과정을 시작했다. 안젤라는 혼혈이다.

제이크와 안젤라는 대학원에서 만났다. 현재 제이크는 구조공학자로 일하고 있으며, 안젤라는 초등학교 미술 교사로 재직 중이다. 이들은 슬하에 두 명의 자녀, 루크(10세)와 세실(7세)을 두고 있다. 가족과 가까운 친척들 사이에서는 정신 건강 문제가 거의 없었으나, 최근 제이크가 불안 증세를 겪기 시작하면서 아내와 자녀들과의 관계에 영향을 미치기 시작했다. 상황은 점점 심각해지면서 제이크와 안젤라의 관계에 부담을 주고 있는데, 둘 사이에 커져가는 갈등이 최근 아이들이 학교에서 경험하는 문제의 원인일 수 있다.

제이크

제이크는 10살 때까지 행복한 어린 시절을 보낸 것으로 기억하고 있다. 그의 부모인 테드와 앤은 잘 지내는 것처럼 보였다. 앤은 자주 만나는 친구들이 많았고 지역 사회에서 활발히 활동했으며, 테드는 자신의 일에 만족해하는 것으로 보였다. 제이크는 자신의 어린 시절을 이렇게 묘사한다. "어릴 때 나쁜 일이 있었나 기억이 별로 없어요. 부모님은 항상 즐겁게 시간을 보내시는 것 같았고, 서로 잘 지내셨죠. 장난도 치고, 애정이 넘쳤어요. 기억에 남는 건 쌍둥이 누나 저스틴과 제가 얼마나 재미있게 놀았는지에요. 우리는 뭐든 다 했어요.

지붕에 올라가거나 창고 아래에 구멍을 파서 바닥이 무너질 때까지 팠어요. 저스틴은 뭐든 하려고 했어요. 웃기고, 정말 빠르고, 용감했어요. 아무것도 두려워하지 않았어요. 그 사고가 있기 전까지는요.

어느 날, 저스틴은 만우절 장난으로 아빠의 차를 차고에서 꺼내 고속도로를 건너 숲 지역 반대편에 주차하겠다는 생각을 했어요. 그때 우리는 겨우 10살이었고, 당연히 저는 겁이 났지만, 저스틴은 그게 재미있는 일이 될 거라 확신했어요. 어느새 우리는 차에 있었고 제가 운전하고 있었죠. 저스틴은 웃고 있었어요. 누나는 맨발이었고, 늘 그랬듯이 안전벨트를 매고 있지 않았어요. 제가 못 본 건지 모르겠지만, 차가 큰 길에 들어서자마자 대형 트럭이 차를 들이받았고, 저스틴은 앞 유리를 뚫고 나갔어요. 누나는 예전 같지 않았어요. 오랫동안 의식을 잃었고, 혼수상태에서 깨어났을 때는 심각한 뇌 손상을 입은 상태였죠. 다시 말하는 법을 배워야 했고, 여러 가지를 다시 배워야 했어요. 누나가 말을 할 때... 더 이상 이전의 저스틴이 아니었어요." 현재 저스틴은 부모님이 돌봐주고 있고, 동네 레스토랑에서 일을 하고 있으며, 여전히 심각한 인지 장애를 겪고 있다. 제이크는 누나와 잘 지내려고 하지만, 때로는 누나가 더 잘할 수 있다고 말하면서 빈정대기도 한다.

사고 후, 제이크는 불안 문제를 겪기 시작했다. 밤새 잠을 자는 것이 어려웠고, 악몽을 꾸었다. "우리 집은 많은 것이 변했어요. 아무도 더 이상 웃지 않는 것 같았고, 아무것도 하지 않았어요. 사고 전에는 부모님이 즉흥적으로 재미있는 것들을 생각해내고, 당장 일어나서 놀러 가곤 했죠! 하지만 저스틴이 변한 다음에는 집안은 아주 조용해졌고, 저는 항상 무언가 나쁜 일이 일어날 것만 같은 느낌이 들었어요. 가끔은 집을 떠나는 것도 무서웠어요." 부모님은 제이크의 악몽과 불안 문제를 해결하기 위해 제이크를 정신과 의사에게 데려갔지만, 가족으로서 제이크가 경험하고 있는 감정들에 대해 이야기하지 않았고, 사고에 대해서도 거의 언급하지 않았다.

세월이 흐르면서 제이크의 불안은 줄어들었는데, 가끔 불안이나 악몽에 시달렸지만 점점 더 나아졌다. 이후 제이크는 고등학교, 대학교, 대학원을 성공적으로 마쳤다. 제이크는 대학원에서 현재의 아내를 만나 결혼했으며, 곧 아이를 낳고, 아이들이 안전한 자동차를 옹호하는 전국 협회에 참여하게 되었다. "저스틴에게 일어난 일이 다시는 누구에게도 일어나지 않도록" 하기 위해서였다.

아내와 아이들에 대해 이야기하면서 자랑스러워 보였지만, 제이크는 최근 몇 달 동안 여러 문제로 어려움을 겪고 있다. "루크에게 문제가 있었어요. 얘가 누나(저스틴)처럼 겁이 없고 항상 무언가에 빠져 있어요! 나쁜 아이는 아니지만 장난꾸러기죠. 그런데 최근 학교에서 문제를 일으키고 있어요. 몇 달 전에, 루크와 세실이 차에서 놀고 있었는데, 루크가 차를 차고에서 빼냈어요. 저는 잔디를 깎고 있었는데, 모퉁이를 돌자마자 차가 길로 굴러가는 것을 봤어요. 가슴이 조여왔고, 숨을 쉴 수가 없었어요. 심장마비가 오는 줄 알았어요! 그 일이 있고 난 후에는 늘 불안해요. 잠을 잘 수가 없고, 악몽을 꿔요. 아내가 차를 타고 가는 것도 두려워요... 저는 대하기 힘든 사람이 되어 버린 것 같아요." 제이크는 끊임없이 모든 자물쇠를 확인하고, 차가 주차되어 있는지 확인하며, 아이들을 계속 점검하고 있다. 아내에게는 아이들을 집에서 교육하라고까지 요청했다. 제이크는 아내와의 관계가 달라졌다는 것을 알고 있다. "아내와 요즘 좀 소원해진 것 같아요." 제이크는 불안 때문에 최근 직장을 결근하는 일이 있었고, 직장에서 평가가 나쁘게 나올까 봐 매우 걱정하고 있다.

안젤라

안젤라는 당황스러워하고 있다. 어느 날 오후 그녀는 학교 상담사에게 털어놓았다. "정말 우리 가족에게 무슨 일이 일어나고 있는지 잘 모르겠어요. 제이크가 너무 불안해해서 하루 종일 그의 두려움에 맞춰야 해요. 저에게 세실을 홈스쿨링하라고 요구하고 있고, 저는 세실을 공립학교에 보내야 한다고 하는데 그런 저에게 화를 내요. 루크는 아예 아빠의 말을 듣지 않아요. 어떤 느낌이냐면 정말 안 좋은 TV 영화 속 캐릭터가 된 것 같아요. 가끔 화장실에 가서 욕조에 물을 틀고 울곤 해요. 이렇게 살고 싶지 않아요."

안젤라는 자라면서 가을과 봄에는 대학 캠퍼스에서 시간을 보냈고, 여름에는 나이지리아에 있는 아버지 가족과 함께 시간을 보냈다. "할아버지, 할머니와 함께 시간을 보내는 건 즐거웠지만, 항상 뭔가 어색한 느낌이 들었어요. 나이지리아에 있을 때 사촌들은 저를 다르게 대했어요. 그들 입장에서는 제가 백인이고 미국인이었으니까요. 하지만 미국에 돌아오면 저는 흑인이었어요. 하지만 저 자신이 흑인이라고 느껴본 적은 거의 없어요. 사실 대부분의 시간 동안 저는 미국인보다는 나이지리아 아이처럼 느꼈어요. 학교에서 아이들이 어른들에게 말하는 것처럼 저는 절대 부모님이나 선생님에게 말하지 않았어요!"

"어디에 있든 항상 변하지 않는 게 있었어요. 바로 제가 누군가를 돌보는 역할을 했다는 거에요. 입양된 제 여동생 릴리안은 선천적으로 고관절 기형을 가지고 있어서 걷는 것이 어려웠어요. 릴리안을 돌보고 그녀가 필요한 것을 챙기는 것이 제 역할이었어요. 다른 아이들과 나가서 놀 자유가 없었죠. 늘 릴리안 옆에 있어야만 했죠. 자전거를 타거나 술래잡기를 하는 다른 아이들을 보면서 저는 너무 답답했어요. 지금도 제이크의 요구들 때문에 그런 기분이 들어요. 다른 사람들이 자신의 삶을 사는 것을 지켜보면서, 시간이 흘렀지만 여전히 제가 누구인지 모르겠고, 갇혀 있는 기분이에요."

루크

루크는 10살이고 올해 5학년이 된다. 루크는 태어날 때부터 생기 있고 활발한 아이였으며, 호기심이 많고 똑똑하다. 안젤라는 어떤 일도 시도해보려는 루크의 열정을 기쁘게 여겼다. 루크는 삶을 온전히 살고 있고, 모든 감정을 깊이 느끼는 것처럼 보인다. 그의 웃음은 다른 사람들 또한 웃게 만들 정도로 전염성이 있지만, 루크가 화가 나면 이성적으로 이야기하는 것이 힘들 때도 있다.

루크의 아버지(제이크)는 많은 시간을 들여 루크를 통제하려고 한다. "때로는 야생마 같아요. 정말 통제 불능일 때가 있어요." 루크는 차에서 떨어져 있어야 한다는 등의 안전에 대한 경고에 늘 귀를 기울이지는 않는다. 무언가가 부서지고 누군가 다치면, 그 원인이 루크인 때가 있다. 제이크는 이런 사건들에 대해 몹시 화를 낸다. 안젤라는 제이크가 루크에게 소리치는 방식이 불편하고, 최근 이 문제로 자주 다투고 있다.

세실리아

세실리아는 7살이고 올해 2학년에 올라간다. 엄마가 한 말이다. "처음부터 두 아이가 다르다는 걸 알 수 있었어요. 세실리아는 루크보다 훨씬 신중하고 지켜보는 아이예요. 주변의 감정을 흡수하는 경향이 있어요. 루크의 흥분에 휩싸이곤 하고, 루크와 함께 모험이나 장난에 참여하는 것을 좋아하죠. 하지만 세실리아는 걱정이 많고, 망설임 때문에 루크를 화나게 하죠. 많은 경우 두 아이가 함께 놀다가 결국 다투게 되죠."

최근 세실리아는 불안 문제를 경험하고 있다. 처음에는 학교에 가기 싫어하는 가벼운 저항으로 시작되었지만, 이제는 심각한 문제가 되버렸다. 안젤라는 학교 간호사로부터 전화를 받는 횟수가 많아지고 있는데, 세실리아가 배가 아프다며 집에 가고 싶어 한다는 내용이었다. 어느 날 아침 세실리아가 소풍을 가야하는데 버스 타는 것에 대한 불안감 때문에 바지를 적셨고, 이로 인해 안젤라의 걱정은 더 커졌다.

부록 C: 심리 평가 보고서에서 일반적으로 평가되는 범주

인구통계 정보

이름:	생년월일:
주소:	나이:
전화번호:	성별:
인종:	이메일 주소:
면담 날짜:	면담자 이름:

호소 문제 또는 의뢰 사유

1. 누가 내담자를 기관에 의뢰했나?
2. 내담자가 기관에 연락한 주된 이유는 무엇인가?
3. 평가 이유

가족 배경

1. 원가족에서의 주요 요인
2. 현재 가족에서의 주요 요인
3. 다음과 같은 특정 문제가 언급될 수 있음: 내담자가 자란 장소, 형제자매의 성별과 나이, 내담자가 손상되지 않은 온전한 가정에서 자랐는지 여부, 주요 보호자가 누구였는지, 어린 시절의 중요한 이야기, 현재 자녀의 성별과 나이, 중요한 타인, 결혼 관련 문제

중요한 의학적/상담 기록

1. 내담자의 평가와 관련된 중요한 의학적 기록(예: 정신병원 입원, 심장병으로 인한 우울증)
2. 이전 상담의 유형 및 날짜

약물 사용 및 남용

1. 음식, 담배, 알코올, 처방약 또는 불법 약물의 사용 또는 남용
2. 사용 및 남용과 관련된 상담

교육 및 직업 경력

1. 교육 이력(예: 학력 및 기관 이름)
2. 직업 경력 및 진로 경로(직업 이름 및 유형)
3. 학력 및 진로 경로에 대한 만족도
4. 주요 여가 활동

기타 관련 정보

1. **법적인 문제 및 법과 관련된 문제의 기록**
2. **성 문제**(예: 성적 지향, 성기능 장애)
3. **재정 문제**
4. **기타 우려 사항**

정신 상태 검사

1. 외모와 행동(예: 복장, 위생, 자세, 틱, 비언어적 행동, 말투)
2. 정서 상태(예: 정동과 기분)
3. 사고 구성 요소(예: 내용 및 과정: 망상, 신체 이미지 왜곡, 환각, 강박, 자살 또는 살해에 대한 사고, 우회적 사고, 일관성, 사고의 비약, 논리적 사고, 느슨한 연관성과 반대되는 온전한 사고 연관성, 조직화 및 탈선)
4. 인지 기능(예: 시간, 장소, 인물에 대한 지남력; 단기 및 장기 기억; 지식 기반 및 지적 기능; 통찰력과 판단력)

평가 결과

1. 사용된 평가 및 검사 도구 목록
2. 결과 요약
3. 원점수를 피하고 편견 없는 방식으로 결과 진술
4. 표준화된 검사 점수와 백분위를 사용하는 것을 고려

진단

1. DSM-5 진단
2. 의료, 재활 또는 기타 중요한 요인을 포함

요약 및 결론

1. 이전 모든 정보의 통합
2. 정확하고 간결하며 관련성이 있는 정보
3. 새로운 정보는 없음
4. 보고서 내 사실에 기반한 논리적이고 타당하며 방어 가능한 추론
5. 적어도 하나의 문단에서 내담자의 강점 언급

권장 사항

1. 수집된 모든 정보에 기반
2. 독자에게 논리적으로 이해되어야 함
3. 문단 형식 또는 목록 형식
4. 보통 검사자의 서명으로 마무리

부록 D: 심리 보고서

인구 통계 정보

이름: 제이크 밀러	인종: 백인
주소: 불안의 길 5555번지	생년월일: 1985년 5월 14일
거주지: 애프리헨션, 캔자스	이메일: jake.miller@gmail.com
전화번호: 316.555.5555	결혼 여부: 기혼
검사자: 에드워드 노이크러그	날짜: 2019년 1월 5일

호소 문제 및 상담실 내방 사유

이 34세의 기혼 남성은 극심한 불안, 자녀의 안녕에 대한 걱정, 그리고 결혼 생활의 문제로 상담을 받으러 왔다. 그는 자신의 불안과 가족 문제가 약 10주 전, 자녀인 루크(10세)와 셀리아(7세)가 자신의 차에서 놀다가 차가 주차 상태가 해제된 후 발생했다고 설명했다. 차는 굴러갔지만 아무도 다치지 않았다. 제이크는 자신의 불안을 해결하고 "가족을 정상으로 되돌리고 싶다"고 희망하고 있다.

가족 배경

제이크는 현재의 아내를 대학원 재학 중에 만나 지난 10년간 결혼생활을 이어오고 있고, 슬하에 자녀 둘을 두고 있다. A는 평생 불안을 경험했지만, 최근 큰아이가 자신의 차를 차고에서 빼낸 사건 이후로 불안 때문에 특히 힘들었다고 보고했다. 그때 작은 아이도 차 안에 있었지만 다행히 다친 사람은 없었다. 하지만, A는 이 사건 때문에 자신의 불안이 "폭발"했고, 어린 시절 쌍둥이 누나(저스틴)와 경험한 사건을 상기시켰다고 보고했다.

제이크의 쌍둥이 누나인 저스틴은 현재 지적 장애를 가지고 있다. 10살 때, 누나가 부모님을 놀라게 하고 싶어 제이크에게 부모님 차를 몰게 했고, 차가 대형 트럭에 부딪혀 누나가 심각한 인지 장애를 갖게 되었다. 제이크는 그 사고 이후로 자신 때문에 누나가 장애를 갖게 되었다고 생각해서 평생 죄책감을 가지고 살았다. 사고가 나기 전까지 부모님은 사이가 좋았고 가족은 늘 즐겁고 웃음이 가득했다. 그러나 사고 이후로, 가족 모두에게 "구름이 드리워졌다." 제이크는 사고 이후 몇 년간 불안과 우울증을 겪었지만, 13살에 상담을 받으며 이를 극복했다고 말했다.

큰아이가 차고에서 차를 빼낸 사건 이후 제이크에게는 불안 증세가 다시 나타났고, 가족 구성원들이 무엇을 하고 있는지 늘 통제하려고 했다. 제이크는 아이들이 집에 있을 때 항상 자신의 시야 안에 두려 하고, 밤에는 모든 문들이 잠겼는지 확인하기 위해 여러 번 깨어난다. 그는 아이들이 "거칠게" 놀 때마다 화를 내면서 그만두라고 소리를 지른다. 또한, 제이크는 아내에게 아이들을 학교에 보내지 말고 집에서 홈스쿨링을 하라고 요청했지만, 아내는 이를 거부했다. 제이크의 이런 통제적인 행동과 요구가 부부관계에 문제를 일으키고 있다. 제이크는 두 아이가 그 사건 이후로 증상을 보이고 있으며, 큰아이는 "누구 말도 들으려 하지 않고" 작은 아이는 계속해서 복통을 호소해서 학교에서 일찍 집으로 돌아오는 때가 가끔 있다고 말했다.

제이크는 아내가 고집이 세고 자녀들을 홈스쿨링하는 것을 원치 않지만, 자신은 아이들의 안전을 보장하기 위해 홈스쿨링을 선호한다고 말했다. 안젤라는 혼혈이고, 세 명의 자녀 중 장녀로, 31세의 동생 마커스는 게이이고, 29세의 여동생 릴리안은 아프리카계 미국인으로 입양되었다. 안젤라는 부모님의 유일한 친자녀다. 제이크는 안젤라가 자신의 가족 안에서 돌봐주는 역할을 했고, 특히 여름에 가족과 함께 나이지리아에서 시간을 보낼 때는 백인처럼 느꼈고, 미국으로 돌아와 집에 있을 때는 흑인처럼 느끼며 정체성에 혼란을 겪었다고 말했다. 또한 안젤라가 선천성 고관절 기형을 앓고 있던 여동생을 돌보는 데 많은 시간을 쏟았다고 보고했다.

제이크와 아내의 양가 부모님들은 생존해 있고, 부부는 부모님들과 "괜찮은" 관계를 유지하고 있다. 그러나 제이크는 과거 문제가 여전히 각자의 마음을 괴롭히고 있고, 제이크 자신이 경험한 어린 시절의 차 사고가 자신을 힘들게 하고 있다고 보고했다.

주요 의료/상담 이력

제이크는 살면서 지금까지 두 번 상담을 받았다고 보고했다. 13세에 처음 상담을 받았는데, 상담은 차 사고에 대한 죄책감에 초점을 맞춰 6개월 동안 진행되었고, 제이크는 상담이 유익했다고 말했다. 두 번째 상담은 20대 후반 제이크가 대학원에 다니면서 현재의 아내와 사귀던 때 진행되었다. 그 당시 제이크는 경미한 우울증과 중등도의 불안을 느껴 상담을 받았는데, 정신과에 의뢰되어 약물을 처방받았다. 상담과 정신과치료는 9개월 동안 진행되

었고, 약물과 상담 덕분에 상태가 많이 호전되었다. A는 당시 자신이 경험한 불안이, (여자친구와의)관계에 얽매여 결국 자신의 삶을 통제할 수 없을 것 같은 두려움과 관련이 있다고 생각했다. 제이크는 이 이외의 다른 의학적 이력이 없다고 보고했다.

약물 사용 및 남용

제이크는 친교 목적으로 술을 마시지만, 불법 약물이나 처방 약물을 남용한 적이 없다고 보고했다.

교육 및 직업 이력

제이크는 고등학교까지 공립학교를 다녔고, 어릴 때부터 기계공학자가 되고 싶었고 수학을 잘했고, 성적은 늘 상위권이었다. 주립대학교에서 학사와 석사 학위를 취득했으며, 현재 기계공학자로 8년째 같은 직장에서 일하고 있다. 제이크의 아버지는 변호사였고, 어머니는 피아노 교사였다. 부모님은 늘 제이크에게 전문 학위를 취득하라고 격려했고, 제이크가 엔지니어가 된 것을 자랑스러워했다.

기타 관련 정보

제이크는 “아내를 사랑한다”고 말하며, 문제의 원인이 대부분 자신에게 있다고 생각한다. 제이크는 상담을 통해 “모든 것을 원래대로 되돌려놓고 싶다”고 말했다. 제이크는 아내와의 부부관계가 “정상적”이었지만, 최근 자녀들을 통제하려는 자신의 성격 문제로 다투기 시작한 이후로는 부부관계에 문제가 생겼다고 보고했다. 제이크는 무신론자이고, 아내는 기독교 신자지만 교회에 다니지는 않는다. 제이크는 “알 수 없는 신”보다는 “과학을 믿고 싶다”고 말했다.

정신 상태

면접 시 제이크는 깔끔한 옷을 입고 왔고, 상담사와의 눈맞춤도 적절했다. 그는 시간, 장소, 사람에 대해 잘 인식하고 있는 것처럼 보였다. 면접 중 제이크는 의자에 기대 몸을 앞

뒤로 움직이며 안절부절못하는 모습을 자주 보였다. 제이크는 "대부분의 시간에 불안감을 느낀다"고 말했고, 어린 시절 쌍둥이 누나와 겪었던 사건에 대해 여전히 죄책감을 느낀다고 말했다. 제이크는 최근 자녀들이 차를 움직인 사건 이후로 불안감을 크게 느껴왔는데, 밤에 여러 번 깨어 가족 모두가 침대에 있고 안전한지 확인한다고 말했다. 제이크는 체중이 많이 줄었는데, 불안 때문에 음식에 대한 흥미가 떨어진 결과라고 생각한다. 제이크는 낮에 피곤함을 느끼며 계속해서 두통이 있다고 보고했다. 면접 중 제이크는 어린 시절 누나와 경험했던 사고에 대해 이야기할 때 눈물을 흘리면서, "누나 말을 듣지 말았어야 했어요. 모든 것이 제 잘못입니다"라고 말했다. 제이크는 현재 자신이 경험하고 있는 불안이 어린 시절 경험했던 차 사고 및 그로 인한 트라우마와 관련이 있다고 생각한다. 제이크의 사고는 명확하고 기억력도 좋았으며, 지능은 평균 이상인 것으로 보였다. 제이크는 통찰력이 뛰어나고 판단력은 보통 수준이었다. 그는 자살이나 살해에 대한 생각은 없다고 보고했다.

심리평가 결과

심리평가에 사용된 검사는 다음과 같다: Beck Depression Inventory－II(BDI－II), Beck Anxiety Inventory(BAI), 16PF(성격검사), Kinetic Family Drawing, 문장완성검사, 트라우마 이력 질문지

BDI－II	14점, 경미한 우울 또는 우울증이 없는 것을 의미한다.
BAI	36점, 불안이 심하다는 것을 의미한다.
문장완성검사	불안과 좌절, 죄책감이 드러남, "나는 사고에 책임이 있다고 본다", "내가 원하는 대로 일이 진행되지 않을 때 화가 난다", "가장 말하기 두려운 것은 사고이다." "사고를 생각할 때 가장 슬프다"
KFD	가족이 함께 무언가를 하는 그림을 그리라고 요청받았을 때, 제이크는 가족이 집 근처 공원에서 피크닉을 하는 모습을 그렸다. 가족 모두 테이블에 앉아 있었는데, 제이크와 아내는 반대편에 앉아 있고 두 아이는 서로 가까이 앉아 있고 아내 쪽에 더 가까이 있었다. 이중 어떤 누구도 웃고 있지 않았으며, 제이크와 아내 사이의 거리가 상당해 보였다. 주목할 만한 점은, 테이블 주위에 울타리가 둘러쳐져 있었는데, 마치 가족을 모두 안에 두고 안전하게 지키려는 제이크의 의도를 나타내는 것처럼 보였다.

16PF	'규칙 의식'(성실하고 도덕적이며 규칙에 얽매여 있음), '완벽주의'(강한 의지력과 통제하려는 성향), '긴장'(긴장되고 몰두하며 좌절하는 성향)에서 높은 점수를 받았다. 전통적인 성향에서 낮은 점수를 받았는데, 이는 그가 보수적인 아이디어를 가지고 있으며 전통을 존중한다는 것을 의미한다. 실용적 성향에서 낮은 점수를 받았는데, 이는 제이크가 현실적이고 전통적인 사고방식을 가졌다는 것을 나타낸다. 종합적인 16가지 요소에서 제이크는 불안, 강경한 성격, 자기 통제에서 가장 높은 점수를 받았다.
트라우마 이력 질문지	다음 세 가지 항목에 "예"라고 답했다('직장, 차, 또는 다른 곳에서 심각한 사고를 겪은 적이 있습니까?' '자신이 죽거나 심각하게 다칠 수 있다고 두려웠던 상황이 있었습니까?' '누군가가 심각하게 다치거나 죽는 것을 본 적이 있습니까?') 이 항목들은 제이크가 어린 시절 운전한 차가 트럭에 부딪혔던 사건을 가리키고 있다. 현재의 불안 증상과 가족의 안전을 보장하려는 제이크의 성향은 BAI, 문장완성검사, KFD, 16PF에서 나타나고 있으며, 이는 그가 경험한 초기 트라우마와 관련이 있을 수 있다.

진단

- 불안을 동반한 적응 장애(F43.21)
- 범불안장애 감별 필요(F41.1)
- 외상 후 스트레스 장애 감별 필요(F43.10)
- 배우자 또는 친밀한 관계에서의 갈등(Z63.0)
- 부모–자녀 관계 문제(Z62.820)
- 가족 내 높은 감정 표현 수준(Z63.8)

요약 및 권고 사항

34세 기혼 남성인 제이크는 불안, 수면 문제, 지속적인 두통, 식욕 감소, 부부생활 및 자녀와의 문제로 상담을 신청했다. 제이크는 이러한 문제들이 10살 때 쌍둥이 누나와 겪었던 차 사고와 관련이 있는 것 같다고 보고했다. 사고 당시 누나가 부모님 차를 움직이라고 요구했고, 지나가던 트럭에 치여 누나가 심각한 인지 장애를 입게 되었다. 이 사고로 제이

크는 열세 살 때 죄책감과 불안 문제로 상담을 받았고, 결혼 직전에는 압도되고 통제당하는 느낌 때문에 상담을 받은 적이 있다.

최근 제이크의 두 자녀가 자신의 차를 차고에서 빼내 도로로 이동한 사건이 발생했다. 제이크는 이 사건 때문에 불안이 재발되었다고 생각한다. 제이크는 자신의 불안을 해결하기 위해 가족 모두를 안전하게 지키려고 하고, 가족의 일거수일투족을 통제하려 한다. 심지어 아내에게 아이들을 홈스쿨링하자고 요청했지만 아내는 이를 거부했다.

심리평가 결과, 제이크의 불안, 통제 욕구, 완벽주의 성향, 강한 의지를 확인할 수 있다. BAI와 16PF에서는 **불안**을, KFD와 16PF에서는 가족을 **통제**하고 안전하게 지키려는 욕구가, KFD에서는 **아내 및 자녀와의 거리감**을 엿볼 수 있다. 문장완성검사에서는 주로 어린 시절 사고와 관련된 **슬픔과 죄책감**이 나타났다.

제이크는 10살 때 쌍둥이 누나와 경험한 차 사고와 현재 자신을 힘들게 하는 불안 사이에 관련이 있다고 생각한다. 제이크는 자신을 잘 이해하는 편이며, 어린 시절 차 사고와 관련된 죄책감, 불안, 경미한 우울증을 겪고 있다. 제이크는 자녀들에게 비슷한 일이 일어날까 두려워하고 있는데 이것이 현재 제이크의 불안을 촉발한 것으로 보인다. 제이크는 현재 자신의 불안을 적절한 수준으로 조절하는 것을 힘들어하고, 주변 사람들을 통제함으로써 이러한 불안을 해결하려고 하고 있다. 이는 결국 자녀들에게 증상을 일으키고 부부생활에 문제를 야기하고 있다. 긍정적인 측면으로는, 제이크는 고학력자로서 밝고 희망적인 사람이며, 자신을 잘 이해하고, 상담을 통해 자신의 삶을 돌아보고 문제를 해결하고자 한다.

권고 사항

- 불안을 완화하기 위한 약물 처방을 위해 정신과에 의뢰
- 어린 시절 경험한 차 사고와 현재 가족 문제를 다루는 주당 1시간의 개인상담
- 부부 관계 스트레스를 줄이기 위한 부부상담

Edward Neukrug

서명

부록 E: 정신 상태 검사에서 사용되는 일반 용어

용어	정의 또는 설명
	외모 및 행동
외모	적절하거나 기준선, 기괴하거나 이상함, 비정상적인 움직임 또는 걸음걸이, 좋은 또는 나쁜 단정성 및 위생
눈맞춤	좋은 또는 나쁜
말	정상 범위, 크거나 작음, 압박된 말투, 망설이는 말투
적절함 또는 부적절함	기분에 적절하거나 부적절함(예: 최근 사망에 대해 이야기하면서 웃음)
	감정 상태(정동)
완전하고 반응적	대화와 적절히 연관된 모든 감정 범위
불안정한	통제할 수 없는 울음 또는 웃음
둔감한	감정 강도의 표현이 줄어듦
평탄한	감정 강도의 표현이 없거나 매우 적음
쾌활한	정상적인 기분
	감정 상태(기분)
우울한	슬픈, 불쾌한, 불만족스러운
도취된	극도의 행복 또는 기쁨
불안한	걱정되는
무쾌감증	이전에 즐기던 활동에서 더 이상 즐거움을 느끼지 못함
화난/적대적인	짜증난, 화가 난, 격분한 등
감정 표현 불능증	자신의 감정을 표현하지 못함
	사고 요소(내용)
환각	현실에 대한 잘못된 지각: 청각, 시각, 촉각, 후각 또는 미각일 수 있음
참조 망상	일상적인 외부 사건을 자신과 관련이 있다고 잘못 해석함(예: 신문 제목, TV 이야기 또는 노래 가사가 자신에 대한 것이라고 믿음)
망상	잘못된 믿음(예: "위성이 나를 추적하고 있다"); 과대 망상, 피해 망상(해를 당할 것 같은), 신체적 망상(의학적 상태가 없는 신체 증상), 또는 성적 망상
비현실감	외부 세계가 비현실적으로 느껴짐(예: 영화를 보는 것처럼)
이인화	자신이 분리된 느낌(예: "나는 꿈속에 살고 있는 것 같다")
자살 및 살해 가능성	자살과 살해 생각이 없는 상태에서부터 계획, 수단, 준비, 시연 및 의도가 있는 상태까지 포괄됨
논리적이고 조직적	사고가 합리적이고 구조화된 정상 상태
	사고 요소(과정)
빈곤	말의 내용이 부족하거나 짧은 대답만 함
차단	진술을 끝내는 데 어려움이 있거나 불가능함
음향 연상	의미보다는 운율이 맞는 단어를 강조함
반향언어	자신의 말 또는 상대방의 말을 "메아리"처럼 반복함
사고의 비약	거의 일관성이 없는 빠른 사고

용어	정의 또는 설명
고착	같은 생각이 계속 반복됨
우회적 사고	설명이 길고 종종 관련이 없으나 결국 요점에 도달함
주제를 벗어남	응답이 질문의 요점에 도달하지 않음
연관성 없음	생각이 대화 내용과 거의 또는 전혀 관련이 없음
재지향 가능	응답이 주제에서 벗어날 수 있으나 다시 주제로 이끌 수 있음
	인지
지남력	자신이 누구인지, 어디에 있는지, 날짜를 알고 있음
기억력	최근, 즉각적, 장기적인 사건을 기억할 수 있는 능력
통찰력	자신의 정신 질환을 인식할 수 있는 능력; 좋음, 제한적, 또는 없음
판단력	건전한 결정을 내릴 수 있는 능력; 좋음, 보통, 또는 나쁨

부록 F: DSM-5 진단 범주 개요

다음은 DSM-5(APA, 2013a)에서 요약한 DSM 진단 범주에 대한 간략한 설명이다. 각 장애에 대한 심층 검토는 DSM-5를 참조하시기 바란다.

신경발달장애. 이 장애 그룹은 주로 발달 초기에 나타나는 장애를 말하며, 때로는 성인이 되어서야 진단을 받기도 한다. 신경발달장애의 예로는 지적 장애, 의사소통 장애, 자폐스펙트럼 장애(과거의 자폐성 장애, 아스퍼거 증후군, 소아 퇴행성 장애, 전반적 발달 장애를 포함), ADHD, 특정 학습 장애, 운동 장애 및 기타 신경발달장애가 있다.

정신분열 스펙트럼 및 기타 정신병적 장애. 이 범주의 장애들은 공통적으로 정신병적 증상을 가지고 있다. 즉, 망상, 환각, 극도로 혼란스러운 또는 비정상적인 운동 행동, 그리고/또는 부정적인 증상이다. 이 범주의 장애들에는 정신분열형 인격장애(DSM-5의 인격장애 범주에 다시 설명함), 망상장애, 단기 정신병적 장애, 정신분열형 장애, 조현병, 분열정동 장애, 물질/약물 유발 정신병적 장애, 다른 의학적 상태로 인한 정신병적 장애 및 긴장성 장애가 있다.

양극성 및 관련 장애. 이 범주의 장애는 기분의 변화와 관련이 있는데, 환자가 조증 또는 조증과 우울증을 반복해서 경험하는 상태를 의미한다. 양극성 장애는 아동과 성인 모두 진단될 수 있으며, 임상가는 급속 순환과 같은 기분 양상의 패턴을 확인할 수 있다. 이 범주에 속한 장애로는 양극성 장애 I, 양극성 장애 II, 순환성 장애, 물질/약물 유발 양극성 및 관련 장애, 다른 의학적 상태로 인한 양극성 및 관련 장애, 기타 명시되거나 명시되지 않은 양극성 및 관련 장애가 있다.

우울 장애. DSM-IV-TR에서는 "기분 장애"로 분류되었던 이 장애들은 우울한 기분이 주요한 특징이다. 이 범주의 장애로는 파괴적 기분 조절 부전 장애, 주요 우울 장애, 지속성 우울 장애(또는 기분 저하증), 월경 전 불쾌감 장애가 있다.

불안 장애. 불안 장애는 불안이나 공포의 일반적 또는 특정 원인을 식별하여 진단할 수 있는 다양한 범주가 있다. 이러한 불안이나 공포가 과도하고 장기간 지속될 때 임상적으로 유의미하다. 어린 시절에 주로 나타나는 불안 장애의 예로는 분리 불안 및 선택적 함구증이 있으며, 그 외에도 특정 공포증, 사회불안장애(또는 사회 공포증), 공황 장애, 범불안 장애가 포함된다.

강박 및 관련 장애. 이 범주의 장애들은 모두 통제할 수 없는 강박적 생각과 행동을 포함하며, 환자는 이러한 행동을 수행해야 한다는 강박을 느낀다. 이 범주의 진단으로는 강박 장애, 신체 변형 장애, 저장 장애, 발모광(또는 머리카락 뽑기 장애), 피부 벗기기 장애 등이 포함된다.

트라우마 및 스트레스 관련 장애. DSM－5의 새로운 범주로, 트라우마 및 스트레스 장애는 개인의 감정적, 신체적 건강에 미치는 생활 사건의 광범위한 영향을 강조한다. 진단으로는 반응성 애착 장애, 탈억제성 사회적 교제 장애, 외상 후 스트레스 장애(PTSD), 급성 스트레스 장애, 적응 장애가 포함된다.

해리성 장애. 이 장애들은 의식의 일시적 또는 장기적인 혼란을 나타내며, 이는 개인이 자신의 정체성, 주변 환경, 기억을 오해하게 만들 수 있습니다. 진단으로는 해리성 정체감 장애(이전의 다중인격장애), 해리성 기억상실증, 이인화/비현실감 장애, 기타 명시되거나 명시되지 않은 해리성 장애가 포함됩니다.

신체 증상 및 관련 장애. 신체 증상 장애는 이전에는 "신체형 장애"로 불렸으며, 신체적 원인 없이 신체 증상을 경험하는 것이 특징으로, 이는 심리적 원인을 시사한다. 신체 증상 장애에는 신체 증상 장애, 질병 불안 장애(이전의 건강염려증), 전환(또는 기능성 신경 증상) 장애, 기타 의학적 상태에 영향을 미치는 심리적 요인, 그리고 인위성 장애가 포함된다.

섭식 및 섭식 장애. 이 범주의 장애들은 음식의 양이나 종류에 대한 심각한 우려로 인해 심각한 건강 문제, 심지어 사망에 이를 수 있는 섭식 행동을 보이는 환자를 설명한다. 예로는 회피/제한적 음식 섭취 장애, 신경성 식욕 부진증, 신경성 폭식증, 폭식 장애, 이식증, 반추 장애가 포함된다.

배설 장애. 이 장애들은 삶의 어느 시점에서든 나타날 수 있지만, 일반적으로 어린 시절이나 청소년기에 진단된다. 예로는 소변의 부적절한 배설을 의미하는 유뇨증과 대변의 부적절한 배설을 의미하는 유분증이 있다. 이러한 행동은 의도적일 수도 있고 그렇지 않을 수도 있다.

수면-각성 장애. 이 범주는 수면 패턴에 심각한 영향을 미치는 장애를 말하며, 종종 다른 장애(예: 우울증 또는 불안증)와 함께 발생한다. 예로는 불면증 장애, 과다수면증 장애, 하지불안 증후군, 기면증, 악몽 장애가 포함된다. 여러 수면－각성 장애는 호흡의 변화를 포함하는데, 수면 관련 저환기, 폐쇄성 수면 무호흡 저호흡증, 또는 중추성 수면 무호흡이 그 예이다. 이러한 장애에 대한 전체 목록과 설명은 DSM-5를 참조하라.

성기능 장애. 이 장애들은 성기능 또는 성적 쾌락을 경험하는 능력에 방해가 되는 문제와 관련이 있다. 성별에 관계없이 발생하며, 지연 사정, 발기 장애, 여성 오르가즘 장애, 조루(또는 조기 사정) 등이 포함된다.

성 불쾌감. 이전에는 "성 정체성 장애"라고 불렸던 이 범주는 출생 시의 성별과 관련된 성 역할에 대해 상당한 고통을 겪는 사람들을 포함된다. 성 불쾌감이 개인의 성적 매력과 관련이 없다는 것이 받아들여지면서 이 진단은 성적 장애 범주에서 분리되었다.

파괴적, 충동 조절 및 품행 장애. 이 장애들은 사회적으로 용납되지 않거나, 개인이 통제할 수 없는 파괴적이고 해로운 행동이 특징이다. 일반적으로 남성에게 더 흔하며, 종종 어린 시절에 처음 나타난다. 이 범주의 장애로는 적대적 반항 장애, 품행 장애, 간헐적 폭발성 장애, 반사회성 인격 장애(인격 장애 범주에도 포함됨), 병적 도벽, 방화벽이 포함된다.

물질 관련 및 중독 장애. 물질 사용 장애는 갈망이나 강한 충동으로 인해 기능에 방해가 되는 상태를 말한다. 주로 처방된 약물, 불법 약물 또는 독소에 노출되어 발생하며, 이러한 장애에서는 물질을 복용했을 때(또는 도박 장애의 경우 행동을 수행할 때) 뇌의 보상 체계가 활성화된다. 일반적인 물질로는 알코올, 카페인, 니코틴, 대마초, 오피오이드, 흡입제, 암페타민, 페시클리딘(PCP), 진정제, 수면제 또는 항불안제가 포함된다. 물질 사용 장애는 더 구체적으로 중독, 금단, 유발된 장애, 또는 비특정 장애로 구분된다.

신경인지 장애. 이 장애는 과거와 비교해 인지 기능의 저하가 상당한 차이가 있을 때 진단되며, 이는 주로 의학적 상태(예: 파킨슨병 또는 알츠하이머병), 약물/물질 사용, 또는 외상성 뇌 손상 등으로 인해 발생한다. 신경인지 장애(NCD)의 예로는 섬망과 여러 유형의 주요 및 경도 NCD가 있으며, 전두측두엽 NCD, 파킨슨병으로 인한 NCD, HIV 감염으로 인한 NCD, 알츠하이머병으로 인한 NCD, 물질 또는 약물 유발 NCD, 혈관성 NCD 등이 포함된다.

인격 장애. DSM-5의 10가지 인격 장애는 모두 지속적이고 융통성이 없으며, 개인의 문화적 기대에 어긋나는 경험과 행동의 패턴을 포함한다. 일반적으로 이러한 패턴은 청소년기 또는 초기 성인기에 나타나며, 대인관계에서 심각한 고통을 유발합니다. 인격 장애는 유사한 행동을 기반으로 세 가지 군으로 나뉜다.

- A군: 편집성, 분열성, 분열형 인격 장애. 이러한 인격 장애를 가진 사람들은 행동과 대인관계에서 기이하거나 특이하게 보인다.
- B군: 반사회성, 경계선, 연극성, 자기애적 인격 장애. 이러한 사람들은 감정이 과잉되거나 극적이며, 행동과 대인관계에서 예측할 수 없다.
- C군: 회피성, 의존성, 강박성 인격 장애(강박장애와는 다름). 이러한 사람들은 행동에서 불안하거나 걱정이 많고 염려하는 경향이 있다.

성도착 장애. 이 장애는 전통적인 성적 자극과는 다른 상황에서 성적으로 흥분하고, 그러한 행동이 해로움을 주거나 심각한 정서적 고통을 초래할 때 진단된다. 이 장애에는 노출증 장애, 관음증 장애, 접촉 성애 장애, 성적 가학증 및 성적 피학증 장애, 물건음란증 장애, 복장도착증 장애, 소아성애 장애, 그 외 명시된 또는 명시되지 않은 성도착 장애가 포함된다.

기타 정신 장애. 이 진단 범주는 이전에 언급된 그룹에 속하지 않으며, 통일된 특성이 없는 정신 장애를 포함된다. 예로는 다른 의학적 상태로 인한 명시된 기타 정신 장애, 다른 의학적 상태로 인한 비명시 정신 장애, 명시된 기타 정신 장애, 비명시 정신 장애 등이 있다.

약물로 유발된 운동 장애 및 기타 약물의 부작용. 이 장애들은 약물의 부작용으로 인해 발생하며, 늘 원인을 명확히 규명할 수는 없다. 이러한 장애로는 신경이완제 유발 파킨슨증, 신경이완성 악성 증후군, 약물 유발 근긴장이상증, 약물 유발 급성 좌불안석증, 지연성 운동이상증, 지연성 좌불안석증, 약물 유발 자세 떨림, 기타 약물 유발 운동 장애, 항우울제 중단 증후군 및 기타 약물 부작용이 포함된다.

임상 평가의 초점이 될 수 있는 기타 상태. 이 범주는 학대/방임, 관계 문제, 심리사회적, 개인적 및 환경적 우려, 교육/직업적 문제, 주택 및 경제적 문제, 법적 체계와 관련된 문제 등 임상적으로 중요한 우려를 설명하는 것으로 끝난다. 이러한 상태는 정신 장애로 간주되지 않으며, Z 코드로 나열되며 ICD-10에 대응된다.

이 범주 외에도 DSM-5는 임상적으로 상당한 기능 장애나 고통을 초래하지만 특정 진단 기준을 충족하지 않는 경우 사용할 수 있는 명시된 및 비명시 장애를 제공한다. "명시된 기타"는 임상가가 왜 기준에 맞지 않는지를 구체적으로 전달하고자 할 때 사용된다. "비명시 장애"는 임상가가 구체적인 사항을 전달하지 않거나 할 수 없을 때 사용된다. 예를 들어, 누군가가 심각한 공황 발작을 겪고 있지만 요구되는 네 가지 기준 중 세 가지에만 해당한다면, "명시된 기타 공황 장애—증상 부족으로 인함"으로 진단할 수 있다. 그렇지 않으면 "비명시 공황 장애"로 보고할 수 있다.

부록 G: 특권 체험 활동

1. 당신의 조상이 선택이 아니라 강제로 미국에 왔다면, 한 걸음 뒤로 가세요.
2. 당신의 주요 민족 정체성이 '미국인'이라면, 한 걸음 앞으로 오세요.
3. 당신이 인종, 계층, 민족, 성별 또는 성적 지향 때문에 욕을 먹었다면, 한 걸음 뒤로 가세요.
4. 당신의 어린 시절 가정에 가사도우미, 정원사 등으로 일한 유색인종이 있었다면, 한 걸음 앞으로 오세요.
5. 당신이 옷, 집, 차 등에 대해 부끄럽거나 창피했던 적이 있다면, 한 걸음 뒤로 가세요.
6. 당신의 부모가 전문직(의사, 변호사 등)이었다면, 한 걸음 앞으로 오세요.
7. 당신이 매춘, 마약이 활발한 지역에서 자랐다면, 한 걸음 뒤로 가세요.
8. 당신이 평가나 조롱을 피하기 위해 외모, 행동, 태도를 바꾸려고 한 적이 있다면, 한 걸음 뒤로 가세요.
9. 당신이 초등학교에서 조상의 문화를 배운 적이 있다면, 한 걸음 앞으로 오세요.
10. 당신이 영어가 아닌 다른 언어를 사용하면서 학교에 다닌 적이 있다면, 한 걸음 뒤로 가세요.
11. 어린 시절 집에 50권 이상의 책이 있었다면, 한 걸음 앞으로 오세요.
12. 자랄 때 돈이 없어서 식사를 거르거나 배가 고팠던 적이 있다면, 한 걸음 뒤로 가세요.
13. 당신의 부모가 어릴 때 미술관이나 연극에 데려간 적이 있다면, 한 걸음 앞으로 오세요.
14. 당신의 부모 중 한 명이 실직하거나 일자리를 잃은 적이 있다면, 한 걸음 뒤로 가세요.
15. 당신이 사립학교나 여름 캠프에 다닌 적이 있다면, 한 걸음 앞으로 오세요.
16. 당신의 가족이 임대료를 감당하지 못해 이사를 해야 했던 적이 있다면, 한 걸음 뒤로 가세요.
17. 당신이 부모로부터 '너는 아름답고, 똑똑하며, 능력이 있다'는 말을 들은 적이 있다면, 한 걸음 앞으로 오세요.
18. 당신이 인종, 계층, 민족, 성별, 성적 지향 때문에 학업이나 일에서 좌절감을 느낀

적이 있다면, 한 걸음 뒤로 가세요.

19. 당신의 부모가 대학 진학을 권장했다면, 한 걸음 앞으로 오세요.
20. 당신이 한부모 가정에서 자랐다면, 한 걸음 뒤로 가세요.
21. 당신의 가족이 당신이 자란 집을 소유하고 있었다면, 한 걸음 앞으로 오세요.
22. 텔레비전에서 당신의 인종, 민족, 성별 또는 성적 지향이 모욕적인 역할로 묘사된 것을 본 적이 있다면, 한 걸음 뒤로 가세요.
23. 당신이 친구나 가족과의 연관성 때문에 좋은 일자리를 제안받은 적이 있다면, 한 걸음 앞으로 오세요.
24. 당신이 인종, 민족, 성별 또는 성적 지향 때문에 고용을 거부당한 적이 있다면, 한 걸음 뒤로 가세요.
25. 당신이 인종, 민족, 성별 또는 성적 지향 때문에 적게 지급되거나 부당한 대우를 받은 적이 있다면, 한 걸음 뒤로 가세요.
26. 당신이 인종, 민족, 성별 또는 성적 지향 때문에 속임수나 거짓말을 한 것으로 비난받은 적이 있다면, 한 걸음 뒤로 가세요.
27. 당신이 돈이나 재산을 상속받은 적이 있다면, 한 걸음 앞으로 오세요.
28. 당신이 주로 대중교통에 의존해야 했다면, 한 걸음 뒤로 가세요.
29. 당신이 인종, 민족, 성별, 또는 성적 지향 때문에 경찰에 의해 정지되거나 질문을 받은 적이 있다면, 한 걸음 뒤로 가세요.
30. 당신의 인종, 민족, 성별, 또는 성적 지향 때문에 폭력을 두려워한 적이 있다면, 한 걸음 뒤로 가세요.
31. 당신이 일반적으로 위험한 장소를 피할 수 있었다면, 한 걸음 앞으로 오세요.
32. 당신의 인종, 민족, 성별, 또는 성적 지향과 관련된 농담에 불편함을 느꼈지만 그 상황에 맞서는 것이 안전하지 않다고 느낀 적이 있다면, 한 걸음 뒤로 가세요.
33. 당신이 인종, 민족, 성별, 또는 성적 지향과 관련된 폭력의 피해자가 된 적이 있다면, 한 걸음 뒤로 가세요.
34. 당신의 부모가 미국에서 자라지 않았다면, 한 걸음 뒤로 가세요.
35. 당신의 부모가 당신에게 "네가 원하는 것은 무엇이든 될 수 있다"고 말한 적이 있다면, 한 걸음 앞으로 오세요.

용어 사전

A, B, 그리고 C. 합리적 정서 행동치료(REBT)에 기반한 개념으로, Albert Ellis가 개발한 인지 이론이다. 여기서 A는 촉발 사건(활성화 사건), B는 사건에 대한 믿음, C는 결과로 나타나는 감정과 행동을 의미한다.

ACA 윤리강령. 미국상담협회의 윤리강령이다.

Carkhuff 척도. Robert Carkhuff가 Carl Rogers의 공감 정의를 바탕으로 개발한 5단계 척도. 이 척도를 활용해서 상담사들이 공감을 배우는 데 도움을 줄 수 있다. 3단계 반응은 내담자의 감정과 내용을 정확히 반영하는 것으로 간주된다. 3단계 미만의 반응은 뺄셈의 반응으로, 3단계 이상의 반응은 추가적인 공감으로 간주된다.

CHASE LOVE. 상담 주체들의 비언어적 행동을 기억하는 데 도움이 되는 양자로서, 다음 각각을 의미한다. 다문화적 관심(Cross−cultural concerns), 머리 끄덕임(Head nodding), 복장(Attire), 개인적 공간(personal space: Proxemics), 눈맞춤(Eye contact), 앞으로 기울이고 열린 자세(Leaning forward and open body posture), 사무실 분위기(Office atmosphere), 목소리 억양(Voice intonation), 얼굴 표정(facial Expression)을 의미한다.

DSM-5. 《정신장애의 진단 및 통계 편람》 제5판을 참조.

"Gnosis". **그리스어로 인식하거나 안다는 의미.** '진단'(diagnosis)이라는 단어의 일부.

HIPAA 사생활 규칙. 사생활 규칙 참조.

ICD. 질병의 국제 분류 (ICD) 참조.

Jaffee 대 Redmond. 면허가 있는 사회복지사의 특권적 의사소통 권리를 지지한 법원 판결로, 대부분의 면허가 있는 상담사와 치료사에게도 적용될 가능성이 있지만, 면허가 없는 사람들(예: 인사 전문가)에게는 적용되지 않는다.

Julea Ward 대 동미시간 대학 평의회. 상담 대학원생인 Julea Ward가 자신의 종교적 신념 때문에 동성 관계를 맺은 내담자와의 상담을 거부함. Ward는 가치관과 신념이 다른 내담자와 상담하지 않겠다는 생각 때문에 상담 대학원 프로그램에서 퇴학당했고, 이후 프로그램과 대학을 상대로 소송을 제기함. 결국 이 사건은 법정 밖에서 합의됨. 이 사건은 미국상담협회(ACA)가 내담자의 가치관이나 신념이 극적으로 다르더라도 상담사가 내담자를 상담할 수 있어야 한다는 강력한 입장을 내놓게 된 이유 중 하나이다.

LGBTQ. 레즈비언, 게이, 양성애자, 트랜스젠더, 퀘스처닝(LGBTQ) 개인들.

RESPECTFUL 상담 모델. 문화적으로 유능한 정신 건강 전문가가 가져야 할 요소를 나타내는 약어로, 내담자의 종교, 경제 계층, 성정체성, 심리적 발달, 민족, 연령/발달 과제, 외상, 가족사, 독특한 신체적 특성, 언어를 이해하는 것을 포함한다.

Robert Carkhuff. 공감 반응을 측정하는 5단계 척도를 개발한 인물. Carkhuff 척도 참조.

SOAP 노트. 사례 기록 작성에 널리 사용되는 방법으로, 주관적(subjective), 객관적(objective), 평가(assessment), 계획(plan)을 의미한다.

Z 코드. 환경 및 심리사회적 스트레스 요인을 분류하는 시스템으로, DSM-5에서 사용된다.

1974년 정보공개법(FOIA). 개인에 대한 정보를 가지고 있는 연방정부의 기록물에 접근하는 것을 허용하는 법. 대부분의 주에도 유사한 법률이 있다.

77가지 행동에 대한 인식. 77가지 상담사 행동에 대한 상담사들의 견해를 조사한 연구. 윤리적, 전문적, 법적 문제를 다룬 10장을 참조하면 전체 행동 목록을 확인할 수 있다.

가족교육권 및 프라이버시에 관한 법률(FERPA). 개인과 자녀의 부모에게 교육 기록에 접근할 수 있는 권리를 보장하는 연방법이다.

감사 활동. 긍정 상담에서 감사함을 보여주는 활동.

감소적 공감(Subtractive empathy): Carkhuff 척도에서 3.0 미만의 공감을 의미.

감정 반영. 상담사가 내담자가 표현한 특정 감정을 동일한 감정 단어 또는 매우 유사한 감정 단어를 사용하여 다시 내담자에게 반복하는 과정.

강점 연습. 내담자의 긍정적인 속성을 강조하고 긍정적 상담에서 사용되는 연습.

강제 선택 형식. 내담자에게 최소한의 선택지를 제공하는 질문들이다.

개방형 질문. 내담자가 광범위한 응답을 할 수 있도록 하며, 예/아니오 또는 강제 선택 반응이나 집중 질문 형식이 아닌 응답을 장려하는 질문이다.

개인 공간. 근접학(proxemics) 참조.

개인 정체성의 삼중 모델. 교차 문화 상담의 실존적 모델과 함께 사용되는 이 모델은 문화적으로 유능한 상담의 통합 모델을 만드는 데 사용된다. 이 모델은 세 개의 경험 영역(개인, 집단, 보편적 경험)을 검토하며, 이 모든 것이 자아(Self)의 일부이다.

개인적 경험. 문화적으로 유능한 상담의 통합적 모델에서 자아를 구성하는 세 가지 경험 영역 중 하나. 또한 집단 경험 및 보편적 경험 참조.

개인주의적 관점. 가족이나 문화와 같은 외부 집단에서 답을 찾기보다는 개인의 정체성에 초점을 맞추는 내담자. 내담자가 개인주의적 관점을 가지고 있다고 가정하는 것은 다양한 내담자들이 상담을 경계하는 아홉 가지 이유 중 하나. 또한 집단주의적 관점 참조.

검사 가치(Test worthiness). 검사가 타당성(평가해야 할 것을 평가함), 신뢰성(일관되게 평가함), 문화 간 공정성, 실용성을 갖추었는지 확인하는 것.

검사(Testing): 검사 가치가 있는 것으로 밝혀진 도구를 사용하여 내담자를 공식적으로 평가하는 것.

게슈탈트 치료. 실존적-인본주의적 상담 접근 중 하나.

격려. 이 기술은 내담자가 특정 목표를 달성하도록 영감을 주는 데 중점을 둔다. 긍정 및 지지와 대조된다.

결과로서의 감정과 행동. 인지행동 상담 접근에서 나온 개념으로, 촉발 사건에 대한 자동적 사고나 비합리적인 사고 또는 신념에 의해 영향을 받는 감정과 행동을 의미.

경계 유지 및 금지된 관계. 이중 및 다중 관계, 그리고 내담자와의 성적 관계 참조.

경고의 의무. 예측 가능한 피해 참조.

경청. 다른 사람의 메시지를 듣는 것에 주의를 기울이는 과정.

경청을 위한 준비. 상담사가 내담자의 이야기를 효과적으로 듣기 위한 가능성을 높이기 위해 사용할 수 있는 다양한 전략을 의미하며, 여기에는 자신을 진정시키기, 말하지 않기 및 끼어들지 않기, 관심을 보이기, 성급하게 결론 내리지 않기, 감정에 집중하기, 내용에 집중하기, 눈맞춤 유지하기, 열린 신체 자세 유지하기, 개인 공간에 민감하기, 질문하지 않기 등이 포함된다.

경험의 세 가지 영역. 개인, 집단, 문화 영역. 문화적으로 유능한 상담의 통합 모델과 관련이 있다.

고개 끄덕이기. 상담사가 내담자의 말을 듣고 있음을 보여주는 비언어적 행동의 일종인 고개 끄덕임.

고급 수준의 공감 사용. '직면: 지지적으로 도전하는 것'의 한 유형. 심층 공감을 참조.

고지된 동의. 내담자가 상담 관계의 성격과 일반적인 한계를 이해했음을 인정하는 것. 일반적으로 내담자가 전문가 공개 진술문을 읽은 후 서명함.

고차원적 공감. 심층 공감 참조.

공감 피로. 상담사가 내담자의 문제를 듣는 과정에서 감정적으로 소진되는 현상. 이는 비효과적인 작업과 공감 능력 상실로 이어질 수 있다. 대리 외상이라고도 한다.

공감. 독일어 "einfühlung"에서 유래한 공감은 상담의 핵심 기술이 되었다. Carl Rogers에 의해 대중화된 공감은 다른 사람의 감정과 그가 처한 상황을 이해하는 능력으로 간주된다. 공감적 반응은 기본 공감과 심층 공감으로 나뉘며, 카크허프 척도는 이 개념을 조작적으로 정의했다. 공감은 효과적인 상담사의 9가지 특징 중 하나이다.

공격 및 살해 위험 평가 도구. 타인에게 잠재적 해를 입힐 가능성을 평가하는 데 사용된다.

공공 정책 옹호. 옹호 참조.

공통 요인. 모든 치료적 접근의 기초가 되는 요인으로, 긍정적인 내담자 성과와 관련된 것으로 보임. 작업동맹 및 이론적 접근 전달하기 참조.

과정 노트. 일반적으로 1~3단락으로 작성되며 상담사가 회기의 주요 사항을 기억하는 데 도움을 주기 위해 작성된 노트. HIPAA의 프라이버시 규칙에 따라 일반적으로 내담자는 이 노트를 볼 권리가 없음. 심리치료 노트라고도 한다.

과정 자기 개방. 즉시성과 유사하며, 상담사가 내담자와의 관계에서 순간적인 자신의 경험을 내담자와 공유하는 것. 자기 개방 참조.

관계 문화 치료. 상담에 대한 포스트모던 접근법.

국제 및 글로벌 문제 옹호. 옹호 참조.

권력의 한계를 설정하고 평등한 관계를 형성하기. 상담사가 내담자에게 존중을 보여주고 평등한 관계를 형성하기 위해 내담자와 함께하는 과정. 평등주의적이고 긍정적인 태도와 관련된 중요한 기본 기술.

그 요소. 상담사가 내담자와 특별한 관계를 형성하고 궁극적으로 협력 관계를 구축하는 데 기여하는 상담사의 독특한 특성. 효과적인 상담사의 아홉 가지 특성 중 하나.

근거 기반 실무(EBP). 긍정적인 상담 성과를 보장하기 위해, 상담사는 (a) 가장 효과적인 연구로 입증된 치료법을 알고, (b) 임상적 전문 지식을 사용하여 내담자의 상황을 이해하고 가장 효과적인 치료법을 선택하며, (c) 내담자의 개인적인 선호, 가치관, 문화적 배경을 고려하여 치료법을 선택한다. 공통 요인과 대조된다.

근접학(proxemics). 상담사와 내담자 간의 개인적인 공간. 일종의 비언어적 행동.

긍정 상담. 우리는 삶에서 정신적, 신체적, 영적 상태에 대해 선택권이 있으며, 어린 시절이나 다른 요인에 의해 결정되지 않는다는 가정. 따라서 사람을 분류하거나 진단할 때 신중해야 한다고 제안하는데, 이러한 분류가 전문가 또는 내담자 자신에 의한 부정적 귀인이나 자기 진술을 초래할 수 있다. 긍정 상담의 원칙에는 긍정적인 감정 증가, 일과 여가에 대한 참여 증가, 의미 있는 삶의 촉진 등이 있다. 이 과정에 도움이 되는 활동으로는 강점 연습, 감사 연습, 희망과 낙관주의 연습, 부정에서 긍정 도출, 기타 긍정 상담 개입 등이 있다.

긍정/인정(Affirmation). 내담자가 세상에서 존재하는 방식을 진정으로 긍정적으로 반응해줌으로써 상담사가 내담자의 행동, 감정 또는 행위를 강화하는 과정을 말한다. 격려와 지지와는 대조된다.

기록 보안 유지. 종이 또는 전자 기록을 사용하는 모든 상담사들에게 있어서 윤리적 책임 사항임. 특히 HIPAA 법 통과 이후로 중요성이 커졌다.

기록 비밀 유지. 내담자의 정보를 잠긴 파일 캐비닛이나 비밀번호로 보호된 컴퓨터와 같은 안전한 장소에 보관하는 것. HIPAA 개인정보 보호 규칙과 관련이 있다. 기록 기밀 유지의 몇 가지 예외는 상담사가 내담자의 이익을 위해 전문가와 상담하거나 슈퍼비전을 받을 때, 의무 보고의 특정 사례(예: 아동 또는 배우자 학대), 내담자가 자신이나 타인에게 해를 끼칠 위험이 있을 때, 법원이 내담자의 기록을 소환했지만 상담사가 특권적 의사소통에 의해 보호되지 않을 때, 내담자가 서면으로 정보 공유를 허락했을 때, 그리고 건강보험회사나 상담 서비스에 자금을 제공하는 출처에 특정 정보를 제공할 때 발생할 수 있다. 일반적으로 내담자는 과정 기록(심리치료 기록이라고도 함)을 제외한 모든 기록에 접근할 수 있다.

기본 공감. 한 사람이 경험하는 분명한 감정과 내용을 반영하는 여러 반응 중 하나. Carkhuff 척도에서 3단계.

기분 안정제. 양극성 장애를 치료하는 데 사용되는 정신약물.

기적 질문. 선호하는 목표 질문의 일종으로, 내담자가 원하는 목표에 도달하도록 돕는 데 초점을 맞춤. "아침에 일어났을 때 당신이 원하는 대로 세상이 바뀌어 있다면, 그건 어떤 모습일까요?"와 같은 형식으로 자주 표현됨. 해결 중심 질문 참조.

기초 기술(foundational skills). 강한 관계를 형성하기 위해 사용되는 초기 기술들이다. 여기에는 사무실 분위기, 복장, 눈 맞춤과 얼굴 표정, 몸 위치와 고개 끄덕임, 개인적 공간, 접촉, 목소리 억양, 내담자를 존중하고 배려하며, 권력을 제한하고 평등한 관계를 발전시키고, 병리화하지 않으면서 헌신하는 평등하고 긍정적인 태도가 포함된다(각각의 구체적인 정의 참조).

기타 긍정 상담 개입. 긍정 상담에서 사용되는 연습들.

기타 명시된 장애. 특정 진단 범주에 부합하지 않는 임상적으로 중요한 장애를 가진 경우. 이 경우 "기타 명시된 장애"를 사용하여 그 기준이 맞지 않는 이유를 설명함. 미지정 장애 참조.

'너/하지만 진술'(You/but statements). '직면; 지지적으로 도전하기'의 한 유형.

내담자 접촉 시간. 상담사가 내담자에게 치료를 제공하는 시간의 양.

내담자 중심. 상담에서 비지시적 접근으로, 상담사가 회기의 방향을 내담자가 주도하도록 허용하는 방식. 상담사 중심 접근과 대조됨.

내담자에게 불일치에 대한 정당화를 요구하기. 불일치를 도전하는 방법 중 하나이다.

내담자와의 성적 관계. 내담자 또는 이전 내담자와의 성적 관계. 이는 가장 심각한 윤리 위반 중 하나이며, 거의 모든 도움 전문 직종에서 이를 금지하는 규정을 발표했다. 이중 관계 및 다중 관계 또한 참조.

내담자의 가치와 행동 간의 불일치. 내담자의 가치관이 행동과 일치하지 않는 경우. 직면(지지적으로 도전하기) 과정에서 중요함.

내담자의 감정과 행동 간의 불일치. 내담자의 감정이 행동과 일치하지 않는 경우. 직면(지지적으로 도전하기) 과정에서 중요함.

내담자의 불일치 도전하기. '직면: 지지적으로 도전하기' 참조.

내담자의 이상적 자아와 실제 자아 간의 불일치. 내담자가 인식하는 자신과 실제 자신의 불일치. 직면(지지적으로 도전하기) 과정에서 중요함.

내담자의 표현된 감정과 내재된 감정 간의 불일치. 내담자가 표현한 감정이 내재된 감정과 일치하지 않는 경우. 직면(지지적으로 도전하기) 과정에서 중요함.

내러티브 치료. 현실은 사회적 구성물이며, 각 개인의 현실은 그들의 내러티브 또는 언어 담론을 통해 유지된다고 제안하는 포스트모던 접근법.

내용 반영. 상담사가 내담자가 한 특정 발언을 동일하거나 약간 다른 단어로 다시 내담자에게 말해주는 과정.

내용 자기 개방. 상담 관계를 강화하기 위한 노력으로 상담사가 자신의 개인 정보를 공개하는 것. 자기 개방 참조.

눈맞춤. 상담사가 적절하게 상대방과 직접 눈을 마주쳐 교류할 수 있는 능력과 관련된 비언어적 행동. 문화적 차이에 의해 영향을 받음.

다른 말로 바꿔 표현하기(paraphrasing). 상담사가 내담자가 말한 내용과 감정을 유사한 단어나 문구를 사용하여 반영하는 도움 기술.

다문화 및 사회 정의 상담 역량. 비주류 내담자와 일하기 위해 적절한 태도와 신념, 지식, 기술을 갖추는 것. 다양한 내담자와 상담할 때 상담사를 돕는 숙련 영역에는 네 가지가 포함됨: (a) 상담사의 자기 인식, (b) 내담자의 세계관, (c) 상담 관계, (d) 상담 및 옹호 개입. 이 역량은 ACA의 승인을 받음.

다문화 및 사회적 정의 상담 역량의 영역 I–IV. 영역 I: 상담사의 자기 인식, 영역 II: 내담자의 세계관, 영역 III: 상담 관계, 영역 IV: 상담 및 옹호 개입.

다문화 상담. 교차문화 상담 참조.

다문화 상담. 다양한 배경을 가진 사람들과의 상담. 상담사는 문화적으로 유능한 상담을 수행해야 한다.

다양한 내담자들이 상담을 꺼리는 이유. 문화적으로 다양한 내담자들이 상담을 꺼리는 9가지 이유. 상담사가 (a) 동화주의 신화(melting－pot myth)를 믿는 경우, (b) 상담 관계를 조정하지 못하는 경우, (c) 사회적 힘에 대한 이해 부족, (d) 자문화 중심적 세계관을 가진 경우, (e) 자신의 무의식적 편견을 모르는 경우, (f) 증상 표현에서의 문화적 차이를 이해하지 못하는 경우, (g) 신뢰할 수 없는 평가 및 연구 도구를 사용하는 경우, (h) 제도적 차별에 대해 인식하지 못하는 경우, (i) 개인주의적 관점을 가진 경우.

다중 관계. 이중 및 다중 관계 참조.

다중 현실. 현재 순간을 초래한 여러 기원들을 식별할 수 있는 능력. 또한 상황에 대해 사람이 가질 수 있는 다양한 관점을 의미함.

담화 반응 사용. 심층 공감의 한 유형으로, 내담자가 현재 경험하는 것과 관련된 내담자의 삶 또는 문화 속 역사적 사건을 반영하는 것.

대리 외상. 공감 피로 참조.

대상관계 이론. 상담에 대한 정신역동적 접근법의 일종.

대안 제시하기. 상담사가 내담자에게 문제를 해결할 다양한 방법이 있을 수 있음을 제안하고, 내담자가 선택할 수 있는 여러 선택지를 제공하는 것. 조언 제공 및 정보 제공과 대조됨.

대인관계 옹호. 옹호 참조.

대처 질문. 내담자가 과거에 자신의 문제를 해결하기 위해 성공적으로 사용한 행동을 식별하는 질문. 해결 중심 질문의 한 유형.

돌보는 습관. 상담사가 내담자와 상호작용할 때 지지적이고, 격려하며, 수용적이고, 신뢰를 주며, 존중하는 언어를 사용하는 경향을 말한다. 독하고, 병리화하고, 진단하거나, 비난하거나, 비판하는 언어는 사용하지 않는 것이 중요하다.

동반 진단. 진단 시 둘 이상의 정신 장애가 있을 때. 더 두드러져 보이는 장애를 먼저 기록해야 함.

두꺼운 기술. 사람들이 자신의 삶을 일정한 정도로 복잡하게 설명할 수 있는 것을 의미한다. 이러한 사람들은 상대주의적 경향이 있으며, 자신이 지금 이 자리에 오게 된 여러 가지 기원을 식별하고, 다른 관점들을 바라보고, 상황에 대한 여러 관점을 이해할 수 있다.

디아(Dia). 그리스어로 “분리”를 의미한다. 진단(diagnosis)이라는 단어의 일부.

리튬. 1800년대에 발견되었으며, 이후 양극성 장애 치료에 효과적인 것으로 밝혀짐.

면책특권 정보보호. 내담자가 정보를 공개하지 않기를 원할 때 전문가가 그 정보를 비밀로 유지할 법적 권리. 이 법적 권리는 주에 의해 결정되며, 일반적으로 면허가 있는 상담사와 기타 면허가 있는 치료사에게만 해당됨. Jaffee v. Redmond 참조.

명시자. 하위 유형, 명시자, 그리고 심각도를 참조.

모노아민 산화효소 억제제. 우울증 및 불안 장애를 치료하는 데 사용되는 약물. 여전히 가끔 사용됨.

모델링. 상담사나 다른 사람들이 내담자에게 새로운 행동을 시연하여 내담자가 그 행동을 연습하고, 학습하며, 채택할 수 있도록 하는 미묘하거나 의도적인 방법. 사회적 학습, 모방, 행동 리허설이라고도 함. 무의식적 및 의도적 모델링 참조.

모방. 모델링 참조.

목표 설정. 대부분의 상담 접근에서 중요한 부분으로, 평가의 산물이어야 하며, 협력적이고 달성 가능하고, 모니터링되고, 변경 가능해야 하며, 기존 목표가 달성되면 새로운 목표를 설정할 수 있어야 한다. 상담사는 목표 설정을 언제 멈출지 알아야 한다.

목표지향적 자기 개방 사용(Using targeted self-disclosure). 상담사가 내담자를 깊이 이해했음을 보여주기 위해 자신에 대해 무언가를 드러내는 심층 공감의 한 유형.

몸의 자세 취하기. 상담사가 내담자와 상담하는 동안 자신의 몸을 배치하는 방법. 내담자가 처음에 관찰하는 가장 중요한 비언어적 행동 중 하나.

무의식적 모델링. 상담사가 내담자에게 기본적인 상담 기술을 시연하면서 내담자가 새로운 행동을 수동적으로 학습하게 되는 모델링의 한 유형. 모델링 참조.

무조건적 긍정적 존중. 수용(acceptance) 참조.

무해. 키치너의 윤리적 의사결정의 도덕적 모델에 근거하며, 내담자 및 타인에게 해를 끼치는 것을 피하는 것.

문제 정의하기. 치료 계획 수립의 네 단계 중 하나.

문화적 모자이크. 다양한 문화 출신의 사람들, 특히 새로운 이민자들이 자신과 유사한 사람들과 함께 사는 것을 편안하게 여긴다는 것을 이해하는 것. 이는 더 큰 문화에 다양성과 독특함을 제공한다.

문화적 민감성. 다양한 문화 집단에 민감하게 반응하고, 그들과 효과적으로 일할 수 있는 지식, 태도 및 신념, 기술을 갖추는 것. 효과적인 상담사의 9가지 특성 중 하나. '문화적으로 유능한 상담'도 참조.

문화적으로 유능한 상담. 상담사가 내담자의 문화적 정체성을 이해하고, 내담자의 문화적 유산뿐만 아니라 상담사의 태도, 신념, 지식, 기술이 상담 관계에 미치는 영향을 인지할 수 있는 능력, 그리고 준비가 되어 있는 것.

문화적으로 유능한 상담의 통합 모델. 교차문화 상담의 실존 모델과 개인 정체성의 삼원 모델을 결합한 모델로, 세 가지 경험 영역(개인, 집단, 보편적 경험)을 살펴본다. 이 모든 것은 자아의 일부이다.

문화적으로 적합한 조력에 관한 McAuliffe의 정의. 문화적으로 적합한 조력은 "내담자의 삶에서 문화적 차원을 식별하고 이를 상담 작업에 통합하는 일관된 준비 상태"임(2013, p. 6).

미디어 활용. 내담자의 상황과 매우 유사한 미디어(영화, 책 등)를 사용하는 심층 공감의 한 유형으로, 내담자를 깊이 이해했음을 보여주는 방법임.

민족 중심적 세계관. 문화적으로 다양한 내담자들이 상담을 꺼리는 9가지 이유 중 하나.

배려하는 호기심. 상담사가 내담자를 진심으로 알고 싶어 하고, 내담자의 삶에 대해 질문하는 것에 편안함을 느끼면서 동시에 그 사람을 존중하고 배려하는 것을 의미함. 기초 기술.

배제 진단. 진단을 내릴 정보가 충분하지 않지만 특정 장애를 고려할 수 있는 경우 사용됨.

벤조디아제핀. 부적절하게 복용할 경우 내성, 의존성, 과다복용의 위험이 높은 항불안제 유형.

변화 측정. 상담 계획의 네 단계 중 하나.

병리화. 상담사가 내담자를 문제를 가진 사람으로 보고 대하는 과정. 때때로 DSM-5 진단을 내리거나 강화하는 과정과 관련이 있음.

보편적 경험. 문화적으로 유능한 상담의 통합 모델에서 자아를 구성하는 세 가지 경험 영역 중 하나. 집단 경험 및 보편적 경험을 참조.

보호 요인. 내담자가 자살 또는 살해할 가능성을 방지하는 영향 요인들.

복장 또는 옷차림. 상담사 및 기타 직원의 복장 스타일에 대한 기관 내 명시적 또는 암시적 규범을 의미한다. 상담사는 자신의 복장이 내담자에게 미치는 영향을 고려해야 한다.

부정적인 것에서 긍정적인 것을 이끌어내기. 긍정적인 상담에서 사용하는 기법.

불가분의 자아 모델. 개인이 다섯 가지 요소(창의적 자아, 대처하는 자아, 사회적 자아, 본질적 자아, 신체적 자아)를 평가하는 웰니스 모델.

비공식적 진단. 잠정적, 비공식적 진단 참조.

비독단적. 비판단적인 것과 밀접하게 관련되어 있으며, 자신의 견해를 타인에게 강요하지 않고, 타인의 견해를 이해하려고 하며, 피드백에 개방적이고, 다른 관점을 들은 후 자신의 세계관을 변화시킬 준비가 되어 있는 사람들을 의미한다. 이러한 사람들은 비교적 편견이 적고, 문화적 유산, 가치 또는 신념이 다르더라도 사람들의 차이를 받아들일 수 있다.

비밀 유지. 내담자의 정보를 공개하는 것과 관련해서 신중함을 강조하는 윤리적 지침. 언제 정보를 공개할 수 있는지에 대한 윤리적, 전문적, 법적 이슈에 대한 지식과 관련이 있다. 비밀 유지 문제, 사생활 문제, 기록 보안 문제는 중요한 문제가 되었는데, 의료보험의 양도 및 책임에 관한 법률(HIPAA), 가족교육권 및 프라이버시에 관한 법률(FERPA), 정보공개법(FOIA) 등 여러 법률의 영향을 받았다. 예측가능한 위해 참조.

비벤조디아제핀. 벤조디아제핀과 유사한 치료 효과를 지닌 약물이지만, 화학적 성질이 다른 약물들.

비병리화. 상담사가 내담자를 존중하고 총체적인 방식으로 대하는 과정. 내담자를 정신 건강 문제를 가지고 있는 사람으로 보기보다는 그러한 "문제와 함께 살아가는" 사람으로 인식하는 것. 평등하게 대하고 긍정적인 태도를 유지하는 것과 관련된 중요한 기초 기술.

비언어적 행동 반영하기. 내담자가 보이는 비언어적 행동을 상담사가 반영하는 심층 공감의 한 유형.

비언어적 행동. 언어가 아닌 의사소통 방식. 예를 들어 사무실 분위기, 옷차림, 눈맞춤과 얼굴 표정, 근접성(개인 공간), 신체 접촉, 목소리 억양 등.

비유 사용. 상담사가 내담자를 깊이 이해했음을 보여주기 위해 머릿속에 떠오른 비유(analogy)를 사용하는 심층 공감의 한 유형.

비정형 항우울제. 기존 항우울제 분류에 맞지 않는 항우울제를 의미한다.

비특정 장애. 임상적으로 중요한 손상을 겪고 있지만 상담사가 장애의 세부 사항을 전달하기 원치 않거나 할 수 없을 때 "비특정 장애"가 사용될 수 있음. 기타 특정 장애를 참조.

비판단적. 비독단적 참조.

비합리적 사고. 비논리적인 사고 패턴으로, 종종 부정적인 감정과 역기능적 행동의 발달과 관련 있음. Albert Ellis의 합리적 정서 행동 치료(REBT) 이론에 기반함.

사건에 대한 신념. 촉발 사건에 대해 개인이 가지고 있는 인지 패턴(합리적 또는 비합리적 신념).

사례 개념화. 상담사들이 내담자의 증상, 생각, 감정, 행동, 성격을 이해하고 진단 및 치료 계획을 세우는 데 사용하는 과정. 사례 공식화라고도 한다.

사례 공식화. 사례 개념화 참조.

사례 기록. 내담자의 정보를 문서화하고 요약하는 다양한 방법으로, 접수 면접, 내담자의 진행 상황에 대한 주기적인 요약, 종결 요약, 법원 또는 기타 기관에 제출되는 전문 보고서를 포함한다. 또한 사례 보고서라고 불리는 것도 있는데, 이는 사례 기록의 더 긴 버전으로 간주되며, 일반적으로 내담자는 사례 기록 및 보고서를 열람할 권리가 있다. 과정 기록과 대조됨. 또한 SOAP 기록/보고서 참조한다.

사례 보고서. 사례 기록 참조.

사무실 분위기. 상담사 사무실의 분위기 또는 느낌. 조용하고, 편안하며, 안전한 공간을 제공하고, 비밀이 보장될 수 있는 장소.

사회 구성주의. 이 철학은 개인이 타인과의 대화 및 그들이 속한 문화와 사회에서 사용되는 언어를 통해 삶에서 의미를 구성한다고 제안한다. 또한 언어, 행동, 법을 통해 권력을 가진 자들이 소수자(예: 문화적으로 다양한 내담자, 여성, 장애인, 성소수자 등)에게 해를 끼칠 수 있다고 가정함.

사회 정의. 더 넓은 시스템(기관, 도시, 국가 등)에 긍정적인 변화를 일으켜 내담자를 돕는 것. 옹호 또한 참조.

사회 학습. 모델링 참조.

사회문화적 영역. 사례 개념화에 대한 생물심리사회적 평가 모델의 세 가지 영역 중 하나.

사회적 힘에 대한 이해 부족. 다양한 내담자들이 상담을 경계하는 아홉 가지 이유 중 하나.

살해 위험 평가. 내담자가 타인에게 해를 입힐 위험이 있는지를 판단하는 과정이다. 이 과정은 공격 및 살해 위험 평가 도구 사용과 위험 및 보호 요인 평가 등을 포함한 10단계로 이루어진다.

삼환계 항우울제(Tricyclics). 우울증 및 불안 장애를 치료하는 데 사용되는 오래된 분류의 약물. 여전히 사용되는 경우가 있음.

상담 계획 수립. 상담 계획을 수립하는 과정. 종종 평가와 사례 개념화 과정의 결과로 도출됨.

상담 계획 수립을 위한 4단계. (a) 문제 정의, (b) 달성 가능한 목표 설정, (c) 상담 양식 결정, (d) 변화 측정이 포함된다.

상담 계획 작성. 내담자의 상담 계획을 작성하는 방식. 정해진 방식은 없지만, 일부에서는 상담 계획 작성 네 단계를 적용할 것을 제안함.

상담 관계에 맞게 조정하지 못함. 다양한 내담자들이 상담을 경계하는 아홉 가지 이유 중 하나.

상담 관계에서의 가치. 상담사가 자신의 가치나 편견을 내담자에게 강요하지 않아야 하는 윤리적 의무.

상담사의 이론적 접근 전달하기. 상담에서 긍정적인 결과를 가져오는 공통요인의 일부. 역량, 인지적 복잡성, 이론에 대한 믿음을 포함한다.

상담에서의 과학기술. 윤리와 관련해서 ACA 윤리강령의 H 섹션에 다루는 주제이며, 원격 상담, 과학기술, 소셜 미디어를 포함함.

상대주의적.: 여러 현실을 관찰할 수 있는 능력, 맥락에 민감하고 세상을 여러 가지 방식으로 이해하는 복잡한 사고 형태.

상반되는 감정이나 생각을 지적하기. 상담사가 내담자에게 감정과 생각 사이의 불일치를 인식하게 하는 심층 공감 기술.

생물심리사회 평가 모델. 내담자의 문제에 대한 원인 분석과 진단, 치료 계획 수립을 돕기 위해 생물학적, 심리적, 사회문화적 영역을 검토하는 사례 개념화 모델.

생물학적 영역. 사례 개념화의 생물심리사회 평가 모델 중 하나.

생활 코칭. 코칭 참조.

선택 이론. William Glasser가 현실 치료와 함께 개발한 이론. 무엇보다 이 이론들은 상담사를 포함해서 사람들이 배려하는 습관을 사용해야 한다고 제안함.

선택적 세로토닌 재흡수 억제제. 우울증 치료에 가장 많이 사용되는 항우울제. 일부 불안 장애 치료에도 사용됨.

선행. Kitchener의 윤리적 의사결정모델을 바탕으로 하고 있고, 타인과 사회의 이익을 보호하는 것을 포함한다.

선호 목표 질문. 내담자가 미래에 무엇을 바라는지를 평가하는 질문. 기적 질문 참조. 해결 중심 질문의 일종.

수용. 사람들의 이상, 생각, 감정을 무조건적으로 존중하는 것을 의미한다. 또한 무조건적 긍정적 존중이라고도 불린다. 효과적인 상담사의 아홉 가지 특성 중 하나이다.

슈퍼비전. 상담사가 더 경험이 많은 전문가의 지도를 받으며 인간 본성에 대한 관점, 이론적 접근법, 기술 구현 능력, 궁극적으로 상담 효과를 검토하는 과정.

시각적 심상 사용. 상담사가 내담자를 깊이 이해했음을 보여주기 위해 머릿속에 떠오른 시각적 이미지를 사용하는 심층 공감의 한 유형.

시간 관리. 정신건강전문가가 적절한 서비스를 제공하는 것을 보장하고 소진을 방지하는 데 도움이 되는 전략임. 내담자를 합리적인 시간 내에 만나고 회의, 약속 시간, 기타 의무를 기억하는 것을 포함함.

신경안정제. 항정신병약 참조.

신체적 접촉. 상담사와 내담자 간의 신체적 접촉을 포함하는 비언어적 행동. 전통적으로 상담사들은 내담자에게 거의 접촉하지 않도록 교육받았으나, 일부 적절한 접촉은 상담 관계에 자연스럽고 풍요

롭게 할 수 있음. 연구에 따르면 내담자가 접촉 및 기타 비언어적 행동을 인식하고 반응하는 방식에서 문화적 차이가 있음.

실존주의 치료. 실존주의-인본주의 접근을 따르는 상담.

실존주의. 실존주의-인본주의 상담의 일부로서, 삶에서 의미와 목적을 찾기 위한 선택을 탐구하며, 심리치료적 관점에서는 사람들이 언제든지 새로운 방식으로 살아갈 수 있다고 제안한다.

실존주의-인본주의적 접근법. 실존주의와 현상학 철학에 기반한 이 접근법은 20세기 후반에 특히 유행했지만, 오늘날에도 널리 사용되고 있다. 실존주의는 삶에서 의미와 목적을 찾기 위해 내리는 선택을 탐구하며, 심리치료적 관점에서는 사람들이 언제든지 새로운 삶의 방식을 선택할 수 있다고 제안한다. 현상학은 각 개인의 현실이 독특하다고 믿으며, 그 사람을 이해하기 위해서는 그가 자신의 세계를 어떻게 이해하게 되었는지를 들어야 한다고 주장한다. 이 접근법들은 주로 상담사와 신뢰할 수 있는 진정한 관계를 발전시키고, 현재에 초점을 맞추며, 내담자가 새로운 선택을 할 수 있도록 부드럽게 도전하는 데 초점을 둔다. 일반적으로 정신역동 접근법보다는 단기적이지만, 인지-행동적 또는 포스트모던 접근보다는 장기적인 경향이 있다. 잘 알려진 실존주의-인본주의 접근으로는 실존주의 치료, 게슈탈트 치료, 그리고 인간중심 상담이 있다.

실존주의적 교차문화 상담 모델. 개인 정체성의 삼중 모델과 함께 사용해서 문화적으로 유능한 상담의 통합 모델을 창조한다. 이는 세 가지 경험 영역(개인, 집단, 보편적 경험)을 탐구하며, 모두 자아의 일부임.

실현가능한 목표 설정하기. 치료 계획 수립의 네 단계 중 하나.

심각도. 하위 유형, 명시자 및 심각도를 참조.

심리 치료 노트. 과정 노트 참조.

심리보고서. 광범위한 정보를 수집하여 진단, 요약 및 권장 사항을 포함하는 보고서. 일반적으로 보고서에 포함되는 항목에 대해서는 부록 C를 참조.

심리사회적 및 환경적 스트레스 요인. 내담자가 직면하는 일반적인 걱정거리(예: 직업 상실, 결혼 문제, 노숙, 관계 문제)이며, DSM-5의 Z 코드를 통해 평가됨.

심리적 영역. 사례 개념화의 생물심리사회적 평가 모델의 세 가지 영역 중 하나.

심층 감정 반영하기. 심층 공감 기술 중 하나로, 내담자가 인식하지 못할 수 있는 내면의 감정을 상담사가 반영하는 것을 말함.

심층 공감. 내담자가 직접적으로 진술하지 않은 깊은 감정을 반영하거나, 내담자가 상황을 새로운 방식으로 볼 수 있도록 돕는 공감적 반응이다. 심층 공감을 표현하는 방법으로는 비언어적 행동을 반영하기, 깊은 감정을 반영하기, 갈등하는 감정이나 생각을 지적하기, 시각적 이미지를 사용하기, 비유와 은유를 사용하기, 목표지향적 자기 개방, 촉각적 반응을 반영하기, 매체 활용, 담론적 반응 사용하기 등이 있다.

아들러 치료. 정신역동적 상담 접근법이다.

Aaron Beck. 인지행동치료를 개발한 사람.

암페타민. 주의력 결핍 과잉행동장애(ADHD)를 앓고 있는 사람들을 치료하기 위해 사용되는 자극제 또는 약물의 한 유형이다.
애착 치료. 상담에 대한 정신역동적 접근이다.
Albert Ellis. 합리적 정서 행동 치료(REBT)라는 인지적 치료 접근법을 개발하여, 사고가 행동, 감정, 그리고 생리적 반응에 미치는 영향을 강조함. A, B, C 모델과 비합리적 사고 참조.
얇은 기술. 자신의 삶을 복잡하게 설명하지 않는 사람들을 의미함. 이들은 단순하고 이분법적이며 흑백 논리에 의존하는 경향이 있고, 현실에 대해 좁은 시각을 고수하는 경향이 있음.
얼굴 표정. 상담사가 하는 다양한 얼굴 제스처와 관련된 비언어적 행동으로, 상담 관계를 촉진하는 데 목적이 있다.
역량. ACA 윤리강령에 따르면, 이는 자신의 전문 지식의 한계, 능력 수준, 직업적 역량을 아는 것과 관련이 있다. 또한 최신 전문 연구와 동향에 대해 알고, 이를 내담자에게 적용할 수 있는 능력과도 관련됨. 효과적인 상담사의 아홉 가지 특성 중 하나.
역설적 효과. 자극제가 예상치 못한 결과를 가져오는 것. 과도하게 흥분시키는 대신, 과잉행동 주의력 결핍 장애(ADHD)가 있는 사람들을 진정시키고 집중하도록 도와줌.
역전이. 상담사가 자신의 문제로 인해 내담자를 효과적으로 돕지 못하게 되는 과정. 상담사가 무의식적으로 자신의 생각, 감정, 태도를 내담자에게 투사하는 것.
예/아니오 폐쇄형 질문. '예' 또는 '아니오'로 응답해야 하는 정보 수집 질문의 한 유형.
예상가능한 피해. 때때로 경고의 의무로 지칭되며, 내담자가 자신이나 타인에게 해를 끼칠 위험이 있을 경우 전문가가 행동을 취하고 비밀보장의 의무를 위반해야 하는 윤리적이고 때로는 법적인 의무 사항이다.
예외 탐색 질문. 내담자가 문제를 경험하지 않았던 시기를 확인하고 그 시기에 내담자가 무엇을 했는지에 초점을 맞춘 질문. 해결 중심 질문의 한 유형.
옹호. 사회정의 활동의 한 측면으로, 상담사가 직접 또는 간접적으로 사회적 상처를 치유하고 내담자의 복지를 증진하기 위한 적극적인 조치를 취하는 것을 의미한다. 옹호를 실천할 때 상담사의 개입 수준은 개인, 대인, 기관, 지역사회, 공공정책, 그리고 국제 및 글로벌 문제를 포함한다(출처: 다문화 및 사회정의 상담 역량의 4영역: 상담 및 옹호 개입).
'왜?' 질문. 깊고 사려 깊은 답변을 요구하지만 종종 내담자에게 방어적인 반응을 유발하는 질문.
외상 후 스트레스 장애(PTSD). 내담자가 외상을 경험한 후 그 외상의 특정 측면을 다시 경험하거나 회상하며, 그로 인해 기능에 방해가 될 정도로 심각한 고통을 겪는 것.
용광로 신화. 개인들이 더 큰 문화로 "융합"해야 한다고 믿는 것. 다양한 내담자들이 상담을 경계하는 아홉 가지 이유 중 하나. 문화적 모자이크와 대조적임.
원인에 대한 개념화. 사례 개념화 과정과 관련이 있으며, 상담사가 자신의 사례 개념화 모델을 기반으로 내담자로부터 정보를 얻은 후 도출하는 가설이다. 또한 생물심리사회적 사례 개념화 모델 참조.
웰니스. 자기돌봄을 보장하고, 내담자에게 최적의 서비스를 제공하기 위한 다양한 활동. 개인 상담,

지지집단, 건강한 식습관, 명상, 기도, 운동, 취미, 일기 쓰기, 독서 등이 포함됨. 효과적인 상담사의 아홉 가지 특성 중 하나.

위기 상담. 내담자가 너무나 견디기 힘든 사건이나 상황에 직면했을 때 사용하는 전문적인 상담 방식. 이러한 사건이나 상황은 개인이 평소 사용하는 대처 기제와 자원을 사용하지 못하게 하여 인지적, 정서적, 행동적 문제를 초래할 수 있다. 대부분 일회성 사건이며, 대부분의 사람들은 위기 발생 후 6~8주 이내에 어느 정도 균형을 회복할 수 있다.

위기 상황에 처한 사람을 다룰 때의 8단계. (1) 라포 형성, (2) 이야기를 할 수 있도록 허용, (3) 주요 문제 식별, (4) 안전 문제 평가, (5) 감정 처리 지원, (6) 대안 모색, (7) 실행 계획 수립, (8) 지속적인 서비스가 필요할 경우 추천.

위원회가 인증한 코치. 자격 인증 및 교육 센터를 통해 제공되는 코칭 자격.

위험 요인. 내담자가 자살이나 살해할 가능성을 높이는 내담자의 삶에 영향을 미치는 요인들.

William Glasser. 현실 치료와 선택 이론의 창시자. 상담사가 배려하는 습관(caring habits)을 사용할 것을 제안함.

William Perry. 성인 발달 이론가로, 대학생들의 학습 과정과 인지 발달을 강조함. 그는 대학생을 연구했는데, 이들이 대학에 다니면서 어떻게 이원론에서 상대주의로 이동하는지를 확인함.

유독한 행동(Toxic behaviors). 다른 사람의 웰빙에 해로운 행동과 태도로, 때때로 낮은 자존감을 조성하는 원인이 됨(예: 비판적이거나, 부정적이거나, 불신하거나, 꾸짖거나, 위협하거나, 무시하거나, 조롱하거나, 처벌하는 행위).

윤리 위반 보고하기. 다른 상담사가 비윤리적으로 행동하고 있다고 생각할 경우, 먼저 그 상담사에게 말을 해야 하는 윤리적 책임을 의미함. 해결되지 않거나 위반이 심각할 경우, 상담사는 해당 기관이나 사람(전문가 단체, 자격위원회, 상담사의 슈퍼바이저 등)에게 알려야 함.

윤리강령의 목적. 소비자 보호, 전문성 강화, 지식 체계 표명, 전문적 정체성 확립, 직업의 기본 가치를 반영하고 권장 행동을 제시하며, 윤리적 의사결정을 위한 틀을 제공하고, 소송 시 방어 수단을 제공함.

윤리강령의 한계. 윤리강령이 다음과 같은 이유로 한계가 있음: 일부 문제는 강령으로 처리할 수 없음, 강령 집행의 어려움, 강령 작성 과정에서 대중의 참여 부족, 강령에서 다룬 문제들이 다른 방식으로 처리됨(예: 법원), 강령 내 또는 관련 강령 간의 갈등, 강령과 전문가의 가치 간 갈등.

윤리적 의사 결정 모델. 상담사가 어려운 윤리적 결정을 내리는 데 도움을 주는 다양한 모델. 발달 모델, 도덕 모델, 문제 해결 모델, 사회 구성주의 관점 등이 포함됨.

윤리적 의사 결정. 윤리적 딜레마 상황에 대응하는 과정. 윤리적 의사 결정 모델 참조.

윤리적 의사결정의 도덕적 모델. 윤리적 의사결정에서 도덕적 원칙의 역할을 강조하는 모델. Kitchener의 모델은 다음과 같은 도덕적 원칙을 검토할 것을 제안함: 자율성, 선행, 무해성, 정의, 충실함. 진실성(Veracity)이 나중에 추가됨.

윤리적 의사결정의 문제 해결 모델. 윤리적 딜레마를 해결하기 위해 일련의 8단계를 따르는 실용적이고 실천적인 접근법.

윤리적 의사결정의 발달 모델. 상담사의 인지 능력이 윤리적 의사결정 과정에 미치는 영향을 강조하는 윤리적 의사결정 접근법. 고차원적 사고자는 더 복잡하고 상대주의적이다. 저차원적 사고자는 이분법적이고 흑백 논리적인 사고를 한다.

윤리적 의사결정의 사회적 구성주의 모델. 윤리적 의사결정에 대한 관점으로, 문제 해결이 윤리강령을 읽거나 단일한 의사결정 과정에서 나오는 것이 아니라 내담자, 상담사, 기타 관계자(슈퍼바이저, 내담자의 삶 존재하는 다른 타인 등)와의 대화에서 나온다고 믿는 접근법.

융 심리 치료. 상담에 대한 심리역동적 접근 방식 중 하나.

은유 사용. 상담사가 내담자를 깊이 이해했음을 보여주기 위해 머릿속에 떠오른 은유를 사용하는 심층 공감의 한 유형.

은유와 비유. 내담자의 현재 상황과 외부 사건을 비교하기 위해 상징, 우화, 논리적 분석을 사용하는 것. 심층 공감 반응의 일종.

음성 억양. 상담사 목소리의 높낮이, 톤, 볼륨과 관련된 비언어적 행동.

의도적 모델링. 상담사가 내담자에게 새로운 행동을 보여주고, 이를 관찰하고 연습하며 학습하고 채택하도록 의도적으로 행동을 시연하는 모델링 유형. 내담자도 의도적으로 다른 사람의 행동을 선택하여 관찰하고, 연습하며, 학습하고, 채택할 수 있다.

의뢰하기. 종료 및 의뢰하기 참조.

의료 과실 보험. 상담사가 소송당할 경우 보호받을 수 있는 보험. 일부 의료 과실 보험은 ACA에서 제공하며, 때로는 할인이 제공되기도 함. 또한 최선의 실무 참조.

의료보험의 양도 및 책임에 관한 법률(HIPAA). 부분적으로 내담자의 동의 없이 공유할 수 있는 정보의 양을 제한하고, 내담자가 자신의 기록에 접근할 수 있도록 하여 내담자의 기록에 대한 개인 정보를 보호하는 연방법. 또한 프라이버시 규칙 참조.

이력에 의한. 다른 기관이나 정신건강전문가로부터 내담자가 장애 이력이 있다고 보고될 때 사용되며, 현재 상담사가 내담자를 경험하는 것과 일치할 수도, 그렇지 않을 수도 있다.

이분법적. 세상을 흑백 논리, 구체성, 경직성, 지나친 단순화, 고정관념, 자기 보호, 권위주의 관점으로 바라보는 것.

이중 관계. 이중 및 다중 관계를 참조.

이중 및 다중 관계. 상담사와 내담자 사이에 여러 역할이 존재하여 윤리적 갈등이 발생할 수 있는 전문적인 도움 관계. 예를 들어, 잠재적 또는 실제 내담자가 이웃이나 동료인 경우, 또는 상담사가 내담자가 주최한 개인적 행사(결혼식, 장례식 등)에 참석하는 경우.

인간중심 상담. Carl Rogers가 개발한 실존적-인본주의적 상담 접근법.

인지 복잡성. 세상을 복잡하고 다면적으로 이해할 수 있는 능력으로, 이원론적이기보다 상대주의적으로 사고하는 능력. William Perry 참조. 효과적인 상담사의 아홉 가지 특성 중 하나.

인지 행동적 반응. 인지와 행동에 초점을 맞춘 반응. 두 가지 잘 알려진 접근인 인지행동치료와 합리적 정서 행동치료는 각각 Aaron Beck과 Albert Ellis에 의해 개발되었다.

인지 행동적 접근. 인지 또는 행동이 감정, 행동, 생리적 측면에 미치는 영향을 분석하는 여러 접근법. 인기 있는 접근으로는 행동치료, 합리적 정서 행동치료(REBT), 인지행동치료, 현실 치료 등이 있다. 이 중 잘 알려진 두 가지 접근은 Aaron Beck과 Albert Ellis에 의해 개발되었다.

인지행동치료. Aaron Beck이 개발한 잘 알려진 인지 행동적 접근. 이 접근은 자동적 사고, 중간 사고, 핵심 신념에 초점을 맞춘다.

일치. 진정성 참조.

임상 면접. 상담사가 내담자 삶의 다양한 영역에서 정보를 수집하는 중요한 면접. 이 면접은 주로 내담자가 상담기관과 처음 접촉할 때 진행되며, 접수 면접이라고도 불린다.

자격 인증 및 교육 센터. 코칭에 대한 인증을 제공하는 전문 기관.

자극제. 주의력결핍과잉행동장애(ADHD) 치료에 종종 사용되는 약물. 1950년대에 자극제(암페타민)가 과잉행동 아동에게 역설적 효과를 나타내는 것으로 밝혀짐.

자기 개방. 상담사가 자신의 개인 생활의 일부를 드러내는 조력 기술로, 내담자의 경험을 이해하고 있음을 전달하기 위해 사용함. 자기 개방은 신중하게 이루어져야 하며, 상담사가 내담자를 이해하고 있음을 보여주기 위해 또는 내담자를 위해 새로운 행동을 모델링하고자 할 때만 사용해야 함. 내용 자기 개방과 과정 자기 개방을 참조.

자기 내적 옹호. 옹호 참조.

자기보고. 내담자가 과거에 특정 장애로 진단받았다고 말하는 경우 사용됨.

자동적 사고. 우리가 세상에서 어떻게 상호작용하는지에 대해 하루 종일 갖는 일시적인 생각들로, Beck의 인지–행동적 접근에서 사용된다.

자살 위험 평가. 내담자가 곧 스스로에게 위험스러운 행동을 할지를 평가하는 과정으로, 내담자가 자살계획을 세웠는지, 그 계획을 실행할 수 있는 수단을 가지고 있는지, 계획을 실행할 준비가 되었는지, 계획을 연습했는지, 그리고 그 계획을 실행했는지의 정도를 평가하는 것이 포함된다. 또한 여기에는 위험 및 보호 요인을 평가하는 것도 포함된다.

자살. 자살 평가를 참조.

자신의 무의식적 편견에 대한 무지. 다양한 내담자들이 상담을 경계하는 아홉 가지 이유 중 하나.

자신의 이론에 대한 신념. 이 자질은 자신의 이론적 접근을 잘 전달하기 위해 중요하며, 효과적인 상담사의 아홉 가지 특성과 관련이 있다.

자아(The Self). 문화적으로 유능한 상담의 통합적 모델을 창조하기 위해 교차문화상담의 실존모델과 개인 정체성의 삼중 모델이 사용됨. 통합모델에서는 세 개의 경험 영역(개인, 집단, 보편적 경험)을 검토함. 이 세 영역은 모두 자아의 일부임.

자연스러운 공감 반응. 자연스러운 톤과 유동적인 반응으로 내담자의 감정과 내용을 반영하는 것.

자율성. 키치너(Kitchener)의 윤리적 의사결정모델에 기초하여, 내담자의 자기결정, 독립성, 자립심을 강화하는 것을 의미한다.

자주 사용되는 기술. 작업동맹이 형성된 후 내담자의 인식 증가와 목표 달성을 촉진하기 위해 자주 사용되는 기술. 심층 공감, 긍정, 격려와 지지, 대안 제시, 정보 제공과 조언, 모델링, 자기 개방, 협력 등이 포함됨.

작업동맹. 상담사와 내담자 간에 신뢰롭고 강력한 관계를 구축하는 것으로, 효과적인 상담사의 아홉 가지 특성 중 여섯 가지(공감, 진정성, 수용, 웰니스, 문화적 민감성, '그' 요인)와 관련이 있음.

잠정적 및 비공식적 진단. 의문시되거나 온전히 형성되지 않았거나 완전히 확인되지 않은 다양한 진단을 의미함. 여기에는 잠정적 진단, 배제 진단, 특성, 병력에 의한 진단, 자기 보고가 포함됨.

잠정적 질문. 내담자로부터 다양한 응답을 유도할 수 있도록 부드러운 방식으로 질문을 하는 것.

재구조화(Reframing). 내담자로 하여금 자신이 처한 상황을 다른 방식으로 볼 수 있도록 상담사가 대안을 제공한 후, 이 새로운 현실에 대해 논의하는 일종의 직면 기법.

재난 대응 8단계. (1) 접촉 및 교류, (2) 안전과 안락함 제공, (3) 안정화, (4) 정보 수집, (5) 실질적 지원, (6) 사회적 지원과의 연결, (7) 대처 방법 정보 제공, (8) 연계 및 협력 서비스.

재난 상담. 재난을 경험한 내담자를 상담하는 전문적인 방법. 이 단어의 초기 기원은 호의적이지 않은("dis") 별 ("astrum")의 위치를 의미한다. 재난은 대규모 사회적 붕괴의 결과로, 종종 부상과 사망, 재산 파괴를 초래한다. 재난은 인간이 초래한 것일 수도 있고 자연 발생적일 수도 있다.

적극적 경청. 상담사가 내담자의 감정과 진술 내용을 반영함으로써 내담자에게 공감을 전달하려고 노력하는 의도적이고 집중된 과정이다.

전문 기술(Specialized skills). 일부 상담 관계에서 중요한 역할을 하는 기술. 옹호, 자살 및 살해 가능성 평가, 위기, 재난 및 외상 상담, 지지적으로 도전하기, 인지행동 반응, 해석, 긍정 상담, 코칭이 포함됨.

전문가 공개 진술문. 상담사와 상담 관계에 관한 정보 문서로, 내담자가 앞으로 일어날 일을 이해하고, 상담 관계를 설명하며, 제공되는 서비스, 윤리적 고려 사항에 대한 폭넓은 정보를 제공함. 전문가 공개 진술문에 일반적으로 포함되는 항목의 목록은 2장과 7장에서 확인할 수 있음. 종종 내담자로부터 사전동의서를 얻을 때 사용됨.

접수 면접. 내담자가 기관과 처음 접촉하는 것으로, 내담자가 상담사와 솔직하게 대화할 수 있게 함으로써 내담자의 문제를 명확하고 포괄적으로 이해할 수 있어야 함.

접촉 시간 기록. 상담사가 내담자에게 제공한 상담 시간을 시간 단위로 측정한 것. 사례 관리의 일부.

정보 수집 질문. 상담사가 내담자의 문제 해결이나 관심사를 다루는 데 도움이 될 것이라고 믿고 있는 정보를 수집하기 위한 질문. 이러한 질문은 상담사 중심이 되는 경향이 있다. 여기에는 개방형 질문, 폐쇄형 질문, 잠정적 질문, 이유를 묻는 질문이 포함된다.

정보 제공. 상담사가 내담자가 잘 알지 못할 가능성이 있는 중요한 객관적 정보를 제공하는 과정. 조언 제공 및 대안 제공과는 대조적임.

정서 지능. 자신의 감정을 모니터링하고 적절한 시기에 자신의 감정과 생각을 표현할 수 있는 능력.

정신 상태 검사. 상담사가 내담자를 비공식적으로 평가하는 방법으로, 네 가지 영역을 포함함: (a) 내담자가 자신을 나타내는 방식(외모와 행동), (b) 내담자의 정서 상태(정서와 기분), (c) 내담자의 명확한 사고 능력(사고 구성 요소), (d) 내담자의 기억 상태 및 세상에 대한 방향성(인지).

정신 상태 보고서. 상담사가 정신 상태 검사에서 발견한 내용을 바탕으로 작성한 한두 문단의 진술.

정신과 약물. 정신약물학을 참조.

정신분석. 정신역동적 접근법의 한 유형.

정신약물 모니터링. 내담자가 정신 장애와 관련하여 복용하는 약물을 상담사가 모니터링하는 사례 관리의 중요한 측면.

정신약물학. 다양한 장애를 치료하기 위해 약물을 사용하는 과학적 연구 및 실무. 때때로 정신과 약물이라고도 불림.

정신역동적 접근. 20세기 초반에 개발되었으며 현재까지도 널리 사용되는 접근 방식으로, 접근들 내에 다양한 차이점이 존재하지만 공통 요소 또한 존재함. 예를 들어, 모든 접근법들은 무의식과 의식이 사람의 기능에 개인적으로 그리고 역동적으로 깊이 영향을 미친다고 제안함. 또한 초기 양육 방식이 성격 형성에 중요하다고 여김. 이들은 모두 과거를 탐색하고 과거가 의식 및 무의식적 요인과 어떻게 상호작용하는지 치료 과정에서 중시함. 이러한 접근법은 장기 치료에 사용되는 경우가 많지만, 최근에는 비교적 짧은 치료 형식으로도 변형되어 사용되고 있음. 인기 있는 접근법으로는 정신분석, 융 치료, 아들러 치료, 애착 치료, 대상관계 이론 등이 있음.

정신장애의 진단 및 통계 편람, 제5판. 2013년에 출판된 이 판은 진단 목적으로 사용되는 다양한 유형의 정신 질환을 다룬다. 21개의 진단 범주와 541개의 정신 질환 진단을 포함한다. '공존하는 진단', '하위 유형, 명시자, 중증도', '잠정적 및 비공식적 진단', '기타 명시된, 명시되지 않은 장애'도 참조.

정의. Kitchener의 윤리적 의사결정의 도덕적 모델에 기반을 두고 있는 개념으로, 내담자들을 공정하고 평등하게 대하는 것을 의미함.

제도적 옹호. 옹호 참조.

제도적 차별. 다양한 내담자들이 상담을 경계하는 아홉 가지 이유 중 하나.

조력자 중심. 내담자 중심과 달리 상담사가 회기를 이끌어가는 것.

조언하기. 상담사가 자신의 전문적인 의견을 제시하여 내담자가 그 제안을 따를 것을 기대하는 과정이다. 조언하기는 신중하게 사용해야 하는데, 그 이유는 내담자가 상담사에게 의존적인 관계를 형성할 가능성이 있고 결국 문제 해결을 위해 상담사에게 의존하게 될 위험이 있기 때문이다. 정보 제공 및 대안 제시와는 대조된다.

존중과 경의. 평등하고 긍정적인 태도와 관련된 주요 기초 기술.

종결 및 의뢰. (상담)관계를 종료하고/또는 내담자를 다른 전문가에게 의뢰하는 과정. ACA(2014) 강령은 내담자와의 적절한 종결 및 의뢰의 중요성에 대해 매우 구체적으로 기술하고 있음.

좋은 경청. 상담사가 최소한으로 말하고, 말하는 내용에 집중하고, 끼어들거나 조언하지 않으며, 화자가 말하는 내용과 감정을 듣고, 비언어적 행동을 통해 상담사가 이해하고 있음을 보여주는 능동적인 과정.

주제. 생물심리사회 평가 모델 등을 사용한 사례 개념화 실시 후 상담사가 인식하는 결과로서의 패턴. 진단 및 치료 계획 수립에 유용함.

중간 신념. 핵심 신념을 기반으로 한 태도, 규칙, 가정으로, 자동적 사고의 발달에 영향을 미친다. Aaron Beck의 인지 치료 이론에 기반함.

즉시성. 과정 자기 개방 참조.

증상 표현에 존재하는 문화적 차이를 이해하지 못함. 다양한 내담자들이 상담을 경계하는 아홉 가지 이유 중 하나.

지역 사회 옹호. 옹호 참조.

지지(Support): 내담자가 자신의 삶에서 도움과 지원을 받을 수 있는 누군가가 있다고 느끼게 함으로써 전반적인 웰빙을 증진시키는 상담사의 역할을 의미하는 일반적인 용어. 긍정 및 격려 대조됨.

직면: 지지적으로 도전하기. 상담사가 내담자의 가치와 행동, 감정과 행동, 이상화된 자아와 실제 자아, 표현된 감정과 내재된 감정 간의 불일치를 자각하도록 돕는 과정. 직면하는 방법에는 "당신/하지만" 진술, 내담자로 하여금 불일치를 정당화하도록 요청하기, 재구조화하기, 풍자 사용, 고차원 공감 사용 등이 있다.

진단. 《정신 장애 진단 및 통계 편람》 제5판을 통해 정신 질환 유형을 결정하는 것.

진실성. 윤리적 의사결정의 도덕적 모델에 기반하고 있으며, 상담 관계에서 진실되고 진정성 있는 태도를 견지해야 함을 의미.

진정성. 자신의 진실된 감정을 표현하는 특성. 감정, 생각, 행동이 일치하는 상태. Carl Rogers에 의해 대중화되었으며, 그의 세 가지 핵심 조건 중 하나로, 공감과 무조건적인 긍정적 존중과 함께 도움을 제공하는 중요한 요소로 간주된다. 효과적인 상담사의 아홉 가지 특성 중 하나. 때때로 일치성, 진실성, 투명성이라고도 한다.

진정성. 진실성을 참조.

질병의 국제 분류. 의료 제공자가 사용하는 진단 매뉴얼로, 현재 10번째 판(ICD−10). 의학적 진단을 식별하며 DSM−5의 분류를 포함하지만 DSM−5에서 설명하는 만큼 자세하지는 않음.

집단 경험. 문화적으로 유능한 상담의 통합적 모델에서 자아를 구성하는 세 가지 경험 영역 중 하나인 집단 경험. 개인 경험과 보편적 경험 또한 참조.

집단주의적 관점. 의사결정 과정에서 부모, 문화 내 현명한 사람들, 또는 다른 사람들의 의견에 더 의존하는 경향이 있는 내담자.

척도 질문. 내담자의 감정을 평가하고 내담자가 진전을 이루었는지를 확인하기 위해 사용되는 질문으로, 보통 1("내가 가장 나빴을 때")에서 10("내가 가장 좋았을 때") 사이로 평가함. 해결 중심 질문의 한 유형.

초점화된 질문 형식. 필요한 정보에 초점을 두는 질문들이다.

촉각 반응: 촉각 단서를 반영하는 것을 참조.

촉각적 반응 반영하기. 내담자가 경험하고 있다고 가정되는 신체적 느낌을 상담사가 반영하는 심층 공감의 한 유형. 깊은 이해를 보여주기 위해 사용됨.

촉발 사건(활성화 사건). 사건에 대한 믿음을 이끌어내는 자극이나 사건을 말한다. 비합리적인 생각이나 믿음은 부정적인 결과(감정 및/또는 행동)를 초래하고, 합리적인 믿음은 긍정적인 감정과 기능적인 행동을 초래한다. 앞서 제시한 A, B, C의 요소를 참조하시오. Albert Ellis의 인지 이론의 구성 요소이다.

최선의 실무. 상담사가 소송당할 위험을 줄이기 위한 상담 실무 제안.

추가적 공감. Carkhuff 척도에서 3수준 이상의 공감으로, 심층공감이라고도 불린다.

추수 작업 수행하기. 상담 관계가 끝난 후 상담사가 내담자와 연락하는 과정. 전화, 편지, 내담자 설문조사 또는 기타 방법을 통해 할 수 있는 사례 관리의 한 측면.

충실성. 키처너의 윤리적 의사결정모델에 기반을 두고 있는데, 충실성은 내담자의 신뢰를 유지하고 그들에게 헌신하는 것을 포함한다.

치료 계획을 위한 평가. 내담자의 문제를 이해하기 위한 다양한 방법들을 포함하는 평가 유형으로, (a) 임상 면접 진행하기, (b) 검사 실시하기, (c) 비공식 평가 수행하기 등이 포함된다. 사례 관리의 한 측면이다.

치료 양식 결정하기. 치료 계획 수립의 네 단계 중 하나.

침묵과 멈춤 시간. 상담사가 회기 중 의도적으로 침묵하여 내담자가 자신의 발언을 성찰할 수 있도록 하고, 상담사가 회기를 처리하고 다음 반응을 형성할 시간을 제공하는 조력 기술임. 침묵과 멈춤 시간은 내담자의 배경에 따라 문화적으로 다를 수 있음.

Carl Rogers. 인본주의 상담과 교육 분야의 창립자 중 한 명으로, 내담자 중심 상담을 개발함. 상담 관계에서 공감, 일치성(진정성), 무조건적 긍정적 존중의 중요성을 주장함.

Karen Kitchener. 윤리적 의사결정의 도덕적 모델을 개발함.

코칭. 단기적이고 집중된 조력 관계에 의존하는 접근으로, 코치가 해결 중심의 질문을 통해 한 가지 이상의 문제를 식별한다. 코치는 협력해서 목표를 설정하고, 내담자가 목표에 집중하도록 격려하며, 목표 달성 이후에도 지속적인 후속 조치가 이루어지도록 돕는다. 코칭에서는 과거를 깊이 분석하거나 심층적인 문제에 집중하는 데 많은 시간을 할애하지 않는다.

타라소프(Tarasoff) 사건(Tarasoff v. Board of Regents of University of California). 정신건강전문가가 내담자의 자해 또는 타해를 막기 위해 비밀보장을 깨야 할 책임에 대한 선례를 남긴 기념비적인 사건. 내담자가 자신 또는 타인에게 해를 입히지 않도록 상담사가 조치를 취해야 한다고 제안함. 예측 가능한 피해 참조.

태도와 신념, 지식, 기술, 그리고 행동. 다문화 및 사회정의 상담 역량을 참조하세요.

투명성. 진실(정)성 참조.

트라우마 상담. 외상을 경험한 사람들을 전문적으로 상담하는 방법. 외상은 종종 자아감의 손상, 존엄성 상실, 인지적, 정서적, 행동적 문제를 초래함. 스트레스에 대한 평소의 대처방식이 도움이 되지 않음. 외상은 단회성 사건일 수 있는데, 일반적으로 상세한 기억을 남기거나, 일련의 지속적인 사건으로 인해 해리, 부인, 내부 분노로 이어질 수 있음. 외상의 예로는 강간, 폭행, 학대, 끔찍한 사건의 격 등이 있음.

특성. DSM-5의 기준을 충족하지 않지만 그 장애의 여러 특징을 가지고 있을 때 사용함.

특정 집단과 상담할 때 고려 사항. 어린이, 다양한 인종 및 민족, 다양한 종교적 배경을 가진 사람들, 물질 남용자, 장애인, 심각한 정신 질환자, 성소수자, 남성, 노인, 빈곤층 및 노숙자, 여성 등 특정 집단과 상담할 때 특정 문제에 집중하는 것의 중요성. 세부 사항은 9장을 참조.

평가 및 연구 도구의 신뢰성 부족. 다양한 내담자가 상담을 경계하는 아홉 가지 이유 중 하나임.

평가 질문. 내담자의 행동이 목표 달성에 생산적이었는지를 평가하기 위한 질문. 해결 중심 질문의 한 유형.

평등하고 긍정적인 태도. 내담자를 존중하고, 배려하는 호기심을 보이고, 힘을 제한하고 평등한 관계를 발전시키며, 병리화하지 않고 헌신하는 것을 포함하는 일련의 기초 기술.

폐쇄형 질문. 예/아니오, 강제로 선택해야 하고, 또는 초점 질문 형식으로 답할 수 있는 질문. 이러한 질문은 내담자가 선택할 수 있는 경우의 수를 제한하는 경향이 있다.

포스트모더니즘. 모더니즘을 넘어서는 것. 이전에 있었던 많은 것들에 대해 의문 제기. 어느 한 현실도 진리를 담고 있지 않음. 포스트모던 접근법 참조.

포스트모던 접근법. 포스트모더니즘과 사회구성주의에 기반하며, 어느 한 현실도 진리를 담고 있지 않고, 우리가 사실로 간주했던 과거의 가정들을 의심해야 한다는 접근법. 개인들이 타인과 나누는 담론과 문화 및 사회에서 사용되는 언어를 통해 의미를 구성한다고 제안함. 언어, 행동, 법률을 통해 권력을 가진 사람들이 소수자에게 혼란을 일으킬 수 있음. 상담 관계는 긍정적이며, 평등성과 비병리화를 강조함. 억압적인 신념 체계에 내재된 과거의 문제를 지적하기보다는, 내담자가 문제에 대한 예외를 찾고 창의적인 해결책과 새로운 세계 이해 방식을 개발할 수 있다고 제안함. 내러티브 치료, 해결 중심 단기 치료, 관계-문화 치료 등이 이러한 접근법에 포함됨.

포스트모던 치료. 내러티브 치료, 해결 중심 단기 치료, 관계-문화 치료를 포함한 포스트모던 접근법. 포스트모던 접근법 참조.

풍자 사용. '직면: 지지적으로 도전하기'의 한 방법. 심층 공감 참조.

프라이버시 규칙. HIPAA가 정의된 대로 내담자에 대한 정보 공개의 한계와 조건을 의미함. 프라이버시 규칙에 따르면 과정 노트나 심리치료 노트는 내담자에게 공개되지 않지만, 거의 모든 다른 기록은 공개 가능함.

필수 기술(essential skills). 내담자를 서서히 자기 탐색 과정으로 유도하는 기술. 관계 초기에 중요한데, 상담 관계에서 주기적으로 다시 다뤄진다. 이 기술에는 침묵과 대기 시간, 경청 기술, 감정 반영, 내용 반영, 재진술, 기본 공감 등이 포함된다.

하위 유형, 명시자 및 심각도. DSM-5에서는 일부 진단에 하위 유형이 있으며, 장애의 유형을 식별하는 것이 중요함. 많은 진단이 명시자를 가지고 있으며, 이는 증상을 추가로 구체화하지만 상호 배타적이지 않을 수 있음(즉, 명시자가 하나 이상일 수 있음). 또한 DSM은 상담사가 일부 진단의 심각도를 평가하는 기능을 제공함.

합리적 정서 행동 치료. Albert Ellis가 개발한 인지행동치료의 한 유형으로, 비합리적인 사고를 분석하고 A, B, C 기법을 사용하여 내담자를 조력함.

항불안제. 주로 범불안장애 또는 관련된 불안장애를 앓고 있는 사람들을 치료하기 위해 사용되는 약물이다.

항우울제. 주로 우울증과 불안장애를 앓고 있는 사람들을 치료하기 위해 사용되는 약물이다. 또한 선택적 세로토닌 재흡수 억제제(SSRIs)도 참조.

항정신병 약물. 때로는 신경이완제라고도 불리며, 정신병, 양극성 장애, 정신병적 특징이 있는 우울증, 편집증, 섬망, 치매 등을 치료하는 데 사용된다.

해결 중심 단기 치료. 상담에 대한 포스트모던 접근법 중 하나.

해결 중심 질문. 내담자의 삶에서 효과가 있었던 행동을 신속히 확인하고, 내담자가 미래에 원하는 곳을 결정하며, 내담자가 목표에 도달할 수 있도록 돕는 데 초점을 맞춘 질문. 선호 목표 질문, 평가 질문, 대처 질문, 예외 탐색 질문, 해결 지향 질문, 척도 질문이 포함됨.

해결 지향 질문. 문제 해결 중심 질문의 한 유형으로, 문제가 없다면 내담자의 삶이 어떻게 될지를 폭넓게 묻는 질문이다.

해석. 내담자의 진술 가운데 말하는 것과 직접적으로 관련이 없는 어떤 의미가 있다고 상담사가 가정하는 것. 상담사의 가정은 이론적 모델에 기반하여 추론되며, 맞을 수도 있고 틀릴 수도 있다. 심리역동적 상담 접근 방식에서 자주 사용됨.

핵심 신념. 중간 신념과 자동적 사고에 영향을 미치는 자아에 대한 깊이 뿌리박힌 신념 또는 견해. Aaron Beck의 인지 행동적 접근에서 나온 개념.

행동 시연. 모델링 참조.

행동치료. 상담을 위한 인지-행동적 접근 중 하나.

헌신하는 것. 평등하고 긍정적인 태도와 관련된 중요한 기초 기술.

현상학. 각 개인의 현실은 독특하며, 그 사람을 이해하려면 그가 자신의 세계를 어떻게 이해하게 되었는지 들어야 한다는 믿음.

현실 치료. William Glasser가 개발한 이론적 틀로, 인간은 생존, 사랑과 소속감, 권력, 자유, 재미라는 다섯 가지 욕구를 가지고 태어나며 이는 현재에만 충족될 수 있다고 주장함. Glasser는 상담사뿐만 아니라 우리 모두 돌보는 습관(caring habits)을 개발해야 한다고 제안했다. Glasser의 선택 이론과도 관련이 있음.

협력. 상담 관계에서 지금까지 이루어진 진전에 대해 내담자와 대화할 시간을 의도적으로 갖는 행위.

형식적인 공감 반응. 보통 초심 상담사가 사용하는 구조화된 공감 반응으로, "당신은 (내용 입력) 때문에 (감정 단어 입력)을 느끼고 있다"의 형식을 따른다.

효과적인 경청의 장애물. 효과적인 경청을 방해하거나 간섭하는 요소로, 선입견, 예상 대응, 인지적 산만, 개인적인 문제, 감정적 대응, 주의 분산 등이 포함된다.

효과적인 상담사의 아홉 가지 특성. 효과적인 상담사의 특성 참조.

효과적인 상담사의 특성. 상담사가 효과적이기 위해서 구현해야 하는 아홉 가지 특성. 여섯 가지 특성은 작업동맹을 구축하는 데 필요한 것들인데, 공감, 진정성, 수용, 웰빙, 문화적 민감성, 특별한 '그' 요인을 포함한다. 나머지 세 특성은 상담사의 이론적 접근을 전달하는 것과 관련되는데, 역량, 인지적 복잡성, 자신의 이론에 대한 신념이 해당된다.

희망 활동. 긍정 상담에서 낙관성을 표현하는 연습.

찾아보기

ㅇ

저자 소개

뉴욕시에서 자란 Dr. Ed Neukrug는 뉴욕주립대 빙엄턴(SUNY Binghamton)에서 심리학 학사 학위를, 오하이오 주립 마이애미 대학교에서 상담 석사 학위를, 신시내티 대학교에서 상담사교육 박사 학위를 받았다. 뉴햄프셔 주의 노트르담 칼리지 상담 대학원 프로그램에서 가르치고 지도한 후, 버지니아 주 노퍽에 있는 올드 도미니언 대학교에서 교수직을 수락하여 현재 상담 교수로 재직 중이며, 교육 리더십 및 상담학과 학과장을 역임했다.

교수 활동 외에도 Dr. Neukrug는 위기상담센터에서 상담사로, 약물 남용 상담사로, 정신 건강 센터에서 외래 치료사로, 학교 부속 심리학자, 학교 상담사, 그리고 개인 상담 및 자격증 소지 전문 상담사로 일했다. Dr. Neukrug는 상담 및 인간 서비스 분야에서 지역, 지방 및 전국의 여러 전문 협회에서 다양한 직책을 맡았다.

Dr. Neukrug는 수십 편의 논문과 책의 장을 저술했으며, 11권의 책을 저술하거나 편집했다. Counseling and Helping Skills 외에도, The World of the Counselor, Experiencing the World of the Counselor: A Workbook for Counselor Educators and Students, Counseling Theory and Practice, Essentials of Testing and Assessment for Counselors, Social Workers, and Psychologists, A Brief Orientation to Counseling: Professional Identity, History, and Standards, Skills and Tools for Today's Counselors and Psychotherapists, Theory, Practice and Trends in Human Services: An Introduction to An Emerging Profession, Skills and Techniques for Human Service Professionals, 그리고 The Dictionary of Counseling and Human Services가 있다. 또한 그는 두 권짜리 SAGE Encyclopedia of Theory in Counseling and Psychotherapy의 편집자이다.

책 외에도 Dr. Neukrug는 20세기의 위대한 치료사들(Great Therapists of the Twentieth Century)이라는 제목의 인터랙티브 및 애니메이션 웹사이트를 개발하고 있다. 기회가 되면 그의 웹페이지(www.odu.edu/~eneukrug)에서 이 사이트를 방문해 보라.

Dr. Neukrug는 학교 상담사였던 Kristina와 결혼했고, Kristina는 현재 정신 건강 전문가를 위한 상담 관련 워크북과 활동들을 개발하고 있다. 두 사람은 Hannah와 Emma를 자녀로 두고 있으며, 이들의 책과 상담 관련 활동에 관심이 있으면 www.counselingbooksetc.com을 방문해 보라.

역자 소개

서 영 석

현) 연세대학교 교육학부 교수
- University of Minnesota 석사, 박사(상담심리학)

안 하 얀

현) 서울상담심리대학원대학교 상담심리학과 교수,
[부설] 서울심리상담센터 센터장
- 연세대학교 교육학과 석사, 박사(상담교육학)

공저·역서

『상담 및 심리치료의 최신 이론』(박영스토리, 2024)
『애착과 강점을 기반으로 한 노인 서포트』(박영스토리, 2023)
『출판되는! 논문 작성하기』(학지사, 2018)

Counseling and Helping Skills
: Critical Techniques to Becoming a Counselor
by Edward Neukrug(1st Edition)

Original version ISBN: 9781516536993
Authors: Edward Neukrug

상담 및 도움 기술
Counseling and Helping Skills

초판발행 2025년 6월 30일

지은이 Edward Neukrug
옮긴이 서영석·안하얀
펴낸이 노 현

편 집 전채린
표지디자인 권아린
제 작 고철민·김원표

펴낸곳 ㈜ 피와이메이트
서울특별시 금천구 가산디지털2로 53, 210호(가산동, 한라시그마밸리)
등록 2014. 2. 12. 제2018-000080호
전 화 02)733-6771
f a x 02)736-4818
e-mail pys@pybook.co.kr
homepage www.pybook.co.kr
ISBN 979-11-7279-122-3 93180

정 가 28,000원